以热爱战胜恐惧

中国式领导力发展大纲

肖知兴 著

LEAD
WITH
PASSION

人民东方出版传媒

东方出版社

图书在版编目（CIP）数据

以热爱战胜恐惧：中国式领导力发展大纲 / 肖知兴 著. —北京：东方出版社，
2018. 5
ISBN 978-7-5207-0323-9

Ⅰ.①以…　Ⅱ.①肖…　Ⅲ.①企业领导学—研究—中国　Ⅳ.①F279. 23

中国版本图书馆 CIP 数据核字（2018）第 064250 号

以热爱战胜恐惧：中国式领导力发展大纲

（YI RE'AI ZHANSHENG KONGJU：ZHONGGUOSHI LINGDAOLI FAZHAN DAGANG）

作　　者：肖知兴
责任编辑：刘晋苏
出　　版：东方出版社
发　　行：人民东方出版传媒有限公司
地　　址：北京市东城区朝阳门内大街 166 号
邮　　编：100010
印　　刷：廊坊市印艺阁数字科技有限公司
版　　次：2018 年 5 月第 1 版
印　　次：2025 年 1 月第 7 次印刷
开　　本：880 毫米×1230 毫米　1/32
印　　张：18. 25
字　　数：375 千字
书　　号：ISBN 978-7-5207-0323-9
定　　价：118. 00 元
发行电话：（010）85924663　85924644　85924641

To my dear colleagues

目　录

自　序
我的热爱与我的恐惧

肖知兴

明茨伯格形容自己做管理研究和管理教育是在一条山脊上行走，左边是管理实践的悬崖，右边是管理理论的深渊，稍不小心，就会掉下去。早年我理解他这个说法，是为了表达学者的谦卑和敬畏，现在，经过七八年做领教工坊的实践，我更加深刻地体会到了这个说法背后的深意。而且，如果说明茨伯格用这个比喻时心里想的是阿尔卑斯山，我们就好比是在中国的华山，绝壑千尺、如履薄刃之外，还有古道微茫、云海缥缈的格外挑战，真要掉下去了，粉身碎骨，甚至尸骨都难于找到。

更多的风险和挑战的一个重要原因是，到现在为止，从整套管理学理论体系，到管理研究和管理教育的制度系统，都是西方人在西方文化、制度、历史环境中总结出来的，严格意义上讲，基本上都是美国人总结出来的。中国的文化、制度、历史环境，与美国的文化、制度、历史环境差距之大，怎么强调都不为过。他们有用的解决方案，我们往往就未必有用；有的

1

时候，不仅没用，甚至还会添乱。所以，如果说宏观层面，一百多年来，一代又一代的中华精英负笈西方，潜心求学，却连大样子都未必学到，更不用说其中的精髓，管理*这个微观层面的学问，情况其实也好不到哪里去。

实践层面的尴尬

中国情境下的管理的独特性往往超过大多数人的判断。举一个例子。外资企业自20世纪80年代初进入中国，近三十年，在500强公司上过班的中国籍雇员何止万千。这些年，出于各种各样的原因，外资企业大潮回落，按理说，他们留下的这些中高层经理，应该到了大显身手的时候了。当年他们可都是百里挑一，一表人才，才能进跨国公司；经过十几年的熏陶，对跨国公司的制度、体系、流程非常熟悉；人到中年，阅历、经验、分寸感都正好到位，看起来，没有比他们更合适的了。但蹊跷的是，北京、上海等地，到处都是在市场上"漂"着的"40族""50族"，而在民营企业发挥得很好，宾主相得、"君臣尽欢"的正面案例，不是没有，居然非常难找。我估计，再过一段时间，在500强公司工作若干年，担任过若干职位之类的经历，当事人可能都不太愿意再提起了。

例如，这些"40族""50族"中，有很多对高管教练感兴趣的。他们往往上过各种最高级的教练课程，拥有最专业的教

---

* 这里讲的管理指一般管理，重点包含战略、组织、领导力、人力资源、创业、生产管理等专业，营销、会计、金融、经济学有自己比较独立的圈子和规则，不是本文关注的重点。

练证书，愿意把教练当作下一个职业发展阶段的重点。领教工坊也很努力地试图把他们与民营企业连接起来，但是，几年试下来，基本没有几个能被民营企业家接受的。往往过招还没几分钟，就被人家挑于马下。问题出在各个方面：语言体系的问题、知识结构的问题、各种预设的问题、心态的问题等等。往往越是洋派，满嘴各种英文缩略语的，到中国民营企业里去，死得越快。

讲个最简单的例子。西方的董事长是董事会的召集者，CEO 或总经理是公司日常运营的负责人。如果两个角色一时无法分开，董事长兼任总经理，也是很常见的情况。但中国的企业往往名实不符。很多董事长，事实上是总经理；名义上的总经理，其实扮演的是常务副总经理、业务副总经理，甚至是总经理助理、总经理办公室主任的角色。如果这个分工能体现在组织结构图上，大家也就明白怎么回事，但问题的关键是，公司有没有正式的组织结构图；如果有，组织结构图上的汇报关系是否就一定是事实上的汇报关系……可以想见，这些问题给组织内外部的沟通带来了多大的不同，而那些拿到几张名片、拿到一纸组织结构图就想开展工作的外部教练、外部顾问之类的专家在公司内部员工眼里看来，显得有多么迂腐。

研究层面的尴尬

在中国做管理者的尴尬，与做中国管理研究者的尴尬相比，算不了什么。如今中国好一些的大学一般都以学术论文作为研究工作的主要考核指标，包括国际学术期刊和中文核心期刊。

国际学术期刊地位更高，但基本是借人家的地盘做事，所以必须按照人家的游戏规则，研究人家感兴趣的问题。一般美国商学院的教授，对中国企业、中国管理的兴趣，应该不会超过一般中国学者对泰国、对马来西亚企业的兴趣吧，所以作者、审稿人、编辑最终是一个对中国企业有一定兴趣的非常小的圈子。发表论文，一方面靠专业论文写作训练，另外一方面是在这个小圈子里是否受欢迎。升教授的指标就那几个，房价几年翻一番，所有的大学同学混得都比你好，大家自然的选择是怎么保守怎么来，论文能发出来就好，数据不作弊就算对得起良心了，哪里顾得上什么原创性和影响力。"Publish or perish（出版或者毁灭）"，生存都是问题，谈何发展。

中文核心期刊倒是关心中国企业，但学术地位更低，而且发表文章的规则和潜规则相对还更复杂。专业训练、人际关系之外，因为非市场化的出版体制，可能还要加上巴结、投靠等一些不足为外人道的灰色安排。很多人当年选择做学问，就是为了离这些俗套远一些，转一大圈，还要做这种事，估计很多人越想越委屈，后悔当年自己太理想化，不谙世事，误入歧途。

如果这些论文洛阳纸贵，满城争读，对企业界形成巨大的影响力，多大的委屈也认了。悲惨的事实是，这些作为"噉饭之道"，按流程机械化、半机械化地操作出来的大多数论文，除了审稿人看，编辑看，被指定为阅读材料的博士班同学看，基本没有人看！90%以上的学术论文存在的唯一价值，就是在为作者们评定职称时保驾护航。手段异化为目的，帮助企业实践者的初心变成了捆绑自己的绳子。让当事人扼腕的不再是委屈和后悔，而是灰心，心如死灰般的灰心："铸就而今相思错，料当初，费尽人间铁。"

另外一方面，书店里、机场视频里，充斥着各种走自我包装、传销培训套路的"管理大师"的著作，兜售着各种几乎不值一评的自创的管理理论、成功学垃圾；到了微信时代，各种自媒体、"知识付费"栏目中，商业类鸡汤文章泛滥成灾，明明挂一漏万，以偏概全，却一律摆出一副铁口钢牙、信誓旦旦的样子，一切的目的在于耸人听闻、哗众取宠；双创高峰时期，还要加上各个峰会、论坛上聚光灯下那些纵横捭阖、指点江山、吞云吐月的自恋狂们，今天颠覆世界，明天再造宇宙。真要是做出业绩的企业家，也还能接受，毕竟中国人几千年来成王败寇，喜欢崇拜成功者，万一跟着掉进沟里去，也是他们自己的选择。这些可基本上都是一些大言炎炎、不知崖畔的"民科"啊。然而，所有这些场合，都很少见到有受到科班训练的管理学者出来纠偏，把一些最基本的概念和逻辑讲清楚。

十几年前，这种情况也正常，因为那时中国几乎没有受过科班训练的管理学者。现在，光是985的十几所大学，受到了比较严格的专业训练的管理学者，加起来，至少也有几百位了吧，为什么几乎听不见他们的声音？也许是一夜之间传统财经媒体几乎全部消失，大家还没有找到参与新媒体的方式？也许是大家都忙于闭门造车写学术论文，不了解行业和企业实际情况，不方便发表意见？也许大家各自有各自的"啖饭之道"，犯不着去蹚这摊子浑水？不管什么原因，世无英雄，最大的受害者是管理学，和那些被新概念、新名词误导的管理实践者。

管理是最好的蓝海

参照美国历史，按照钱德勒的《看得见的手》的说法，美国的大型企业实现"管理革命"，管理作为一门专业实现职业化，不过是"一战"之后的事情。中国经济和中国企业发展得相对快，如果不出现意外，未来一二十年，20世纪八九十年代第一代创业者普遍交接班的时候，才是中国管理真正走向职业化，职业化的管理者大批出现的时候。中国企业才能真正同时实现在时间维度上的扩展（家族传承），和在空间维度上的扩展（国际化），二者同样对在企业内部、企业高层实现充分的职业化管理，提出了紧迫的要求。

仔细思考，上述中国式管理实践和管理研究的窘境，很大程度上是因为我们的企业的发展阶段，还没有经历美国式的"管理革命"，我们没有形成包括大型企业的职业化管理阶层、商学院、咨询行业、行业协会和行业杂志在内的一整套行业体系。经济增长那么快，抓住机会最重要，所以到处都是跑马圈地、胆大为王的草莽英雄，土法上马，野蛮生长的野路子打法，确实一时也管用。专业化管理的重要性，还没有充分凸显出来。

当然，中国也不会简单重放美国这段历史。管理在美国，是原生的，是自然进化的结果；在中国，是外来的，从系统外部输入的。一方面，落地的过程中有些水土不服，是情理之中的事情，需要实践者和研究者耐心地结合中国文化、制度、历史环境做一些本土的"创造性转换";另一方面,我们也千万不能敝帚自珍,夜郎自大,做那种挥舞着长矛对着机关枪和大炮冲锋之类的滑稽事情。

这场管理军备竞赛中,胜利属于那些率先大胆尝试、仔细微调,认准方向、不达目的誓不罢休的人。管理是最好的蓝海,在实践层面,最后的光荣,一定属于那些相信科学、相信管理、愿意俯下身来做小学生,在管理上投重资、下大力气的企业;在研究层面,中国特色的管理、中国式领导力等领域,可以按照国际学术规范来做的文章也非常多。路不平,可以给轮子装上更厚实的轮胎,至于重新发明轮子,论证轮子是圆形的还是方形的好之类的事情,还是不做为妙。不管是实践者还是研究者,这应该都是我们讨论管理问题的最基本的前提吧。

商学院的学问

纯粹从学术的角度看,管理学很容易被人看轻,所谓"商学院说自己有学问,整个大学都笑了"之类。其实,管理学是应用学科,重要的是对各种社会科学进行应用。管理学之美,美在她与背后这些社会科学千丝万缕的联系;管理学之难,也难在她与背后这些社会科学千丝万缕的联系。"汝欲工管理,功夫在管理外",单独就管理谈管理,是很难做出真正有价值的管理研究的。

这里我画了一个最简单的示意图,介绍一下我心目中的管理学背后涉及的各门主要的社会科学,以及它们之间的相互关系。左边人类学的重点是研究原始社会和少数民族,大多数人认为属于处于文明形成阶段的社会，重点在于观察现象和理解所观察到的现象；右边是宗教学，研究的是后文明阶段人类形而上的精神需求，类似马斯洛所言"自我实现层面"的学问。中间上面是偏实然的一条线，包括社会学、经济学和心理学，是管理学关注的重点。下面偏应然的一条线，包括政治学、法律学和伦理学，管理学也会有所涉及，虽然一般不是重点（图0.1）。

从左到右，不仅是从形而下到形而上，同时也代表不同学科之间的大致发展次序。例如，偏实然的三门学科在中国的发展，经历了从社会学（民国阶段发展较快）到经济学（改革开放后发展较快），再到心理学（21世纪后发展较快）的过程。偏应然的社会科学，政治学、法律学与伦理学有类似的先后发展次序。政治学以亚里士多德为代表，在古希腊已经得到比较充分的发展；古代法律学的巅峰则在古罗马时期；伦理学和道德哲学的高度发展，基本要等到18世纪苏格兰启蒙运动开始之后。

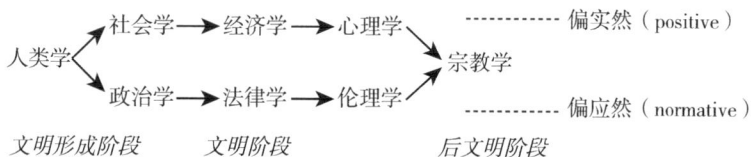

图0.1　各种社会科学发展关系大略图

本书的结构

这本书里，我努力做的是把管理学与各门社会科学结合起来。第一篇"领导力的挑战"中的五章，基本就是按照几门社会科学的角度来安排的。第一章"现象与思考"，努力参考人类学的角度；第二章"分析与诊断"中的三节，分别采取了心理学、经济学和社会学的分析角度；第三章"研究与文献"的重点则是宗教学，当然也有心理学，尤其是最近发展比较快的基于脑神经科学的心理学。这一章相对比较学术化，感觉到有一定难度的读者，可以越过它直接进入第四章"辅导与成长"和第五章"领教工坊的实践"。

第二篇重点是理论与实践的结合。中国特色的管理和领导力，有很多与西方引进版教科书枘凿不入、完全对不上眼，甚至让人哭笑不得的地方。我和同事们在领教工坊的这些年的管理辅导和领导力发展实践，还是给大家带来了一些不同的视角和独特的经验。希望这些视角和经验能够帮助更多有志于从事这个工作的业界朋友。当然，也欢迎企业家朋友对号入座，照照镜子，有则改之，无则加勉，闻过则喜，见贤思齐。

第三篇是从技术和地理的维度看管理。第九章"被夸大的互联网"，我把这些年写的关于互联网的一系列的文章收集在这里。"互联网思维"甚嚣尘上之际，我被互联网圈封为"互联网反革命"，写下这些文章的时候，颇有点孤军奋战、吃力不讨好的感觉。而今，雨过天青，一地鸡毛，大家回过头来看看我们做学问的人当年在风口浪尖说过的话，也算是帮助大家吃一堑长一智吧。

研究企业、研究管理是我的热爱，也是我的恐惧。热爱不是因为它理论的博大精深，不是因为它实践的痛快淋漓，而是当理论与实践结合时，管理所创造出来的巨大价值，以及它给每个与管理脱不了干系的平凡个体所带来的巨大福祉。我恐惧的则是脱离实践的管理理论的悬空蹈虚，脱离理论的管理实践的泥泞满身，管理和管理学沦为各路江湖骗子的道具和潜心为学的人们的笑料。两面都是悬崖峭壁，我唯有以热爱战胜恐惧，努力让自己在管理的山脊上保持一种平衡感，让管理至少在我自己这里，至少在领教工坊的同事们和企业家组员这里，能够努力做到三个"合一"：知行合一、体用合一、道术合一。

是为序。

2018 年 1 月于京西

第一篇

领导力的挑战

第一章　现象与思考

No slavery is more disgraceful than one which is self-imposed.（世间最可耻的奴役，莫过于自己画地为牢。）

——Seneca, *Moral Letters*, 47. 17

一 管理的白痴

我熟悉的一位创业老板，是典型的商业上的天才。生于湖南农村，北京上完大学后，20世纪90年代初被分配到广东一小城的医药公司。有本事，有脾气，受不来体制内的气，很快就辞职下海了。先是鼓捣出市场上急需的一种抗生素，挣了第一桶金。然后回过头来收购了小城医药公司下面一家药厂。药厂站住脚跟，继续从小城医药公司手上拿下几家老字号。最后，干脆把小城在香港上市的窗口公司拿了下来。一路走过来，公司发展得还算顺利。2013年，他把公司的大部分股份卖给了一家中字头公司，戴上了红帽子之后，购并游戏玩得更加风生水起。两年内，跨省吃下几家区域型医药企业后，十几亿规模的公司迅速发展成为百亿级的企业了。公司气势如虹，回到小城的市中心，准备盖一个三十多层的公司总部。在外人看来，这绝对是一个励志级的成功故事了。

然而，对公司稍微做一点深入的了解，完全是另外一个情况。老板多年来的工作重心都是放在资本运作层面，一天到头，在外面跑。在公司的时间，连1/3都不到。公司内部的运营和管理，基本交给了几个自己信得过的老臣。最可怕的是，虽然他自己担任总经理的角色，但是他从来没有与手下人做过一对一的绩效和职业发展谈话。有问题向他汇报，他不会有耐心听你说完："这个问题我知道了……"碰到不如他意的情况，他唯一的解决办法就是骂人，所以公司上下，走路碰到他，能躲就躲。身边人的感觉是，你永远无法达到他的要求。公司越来越大，在外面名头越来越响，但员工却感觉与企业的距离越来越远，公司的发展与员工没有直接的关系。在公司工作了十几年的人力资源总监，也交了辞职申请书："希望与老板有更多的交流，有更高的认同度，有更多的成就感。"

我给他们的诊断是 18 个字：重经营，轻管理；重资本，轻人才；重说教，轻沟通。底层的原因是三个逻辑：因为怕失控，所以不敢放手；因为不懂管理，所以不知敬畏；因为不爱，所以不愿意在高管和员工身上投入。其实，更加直接的评价也许是我的同学房晟陶的那句话："很多老板，商业是天才，组织方面，却往往是白痴。"他们是优秀的商人，对商机的把握能力炉火纯青，但在组织方面，管理方面，却连最基本的常识也没有。例如，我敢赌，人力资源总监提出辞职的时候，老板肯定没有意料到，甚至无法理解——企业发展得这么好，我给你们打造了一个这么好的平台：你们这是要给我闹哪样？

同样一个人，同样的智商和情商，怎么可能与客户打交道时是天才，与员工打交道的时候却是白痴呢？一个可能的原因是，老板们一般都是超级业务员出身，很自然地重经营，轻管理。在他们眼里，把客户搞定，把粮食打下来，把钱挣到手，才是企业的根本。经营是挣钱的事，管理则不过是花钱的事，钱都挣到手了，花钱难道还会是一个问题？所以他们容易把管理、组织、企业文化这些事情看得太简单。出了问题，也是一种头痛医头、脚痛医脚的短期思路，倾向于在薪酬方案、股权激励等单点上下功夫，期待"加薪就灵""一股就灵"；耐心一点的，顶多是花大价钱找个咨询公司出个方案，或者找个猎头公司请个执行副总裁、人力资源总监之类，不愿意也不习惯把管理当作一个系统性问题、根本性问题、长期性问题来看待。

还有一个简单的分析角度是销售类工作与服务类工作的区别。同样是与人打交道，同样需要较高的人际技巧，同样需要较强的换位思考能力，销售类工作与服务类工作的最大区别是销售类工作必须有很强的意志力，坚持自己的初始目标，让对方接受自己的产品或服务。从创业阶段开始，老板们长期做销售类工作，而内部管理却偏服务类，所以他们在处理内部问题时，也许更容易出现一些误判和误差，因过多地强调企业或自身的目标，最后导致差之毫厘，谬以千里。

更深层次的原因可能是认知性同理心和情绪性同理心（同情心）之间的区别。同理心是换位思考，了解他人内心感受的能力；同情心是换位感受，体会他人内心感受的能力。例如，变态杀手同理心强，但完全没有同情心，他们能够精确判断对方的欲望、动机、感受等心理，但不会去体会这些心理过程；相反的另外一个极端，一些自闭症患者，同情心极强，但却没有基本的同理心，例如，他们对于音乐、绘画等艺术形式中传达的情绪有强烈的感受能力，但在面对面的交往中，却无法理解对方的一颦一笑等最基本的表情。

创业老板更像变态杀手还是自闭症患者？答案有点惊悚：更靠近变态杀手。成功的销售需要强大的同理心，却未必需要太多的同情心。而内部管理，不仅需要同理心，往往更需要的是较多的同情心。很多内部管理措施的决定本身，都需要管理层强大的同情心的支持，这些内部管理措施的落地和实施，也需要管理层强大的同情心来推动。例如，华为公司"不让雷锋吃亏"的大力度财富分享制度，就来自华为公司主要管理者对于中国某种特定文化的受害阶层的强大同情心；海底捞公司独特的"考核—拓店—晋升"三位一体制度，就来自海底捞公司主要管理者对于农民工阶层被歧视、被侮辱、被损害的感受的强大同情心；广州视源公司以住房、父母养老、孩子入学为核心的福利制度，来源于视源公司主要管理者对于城市新移民阶层日常生活困难的强大同情心。

如果说老板创业是要求他们做侠客，月黑风高，眼疾手快，落袋为安；做一个职业化的管理者便好比是保姆，一粥一饭，一啼一笑，都要尽量无微不至地照应到。有同理心，没有同情心，不管你怎么喂，怎么哄，孩子就是哭个不停。自己做过"奶爸"或者见过别人做"奶爸"的人，应该大概知道这中间的奥妙。首先，其中有大量的 tacit knowledge（默示知识），我们听起来同样的哭声，有的时候是表示饿了，有的时候是困了，有的时候就是想哭一哭，吸引大人的注意力；比默示知识更重要的大人与孩子之间无时无刻不存在的，像水、像气体一样流动着的情感的沟通和联系，这种高感性的状态，是很多人们心目中"典型"的"理工男""武侠男""军事男"们一辈子都搞不懂的东西。

好的老板必须同时能够充当侠客和保姆的角色。创业期以侠客为主，发展期以保姆为主。创业者如果觉得自己无法实现这种转折，那就一定要想办法找到合适的人去扮演保姆的角色，自己做连续创业者或者继续钻研自己喜欢的技术或业务。这里的前提是，老板首先要充分认识到这两种角色的巨大区别，然后要认识到自己不太可能转业成为一个优秀的保姆，坦诚面对，承认这个现实，接受这个现实。如果没有这种自我觉察能力，我们就会看见一批批创业老板争先恐后地自废武功，非常努力地把自己变成不合格的保姆。商业天才变成管理白痴，自然是大概率的事情。

商业与管理之间的冤家关系其实由来已久。例如，商学院也叫管理学院，但这些年，很明显，更受欢迎的是商学院这个名字。叫管理学院的，除了MIT的斯隆管理学院和耶鲁管理学院，所剩无几了，也反映了管理相对于商业的弱势。明茨伯格抨击MBA教育言不及义，其实也是希望能够加大MBA教育中管理的内容。我以前对德鲁克自称开创了"现代管理"不以为然，但看在大家都是管理阵营中的同盟军，就不再计较了。商业的核心是钱，管理的核心是人。钱永远比人要更吸引眼球一些，这也是一时没有什么办法的事情。

二 蛇窟里的游戏

近年来经历了一家企业家社交组织演变的过程，加深了我对企业家世界的认识。该组织由某著名财经媒体人创办，有数十位中国一线商业大佬的财务投资和个人背书的背景，可谓衔着银勺出生的孩子。该组织入会门槛不高，早期为了冲业绩指标，甚至一而再、再而三地降低企业家的入会门槛。不管怎样，组织创立之初，每次活动，衣香鬓影，觥筹交错，大佬如云，名人如梭，饶是一时盛事。创办人自己也不自觉地沉浸在振臂一呼，英雄云集的成功幻象之中，却忽视了表面上的热闹下面开始涌动的暗流。

大佬们原来参加的，要么是入会资格严格审查的封闭俱乐部，满足自己社交、生意的要求；要么是公众性、媒体性的大场子，满足自己公关、作秀、发声的需求。他们很快发现，这个场子上来来往往，三教九流，什么人都有，当作社交场合，太费神；当作媒体场合，太费时。一次两次，他们逐渐琢磨出一点味道，慢慢就不再参加活动了。

大佬们走了，接着轮到"中佬"们开始嘀咕了。一部分比较善于社交的"中佬"接过了大佬们留下的话语权，开始活跃起来，占据了活动中各种发言和出风头的机会。其他

"中佬"们心里暗想，你那两下子，谁不知道，装什么装？一方面颇不以为然，另一方面又不方便发作，只觉无趣，慢慢也就走了。

这样，又过了一段时间之后，该组织举办的各类活动，场子上活跃之人基本只剩下几个类别：1）乙方，各种不明就里，过来打单的咨询公司、设计公司、专业服务公司；2）各种寻找商机的小公司老板，小投资、小地产、小电商之类；3）卖奢侈品、卖古董和卖保健品的！当你参加完一场活动，手上收到的是一摞卖翡翠、卖茶叶、卖手串的名片的时候，这个所谓的高端社交平台基本成了冷笑话。

短短两三年，曾经是中国最高大上的企业家社区就这样几乎走完了它的全部生命历程。这个演变的过程，就是所谓的社交蒸发定律：一个特定的社交圈子中，率先离开的一般都是最有价值的成员。在这个案例中，只是企业家的务实或者说是势利，让这个过程更加直接，更加残酷，显得更为惊心动魄而已。

这个过程，让我想起了杨绛所说的"蛇窟游戏"：社会是一个蛇窟，每条蛇都想通过把别的蛇压在下面，把头探起来。如果用蛇窟来形容社会，稍有厌世之嫌，企业家圈子的直接性、残酷性，与蛇窟的比喻，则确实相去不远。只要有企业家圈子，基本上就是以企业规模论英雄，排座次。企业做得不怎样，规模上不去，就上不了主席台，坐不上主桌，拿不到话筒。资历、旧情、才华等等，在这个圈子里，似乎都没那么管用。

所以，仔细观察，企业家圈子里能看到很多让人感慨不已的情节。举个例子。20世纪90年代，是500强企业在中国如日中天的时候。那个时代在知名外资企业上班，西装革履，发型崭然，入则五星级，出则出租车，普通人看过去，真是"望之若云端中人"。这些企业的中国区负责人，更是个个仿佛天神下凡。然而十几年过去，秋风萧瑟，换了人间，中国不再是500强可以横着走路的地盘了。这些前500强中国区负责人，如果继续混各种企业家圈子，往往就成为一种不尴不尬的存在。明明大家都认识你，可就是未必有多少人上来给你打招呼。如果不是内心强大，有自己的使命感的支撑，这游戏，一般人还真玩不起。

再举个例子。杭州某著名通信企业的创始人，在该企业高峰期的时候，是杭州市，浙江省，乃至整个中国通信界、互联网界的大哥级人物。马云与之相比，只是一个能说会道的、饱受争议的、有上顿没有下顿的创业公司的小老弟而已。同在杭州，同在互联网圈，两个人自然有很多交集。小老弟碰到一些为难的事，大哥前前后后还为他张罗了不少。该通信企业一招鲜的产品红利吃完之后，江河日下，而这边，阿里巴巴纽约上市之后，马云地位如日中天，两个人的关系就变得更为微妙了。在一次企业家论坛上，我观察到一个细节，马云属于那种上个厕所都有三四拨人在门口堵着的人物，大哥坐得离马云不远，好像有点什么事要找马云，站起来，见人多，又坐下了。那种欲言又止，欲说还休的恓惶姿态，真是我见犹怜！

这是国家层面的大圈子，还有几分温情和礼节在。我看中国一些地方性的企业家的小圈子，可能比国家层面的企业家圈子，对地位和面子的攀比和竞争，还要更加直接和残酷。中国有这种强烈的攀比性地域文化的地方往往有几个特征：靠山面海，交通不便；地少人多，大家说一种非常独特的方言；西风东渐之后，这个地区逐渐发展出一种强烈的经商和逐利的传统。浙江的温州、台州，福建的莆田、晋江，广东的潮州、汕头，都是这种地域文化的典型。地域文化的封闭性放大了企业家们、生意人们对地位和面子的竞争的激烈程度。企业做得不好，首先就是无脸见江东父老！大家如果要见识一下这些地区的攀比文化，可以到温州一带的农村看看。无比偏远的角落，盖房子都要盖七层八层，只因为大家都盖七层八层。你如果只盖两层三层，相当于承认自己的失败。

还有一个攀比的机会是回家过年。平时都在外面做生意，只有过年时，才能衣锦还乡，让大家看看我有多风光。一个个开香车，搂美女回来了，恨不得把全身所有衣服、首饰的价格标签都留在身上，让人看看我多有钱。一辆辆最豪华的进口车，跑在坑坑洼洼、垃圾环绕的乡镇道路上，实话说，我真不知道，这些人构筑成就感的方式，怎么就这么奇怪？这与动物世界里，为了增加与异性的交配机会，炫耀自己的羽毛、炫耀自己的犄角、炫耀自己在垒窝时收集的玻璃碎片，有什么区别？

超过了一定的规模，金钱只是一个数字，人们表面上是追逐金钱，实际上追逐的是金钱代表的成功、地位和他人的认可。

如果不能迎来他人倾慕的眼光，激起别人的嫉妒和敬畏，钱又有什么用呢？这也许是他们中大多数人的心里话。心理学家分析很多人汲汲于成功游戏、金钱游戏、炫耀财富的游戏，本质上其实都是治疗他们童年创伤的一种方式，不管这种创伤是想象的还是真实的。饶有讽刺意味的是，他们的这种人生安排给下一代带来的也许是更为致命的创伤。父母为了追逐金钱，无心也无法照料下一代，所以只好把金钱当作关爱的替代品。"钱多毁青年"，下一代在缺乏关爱、购买癖、财富疲劳综合征的重重打击下，很容易丧失各种试验、奋斗和追求的乐趣，甚至从根本上丧失人生的乐趣：奈何生在帝王家？

然而，蛇窟游戏最残酷的一面是，不管蛇窟里是一百条蛇还是一千条蛇，真正探出头来的，只有一条蛇，其他的蛇，都要被别的蛇压在下面。而且，即使是这条伸出头的蛇，明天它还能不能继续探出头来，也是一个问题。你永远处于一种焦虑、担忧和患得患失的状态。好不容易做到五个亿，参加一次同乡聚会，听说同村的张三做到十个亿，又焦虑了；好不容易做到十个亿，参加一次校友聚会，听说睡在上铺的兄弟李四做到五十个亿，又焦虑了。蛇窟游戏的本质是，你越是重视别人对你的看法，你越是依仗他人对成功的定义，你越是把成就感建立在人际攀比的基础之上，你的挫败感就越强。

这是一个包赔不赚的游戏，我们很多精明程度天下第一的中国企业家朋友们，却偏偏选择用一生的时间、一生的才智去玩这么一个游戏。"不尽人情，举足尽是危机；不体物情，一生俱成梦境。"没有超出世俗层面的精神层面的动力，没有日常苟且之外的更广大的关怀，没有对生命价值、人生意义的深层次体认，这个游戏是注定走不出来的。我的朋友，你还在这个游戏里面吗？

三 小红帽的诱惑

中国的大政府主义源远流长。从西汉的《盐铁论》，到北宋的王安石变法，到明清的盐业专营，一条清晰的主线是，最好的生意，最肥的肉，必须控制在官家或者政府手中。晚近以来，受意识形态影响，政府对利润丰厚的特殊行业的控制力度，一直在加大。

所以，很自然，对于大多数在中国做企业的人，最重要、最核心、最生死攸关的战略，是处理好与政府的关系。总体而言，大概可以分为"匪气""痞气""奴气""正气"四种态度。匪气就是靠黑道，通过私下活动，勾结官员，以获取某种特殊利益（政治学术语是 clientelism）；痞气是抓住官员台面上的政绩需求，要求特殊政策，所谓政绩换政策（可以用 marketism 来代表）；奴气是努力进入体制，戴红帽子，做红顶商人（可以用 cooptation 来代表）；最后的正气，指的是踏踏实实做一家合法合规的企业，通过创造 GDP、税收和就业来为社区做贡献，同时通过官方的渠道要求相应的国民待遇（可以用 representation 来代表）。

正气很容易理解。需要解释一下的是匪气和痞气。匪气代表的贿赂战略其实是一个连续体，最左边是完全沦为官员和特权集团的工具，所谓的"马仔""白手套"，指的是这种情况；最右边是反过来，通过一些特殊手段控制官员，让官员为我服务。最近暴露出来的郭某案，是这种情况的一个例子。威风八面的地方大员，他驱使起来，如身使臂，如手使指。大多数这种不正常的政商利益共同体关系，属于中间的某种状态，但不管这种关系位于连续体的哪一个点上，这些企业人绝大多数都处于一种不稳定的、高风险、高压力的状态下。

吴思老师有一个著名的计算煤矿工人"命价"的公式，用到这些企业人身上，他们的命价或者人身自由的价值，至少是几百亿上千亿吧，但很多人还是可能因为一笔一二十亿的生意，就把自己给卖了（如著名的"首富"黄某因与权贵抢夺一只股票而惹祸上身）。从理性的角度，说不通。但如果他们陷于这种关系，处于一种类似赌徒、吸毒上瘾的状态，可能对这种行为就容易理解了。

匪气是腐败，用公权交换私利，痞气略有不同，公权交换的"政绩"，表面是公共利益，实际上是官员个人未来升迁的可能性。官员任命制下，高层只能依靠相对比较简单的定量指标来激励官员，所以有了中国经济发展最重要的驱动机制——"地区竞争"和"官员GDP业绩锦标赛"，这种竞争机制，一方面确实促进了经济发展，另外一方面，只注重短期定量指标的考核，也带来了民生、社会服务、环境保护等方面的一系列的问题。这种驱动机制是政策换政绩战略的大背景，也决定了这种表面上合法的战略背后的局限性，也就是这种战略的痞之所在。

著名的例子是某商业地产集团，他们的通行做法是，18个月交给你一座商业综合体，再造一个城市中心。地方官员的任期一般只有3年左右，18个月，就能拉动GDP，拉动地价，这对地方官员诱惑力有多大，可以想见。高峰时期，各地市长排着队与该集团老总见面，求他早日到自己的城市来建设商业综合体。政府在中国本来是千年甲方，居然在一家本土房地产商面前做起乙方来，也算是创造了一代奇观了。

匪气和痞气本质上都是与官员做交易，背后其实是一种与政府、与官员平视的态度。奴气则以一种仰视的角度看政府、看官员。常用的做法是红帽子战略，为了享受优惠政策，为了资产安全，通过主动引入国有资本或与国有企业合资给企业戴上红帽子。

当然，更多人选择戴上红帽子，不是自甘下贱，自甘下风，而更多是面对现实的无奈选择。例如，熟悉中国房地产发展历史的人都知道，这个行业的几个领先的企业家，或先或后，都选择要名不要利，只求创造，不求所有，因为他们知道，这个行业的资源属性、金融属性、社会属性决定了它的公共性，与其与政府艰难博弈，不如早早退出，换取一段时间内相对安全的个人事业发展空间。

紧跟政府政策，配合政府唱戏，也是红帽子战略中的一种。很多江浙一带的第一代乡镇企业家，都以中央电视台《新闻联播》的死忠粉而在江湖著称，通过看这个节目，体会政府精神，抓住其中的商机。其中最著名的是苏南乡镇企业家吴某，几十年如一日地收看《新闻联播》，从头到尾，一分钟不差，"自从有了电视机，他就有了这个习惯"。不仅自己看，还要求干部看，不仅看，看完之后还要开党委会，深刻理解，结合实际，深抓落实。1992年邓小平南方视察，他囤积原材料，大赚了一笔；2004年宏观调控，他赶紧调整生产计划，避免了一笔巨大的损失。

比这个更深层次的更可怕的是，企业家在乎别人对你评价、喜欢听好话的一种心理。你在乎别人的评价，别人就能利用这一点来影响你，甚至掌控你；你喜欢听好话，你身边就会围上来一圈说各种甜言蜜语的人。例如，某著名教父级IT企业家，身边永远包围着一圈仰慕的人，却眼看着自己企业的市值一落千丈，连儿孙辈的市值的零头都没有。仔细思考，他喜欢听好话的个性，很大程度上影响了他对人的判断能力，自然进而就影响了他挑选的接班人的水平。

与江浙一带相比，湖南、四川、珠三角一带的企业家在这方面看得更开一些，以我为主、以企业为主的气魄相对更大一些。只要对企业好，什么都可以为我所用，什么都要为我所用，没有"头巾气"（旧指读书人的酸腐味道），没有仰视的态度。珠三角的各种政府荣誉，都基本上有一个买卖的市场。潮州的一些企业家最务实，甚至安排只在纸面上存在的、事实上不存在的自然人去担当企业法人，目的很单纯，只为避免企业的风险，这些都是这种态度的写照吧。

四　最靠谱的投资 *

今年上半年股市见涨后，身边的一些朋友慢慢开始躁动起来。一个和我关系不错的企业家，见了我，不问与管理相关的问题，竟然问起股市来。因为是老朋友，我便对他直说："你用心培养你的高管，培养你身边的人，投资便有相应的回报，概率如果不是 90%，至少是 70%、80%；而股市上的投资，以中国现在这样的市场机制、这样的投资对象，你可能连 30%、40% 的概率都没有。你自诩是个聪明人，放着 90% 概率赚钱的事情不做，却孜孜于去做那些只有 30% 概率的事情，你叫我怎么说你！"

企业每年增长 10%，30 年之后，便是 17 倍；每年增长 20%，30 年之后，便是 237 倍。天天梦想非线性增长，最好的非线性增长机会就在你手上，为什么要舍近求远，舍大求小，去追逐那些虚无缥缈的概念！

听说过很多道理，依然过不好这一生。正如我经常给企业家朋友讲的，白花花的银子背后，是钢铁般的团队；钢铁般的团队背后，是老大金子般的人品。可惜 100 个人都看得见白花

---

* 2015 年 7 月 9 日首发于领教工坊公众号。

花的银子，但是在这 100 个人里面，可能只有 10 个人看得见钢铁般的团队；这 10 个人里面，可能又只有 1 个人看得见老大金子般的人品。这个世界就是这样，大多数人，永远是"目中无人"，只看得见钱，看不见团队和人品。也有一些懂这个道理、认同这个逻辑的人，但能不能真正几年、几十年如一日地坚持这么去做，又是另外一回事。所以，这些孜孜于挣钱的人大多数最后其实都成了"印钞厂工人"，每天盯着钱看，钱离他却往往最远。

5 月份，我负责的私人董事会小组在宁波活动。破天荒，企业家朋友们居然讨论起股市来了。有的甚至还宣称，这次股市也许要颠覆所有的经济和企业规律。还好，大多数在座的企业家朋友还是很冷静的，各自给出了崩盘的时间表，从两个月，到三四个月，到半年不等。我虽然嘴上没说什么，心里其实还是颇有点着急的。用开玩笑的话说，仿佛看到一个修行半辈子的老和尚，居然被偶然遇上的一位女香客破了童子身。真要是国色天香，咱也理解，问题是，这女香客长得还很丑，这到底是什么情况？

赖组员之助，这次活动我们是在博世公司学习。东道主派出所有的中高层骨干，把博世公司的财务管理、人力资源、信息管理、研发管理、精益生产、供应链管理等一整套系统给我们做了一个全方位展示，绝对的 tour de force（震撼人心的杰作）。最让大家惊讶的是，在公司治理层面，博世家族通过建立一个收益权、决策权和管理权三权分立的结构（分别归家族基金会、信托公司、管理团队），基本达到了一种"无老板运作"的状态。也就是说，这家年销售额近700亿美元的业界巨擘，其实相当于是一架无人驾驶的飞机！你管挣钱我管花，博世家族的唯一任务就是负责"千秋万代，一统江湖"。

我很感慨地跟企业家朋友说，大家都在寻找最好的商业模式，打造这样一套系统其实才是全世界最好的商业模式；大家都在寻找利润率最高的产品，而人才这种产品，其实才是全世界利润率最高的产品；大家都在寻找回报率最高的投资，在人上面的投资，其实才是全世界最好的投资。

不要向外去寻找什么捷径、秘诀、万能灵药、终极解决方案了，最好的解决方案，永远在我们内心深处：第一，找到你的天命；第二，汇集一批志同道合的人成为你的团队；第三，大家一起把这个天命变成公司的使命、愿景、价值观；第四，围绕使命、愿景、价值观，建立一套职业化的管理体系；第五，让这套职业化体系像永动机一样自动自发地运转起来。

一二三四五，从博世到西门子，从 Google 到 Facebook，从华为到阿里，古今中外，概莫能外。可惜，这一二三四五步，在我们这个缺乏宗教氛围、不习惯终极关怀、从众之风泛滥的国度，最容易忽视的，是第一步；最难于迈出的，是第一步；最稀缺的，永远是这种"活明白"的人。

再举个例子。领教工坊发展到今天，好的领教成了瓶颈。刚开始，我们重视的是领教的资历、能力和背景，我们曾经用电脑来打比方，好的领教要"双内存、双CPU、高带宽"。双内存：懂企业，懂企业家；双 CPU：在私人董事会上，懂内容，懂流程；高带宽：必须有同时照看十五六个在场企业家的文字（verbal）语言和非文字（non-verbal）语言的能力。后来，我们发现，这些专业能力当然很重要，但是也许还有一些更重要的东西——一种非常感性的教练的状态：情感的投入、连接的畅通、包容的态度等等。所有这些感性的东西，只有可能从一个地方出来，那就是，这个人把教练当作了自己余生最重要的工作，当作自己的天职（calling）、天命（destiny）和使命（mission）来做。任何其他私心杂念，都可能会瞬间破坏掉这种能力。

"天地悠悠，过客匆匆，潮起又潮落"，股市有起落，基业永长青。人生最大的幸福，莫过于在不确定的狂潮中找到了自己"尾生抱柱"式的确定的承诺，这是世界对你的承诺，更是你对这个世界的承诺。"一个人生命中最大的幸运，莫过于在他的人生中途，即在他年富力强的时候发现了自己的使命"（茨威格）。你的天职、天命和使命是什么？从来没有想过这个问题的朋友，花上一点时间仔细想想吧。如果没有三个月，三天你总有；如果没有三天，三个小时你总有；如果没有三个小时，三分钟你总有。

我敢打赌，这三小时、三天、三个月，将是有生以来，你对自己最靠谱的投资。

五 老板你放下了吗

一个人对自己过去历史的接纳，与之和解、将之放下，几乎是维持心理健康的第一要务，如何让人们在经历负面事件之后，不要留下各种非理性的、障碍性的"情结"，也几乎是整个心理咨询行业最核心的任务。中国企业界有几个风云人物，因为没有接纳自己过去的经历，没有实现和解和放下，在一种情结之中越陷越深，影响自己的商业判断，甚至"鬼打墙"似的不断重复自己过去的负面经历，非常值得人们警醒和深思。

第一个是地产大佬孙宏斌。孙80年代末加入联想集团，少年得志，忘乎所以，略有根基，就摆出一副要取柳传志而代之的架势。1992年，29岁的孙被柳传志送进了监狱。2年之后出狱，孙找柳传志认错。柳传志一方面可能确有歉意，另外一方面可能也是认为孙人才难得，投入一笔资金，扶之上马，创立了顺驰公司。孙这段经历带来的心理创伤，他好像一直没有走出来过。最大的体现是，他对成为行业老大、江湖老大有一种不可遏制的、非理性的强烈欲望，以至于在这种欲望的驱使下，一次又一次，赌性十足地铤而走险，生生地把自己逼进各种凶险的战略逼仄地带。

第一次铤而走险是在2003年。当时顺驰体量不到万科1/3，孙宏斌号称三年内要超过万科，被王石斥责为"说瞎话""吹牛"的"害群之马"。之后，顺驰进入不惜成本、高价拿地、疯狂扩张的阶段。可惜，每个行业都有每个行业的客观规律，2006年，资金链断裂后，四面楚歌的孙宏斌被迫把顺驰卖给了一家香港公司。

第二次铤而走险是2014年收购绿城、2015年收购佳兆业。顺驰高歌猛进的同时，孙同时悄悄创立了融创品牌，顺驰失利之后，他十年时间把融创做到了全国前十名。2014年，同样赌性十足的宋卫平的杭州绿城公司资金链告急，融创拍马赶来，上演了一场"两个性情中人"的肥皂剧，宋卫平反悔，绿城得而复失；2015年，类似的情节在深圳佳兆业公司身上又重演一遍，没想到佳兆业公司涉险过关，起死回生，孙又白忙乎一场。两次均以失败告终。

孙宏斌还是不死心，继续第三次铤而走险。2017年夏天，万达突然出现了极富"中国特色"的微妙危机，被迫地板价甩卖酒店和文旅项目，孙宏斌又是第一时间拍马赶到，接手万达的烫手山芋，还好，最后关头，找来了富力集团分散风险。最大的尴尬可能是2017年初150亿元投资乐视。从年初新闻发布会上的"一见如故"，到最后的"愿赌服输"，孙这一次肥皂剧的主题是"塑料兄弟情"。

恒隆集团的老板陈启宗自黑，地产业的地位，大概仅高于贩毒业和妓院业。孙宏斌这样花式打脸，地产业在吃瓜群众心目中的地位，估计又往下降了一大截。孙第一次做顺驰时，急火攻心，把一手好牌打烂，很多人观察，也许当时他心底就存了一定要超过联想集团，一雪当年入狱的奇耻大辱的算盘，所以才会走得这么慌不择路，章法大乱。第三次铤而走险，瞄上乐视的资产，更是让很多观察者怀疑，孙成为 IT 业霸主的旧梦重温，是他中了贾跃亭的金蝉脱壳之计的重要原因。坊间流传，孙在顺驰时，有人问他，如果他还在联想，是不是就没有杨元庆了。孙的回答是，如果我还在联想，就没有柳传志。雕栏玉砌都还在，可怜心事犹梦中。孙宏斌如果不处理好自己的这种情结，苦头还在前面。

中国企业界还有另外一个著名"太子"，曾与任正非情同父子的李一男，是另外一个因为处理不好当年的负面经历，情结越陷越深的例子。港湾一役大败，李一男被任正非羞辱性地放在玻璃房里当展览品之后，李一男好像就没有恢复过来。从百度到中国移动，到金沙江创投，到小牛电动车，格局越来越小，路越走越窄。2015 年，李一男居然因为内幕交易，被判有期徒刑两年半，让所有关注他的人，大跌眼镜。

文体界有很多类似的例子。如迈克尔·杰克逊因为无法忘怀他过早地失去的那个童年，建造 Neverland 游乐园，背上了沉重的财务负担，是他 2007 年被迫复出，靠药物缓解压力，最后死于药物中毒的主要原因。他对孩子们的喜欢，也给所谓的"变童案"留下口实，无论真假，已经对他的公众形象造成了毁灭性的打击。

著名网球运动员李娜则是一个正面的案例。李娜在比赛的关键时刻，经常出现畏惧、急躁、泄气等负面情绪，经常把她丈夫姜山作为出气筒。传奇的阿根廷网球教练卡洛斯成为李娜的个人教练后，注意到这个现象，仔细询问李娜的训练史，认为这应该与李娜早年在武汉的启蒙教练的粗暴训练方式有关，这种粗暴的训练方式，让李娜的潜意识里，有一种对网球的痛恨，在赛场上的关键时刻，就往往容易表现为各种负面情绪。他鼓励李娜回到武汉，与启蒙教练见面、倾谈，努力达成对这段经历的和解。回来之后的李娜，在赛场上的情绪稳定性大增，充分地发挥出了她的技术优势，成为网球史上第一个亚洲大满贯女子单打冠军。

当事人早年的负面经历，是成为激励当事人一生不懈努力的积极力量，还是成为当事人不求进取的消极力量甚至报复社会的黑暗力量，决定了他们成为伟人还是庸人，好人还是坏人。

一个正面的例子是邓小平。以他的背景和身高，他的成长史上，应该也不乏各种负面经历吧，包括他 16—23 岁辗转于法国、苏联底层，求学、打工、闹革命这段时间。但是，邓小平在他的整个职业生涯中，方向明确，情绪稳定，意志坚强，没有什么被潜意识的不良情结影响的迹象。1978 年，他更是以一己之力，推开了中国沉重的国门，把中国带到了一条以经济建设为中心的敞亮大道上，改变了中国的基本面貌。人之为人，就在于人的主观能动性，人的自由意志，人的主动选择能力，未必有什么经历决定论、心理决定论、潜意识决定论。邓小平是我们每个人的好榜样，也是上述企业家的好榜样。

六　军人、教师与工程师

观察三代中国优秀企业家，有一个很有趣的规律。生于 20 世纪40—50年代的第一代企业家，很多都是军队或军事院校出身；生于50—60年代的第二代企业家，很多都有教师背景，尤其是大中专院校教师背景；生于60—70年代的第三代企业家，大多是工程师背景，他们大多是互联网企业家，所以基本都是计算机类专业毕业的电脑工程师背景。

表 1.1　三代中国企业家的不同背景

背景	著名企业家
军人	任正非（1944）、柳传志（1944）、王石（1951）、王健林（1954）、宁高宁（1958）
教师	马云（1964）、郭广昌（1967）、俞敏洪（1962）、宋卫平（1957）、武钢（1958）
工程师	马化腾（1971）、丁磊（1971）、李彦宏（1968）、雷军（1969）、周鸿祎（1970）

首先有一些时代背景方面的原因。第一代企业家成长的时代，军队在中国经济、社会、政治中占据非常重要的地位。能够加入军队，要不就是家境背景优越，要不就是自身条件过硬，一些人则二者皆有。进入市场经济时代，企业家率先从这个人

群中冒出来，是很自然的事情。值得特别注意的是那个时代的军事院校的超人地位，"军人"加"大学生"两顶帽子，基本是天子骄子中的天之骄子。其中最著名的是"哈军工"（哈尔滨军事工程学院，十大元帅中七家子女在此校就读）和柳传志就读的"西军电"（西安军事电信工程学院）。与早年参军的其他人相比，家境相对平凡的任正非，是在大学毕业后，参军成为一名基建工程兵。

　　第二代企业家成长的时代背景是恢复高考和"科学的春天"。通过高考改变命运，是那个时代最优秀的年轻人心中的主旋律。77、78、79年"新三届"，十年"文革"积累的知识青年存量一起上考场，5%的录取率，竞争之激烈，后人难以想象。1979年，21岁的武钢考入新疆工学院，21岁的宋卫平考入杭州大学，都可以算是天遂人愿。1978年还只有16岁的俞敏洪要与他们竞争，确实不太公平，所以，1980年第三次参加高考，才考上了北京大学。马云从小爱打架，可能确实不属于善于考试那种类型，1984年，马云20岁的时候第三次参加高考，才终于以大专分数侥幸上了杭州师范学院的本科。另外，改革开放初期，"搞导弹的不如卖茶叶蛋的"，知识分子待遇普遍很低，学校的青年老师尤其清贫，是他们后来走上创业道路的一个重要推力。

　　第三代企业家和我本人属于同一代。前面是"新三届"和80年代初的四五届大学毕业生，久旱逢甘霖一般，迅速填满了几乎所有关键部门。直接上司比你大两三岁是职场上最大的悲剧，因为等到上司退休的时候，你也快退休了。所以，这一代人只能靠抓住新技术、新行业带来的新机会。值得注意的是，虽然互联网技术美国领先，从美国留学回来的工程师在这一轮机会把握中却不占优势，一个可能的重要的原因是他们回国太晚了。李彦宏 2000 年回国，没有错过国内的互联网大潮；最根红苗正，从清华和 MIT 毕业的张朝阳，1996 年就回国了，可以，因为下文我们将要讲到的原因，起个大早，赶个晚集。

我在《为什么有道德激情的企业才能走远》* 中阐述，在中国做企业，企业家的真正挑战往往不是创业精神，不是技术瓶颈，不是商业模式，而是组织能力的建设。谁能找到一种道德激情，一种价值观，身体力行，言传身教，让它细雨润物，深入人心，谁就能把一群中国人组织起来，谁就能在一个行业稳执牛耳。

最近大家讨论为什么中国经理人在硅谷完败给印度裔的经理人，人种、历史、语言之外，更重要的可能是中国人的价值观和领导力问题，更严谨地说，是中国现行的正规教育系统培养出来的中国人的价值观和领导力问题。曾任阿拉善和壹基金秘书长的杨鹏老师用自身的经验形象地说明了这个问题：

> 我们在剑桥练八人赛艇时，教练是美国人，旁边也有美国人在训练。我们组队后，教练让我们确定 8 号位的舵手，后面的划手以他动作为准。美国人似乎很快解决，他

---

* 参见本书第 540 页。

们把这个问题当成专业问题，找最会划和考虑团队的人。我们中国人对此比较敏感，大家好像很自然地把这个问题理解成权力问题，选的是领导人。所以，原来熟悉的人就结派推自己人。后来的训练赛中，中国舵手动作不好，后面跟进不对，就容易发生内部争吵。换舵手的时候，如同一场政变，很伤情感。相比之下，美国队是最初选得就更合适（纯专业考虑），发现问题时，更换位置也平静（技术问题，不涉及权力和政治）。（《重新理解中国历史》）

中国从"文革"那么一个极端意识形态化、极端政治化的起点开始，走向基于个体和权利的市场经济和企业管理，这个几乎180度的大转换，可以想见，对于企业家的挑战有多大。尤其是在找到以一种共同的价值观为基础的组织方式方面，创业越早，这个任务越艰难，越沉重。八九十年代，中国企业界一批又一批的"大败局"，其实很大程度上是这个模式转换的代价。

为什么第一批成功的企业家是军人背景？他们的雷厉风行，超出同侪的执行能力之外，更重要的是，因为自身的成长背景，他们很自然地会在企业内部采用中国共产党军队思想政治工作的一些手法。从黄埔军校到南昌起义，从三湾改编到古田会议，通过"马克思主义的中国化"，中国共产党军队的确是琢磨出一套组织中国人的基本手法，即"思想建设、组织建设、作风建设"等，大家感兴趣的话，可以找一找这些内容。这些基本手法，经过一番消化吸收，改头换面（例如，"团队"代替"集体"，"高管"代替"干部"，"价值观"代替"意识形态"等)，完全可以与符合现代企业组织原则的内核结合起来，旧瓶装新酒，实现把部分中国人组织起来的目标。

第二代企业家面临的价值观环境相对更友好一些，所以他们可以依靠相对更温和一些的组织手法来展现建设组织能力。但如果没有一张年年讲、月月讲、天天讲的"婆婆嘴"，统一的价值观还是不容易建立起来。所以，这个阶段，冒出头的，是一批非常重视价值观建设的教师出身的企业家。马云的"三板斧"(使命、愿景、价值观)大家都很熟悉，不用多说。同时，很多人都知道，他还是中国共产党军队的崇拜者，很多中国共产党组织原则，阿里巴巴都运用得炉火纯青。新东方"从绝望的大山，砍出一块希望的石头"，也确实激励了整整一代中国年轻人。即使是做投资的郭广昌，也以"修身、齐家、立业、助天下"的独特价值观区别于各路投资高手，做出了一家相对更趋于价值创造型的投资公司。

第三代企业家终于面临一个相对更为市场化和个体化的价值观环境，可以直接使用教科书上、跨国公司的一些标准管理方法了。因为南方的市场化环境更好，所以，发展得较好的网易和腾讯，都是在南方。网易作为三大门户网站之一，能不掉队，很大程度上要感谢广州这个底蕴深厚的城市的市场化基因。腾讯所在的深圳湾，则离香港尤其近，所以，很自然借重了香港深厚的职业化管理的积累。

与网易形成鲜明对比的是北京的另外两家门户网站。新浪内部冒出一重又一重的人事纷争的罗生门，直到上海出身的曹会计杀出马，才算慢慢稳住局面。搜狐出身这么好，却一而再、再而三地错失业务发展良机，创始人在各种宫廷传闻中面目模糊，斗志全失，这么好的一副牌，打成这个结果，与他在价值观和组织问题上的认识不足，没有形成坚强的核心团队是脱不了干系的。

北京形成相对职业化的创业环境，一直要等到2010年代，雷军、周鸿祎出头的这个时期。雷军早间建立豪华的创业团队，先人后事，是典型的西式打法，到了更年轻的王兴、程维这一代，甚至可以不太操心价值观和团队建设问题，直接用短平快的方式最大速度推进核心业务。当然，比起硅谷来，中国毕竟是中国，创始人还是要在价值观、组织、人的问题上有相当的敏感度，"直把上地当硅谷"，满口英文的"Stanford"校友做派（因为各种原因，斯坦福校友在中国科技圈的创业成功率，相对较低），还是非常冒险的做法。

如果说第三代企业家做出的是App，第二代企业家做操作系统，第一代企业家有操作系统还不行，必须提供整个软件的底层代码。为一个群体提供底层代码，这对企业家的哲学修养、人生阅历、表达能力要求有多高，可以想见。华为早年招生，侧重招目光远大、一贫如洗的内地高校的苦孩子，也是努力统一原材料，为了降低这个工作的复杂度。中国在进步，中国企业家，尤其是互联网圈的企业家，满口技术术语或者财务术语，也可以创业，首先要感谢的是这个时代。

七 记一场失败的私人董事会

创立领教工坊以来，我印象最深刻的一场私人董事会，发生在苏南太湖边上的一座小城。我的私人董事会小组的一位做水泵的企业家的公司上市，转战环保行业，在这里购并了一家做污水处理的公司（后面简称污水公司）。小城是中国环保行业的一个聚集区，集中了大大小小数百家环保企业，污水公司是其中的佼佼者。购并容易整合难，该企业家想到召开一场东道主私人董事会，让小组的企业家来帮忙松松土，间接地影响污水企业的老总。

该老总是本地人，身高一米八，体重约200斤，在南方人中算是很魁梧的了。他声音洪亮，浓眉大眼，乍看很热情、很活跃，精力很充沛的样子，仔细看，可能因为长期操劳，脸部有些浮肿，眼睛里有血丝。他表面上满面春风，客客气气，笑容收敛的一瞬间，眼角不经意传出的，却是防备、算计和冷漠。虽然是身家多少个亿，和很多长三角一带的民企老板一样，不太合身的衣服，显皱的皮鞋和油腻的头发，暴露了他不高的生活品质。

老总小学毕业，先在乡镇企业打工，然后开了个小厂，给别人代工做一些环保行业的柜子、管道之类的部件，慢慢入行，经过二十多年的成长，成为当地环保行业的一家龙头企业。我们 2016 年底去他那里的时候，他企业一年营业额已经有十几个亿，利润一两个亿，在环保工业园有占地三百亩的厂区，厂区中心是一栋没有任何设计感的十八层的玻璃大厦，傲视旁边主干路上来来往往的各式车辆和客商。

后来发现，本质上，老总对商学院、管理学、私人董事会之类骨子里也是一种傲视的态度。他认为，政府关系才是一切的核心，所以花了很多时间和精力建立与各种政府官员的关系。一方面是台面上的关系，自己担任各级人大代表，企业荣获各种先进、模范和文明称号；另外一方面，是各种非正式的、私下的路子。他刚从南京大学 EMBA 毕业，认为完全是浪费时间，这些教授什么都不懂，他应该上台去给他们讲课。私人董事会之类，他的印象自然也好不到哪里去，只是因为大股东的要求和面子，才不得不耐下性子来和我们周旋。我们小组秘书前期去踩点的时候，提前约好他的办公室主任，但主任就是迟迟不现身，终于像 80 年代的国有企业干部一样袖着双手来了，"你们到底是来干什么？"连他手下人，都一点不掩饰自己的不耐烦。

访谈的时候，也许是因为我的态度还比较诚恳，老总给我讲了不少自己的私事。最底层的农村出身，小时候因为太淘气，经常被父亲吊着打。几十年如一日扑在工作上，导致太太与自己关系疏远，找了个"小白脸"做"男朋友"，他一气之下，和她离婚了。儿子在澳大利亚留学，与自己的关系也很紧张。现在有一个同居的女朋友，就住在楼上十八层，生了一个小女儿，但他没有与她结婚的打算。污水处理项目、环保业务一般都有政府背景，需要有很多应酬，经常要喝酒，身体很多指标都偏高。没有什么业余爱好，唯一的放松方式，也许是和当地的一些朋友打打牌。

其他小组成员的访谈好像效果就一般了。大家私下里反馈，被访谈的高管普遍非常紧张，几乎是一副被"双规"的架势，问一句，答一句，不敢多说一句话。很明显，这是一家典型的"One-man Show（独角戏）"类型的公司，一切都听老大的，销售听老大，生产听老大，甚至连公司大楼一层展示的那些污水处理专利技术，90%以上都署着老总的大名。人事听老大，财务听老大，行政都听老大。没有老大的签名，一把扫帚都没法买。

访谈之后的圆桌会环节，因为我提前给大家打了"拍砖时要温柔一点"的招呼，老总还算没有给我们太大的难堪。几乎大家提出每一个问题，他都提供了很多辩解的理由，总之"事出有因，查无实据"。当然，大家说了这么多掏心窝子的话，他总体还算是领情的，虽然"虚心接受，坚决不改"。作为主持人，我深知改变这样一个人的难度，故也没有强力往前推，土壤能松松，这一次的目的就算是达到了。

大楼一到十六层是公司办公室，老总办公室和我们会议室所在是十七层。中间休息时，我建议他带我们到他住的十八层去看看。地方很大，也很空，装修豪华而俗气，设备齐全，却没有什么生活气息。他特别带我们到他的卧室。枕头边摆着厚厚一堆的施工图，旁边一台合上的苹果电脑，"睡前用来看谍报剧的，基本是我唯一的娱乐"，他告诉我们。女朋友不在，只有保姆和小女儿在家。老总让2岁左右的小女儿叫大家"叔叔好"之类，小女儿没见过这阵仗，哇地大哭起来，老总赶紧把小女儿抱起来安慰。

晚上去吃饭，在车上聊天时，老总却出乎意料地爆发了。一开始，大家是拉家常。老总说起自己的老父亲，说起自己无论多忙，也要尽最大的努力尽孝心，让老父亲颐养天年。有企业家温和地提出，夫妻关系、与自己儿子的关系也很重要的时候，他突然发狠："女人就不值一提了！就算是儿子，大不了不要，只当没有生这个儿子就是了！孝心才是一切的根本！我这人直爽，实话说，你要没有孝心，我们朋友都没得做了！"话一出口，满车为之默然。企业家对外的时候，情商一般都很高，说出这种话，就算是很难听了。醉翁之意不在酒，他爆发的背后，自然是会议一天下来，按捺不住的不爽。

我们走防火通道从大楼十八层下来时，江南的冬天的风，从窗户缝里吹进来，很是刺骨，尤其在厂区这么孤零零的一栋十八层楼上。更让人印象深刻的是风声，如歌如哭，如泣如诉，活脱脱一部中国真人版的《呼啸山庄》。小说中男主人公希斯克利夫的冷酷无情的复仇计划，在英格兰北部北风的呼啸声中一一落地，所有的仇人，无一得到宽恕，无一得到幸免。我们这位貌似爽朗大度，其实睚眦必报的中国版的希斯克利夫，也有这么一个计划吗？

　　大概七八个月后，并购污水公司的企业家告诉大家，黑龙江一个官员被抓，供出了该老总行贿 200 万的事实，老总"人间消失"了。老总不在了，污水公司业务急转直下，又过了几个月，企业家没有办法，准备把企业卖回去。他人都不见了，怎么卖？我问。有代理人，通过他的代理人签订合同，有签字，有视频，就是不知道他在什么地方。

　　我惦记的是他的小女儿，她会不会纳闷，爸爸怎么就突然不见了？如果有人照料，她应该上了当地一所看起来很洋气的贵族幼儿园了吧。

八　爱作的中国首富们*

　　2001 年胡润到欧洲工商管理学院来做讲座。同龄人，又都是人民大学的校友，我们就算是认识了。我与他商量，把他收集的一些富豪榜的数据交给我做学术分析，慢慢有些交道。他告诉我，学术、写作不是他的方向。很快，他决定从《福布斯》独立出来，自立门户做媒体。既然是媒体，就得遵从媒体的规律。从侧面旁观，这些年来，胡润每年在选择首富时都颇费心机，努力想借此创造出一个公众话题。首富不好动的时候，就用榜眼、探花说事，总之，尽量努力吸引眼球。当然，还有很多中国特色的事情要处理好，有些是死皮赖脸要上榜的，有些是拼死拼活不想上榜的。哪些能碰，哪些不能碰，都有一条无形的线，不能掉以轻心。

　　依这种采样逻辑，胡润富豪榜自然有了一些耐人寻味的特征。为《福布斯》打工期间，胡润还把荣毅仁（2000 年）、荣智健（2002 年）拿来说事，自立门户后，他编制过的一共 12 届富豪榜，推出了 9 个首富，清一色都是白手起家（rugs to rich）的平民创业者。这些中国首富们，很多都有一个看起来有点奇

---

*　2015 年 3 月 5 日首发于领教工坊公众号。

怪的共同特征："作"。

"作"，zuō，原用来形容一些女性的某种自寻烦恼、无事生非的行为模式，目的是吸引男人的注意和关爱。内心缺乏安全感，再加上戏剧化、自恋型人格特征的女性，容易出现这种"作"的行为模式。家有"作"女的读者，会心一笑，知道碰上这样的女人是怎样一种棘手的情况。"作"女我明白，首富怎么也作呢？一边是至柔至阴的女性，一边是至刚至阳的男性，甚至是男性中的男性，都是运筹帷幄、号令三军的角色，一个个叱咤风云、身经百战，他们怎么个"作"法？

12 届富豪榜中，黄光裕三度荣登榜首（2004，2005，2008），最有代表性，我们先来看看他。2008 年 10 月 7 日，胡润发布当年度的富豪榜，黄光裕第三次成为首富。11 月 19 日，黄光裕即以操纵股价罪被调查，算是创造了一个富豪榜行业的戏剧性记录。一个汕头农村孩子，17 岁进京做北漂，成为中国家电零售业老大，35 岁即成为胡润富豪榜首富，黄光裕已经是守着一个点石成金的聚宝盆，再加上初步成形的地产板块，按理说，他可以安安静静地过点好日子了。

可惜"作"的人是安静不下来的，且看他的各种"作"法：一"作"是居然试图吃下深不可测的中关村（股票代码000931），这可是连自称"中关村老贼"的段永基都盘不动的股、玩不动的壳，他居然想低价进入，以至于得罪了人，惹来大祸；二"作"是好赌，在澳门欠下近十个亿的赌债，被迫从大陆调拨资金还债，屋漏偏逢连夜雨，资金链更加吃紧；三

"作"是已经出事了，明明无根无柢的农村小子出身，却在皇城根下充大佬，搬出当公安部部长助理的"兄弟"，以为可以救自己，不料却激起反弹，给自己带来牢狱之灾。牢中方一日，世上已千年，之后是精彩迭出的股权纷争和"苏东大战"，硝烟散去，国美已经慢慢淡出人们视线。有心的读者到国美去买点东西，就知道，短短几年，国美已经衰颓到了什么地步。

国美当年的培训部负责人回忆黄光裕当年参加国美全国总经理大会的情景。他穿着一身非常"拉风"的白西服配白皮鞋，典型的黄氏风格，沉默寡言地听了一天的汇报。晚会员工文娱活动快结束的时候，他借着酒劲，上台说了一些让大家印象非常深刻的话：

> 你们今天在这里玩得都很开心，我也算开心。但是你们有谁想过我的负担有多重，压力有多大？你们每时每刻都可以从国美全身而退，而我呢？我永远都退不了！退了也不可能全身！

> 你们这几天的表现我都看在眼里，别以为我不说话就好糊弄的。你们那点小九九我是心知肚明！别看你们喊我黄总黄总，你们心里怎么埋怨我甚至诅咒我的话，我心里跟明镜一样！

> 你们其实都比我强，你们老婆孩子一家人和和美美，而我有什么？我个人的钱在哪里？都是你们的，都是国美的，都是社会的！我就是一个表面上的风光。但是你们在

座的人有几个能理解我心中的苦？（孙家逊《回忆在黄光裕身边的日子》）

应该说，在地方大员齐集的这种礼节性、庆祝性场合，说这样的话，是非常不得体的。我不知道诸位的观感，看到这段描述，我的第一联想是：好一个多愁善感的少女，好一个愁肠百结的怨妇，好一个孤愤难平的贞士！总之一个字："作"。

荣任首富两次的是宗庆后（2009，2010），在"作"的方面也有很多可圈可点的事迹。例如，因为谁也信不过，所以170多个子公司，十几个职能部门，都向他一个人汇报，连买把扫帚都要他批，坐飞机都要带上厚厚一沓文件签字；全家拿着美国绿卡，还打着民族主义的旗号，单方面撕毁与当年送来救命钱的国际合作伙伴之间的协议；不好好做他的饮料业老大，高调进军奶粉业、白酒业、百货业等，最后亏得血本无归，甚至连主业都开始下滑，等等。

黄和宗没怎么上学，可惜很多上学上得多的首富也似乎好不到哪里去。2003年的"首富"丁磊（成都电子科技大学毕业），还有没有上过胡润首富榜但因为名下市值曾超过丁磊也被人唤作"首富"的陈天桥（复旦大学毕业），2009年的"首富"王传福（中南工业大学毕业），因为各种奇葩事迹，在企业家圈内、在中国IT圈内都基本属于"你懂的"的那类人物，这里我们也还是继续心照不宣，"人艰不拆"吧。

最新的两位"首富"王健林和马云出现后，中国"首富"界终于算是为之气象一新。王健林是难得的眼高手也不低的人物，格局之宏伟，气魄之宏大，一时无两。可惜，当他宣布大举进军文化产业、电商产业（如果只是做地产的幌子，其实倒也没问题），很快就暴露出了万达集权的、军队式的、自上而下的管理文化的死穴。这种文化是万达做城市综合体的秘密武器，但靠它做文化产业、电商产业，基本上是南辕北辙，缘木求鱼。以王之智慧，相信他身边还有帮他照看后脑勺的人，给他说说这些逆耳的话。

马云的好话不用多说，糗事当然也一箩筐。最近他做的我不太佩服的事情是他办的所谓湖畔大学。中国人一向好为人师，冯唐说，"人之爽在于为人师"，所以很多富豪"心底的小秘密"都是办一所大学。同样是办大学，立意有高下之分，路子有野正之分。大家看看洛克菲勒怎么办芝加哥大学、怎么办协和医学院，就知道什么是立意高，什么是路子正。其中有一点，捐资人如果任职，顶多只能做校董（洛克菲勒其实连校董都不做），绝不会介入教育专业领域，去担任教职，甚至是做校长。中国教育界的那些形形色色的陋规确实也让人头疼，马云不愿意去蹚那些浑水，做个内部的企业大学、培训学院也就罢了，但宣称创立一所大学，却又自己披挂上阵，去担任校长，绝对是一件非常跌份的事情。

中国内地"首富"这种独特的"作"的行为模式，仔细思考，与我们熟悉的美国"首富"盖茨、巴菲特等人，欧洲"首富"Theo Albrecht（ALDI 连锁超市所有人）、Amancio Ortega（ZARA 所有人）、Ingvar Kamprad（IKEA 所有人）等人，日本

"首富"柳井正，香港"首富"李嘉诚等人都形成鲜明的对比。这些首富们，商业逻辑扎实缜密，私生活低调朴实，除了偶尔爆出一些吝啬之类的趣闻（如 Ingvar Kamprad 被发现逛自家的宜家店买便宜肉），几乎从来没有什么能让外人可嚼舌的话头。为什么会是这样？

我总结了三个方面的原因。首先，是非感不强。过去三十多年来，中国经济野蛮增长，作为弄潮儿的这一代企业家规则意识不强，法律红线、伦理底线不清，很自然地容易做一些经不起推敲的事情。其次，没有安全感。几千年皇权专制传统，加上近代的意识形态压力，工商阶层无论积累多少财富，都无法给他们内心带来安全感。最后也许是最重要的，缺乏目的感。西方国家富豪，多数是虔诚的基督徒，把自己当作上帝的仆人，帮着上帝临时看管这笔尘世的财富，最终要把财富用到荣耀上帝、造福社会的各种事业上去。所谓厚德载物，有了信仰的基础，多少财富都载得住；没有信仰的基础，稍微放点重物就侧翻，反过来说，就是"德不配位，必有灾殃"。几十年的高速发展，很多企业家的财富积累都已经经历过了个人和家庭消费、人前风光和面子这两个阶段，下一步，积累财富是为了什么，这是一个无法逃脱、必须正视的问题。

仔细思考，这三点的背后其实都有不受限制的权力的影子。权力只讲你我，不讲是非，所以大家自然是非感不强；权力翻云覆雨，随时翻脸不认人，所以大家自然都没有安全感；权力唯我独尊，一家独大，所以超验信仰自然不发达。

女为悦己者容，女也为宠己者"作"，张爱玲说，"女人都是同行"，道尽其中辛酸（女权主义者们，得罪）。其实几千年来，中国男人更是同行，他们都要面对的就是这种权力。如果不努力走出这种权力的影子，甚至还在千方百计地想着怎么能够成为这种权力的专宠，自然就会有上述这些奇奇怪怪的各种"作"的表现。在这一点上，连富可敌国的"首富"都是这样，更不用说你我普通升斗小民了。所以这篇小文，与其说是看"首富"们的笑话，不如说是看我们每个人自己的笑话。千古同悲，为之浩叹。

九 大佬沉重的屁股*

我家旁边的一所民办大学招不到生，转型做创业园。学生宿舍打掉中间的非承力墙，两间变一间，做办公室；操场篮球架、围栏拆掉，做停车场；再种上几棵树，铺了几片草坪，创业园就算是开张了。过了一段时间，学生食堂重新装修，也成了员工餐厅。窗明几净，杯盘井然，饭菜也还可口，工作日午餐客人不算少，晚饭和节假日就门可罗雀了。大学南门外就是几个还算有点档次的小区，按理说是餐厅很重要的潜在市场，但按照当初大学的管理规定，晚上和周末，南门一律不开。上这种餐厅吃饭，本来就是图个方便，大多数住户自然不愿意绕一大圈从正门进入来吃这顿饭，这市场就难于打开了。我问餐厅经理，为什么不去把南门打开？他面有难色。他承包的是这个餐厅，但负责校园安保的是另外一个部门，协调起来，恐怕没那么容易。

做个吃房租的地主，转型都这么难，遑论其他。这里的核心问题很简单，其实就是李克强的那句话：触及利益比触及灵魂还难。管大门的人想，你承包餐厅，赚多赚少，和我有什么

---

* 2015年3月14日首发于领教工坊公众号。

关系？如果原来还算认识，那就更麻烦：你而今发达了，才想起找我来了？如果原来就有矛盾，曾经是竞争对手，那就更是恨不得直接把这门给封死了。鲁迅说，在中国，搬一张桌子是要流血的，开门、关门，自然也不例外。

历史性的"苏东对决"

这些年最受业界关注的转型案例是苏宁，包括这场转型过程中他们与京东之间的历史性对决。2014 年年报数字出来，这场对决算是落下帷幕了。2010 年，苏宁名列全国零售百强榜首，销售额 800 亿，净利润 40 亿；京东当时只有 100 亿，还亏损若干，是苏宁不大看得起的一个小弟；2014 年，苏宁 1091 亿，京东 1150 亿，加上第三方平台则是 2602 亿，更重要的是，苏宁上半年亏损 7.55 亿，而京东 2014 年（按非 GAAP 会计标准）已经取得 0.2% 的净利润。不管苏宁将来怎样挣扎，看起来大局已定，他们回天乏力了。

短短几年时间，行业大佬就这样被小弟掀翻在地，很多人又要用"降维攻击""价值网络""颠覆性创新"之类玄而又玄的术语来评论了。其实以大多数中国企业的管理水平，造成这些大败局的原因往往更简单：利益之争而已。可以想见，当时苏宁公司转型时，线下部门很自然的反应是：凭什么让我们线下的部门支持你们线上的部门，让你们吃香的、喝辣的，好像是你们拯救了公司，拯救了我们似的，大不了不就大家一起死嘛。（话外音：公司死了你有什么好处？）是没有什么好处，大家一起出去找工作呗。

对于老板来说，是生死大事，对于员工来说，不就是再找一份工作嘛。这是给所有自以为是、单相思、一厢情愿地在那里捶胸顿足、指天发誓的老板们的最响亮、最刺耳、最惊心的morning call（叫醒电话）。公司管理水平差、员工内心不认同企业、没有真正建立同舟共济的企业文化，面对转型的时候，各级员工自然会在局部利益和整体利益之间选择局部利益，在当期利益和未来利益之间选择当期利益，大家逐渐集体无意识地陷入一种"大不了大家一起死"的恶性内斗，这是很多传统企业在转型的时候被行业小辈掀翻在地的悲惨命运背后最直接、最简单，也最重要的原因。

军事化管理的假象

过去几十年中国大多数劳动密集型行业盛行的都是军事化管理，一切行动听指挥，唯领导马首是瞻，容易给人这个企业管理水平很高、内部利益机制很顺、员工士气很高昂的假象。到了需要用bottom-up（自下而上）的方式来管理企业的互联网时代，军事化管理掩盖的各种利益冲突和深层次矛盾就暴露得一览无余了。看过我的书、听过我的课的朋友都知道我在"智慧型组织"模型中对bottom-up，对平等、参与、分享等原则的强调，以及对各类军事化管理方式的各种不无刻薄的嘲讽。可惜十几年来，言者谆谆，听者藐藐。我甚至还产生过自我怀疑，也许中国人真是不一样，如成龙所言，"就是要管的"？现在我终于释然了：智慧型组织仿佛找到了它们的"幽灵军团"，气势如虹，所向无敌，那些看起来很强大的、军事化管理的歌利亚们根本不是对手，这个"幽灵军团"就是互联网！

还是苏宁的例子。苏宁历来被业内嘲笑为"西服电商"，因为不像大多数电商公司牛仔加 T 恤，他们讲究的是整齐划一、令出即行的军事化管理。在连锁实体店时代，这种管理方式可以支持他们在全国各地攻城略地、复制门店。一朋友转述关于苏宁的一个故事，这种管理风格可窥一斑：一经理与公司闹纠纷，气冲冲地冲进董事长办公室，要找董事长"算账"，话不投机，几近动手。事后，董事长非常生气，要求处理坐在他办公室外面的所有工作人员，理由是："你们看见他冲过来，要为难董事长，你们却没有一个人出手，把他拦下来！"好不威风的一个董事长！

国企喜欢在客户面前耍威风，民企喜欢在员工面前耍威风，互联网时代，估计所有这些耍出去的威风都要连本带息地还回来。再举个例子：王健林也素以威风著称，每次出场，后面跟着十几个一水儿黑色西服的高管。老板这么威风，万达电商自然举步维艰。在一次 O2O 沙龙上，一位刚离开万达的高管总结万达电商（万汇网）发展的几大障碍。第一个障碍是部门冲突。原渠道与新渠道、原团队与新团队、线上与线下之间的利益矛盾要解决，否则不仅没有协同增效，反倒左右互搏；第二是自上而下的传统管理方式无法适应市场的新变化和客户提出的新需求；第三是强调保守、稳健的传统管理方式与试错、迭代的创新文化之间的矛盾；等等。这些都绝不是靠老板一声令下就能解决的问题。与苏宁不一样，综合体里还有很多网络消费无法替代的餐饮、娱乐。可是苏宁兵败如山倒案例在前，王董事长还是要深思啊。

一代人对一代人的战争

利益冲突、管理模式冲突之外，中国传统企业互联网转型更深的一个背景是这场转型背后的价值观冲突和代际矛盾。以"50后""60后"为主的这些传统企业家，因为他们成长的背景，管理效法最多的对象很自然地是军队，强调权力、权威甚至权术。中国的改革开放和野蛮增长，在很短的一段时间内，给这一代人带来了令人炫目的巨额财富。台风来了，猪都会飞。胆子大一点、运气好一点、吃苦耐劳一点的创业者，基本都能做成一点事情，成为他们所在社会圈的核心人物，为大家所仰望。

这种成功，自然也强化了他们对于等级、命令、控制等传统管理手段的认同，他们中的很多人，甚至把管理等同于等级、命令、控制。而作为互联网"原住民"的"85后""90后"，大多数人从小没有衣食之忧，在一种低政治化、低意识形态化的消费社会中成长，强调的自然是平等、参与、分享，与信奉权力、权威、权术的老一代格格不入。更新锐的年轻人，进一步要求的是自主、掌控和意义，更是视权力、权威、权术如敝屣。年轻人虽然羡慕这些老一辈的机会和成功，但内心深处，他们其实也有非常瞧不起这些靠台风飞起来的"土豪"们的成分（这个词的流行，本身就说明了这个问题）。

但是更复杂的是，到了这一代年轻人开始闯荡社会的时候，中国社会的利益格局基本形成，金字塔结构基本成形，几乎所有的社会资源基本都掌握在以"50后""60后"为主的那一代人手上。余生也晚！为之奈何！上一代年轻人在意识形态破灭后还能吼出"一无所有"，重重重压之下的这一代年轻人中的大多数的选择是躲进二次元空间自娱自乐，用某些字眼嘲笑自己、嘲笑他人，试图用调侃和吐槽的方式消解一切、化解一切。虽然人口结构的调整在开始帮他们的忙，从2012年开始，中国劳动人口数量开始下滑，年轻人越来越少了。以富士康事件为代表，年轻人发现，土豪们对他们的态度发生了一些微妙的变化。然而，最后真正的杀手锏是伴随着他们长大的互联网：好像几乎是一瞬间，整整一代人突然发现了移动互联网对传统产业似乎无远弗届的重组和解构潜力！"哈哈，过来受死吧，土豪们！你们居然也有今日！"传统产业的各个角落，一时都在回荡着这些年轻人带着复仇的亢奋的呐喊之声。

所以，从这个意义上讲，站在马佳佳背后的其实是马加爵。马佳佳来自云南，比她大九岁的这个云南大学的大四学生用一种更直接、更极端、更惨烈的方式展示了这种被逼到墙角的年轻人在代际冲突中所能达到的激烈程度。企业的技术转型从来不是瓶颈，但要同时考虑到技术转型背后的利益冲突，抓住利益冲突背后的价值观冲突和代际矛盾，也许才能算是抓住现在这场方兴未艾的"互联网革命"背后最基础的逻辑和最核心的脉络。

唯一的选择是投降

代际矛盾的提法似乎给了传统企业一个选择，其实他们根本没有选择，原因很简单：世界是你们的，也是我们的，但归根到底，是你们的。世界潮流，浩浩荡荡，逆我者亡，顺我者昌。"50后""60后"在这场价值观对决当中，唯一的选择是投降，而且是投降得越快越好。投降得快一天，他们的企业被行业小辈掀翻在地的可能性就小一点。物竞天择，适者生存，企业和生物一样，如果不能通过学习，努力改变自己的基因，就会被基因更好的其他物种淘汰掉。所以，从这一个角度讲，未来大家将要看见的波澜壮阔的行业变化，与其说是偏技术性维度的所谓"颠覆式创新"所导致，不如说是传统企业的傲慢自大、故步自封、跟不上年轻一代人的价值观而产生的一个社会性的结果。

所以，企业要想转型，首先要解决老板的价值观问题。抓住这个牛鼻子，多大的牛都跟着你走了。我和同事们这些年做私人董事会，很大程度上要解决的其实也是这个问题。作为一个企业主，你有没有发自内心把你们公司一线年轻人当人看、尊重他们、给他们职业发展的空间？实话说，我们跟一百个老板提出这个要求，真正听得懂的、有反应的也就十几个。大多数老板还是习惯性地把人当成自己挣钱的工具，当作资产负债表上的数字，所以他们企业的文化、企业的气氛、企业里的味道自然就不对。如果老板有点反省能力，能意识到时代变了，努力用 bottom-up 而不是 top-down（自上而下）的方式去管理企业，充分尊重年轻人，和年轻人平起平坐，大家一起出主意、想办法，互联网的转型根本不是什么大问题。但如果还是原来的野蛮增长的心态，用颐指气使的态度跟年轻人沟通，人家宁可在街头流浪，住咖啡馆创业，也不给你写这几行代码。

技术系统和社会系统是相辅相成的。互联网看起来属于技术系统，但它带着与生俱来的独特的社会属性和人文属性。互联网的这种独特的人文属性与中国传统社会的异质性，远远超过了它在技术上的异质性。所以，互联网对于中国，与其说是技术革新，不如说是人文革新。学理的说法，它其实是一个 surrogate（替代）变量，表面上发挥作用的是技术，其实发挥更大作用的是人文与价值观。看不到这一点，关于互联网转型的很多问题就看不透。1949 年之后中国大陆的人文学科和社会科学曾经遭受灭顶之灾，大多数人认识不到人文与社会维度的重要性。尤其在商业领域，总觉得这些"软东西"好像与收入、利润等硬指标没有太直接的关系。然而，一个公司的价值观（values）往往决定它的市场价值（value），要想公司 bottom line（底线，即利润）好，你就得充分尊重底层（bottom）的人，世界上的事情，往往就这么奇妙。

十　从牟其中，到唐万新，到任正非*

　　牟其中、唐万新、任正非这三个在不同阶段占据中国财经新闻头版的男人，有一个不太为人关注的共同点：他们都是从重庆走出来的。牟其中 1941 年生于重庆万州（原四川万县），家里开了一个小有规模的中药店；唐万新，1964 年生于重庆万州小公务员家庭，10 岁随支边父母迁到新疆；任正非，1944 年生于贵州镇宁县一个普通教师家庭，1963—1967 年就读于重庆建筑工程学院。三人同时在重庆的时间段是 1964—1967 年。唐万新是小辈，刚出生，与祖父母生活在一起；牟其中高考落榜，在玻璃厂做锅炉工，但胸怀大志，博览群书，喜演讲，爱辩论，慢慢在当地工人群体中小有名气；任正非，黔南师范专科学校校长的长子，19 岁那年，沿着川黔线，第一次走出大山，到重庆上大学。

　　牟其中占领中国财经新闻封面的时期大致是 1990—1995 年，唐万新的时期大致是 1999—2004 年，任正非 2000 年代初在圈内地位就已经很高，但因为他出奇地低调，关注者寥寥。成为家喻户晓的"网红"是 2014 年左右华为手机在大众消费市场

＊ 2016 年 10 月 5 日首发于领教工坊公众号。

崛起之后的事。大致算起来，中国财经界几个最红的偶像人物，都与长江边上这个有着独特文化传统的城市相关。

三代企业家经营企业的方式深深地打上了他们各自时代的烙印。如果说牟其中以"政治家"／"玩政治的"的手段做企业，唐万新是以"金融家"／"玩钱的"的手段做企业，任正非才算是回到了企业家的本分，以做企业的手段做企业，最后修成正果，成就了华为公司在世界电信业的霸主地位。

牟其中的三重悲剧

牟其中在 20 世纪 90 年代的影响力没有亲历过的人难于想象。这个身高 1.82 米的重庆男子，相貌堂堂，目光炯炯，思如泉涌，口若悬河。他梳了一个很标准的"主席头"，走到任何地方，都双手叉腰，做指点江山状，一边用轻工产品换苏联的飞机，一边买美国公司的卫星发射；一边要把满洲里开发成为北方的香港，一边要把喜马拉雅山炸一个缺口，让印度洋的暖湿气流吹进来，改造大西北的环境。直到 1996 年被边控，然后被控信用证诈骗，被判无期徒刑。

牟其中有很高的理论水平，当年的《南德视界》小报几乎是企业界争相传读的前沿出版物。很多说法都非常超前，甚至可以说是现在很多流行的"互联网思维"的祖师爷，如"99 度加 1 度"理论（"已经烧到 99 度的水，再加一把柴，水就开了"：对应各种模式创新理论）、"平稳分蘖"理论（"员工创立新的项目公司，在条件成熟的时候，将该公司的大部分股份赠给其主要成员"：对应所谓裂变式创业）、"智慧文明时代"理论

（"过去的经济规律已经十分可笑了，工业文明的一套在西方也落后了，在中国更行不通，我们需要建立智慧文明经济的新游戏规则"：对应所谓互联网文明）等等。

因为家庭成分不好，上不了大学，自学马列，1974年因万言书《中国向何处去》、1983年因"投机倒把"入狱，两次都因为中央领导的批示而出狱，出狱后申请了号称中国第一个私营企业牌照，这些经历塑造了牟其中典型的"泛政治性人格"。所以，他才一厢情愿、自作多情地把做企业当作了他实现政治抱负的工具，上演了一个时代错置（市场经济时代而不是政治挂帅时代）、职业错置（企业家而不是政治家）、身份错置（草根企业家而不是其他）的三重悲剧，这个悲剧是时代的悲剧，是中国的悲剧，但更是他个人的悲剧。

唐万新的江湖救赎

如果说牟其中以泛政治人格为出发点，以一种政治情结、革命情结、翻身农奴做主人的情结做企业，唐氏兄弟至少是回到了在商言商的本分。可惜他们从贩卖法人股起家，从股票、投资、金融出发去做企业，同样犯了方向性的错误。我经常说，在股票上、投资上、金融上挣到了钱的人，让他们回头去做企业，基本没有这个可能性的。原因很简单，做实业辛苦，在中国做实业，尤其辛苦。奶牛尝到了鲜血的滋味，它就不再愿意吃草了。都吸上高纯度海洛因了，大麻还能有什么吸引力？

德隆把"老三股"新疆屯河、湘火炬、合金投资炒到近百元的天价，炒股炒成股东，被迫长期持有，只好将计就计，反过身来打产业整合的主意。这种产业整合，纯粹从产业经济学的逻辑上来讲，确实是成立的。中国各行各业一般都有小散乱的问题，通过购并等资本手段，提高行业的集中度，然后再利用规模效应、市场体量、品牌效应来提高公司的利润率，学理上确实是能走通的。但问题的关键是谁来做这个事、以什么为出发点来做这个事、以什么态度来做这个事。

该行业内的领先公司，通过一段时间的有机成长，积累了足够的行业诀窍和人才队伍之后，在注意时机、节奏、火候的前提下，有可能走通这条路；投资公司，尤其是像德隆这种短融长投的投资公司，没有积累，没有敬畏，没有耐心，能走通这条路的概率，实在是太小。很多观察者佩服德隆的产业眼光，为德隆最后的失败感到遗憾，认为他们主要是政府关系没有做好，从这个角度来看，其实是皮相之论。

重庆是一个交通和贸易中心，川东、湘西、鄂西、陕南、贵州等地的各种物产和各色人等在这里交汇，造就了重庆的著名码头文化、袍哥文化、江湖文化，一方面喜冒险、重义气、有担当，另一方面，只讲你我，不讲是非，不怎么把法律红线当回事。新疆自古是边地，加上生产建设兵团带来的五湖四海文化，更是放大了唐氏兄弟的这种江湖文化特征。

所以，唐万里、唐万平、唐万川、唐万新四兄弟之外，德隆还凝聚了一大批业内的杰出人士，以自然人之间的人格信任为基础，编织了一张外人基本无法看清的金融网络（公司法人之间表面上没有关系，只有自然人之间有关系）。德隆首创的这种"返祖式"的金融网络，到现在为止，还是中国资本市场上的很多"隐形大佬"的标准打法，一方面神神鬼鬼，鬼鬼祟祟，一方面又摆出一副故作高深，故作高明状，真不知道是幸耶不幸。

与牟其中案发后被边控、被拘留不同，唐万新是主动从国外回来伏罪，"不愧是个带头大哥"，还是得为他的担当点个赞。有关部门不知道出于什么考虑，把牟其中、唐万新这两个万县人都关在离他们家乡不远的武汉，而且是关在同一个洪山监狱。网传好事者把唐万新介绍给牟其中时，牟其中鼻孔里"哼"一声，大概是瞧不起的意思。除了牟其中比唐万新年长 23 岁，我其实想不出什么牟其中能够"哼"的理由。唐万新虽然眼大肚小，技不如人，最后功亏一篑，但作为一个意识形态色彩较淡的"60 后"，至少从始至终是一个专业的金融玩家，而牟其中的各种角色错乱，懂他的人知道是悲剧，大多数人，恐怕更多是当闹剧看吧。

任正非的苦难风流

一些朋友可能会看不懂，我为什么要把任正非与牟其中、唐万新并列，除了他们有重庆这个交集外，还有什么内在的逻辑？中国人自古以成败论英雄，好像进了监狱，就败了，就不是英雄，甚至反过来，成了人渣了。以这种态度去看牟其中，去看唐万新，应该来讲，是不太公平的。我经常讲，企业家像钻石，是在非常特殊的地理和地质条件下才能生成的一种物质。

在任何国家，企业家都是一种最宝贵的资源。政治化、意识形态化的早年经历，逐渐把牟其中引上了一条角色错乱的不归路，但应该不影响我们对他的企业家精神的肯定和学习。罐头换飞机的案例，也确实代表那个年代商业运作的最高水平。

另外一方面，不难发现，作为同一代人同一地区人，任正非气质上甚至外表上都有非常像牟其中的地方。因为家庭成分不好，他们早年经历也不无共同之处，最大的不同点是，与牟其中1959年高考落榜不同，任正非1963年幸运地考上了重庆建筑工程学院，毕业之后，居然没有受到家庭出身的影响，顺利地参了军（加入基建工程兵部队），成了那个年代"最可爱的人"中的一员。1977年任正非因为成功研制"空气压力天平"，作为先进典型参加了基建工程兵北京工作大会，被《文汇报》报道，被华国锋、叶剑英、邓小平接见。然后是1978参加全国科学大会。1982年，"在兵种党委的直接关怀下"，38岁的任正非入党并参加党的第十二次全国代表大会。

看任正非的《我的父亲与母亲》，同样洋溢着那个年代的人的浓郁的意识形态氛围，也不乏底层人在奋斗过程当中的不平、郁闷与愤慨。但与牟其中放纵这些情绪，任由这些情绪（包括报复的快感）操控自己的行为模式不同，任正非以一种理工男的平和与坚韧，步步为营，稳扎稳打，抓住所有能抓住的机会，获得了体制对自己的认可，满足了那一代人内心深处泛政治人格的需求，或者说，与这种泛政治人格达成了和解。这种和解，是任正非1987年在深圳创立华为之后，顺利转变成为一个完全在商言商、在企言企的真正意义上的企业家的前提条件。

所以，才有了近三十年来，心无旁骛，一心一意磨豆腐的任正非。政治，不感兴趣；金融，不感兴趣；作秀，不感兴趣！三十年磨一剑，一路高歌猛进，直到称雄电信世界，前不久更是吹响了2020年收入1500亿美元（超过越南、伊拉克的GDP）的号角。一时间，任正非成为年轻人追捧的网红，华为几乎成为所有管理课堂的最佳案例，坂田基地每天前来参观学习的企业家代表团车水马龙。甚至连任正非自己都打破了自己几十年不见媒体、不接受采访的禁忌，在全国科技创新大会上发言，并接受中央电视台和新华社的专访侃侃而谈，可见他内心深处，有多自信，有多放松。是名士，自风流，也算是"何妨一狂再少年"吧。

不管华为未来发生什么，任正非用做企业的方式所实现的人生价值，可以说，已经远远超过那个泛政治时代的人的梦想。用中国传统的话来说，通过"立德、立功、立言"三不朽，他已然是"素王"：匹夫一介，却通过在自己的领域的贡献，达到与帝王不相伯仲的程度，这是中国文化所能做出的对一个人的成就的最高评价。任正非说华为的成功，首先要感谢这个时代，也许真不是客套话，我们中国人几千年来都只有靠做官才能真正出人头地，我们这一代才终于走出那个时代，这确实是星移斗转、改天换地的大变化。

好企业是一棵树

三个企业家的案例形象地说明，企业必须像树一样，从下往上生长。首先是扎根；树根扎稳了，再长树干；然后是枝与叶；最后才是花与果。企业必须守住为客户创造价值的根本（树根），然后是打造干部团队（树干），培养组织能力（枝叶），最后才有源源不断的业绩和成果（花与果）。因此，所有从上往下打的路数，基本都是歧途。

从政治和政府开始，从上往下打（牟其中的典型打法），最后往往是浪费民脂民膏的形象工程，或者充斥权钱交易的腐败工程，大多数情况下，既是形象工程，又是腐败工程。这些道理，貌似是个中国人都懂，所以，地方上才有"010的电话轻易不要接"的说法；所以，北京才有这么多的价高质次的消费、娱乐场所；所以，除了IT圈的几家，北京好公司那么少。

从金融和投资开始，从上往下打（唐万新的典型打法），往往是里子屎、外面光的题材工程。这些题材工程的根本目的是圈钱，结果不是散户遭殃，被人当韭菜割，就是LP（投资基金的出资人）遭殃，被一个又一个2VC（面向风险投资基金）的商业模式所忽悠。一个事实上以圈钱作为主业的公司，期待他们以客户为中心，发展组织能力，打造核心团队，简直是赶老母猪上树。这两年，最让人纳闷的是，创业俨然成为一个与管理学无关的新行业，不需要管理，不需要学习管理，不需要提高管理水平。老母猪真的会上树？天上真的会掉馅饼？人真的能揪着自己的头发上天？

从营销和媒体开始，从上往下打（无数互联网大神的典型打法），往往是有一说十、有十说百的吹牛工程。一部分人营销的目的是获得新的客户，把事先吹出去的牛做实了，另一部分人营销的目的其实是获得新的投资：还是圈钱。讲真的，一个真正全心全意为客户服务的公司，反思、总结、提高都来不及，怎么可能会花那么多时间去做那些自吹自播的事情呢。任正非二十多年只见客户，不见媒体，背后有个性的原因，但也有逻辑的必然。

成败得失任人说

我曾引用茅海建的说法，论述四川、西南文化在当代中国文化版图中的重要位置。政治界、文化界、娱乐界不说，光是企业界的亮点就层出不穷。除了本文所涉及的重庆出来的几位豪杰，还有第一代"首富"刘永好，最后一代"首富"王健林，还有白手起家的中国女"首富"吴亚军，还有以服务超出顾客预期而闻名的海底捞，还有74岁再创业的烟草大王褚时健……一段时间内，我在课堂上讲的中国企业的案例，基本都跟他们相关！

文化嬗变的大道理先不说，四川人、西南人确实有一种特别接地气、特别脚踏实地的底层人气质："不管黑猫白猫，抓住老鼠就是好猫"，这种接地气，加上不服输、不服气的牛脾气、偏脾气："格老子就不信这个邪了"，再加上江湖文化中的重信用守承诺的成分，成功企业家的性格配方中最难得的几种优秀元素基本都配齐了。不搞"地理决定论"，这些元素在一定程度上应该解释了他们在企业经营上的成功吧。

自古四川就是中国的战略大后方，中国传统文化的渊薮，

以热爱战胜恐惧

仔细研究这些西南企业家的故事，学习他们的务实、坚韧和仗义，品味他们在攻心和审势（武侯祠著名对联："能攻心则反侧自消，从古知兵非好战；不审势即宽严皆误，后来治蜀要深思"）方面的成败得失，见贤思齐，闻过则喜，也算是我们每个认真做企业的人的本分吧。

第二章　分析与诊断

Keep constant guard over your perceptions, for it is not small things you are protecting. (对你的观念保持一贯的警觉吧，因为你保护的，可不是什么小东西。)

——Epictetus, *Discourses*, 4.3.6

一 悬崖边的领头人

社会科学各门学科发展的相对时间次序非常值得关注。以图 2.1 中偏实然的社会学、经济学、心理学一条线为例，三门学科的先后次序，有一定的历史必然性。从社会科学的角度看中国，大家首先注意到的是各种社会问题，所以社会学受到重视；社会结构基本正常了，经济发展提上日程；经济发展到一定阶段，个体的心理健康、精神健康才成为大家关注的问题。

例如，社会学在民国时代已经得到相当大的发展，一方面有李景汉（1895—1986）、潘光旦（1899—1967）、费孝通（1910—2005）等学术领头人，另一方面有晏阳初（1890—1990）、陶行知（1891—1946）、卢作孚（1893—1952）等乡村建设的行动派，还有马克思主义的阶级论，很大程度上也是一种社会学的思路，所以总体而言，社会学有较大的发言权和影响力；经济学相对就弱一些，马寅初（1892—1982）、何廉（1895—1975）、陈岱孙（1900—1997）等学术领头人，在那个战乱频仍、人治为主的年代，他们基本上空有一身文武艺，没办法学以致用；心理学相对就更惨，虽然有陆志韦（1894—1970）这样的学术领头人，但民国时代的心理学系就因为学生就业困难、经费裁撤而难以为继了。

80 年代以来，中国各门社会科学逐渐得到恢复，这个次序也还在隐约起作用。例如，经济学早已成为朝市显学，各类背景的人士打着经济学家、宏观经济学家旗号轮番登场，风光无限；与此相比，心理学就非常不显眼。心理类专业研究人员、心理学系毕业生人数、心理服务类行业从业机会，与经济学相比，都要差一大截。企业界也一样，大家热衷于去做各种以经济学知识为背景的行业分析、盈利前景分析，却很少有人从心理学、临床心理学的角度，去理解中国企业界的各种千奇百怪的现象。

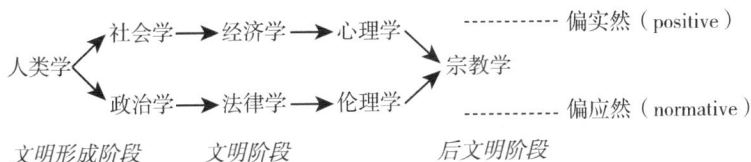

图 2.1　各种社会科学发展关系大略图

与下面两章主要采取经济学、社会学思路分析中国企业家的行为模式相比，本章我将尝试应用一些心理学，尤其是变态心理学、临床心理学的理论与概念，主要涉及心境障碍（mood disorder）和人格障碍（personality disorder）。首先要强调一下，障碍不是精神病，而是患者持续地展示一种神经质的特征，行为到了僵化、非常不恰当的地步。他们通常看起来不像有病，没有古怪行为，能应付日常生活与工作，如果因之形成了较大的困扰，当事人求助的对象一般是心理咨询师（psychologist）而不是精神病医生（psychiatrist）。这里我分析的企业家的行为，一部分取自公开媒体报道资料，事实如有出入，以原报道为准，不影响我们这里分析的逻辑；一部分来源于我自己与他们打交道，为了避免不必要的麻烦，我做了一定的匿名处理。

疯子与天才

疯子和天才之间往往只有一线之隔，这基本已经是心理学界的一个共识。例如，人类历史上很多最具创造力和领导力的天才人物，往往都是躁狂症（躁狂—抑郁双相障碍症状之一）或者症状相对较轻的轻躁狂患者。躁狂阶段，他们精力充沛，自信十足，头脑清晰，感情充沛，勇于冒险，富有创意，各种新鲜主意，奔涌而出，源源不断。作家和艺术家、作曲家中，患有躁狂症的比例尤其高。例如，作曲家舒曼的生产力有一种明显的周期性，处于躁狂症期间的他才思敏捷，能在一个月内完成一部交响曲；处于抑郁期的他，不仅在作曲方面颗粒无收，甚至还屡次试图自杀。在政治领域，拿破仑、汉密尔顿、林肯、丘吉尔、墨索里尼、马丁·路德、乔治·福克斯都被研究精神病的专家诊断为躁狂、轻躁狂和抑郁症患者。

这些领导人在抑郁阶段往往无所作为，在躁狂阶段，却有如神明附体一般，突然焕发出惊人的创造力和领导力。例如，英国历史上最伟大的军事家、丘吉尔的祖先马尔伯勒公爵（Duke Marlborough）就极好地利用了他长期的轻躁狂症状：

　　所有读过马尔伯勒亲笔书写、口述或者亲笔签名的那些信件的人，无不对信件所传达出来的精力感到惊讶……经常在炮火中骑马长途侦察12小时或14小时后，无休止地视察军营和驻防地后，一刻不停地检查食品和给养、亲自指挥战争之后，马尔伯勒都会回到帐篷，处理英国的对外政策，决定内阁及本政党的主要事务。(Rowse A. L.《早期的丘吉尔》)

　　很明显，家族的这种基因也影响了丘吉尔。最近上映的传记片《至暗时刻》对丘吉尔的躁狂症状有非常生动的描写，大家可以参考。是躁狂症带来创造力，还是创造力带来躁狂症？学者研究表明，躁狂症与创造力的关系源于这二者的基因异常情况非常类似。也就是说，导致一个人创造力大增的基因异常，往往也会带来躁狂症。富有创造力的躁狂症患者的直系亲属中，那些未患躁狂症的，因为类似的基因变异，同样具有更高的创造力。* 研究躁狂症与创造力关系的学者们提醒大家要注意躁狂症的巨大成本，警惕对之进行浪漫化的倾向。首先，大多数躁狂症患者只是患有躁狂症，并不是天才。其次，抑郁期的各种负面情绪和负面行为，会给当事人造成巨大伤害。最后，狂躁期与抑郁期的交替出现引起的情绪起伏，往往让很多人处于精神崩溃的边缘。

　　* Richard R. Kinney D. K., Lude I., & Benet M. (1988). Creativity in manic-depressives, cyclothymes, their normal relatives and control subjects. *Journal of Abnormal Psychology*, 97, 281–288.

躁狂症的红舞鞋

抑郁症（单相心境障碍）和躁郁症（双相心境障碍）是一种很常见的心理障碍，对前者，17%的美国人在一生中会经历一次；后者的比例低一些，大概在1%—2%。企业家人群中有很多人精力充沛，一天工作十几个小时，同时运作十几件事、几十件事，接受上百人向他们汇报的，不乏其人。这一点应该是处于躁狂症或者轻度躁狂症发作阶段的一种比较典型的症状。

最符合躁狂症状的可能是中国几个以"作局"而著名的大师级人物：牟其中、唐万新、贾跃亭。这三个人，在其巅峰时期，惹眼浮夸，目中无人，口若悬河，穿上躁狂症的红舞鞋，翩翩起舞，不知迷倒了多少芸芸众生，大致分别代表20世纪90年代、21世纪最初十年、21世纪第二个十年中国企业家"作局"的最高水平。

以牟其中为例。1974年春天，万县玻璃厂自学成才的锅炉工牟其中应该是经历了他人生的第一个躁狂阶段。他政治热情高涨，热血沸腾、不能自已，并开始大肆宣传。有关部门迅速行动，把牟其中打入死牢。1979年底，牟其中被释放。

出狱后的牟其中与人合作，开办了一家中德商店。1983年，牟其中因"投机倒把罪"第二次入狱，第二年，在北京有关部门干预后，顺利出狱。牟其中很善于利用这次入狱的政治资本，通过一些运作，居然从国有银行获得250万元巨额贷款（约相当于现在的6亿元）。有了钱，牟其中把中德商店升级为中德实业开发总公司，进入了他人生的第二个躁狂阶段。他觉得自己无所不能，什么都能做，做什么都能挣钱，在大概半年时间内，成立了包括中德服装工业公司、中德竹编工艺厂、中德造船厂、中德霓虹灯公司、中德建筑公司、小三峡旅游开发公司等十几个子公司。一番折腾，一事无成后，他把公司改名为南德集团，从万县迁往重庆。

1989 年在南德公司"罐头换飞机"的超级"倒爷"项目成功之后（其实也有疑点，这里存之不论），配合邓小平南方谈话带来的中国经济发展高潮，牟其中的躁狂症再一次大爆发。他一边配合、怂恿或者雇用各路写手为自己写报道、写传记，"商海巨子""一代儒商""大陆首富"之类，各种造神手段，无所不用其极，一边开始自欺欺人、自我催眠地迷醉在自己制造的光环中。1992—1997 年，梳着一副大背头，双手叉腰，作指点江山状的牟其中，周游各地，推出一个又一个令人瞠目结舌的宏大项目：发射卫星、开发满洲里、制造超级芯片、投资陕北，在喜马拉雅山上挖一个缺口，引入印度洋的暖湿气流，改变中国大西北的气候……这些项目，最好的结果是"打打嘴炮"，不了了之，最坏的情况是一地鸡毛，形成巨亏。例如，卫星项目亏损约 3000 万美元，是"罐头换飞机"项目利润的好几倍。本小底薄的南德公司哪里经得起这些折腾，眼看资金链就要断裂，牟其中铤而走险，走上了信用证诈骗的不归之路，一眨眼的功夫，"首富"变成"首骗"，门生弟子星散，新朋故交翻脸，从前逢迎得最勤快的，现在翻脸也翻得最快，还好，至少还剩下红颜知己与自己相守，"愿得一佳人，白头终此身"。男性躁狂症患者往往很容易吸引女性，反过来讲，荷尔蒙的驱动，身边红颜知己的歆慕眼神，是这类企业家走向自我造神之路的一个重要因素。

知名地产公司老总 D 某应该也是一个躁狂症的好例子。D 出身江苏海门农家，先后考入人民大学和五道口人民银行研究生部就读，应该说是名门正派。1987 年他从五道口毕业后，碰到了中国金融市场发展的最好年代，很快在股票市场上赚到了第一桶金，开始进入地产业，在浦东世纪公园旁边拥有诸多黄金地块，按说，天时、地利、人和，他没理由不成为中国最优秀的开发商。然而，性格即命运，他的躁狂倾向一次一次地拖了他的后腿。

第一次，浦东政府某部门开会，D 参加会议，居然以一种非常倨傲的姿态，介绍他自己："我就是从 0 做到 100 亿的 D 某某!"云云。这个细节是政府某官员向我转述的。我估计是会议的接待流程、发言次序等细节让他不爽了。不管这样说的背景是什么，他的原话是什么，圈内这样的转述，说明已经对他造成伤害了。

第二次，引发外滩地王案。D 在某论坛上称，中国房地产，还只是一个青少年，前程远大。2010 年，仅有 5 亿元现金的 D 以 92.2 亿元的拿地成为外滩地王。后来为了解决资金问题，一女二嫁，把 50% 的股权卖给郭广昌，50% 的股权卖给潘石屹，引发了两大豪门的一场大官司。D 在微博上表示他们"能从外滩项目顺利撤退，已是最大成功"，全然不复当年拿地时的豪言壮语。

第三次，最富戏剧性的是第三次。2010 年，我请秦晖老师讲座，同事协调，放在 D 旗下的一个俱乐部举办。秦晖老师是国宝级的学者，东道主真要是读过几本书的人，礼节上还是会讲究一下，老师来时，站在门口迎一下，或者讲座结束时，邀请老师一起吃顿饭之类。D 两者都没做，而是让他的下属抬了一个估计是他专用的硕大的硬木雕花宝座，放在会议室正中间。讲座中途，他来了，没头没尾地听了一会儿，又走了，留下那个硕大的宝座，兀然矗立在会议室中间。

2013 年，D 突然宣布要投入巨资在南非约翰内斯堡附近开发一块 20 万平方公里的土地，大约是上海面积的 30 倍，要在那里打造非洲的陆家嘴，再造一个浦东。3 年后，D 在南非颗粒无收，弹尽粮绝，决定赔本退出该项目。此前，为了筹措资金，D 已经被迫把自己和女儿持有的起家的房地产公司股权都出售了。

秦晖老师是堪称百科全书式的学者，他的各个研究领域中，有一个与 D 的项目最有直接关系：南非研究。21 世纪初，秦晖老师刚从陕西师范大学调到北京，单位安排的周转房是十几平方米的筒子间，十几个南非记者涌进他满地是书的房间，采访他关于南非局势的最新观点。他关于南非 "低人权竞争优势" 的理论，历史已证明，极富洞见性和前瞻性，基本预言了南非政改以来的超级大萧条。如果 D 那次请秦晖老师坐一坐，与他成为朋友，在投资南非之前，听听他的意见，也许就不会有后来身败名裂的尴尬了。

最牛的人是有本事，没脾气；最烂的人是有脾气，没本事。有躁狂之症，无躁狂之才，是有躁狂倾向的老板最大的风险。没有清醒的自我觉察和自我认知能力，躁狂容易成为企业家领导力发展最大的瓶颈，好的团队自然无法建立起来；没有好的团队，多优越的条件、机会、资源，都无法变成商业上的成功。D 早年的主要创业伙伴，是我在中欧国际工商学院的学生，后来单干，本分踏实，做成了不少项目，赚了不少钱。如果他能继续与 D 搭班子，也许能避免后来这些离奇的肥皂剧。当然，鸟择树而栖，他下决心离开 D，多半也是已经看到了这些无法克服的问题带来的风险吧。

不受控制的控制狂

中国老板人群中，最常见的一种人格障碍是控制狂（control freak），属于焦虑-恐惧型人格障碍中的强迫型人格障碍（obsessive-compulsive personality disorder），他们有很强的自控能力，关注细节，有恒心，可信赖。这些本来都是美德，走向极端后，他们僵化、教条、完美主义，情感堵塞。他们事无巨细，事必躬亲，喜欢一竿子插到底，经常恨不得每一个螺丝都拧开来，每个抽屉都打开来看看，首当其冲的代价是迷失在细节中，大局（big picture）无人照看，最重要的事，反倒没人去管。更沉重的代价是身边的人逐渐丧失责任感和进取心（反正最后是你来决定，我下那么大力气做什么），而有责任感和进取心的、有一定才华的人，看清楚局面之后，会在第一时间选择离他们而去。

情绪层面，控制狂型的老板也会给组织带来很大的负面影响。这种老板往往是工作狂，不需要休闲和友谊。他们经常摆着一副扑克牌脸，严厉、冷酷、苛刻、固执、吝啬、专横；他们忽视人的情绪和对情感的需求，通过把感情从思想中分离来制造与下属之间的等级感、距离感与疏离感。楚王好细腰，宫中多饿死。老板这种情绪状态会在组织内得到复制和放大，企业渐渐充满一种有毒气体，大家普遍诚惶诚恐，谨小慎微，怕出错、怕冒风险、怕承担责任。

心理学家认为控制狂往往与幼年时期父母对孩子要求过严，惩罚过重的养育方式有关。中国传统养育方式的家长制作风、对死记硬背的强调、喜欢拿孩子与其他人攀比的做法，都很容易给孩子埋下强迫型人格障碍的种子。一些心理学家认为，训练孩子上厕所的做法非常关键。中国传统婴儿养育方式不用尿不湿，定时端屎端尿的做法，也会加大儿童的焦虑，增加他们发展为强迫型人格障碍的可能性。

中国老板人群中各种大大小小的大家长式控制狂的案例数不胜数，非常富有戏剧性。娃哈哈的宗庆后是其中一个例子。据报道，年营业额500亿、3万多人的公司，他自己担任总经理，连一个副总都没有；他以独裁和专制为荣，很长一段时间内，公司买一把扫帚都要他批条；他每天要批无数报告，连上飞机，都带上厚厚一摞要批的报告；早上无数人找他汇报，秘书为了避免矛盾，只好给大家排队发号。

一篇澄清性的报道，为了说明宗庆后授权程度，非常反讽地列举了向他直接汇报的 200 个员工的组成：1）各个业务板块的高管；2）80 多个生产基地负责人；3）各分公司总经理；4）十几个部长；5）十几个省级经理；6）一些关键岗位上的人员。

独裁和专制的结果是，娃哈哈在童装、奶粉、白酒、商业地产等方面的多元化努力一而再、再而三地失利；连老本行饮料，都被普遍认为品牌和产品老化，"太土"，销售额在过去几年下降了近 1/3。再加上宝贝独生女儿隔三岔五地冒出几句雷人的话，让人担心这个班她将来怎么接，1945 年生人的宗庆后未来的日子，实在不怎么好过。

长沙远大公司创始人张跃是另外一个控制狂的例子。张跃信奉军事化管理。所有新员工，无论职位多高，入职之前，都要接受一段时间严格的军训，挺军姿，走正步，半夜拉练。他坚信制度的力量，认为即使是制度出了问题，也是制度不够细致、不够完善的问题，所以远大的制度多达 292 份，1983 条，7000 余款，50 多万字。从工作到生活，几乎无所不包，例如：远大城里，无论男女，都必须穿蓝色制服，裤腿上印着他们的工号；两个以上员工在厂区走路，就要走队列；"每天刷牙两次，每次 5 分钟"……

媒体以吹捧的口吻披露了他的几个强迫症倾向的行为。上海世博会期间，张跃发现远大馆的餐厅桌子上总是微微泛着一点油光，工作人员说，这根本不可能彻底擦干净。张跃叫人去打一盘水，拿了纸，自己擦，一边擦，一边告诉服务员擦干净的方法，同时还微微俯身，侧看是否还有油光。

如果这个例子还可以往"完美主义""工匠精神"的方向靠，另外一个例子几乎让人生理上都有些不适感了。一些专家和企业家到远大馆参加论坛，会后张跃邀请大家到远大馆的有机餐厅吃饭。宴席上的菜量明显超过了需要的量。自诩环保主义者的张跃当着客人的面，把经理骂了一顿，然后郑重其事地告诉客人们，远大有一条明确的规定，"吃饭不能剩下一粒米"，然后开始猛吃。客人们不得不甩开肚子，把满桌子的饭菜都吃了下去。

值得关注的是，张跃出身于一个军人家庭，从小父亲对待孩子就非常严苛，符合心理学家关于控制狂的起源的分析。张跃还有非常明显的躁狂症和某种程度的自恋症倾向，下文我们再具体分析。在这样一个老板的带领下，可以想见远大公司的发展有多困难。二十多年前，他们已经靠直燃式空调建立了一定的行业地位，有一二十亿的销售规模，张跃已经以中国第一批购买私人飞机的民企老板的身份名声大噪；当时的三一重工的梁稳根他们，还在倒卖簸箕、竹笋之类土特产；二十多年后，三一重工规模都已经上千亿了，远大好像还是一二十亿的规模（查 2015 年《湖南企业百强榜》，没有远大公司）。

强迫型人格障碍的一个较弱版本是中国企业盛行的军事化管理。军事化管理看起来非常高效，最大的缺点是老板周围都是唯唯诺诺甚至阳奉阴违的奴才或小人，在关键时刻，没人敢唱反调，甚至没有人敢发声。《杀戮与文化》* 这本书里，详细地论证了为什么讲究民主、平等、尊重个体的西方文化是西方军队战斗力的最根本的源泉，这种文化如何在诸多重大历史关头，战胜了看起来效率更高的讲究统一、权威、服从命令的东方专制文化。公司层面，这个逻辑同样适用，甚至更严重。

　　某著名地产大亨 W 近年来深陷旋涡，与他长期军事化风格管理是分不开的。几年前，他前后几次接待国外某大学代表团，我全程都在场。他照例被身边四五个西装笔挺的高管围着，有意思的是，不管是在谈判桌上还是饭桌上，几乎都是 W 一个人说话，高管们只有在被 W 问到的时候，才会开口发言，提供一些细节。这次碰到麻烦，圈内人主流意见认为，除了当局面临的资本外逃的巨大压力之外，真正的起因应该是他在哈佛大学的讲座中的大放厥词。如果当时他身边有专业人士提醒一下，这种场合中，什么问题可以说，什么问题碰都不能碰，分寸感应该还是能够把握好的。可惜，在他长期军事化风格管理之下，大树底下不长草，谁也不会多说一个字。眼看着老板一张嘴，把公司拉入一个黑不见底、不可描述的泥潭。

自带光环的自恋狂

　　自恋型人格障碍患者夸大自我的重要性，经常表现出傲慢

---

　　* 维克托·戴维斯·汉森：《杀戮与文化》，社会科学文献出版社，2016 年 4 月。

自大的行为或态度；他们行为风格夸张而富有戏剧性，持续地寻求别人的关注和赞赏，虽然另一方面，他们又非常轻视别人；他们坚信自己是独一无二的，只有特别的、地位高的人或机构才能理解他们；他们有很强的特权意识，例如对待遇的不合理期望，期待其自动实现；他们嫉妒心强，缺乏同理心，不承认或认同他们的感情或需要；他们在人际关系上非常务实和势利，把别人当工具利用的时候，没有任何内疚或反省；他们认为自己很完美，没有提高的空间，对他人的批评意见往往有强烈的情绪化反应。

自恋型人格障碍患者往往是男性（女性对应的人格障碍是表演型人格障碍，与自恋型人格障碍的最大区别是，她们依赖和重视别人，也就是观众，尤其是男性观众的观点），在老板人群中比例很大。是否属于自恋型老板，多大程度上属于自恋型老板，有很多判断依据。宾州州立大学的 Donald Hambrick 教授与同事研究美国的自恋型 CEO，用一些客观指标来衡量 CEO 的自恋程度，例如，公司年报中 CEO 照片的大小、公司新闻提到 CEO 的次数、财经名人录中对 CEO 介绍的长度、新闻采访中 CEO 用"我"（而不是"我们"）的次数、CEO 薪水与公司排名第二的高管薪水的比例等。

一个有意思的观察点是，中国特别不修边幅的老板，是控制狂的概率大；特别喜欢打扮，一丝不苟、精心设计的老板，属于自恋狂的概率比较大。"要想俏，一身孝"，中国企业圈子有几个喜欢穿着一身白衣服出场的老板，属于自恋型人格障碍的可能性非常大。一个是黄光裕。黄出身潮汕穷苦农村，无根无柢，也没有受过什么正式教育，以国美电器暴富之后，很享受人前风光的感觉。他 2004、2005、2008 年三次成为胡润榜"首富"，也是他这种性格的一种表现（很多富豪要求不要上榜，或者至少不要排第一）。网上能找到的黄的照片，基本都是精心设计的亮相，头发、衣服、领带一丝不苟，包括传说中白西服加白鞋的打扮，果真是风度翩翩、白衣飘飘一少年的形象。风口浪尖的一段时间，黄剃了一个光头，更显得霸气无限。

第二个一身白衣出场的老板是史玉柱。史玉柱其貌不扬，但很爱表现。他的主业一个是脑白金，一个是《征途》，不要说其他行业，就是保健品行业和网络游戏行业本身，很多人都对之有看法。但这拦不住史玉柱一身白衣服出来到处做创业导师、收徒弟、写微博。他当年受虚荣心驱使，把巨人大厦从 18 层加到 72 层，通过脑白金挣到钱之后，在《解放日报》打整版广告："史玉柱真的重新站起来了。"仔细思考，其实都是典型的自恋行为。

当然，传统企业人的自恋，与互联网泡沫高峰期的全民自恋狂潮相比，就相形见绌了。这一轮自恋，有资本力量在背后推波助澜，有各种互联网理论背书，有各种论坛和自媒体的畅通渠道，手段翻新，花样繁多，登峰造极，令人有目不暇接之感。虽然有一些老江湖是逢场作秀，抓点关注度，省点广告费，但总体而言，整个互联网泡沫都洋溢着浓郁的自恋气息。风水流转，流派迭出，你方唱罢我登场，先后有餐饮系列（如雕爷、赫畅、张天一等)、"90 后"系列(如马佳佳、余佳文、王凯歆等)、媒体人系列(如罗振宇、吴晓波、樊登等)、创投人系列(如徐小平、李开复、薛蛮子等)、海归系列(如陈欧、刘自鸿、汪健等)等等。

自恋怎么了?乔布斯不自恋,能有苹果的成功吗?有人可能会如此反驳。如果自恋能提高公司绩效,自恋确实未必是什么坏事。前述 Hambrick 的研究发现,CEO 自恋程度与绩效没有直接关系,但是,自恋程度高的 CEO,因为倾向于采取更富有戏剧性的、更吸引眼球的冒险战略,导致公司的绩效更容易大起大落。从投资的角度看,即使公司绩效均值不变,但因为绩效的方差变大了,公司的总体价值其实还是受损的。所以,老板太自恋,爱作秀,甚至不务正业,该公司的股票,基本可以卖出了。

还有一点值得一提,大多自恋型的老板一表人才,说话头头是道,散发着巨大的性魅力,所以,他们在公司内外,往往有不少女性崇拜者。有些老板,在组建管理班底的时候,很善于利用这种性魅力,把自己的忠实崇拜者安排在主要管理岗位上。传统行业不论,中国互联网界,女性主政甚至上演后宫肥皂剧的例子就有很多,仔细对照,基本都有一个"教主"级别的自恋型老板在背后,就是这个逻辑。后宫佳丽三千,宠爱在我一人,老大是爽了,至于企业的发展,就不能有什么指望了。

忽悠大师的功夫

中国特色的人际关系和政府运行体制导致道德和法律基础

上行为规范的双重不确定性，所以，在中国企业界，过度销售、侥幸促成和蓄意行骗之间的界限非常难于分清。中国近年流行的"忽悠"这个难以翻译的词反映了这一点。说一个人能忽悠，有可能是说他很有说服力、鼓动力和煽动力，也可能是说，这个人，就是一个彻头彻尾的骗子。这里我们描述的是更接近后者的一种现象，但也没有一条非常明确的界限，如人饮水，冷暖自知，只能靠大家自己在实践中去把握。

处心积虑行骗的骗子，应该属于戏剧化情绪人格障碍中的反社会人格障碍。与较低端的反社会人群即街头罪犯通过暴力攻击别人获得快感相比，他们通过玩弄基本的社会规范和价值观来获取物质利益和成就感。他们内心冷酷无情，在需要的时候，可以表现得非常优雅和有教养，直到他们得到他们想要的，或者相反，无法得到他们想要的，他们就会恢复本来面目，变得无礼和傲慢。

中国企业界这方面最臭名昭著的是号称中国"首善"的"标哥"陈光标。企业界的各种各样的骗子，最核心的骗术，是吹嘘自己有多成功，多有钱。这个吹嘘，不是《三国演义》中，三五万人号称拥兵十万，而是直接在后面加 N 个零。陈光标在这方面也不例外。《财新》报道，他自称江苏黄埔公司 2009 年营业收入 103 亿，利润 4.1 亿。工商年检报告显示，从 2003 到 2010 年，江苏黄埔税后利润都是负数。2011 年终于赢利 17 万，与他声称的利润相比，相差超过 2400 倍。

"标哥"更为彪悍的地方是一不做，二不休，干脆直接造假。"标哥"接受《财新》记者采访时出示 2007 年青海玉树教育局给他颁发的荣誉证书，感谢江苏黄埔公司捐献光彩小学 46 所等。记者向光彩事业促进会求证，一所都没有查到。后来"标哥"与自己的拍档闹翻，公安机构介入，搜获了 180 枚各类假公章，包括慈善机构、政府机关、合作公司、法院和学校等，甚至还有一台刻章机，真相才算大白。

这么明目张胆地行骗，"标哥"哪来的胆子？他自然不糊涂。他行走江湖的护身符是各种官媒报道、政治荣誉和高层关系。公开资料显示，陈光标担任过江苏省政协委员、南京市人大代表、全国工商联执委、中国致公党江苏省委常委、中国光彩事业促进会副会长、中国国际商会副会长、江苏省红十字会副会长、江苏省慈善总会副会长、江苏省青年商会副会长等社会职务，曾被授予"全国抗震救灾英雄模范""全国五一劳动奖章"等荣誉称号，曾连续四年获得"中华慈善奖"，2008 年 12 月更被授予"中华慈善奖特别贡献奖"等。如果不是某高官 2014 年戏剧性倒台，"标哥"的彪悍人生，继续"不需要解释"。

另外一个来自江苏的号称资产万亿的严介和，也是谜一般的人物。《财经国家周刊》报道，太平洋建设集团在全国拥有号称万亿协议投资规模的 BT 建设项目，营口 500 亿，葫芦岛 300 亿，昆明 100 亿等。知情人爆料，昆明只有几条路，估计有 10 亿左右，严介和坚持必须签 50 亿，最后一揽子打包，签了 100 亿，对外讲时，又变成了 300 亿。这样"放卫星"，目标是"割韭菜"。他在全国开展"华佗论箭"论坛，招收老板弟子，忽悠他们缴纳少则几十万，多则上千万顾问服务费，加入他的所谓"郑和舰队资本国际集团"，一起承建这些 BT 项目。结果自然是一地鸡毛，这些弟子只好轮番蹲守在西三旗桥东空军军械厂大院内"华佗论箭"组委会的办公地点，要求退费。华佗是割肉的高手，郑和干脆就是自宫的太监，这两个名字起得真是高，真是高。

我自己经历过的一件事，值得在忘记之前记下来。W 号称"中国铜王""安徽首富"，主要从事以铜为原材料的电缆电线等电子产品的生产和销售，据说规模有上千亿。我在美国某著名大学任职期间，经朋友介绍，在昆明的一个"中国企业 500 强"发布会见到他。W 在昆明洲际酒店租了一个套房，男男女女助理四五位，排场很大。W 个子不高，头发不多，乍一看很敦厚老实的样子，但衣衫精致，口齿利落。W 告诉我他正在安排见云南省委书记谈一个很大的投资项目，很爽快地表示对与国外某大学开展合作有很大的兴趣。

6 月该大学校长一行到成都参加《财富》论坛，与 W 见了面，双方谈得很好，校长送了他一幅很精致的名画复制品《乔治·华盛顿渡过特拉华河》。7 月，W 的公司以 1866 亿人民币营收首次进入《财富》杂志 500 强名单。校方派负责筹款的一位副校长到深圳来推进合作。W 带副校长参观他的摆满红木家具的办公室，告诉客人，这一个柜子值多少钱，那个案台值多少钱，老外听得直咂舌。办公室整整三面墙，都是他与各种高官、各路名流的合影。第二天，W 安排我们会见深圳某区的书记和区长，大意是准备让某大学与他的公司合作，在某区拿一块地，做教育科技产业园。席间 W 说了一通关于他公司将如何进军芯片产业的计划，我听了心里直打鼓，感觉他说的都是外行话，有点把芯片当薯片了。我纳闷的是，深圳的官员，都是见过世面的，这种水平的话，他也敢说？午餐招待会上，他说了一大套手机段子形式吹捧中国官员多么优秀多么重要之类的话，听了直让人脸红，我开始上网查所有我能找到的 W 和他公司的材料，可惜信息很少，基本都是同一两篇软文，转来转去。

10 月 W 派助理到某大学洽谈，写了一封热情洋溢的信，承诺一笔大额捐赠，邀请校长到深圳来签订意向书。12 月校长应邀来访。签字仪式上，与上两次相比，W 显得不太热情。他讲话中提到自己毕业于南京大学，我吃了一惊，因为这与我们事先了解的他毕业于南京某中专学校的情况不符。美国人把信用看得很重，这种事，是不能乱说的，校方一个简单背景调查，就有可能出事，而且校长本人与南京大学很熟，曾是著名的南京大学-John Hopkins 中心负责人。签完字，他安排我们去他办公室旁边的别墅参观，上次送他的名画，加上一行字"美国某大学校长某某敬赠"，已经赫然放在屋子壁炉上方最显眼的地方。

然后，就没有然后了。上海一个从事相关产业的朋友提醒，这家公司来路不明，还是小心为好。另外一个朋友提醒，铜的单价高，他们公司的营业额，估计一大半都是贸易额，甚至是靠自己对倒做出来的。几年来，虽然他的公司还在《财富》500

强名单上，但网上也逐渐有了很多关于"W 大忽悠""某公司大骗局""W 跑路"之类的消息，认为他的业务模式就是先"放个卫星"，然后到各地去圈地。他的助理也离职了。我见他仍然热衷于出入各种企业家社交场合，乐于在人前背诵各种手机段子和《老子》中的某些段落。

从领头人到组织

上文介绍了躁狂症、控制狂、自恋症、反社会四种人格障碍。有意思的是有的老板兼有几种人格障碍的特征。张跃不仅是控制狂，同样有躁狂的倾向，例如 2013 年 7 月，他宣布花 10 个月时间，在长沙建设一栋 838 米高的大厦，一举超越迪拜塔，成为世界第一高楼云云，最后不了了之，成为业界笑话。张跃虽然个子矮小，其貌不扬，却还有自恋的倾向。他小学美术老师出身，却长期在公司内外以达·芬奇再世自诩。又例如，"标哥"不仅是骗子，而且明显有躁狂倾向，从砸奔驰、扮雷锋，到垒现金墙、卖空气罐，调动媒体如走狗，几乎没有一刻消停。

领头人的人格特征很重要，原因很简单，领头人的人格特征会变成整个组织的特征。他们的神经质特质会扭曲他们对人对事的看法，强烈地影响他们的目标设定、决策风格和人际互动模式。组织关键成员的神经质风格会决定组织各个层级散布什么"共同幻想"，组织文化什么色调，组织适应什么风格，进而强烈影响有关战略和结构的决策。INSEAD 的 Manfred Kets de Vries 教授是这个研究领域的集大成者，有十几本专著，他总结的五种神经质组织的特征见表 2.1，供大家参考。上文我们讨论的控制狂大致对应强迫型，自恋狂大致对应表演型，领头人狂躁的结果是身边明白人的无奈和认命，对应的组织类型为淡漠型。

中国企业家人群各种人格障碍出现的比例之高，其所受的人文教育基础薄弱是一个重要原因。在这方面，西方的自由教育、博雅教育传统，非常值得我们学习和借鉴。这方面，曾任清华大学和西南联合大学教务长的著名民国社会学家、教育学家潘光旦的一些见解非常深刻。他认为，人的教育是"自由的教育"，培养的目的，是让大家最终成为"自由的人"。

何谓"自由的教育"？就是说，这种教育不是教师"施"的，不是被学生"受"的，自由的教育只能是学生"自求"的，教师只应当有一个责任，就是在学生自求的过程中加以辅助，使"自求"于前，"自得"于后。"大抵真能自求者必能自得，而不能自求者终于不得"，所以，培养学习兴趣、激发学习动力是"自由的教育"的精义，只有这样，教育才能真正进入"自我"状态。所谓"自求"至"自得"，便是水到渠成了，自我便达到了教育的目的，成为真正"自由的人"。

何谓"自由的人"？潘光旦用先秦的一句老话概括了这种"自由的人"：自知者明，自胜者强。"自知"就是西方人所说的"认识你自己"；"自胜"就是"战胜你自己"，能控制自己的思想、情绪和欲望。如潘光旦所言：一个人认识了整个世界，全部历史，而不能认识自己，这个人终究是一个愚人。一个人征服了世界，征服了全人群，而不能约束自己的喜怒爱憎，私情

表 2.1 五种神经质风格及其组织特征

	偏执型 Paranoid	强迫型 Compulsive	表演型 Dramatic	抑郁型 Depressive	淡漠型 Detached
特点	多疑、不信任别人； 过度敏感与警惕； 感觉到威胁，就采取反抗行动； 在乎别人的背后动机和言外之意； 注意范围狭窄； 冷静、理性、不易动感情	完美主义； 过度关注细节； 坚持把自己做事方式强推给别人； 与别人的关系多是支配服从式； 主动自发； 不能放松； 细致、教条、固执	自吹自擂； 情绪过分外露； 总想吸引别人注意； 好动、渴望刺激； 不能集中注意力	内疚感、无价值感、自我谴责； 无助感和无望感，觉得受制于环境； 清晰思考能力下降； 兴趣和积极性丧失； 不能体验快乐	超然、退缩、不参与、疏远感； 缺乏热情和激动； 不在乎批评和赞扬； 对现在和未来未缺乏兴趣； 外表冷漠、不动感情
幻想	我能信任任何人，要永远保持警惕	我不想受制于他人与环境	我要让别人觉得我很棒	我的人生很糟，无望，改变	我离别人远点，尽量独处才比较安全

续表

	偏执型 Paranoid	强迫型 Compulsive	表演型 Dramatic	抑郁型 Depressive	淡漠型 Detached
危险	为了证实自己的怀疑，不惜扭曲现实，永远在防御，没有自发行动能力	内部导向，不关注外部；看不到全局；因怕犯错而逃避决策，拖延，太依赖计划和规则	情感肤浅，易受暗示；喜欢凭"预感"做事；经常小题大做	过度悲观；很难集中注意力专心工作；优柔寡断，拖拖拉拉	因为依赖需要受挫，封闭内心；变得迷茫或者好斗
组织潜在优点	非常了解组织内外的威胁与机会；通过多元化降低市场风险	内控精细，运营高效；营销战略整合良好，焦点清晰	冲劲十足，容易过度；艰难的创业期；有些想法能振奋组织	内部流程高效；战略聚焦清晰	中层经理参与度高，不容易出现一言堂
组织潜在缺点	战略不清楚，不能始终坚持；人人自危，没有安全感，不敢憧憬未来	战略与结构没有适应变化的能力；官僚主义严重；各级管理者心怀不满，没有主动性	战略多变，无法长期坚持；盲目危险的扩展，导致资源源紧张；中层经理无法发挥作用	战略与组织停滞不前；产品老化严重；管理阶层暮气沉沉	领导真空；战略容易摇摆；争权夺利，内斗严重，阻碍合作；互相怀疑

物欲，这个人终究是一个弱者，弱者与愚人怎配得上自由？"自知"，不是一下子可以完成的，而是贯穿在受教育者的全部学习过程，在这个过程中，教育教人认识自己，尤其认识自己在能力上的限制；"自胜"也不是一劳永逸的，而是长期的磨炼，这种磨炼尤其体现在日常的一些小事情上，靠的是一个人内在精神的力量，即指人的自我控制力，那种在各种欲望的躁动中约束自我、控制自己的力量。这种力量不是先天具有的，往往是在一个人的青年期教育中通过不断战胜自己培养起来的。

人生最难攀登的高峰是自我。企业家们赢得了整个世界，丧失了自己，又有什么意义呢？时时刻刻保持一种"精觉明察"的自我觉察能力，首先认识自己，然后战胜自己，在这一过程中完成对自我的培养。让自我成为一个健全的人、完整的人，自强不息，止于至善，才是我们一生最大的企业。

二 实业家、投资人与寻租客[*]

　　某知名投资人在朋友圈晒图，在酒店碰到了曹德旺，颇有些激动，破例找他合了个影。投资人自己也是身家不凡、见过世面的成功人士，我想这份激动当中，有一部分是他对曹德旺实业家身份的尊重吧。这几年，风气有些转变，大家不再简单地以身家论英雄、以资产大小排座次了。对那些真正脚踏实地，以手抵心，扎扎实实创造产品和服务的实业家群体，人们有了更多发自内心的尊重。可能大家都知道，宏观经济和国际金融形势起起落落，中国经济能保持今天的一个基本面，更多靠的是这个群体中流砥柱般的支持吧。

　　我曾经用过价值创造和价值转移的概念分析中国商业，前者是真正的企业家，一点一滴、从无到有地为社会创造价值；后者主要是通过各种巧取和豪夺的方式转移他人创造的价值，包括官商、盗商、官盗商等子类别（《夹缝中的中国商业精神》）。张维迎把企业家分为套利型企业家和创新型企业家，套利型企业家靠市场上的信息不对称挣钱，自有人类社会以来，就有这种企业家；而创新型企业家专注于产品和服务的创新，

---

　　* 2017年10月12日首发于领教工坊公众号。

对制度环境则有更高的要求。

价值、资源与租金

综合这两个框架，可以把做企业的人分为三大类：价值创造、资源占有和权力寻租。价值创造的关键词是价值，创造客户需要的价值。价值创造离不开企业的效率水平和创新能力，两者都需要企业持之以恒地在管理上下大功夫，找到一种最有效的方式运营人力资源来创造客户价值。价值创造对应实业家群体，是一个国家经济发展、社会进步最重要的动力。狭义的企业家，主要是指这一群体，包括我们平时说保护企业家、保护企业家精神，主要是针对这一群体而言。

资源占有的核心词是资源，主要靠先下手为强，低买高卖、囤积居奇挣钱。作为市场价格发现机制和资源配置机制的一部分，他们也有创造价值的部分，但也不能完全与企业家群体相提并论（如果他们同时涉及传统的贸易、物流和零售，价值创造的部分就更大一些）。资源占有对应偏投资性的企业家群体，广泛分布在投资、证券、矿产、地产、收藏等领域，其他例如管制程度比较高的行业依法获得的牌照，也属于一种典型的资源；出身于较高的社会阶层，拥有别人没有的社会地位、特殊人脉、信息渠道，也属于一种资源。虽然在逻辑上，占有资源不影响创造价值，但以资源占有为核心的企业一般都不擅长于创造价值。

权力寻租的核心词是"租金"，本质上是依靠各种合法或者不合法的手段，把别人创造的价值和占有的资源转移过来。合法的租金首先是税收。中国实业企业这些年越来越难过，企业家群体压力越来越大，很大一部分原因是"第一税务局"之外，又有了"第二税务局"（金融、土地）和"第三税务局"（电力、能源）等，各种费用交了一重又一重，还是得不到完全的保护。例如，2017 年上半年，26 个行业的利润总和 7779 亿元，才相当于银行业的利润 7746 亿元，如果加上非银金融机构，整个金融业的利润则是 8927 亿元（引自 Wind 资讯），远超其他所有行业的利润总和。

当然，包括零售银行业在内的各种垄断或管制行业，也不是没有价值创造的成分，但价值创造在这种程度的超额利润中，能占多大比重，"租金"又占多大比重，相信大多数人心里还是能做出自己的判断的。这些行业，虽然也会出现一些有企业家精神的领导人，内部管理上也有不少亮点，但总体管理水平，平心而论，还是不能跟其他充分竞争行业相比的。我去给传统银行授课时，他们的高管也喜欢大叫"竞争越来越激烈了，生意越来越不好做了"之类，希望他们看看这些数字，真正理解什么叫生意不好做。

中国黑社会不成气候，不合法的"租金"主要是通过各种官商勾结、权钱交易、黑幕操作而获得的超额利润。改革开放初期，价格双轨制阶段，特权人士还费老大劲倒腾各种原材料，冲着手中的"大哥人"（90 年代初的手机）大喊"我这里有三千吨钢材"之类；然后是倒腾项目、土地、贷款，稍微省点劲；最后发现，好像倒腾什么都比不上倒腾股票和保险之类省力气，几个公章，就是几十亿上百亿的暴利，好吃不如饺子，舒服不如躺着；这么绿油油的韭菜田，我不收割谁来收割。所以，根据最大省力的杠杆原理，这些黑幕慢慢就集中到上市过程、万能险几个领域上面去了。最近爆出的几起高层腐败案，数字大到触目惊心，都与这些有关。

《追风筝的人》里的主人公阿米尔的父亲小时候教导阿米尔，人世间的罪只有一种，那就是偷。盗窃是偷；杀人相当于盗窃别人的性命，也是偷；通奸相当于盗窃别人的妻子，也是偷；哗众取宠、沽名钓誉相当于盗窃本来属于别人的名声，也是偷。第三类做企业的人，通过黑幕交易获得本来属于别人的财产，本质上就是偷。所以，同样是做企业，第一类是实业家，第二类是投资人，第三类姑且叫作寻租客（rent-seeker），本质上其实就是盗贼。

吴思老师用草原上的羊和狼来比喻中国历史上的价值创造者和价值掠夺者。羊多了，狼就来了；羊越吃越少，没有了足够的食物，狼的数量无法维持，也开始变少；狼少了，羊又变多了，如此循环不已。如果说创造价值的实业家群体是羊，各种依靠权力的寻租客是狼，汲汲于占有资源的投资人群体对应的也许是狐狸。狐狸不吃羊，比羊更狡猾，所以也不容易被狼吃。当然，如果草原上的羊都被狼吃干净了，狐狸也免不了最终被吃的命运。生态环境恶化，狐狸往往最先觉察，前一段时间的移民潮，跑在最前面的大多是狐狸，背后也是这个原因。

暑假去了日本，印象很深刻。国庆假期我去了内地一个三线小城。景点的工作人员，一心一意地坐在那里玩着手机，问她话，她几乎头也不抬地应付一句，继续玩手机，与日本不论公私部门的任何一个工作人员的认真、尽责的态度，形成鲜明的对比。小姑娘眉清目秀，在日常生活中，估计也是一个挺讨人喜欢的伶俐孩子。论聪明程度，可能还比日本在类似岗位上的年轻人更强。为什么她会有这么一种态度？我估计，这种景点的工作，和其他所有吃财政饭的工作一样，在当地可能算是甜活，需要她家人走后门、拉关系才能安排。在他们的世界里，加入权力寻租阶层，是第一要紧的事。劳动神圣，人在工作的时候最美，这些属于羊的世界的道理，与她的世界是绝缘的。

从实业到投资

做实业和做投资（企业投资），貌似一以贯之，其实大相径庭。实业做得好的人，也许能转型做投资，但也很难。例如，段永平算是这一类别中的佼佼者，但他也坦承，做投资比起做企业来，还是要更难一些（《与中欧校友分享投资心得》）；反过来，做投资的人，回过头来把企业做得很好的概率更小，据我所知，古今中外，暂时好像还没有成功的案例。

为什么同时做好实业和投资这么难？我的理解，首先，实业是比慢，比笨，比谁比谁更扎实；投资是比快，比巧，比谁比谁更聪明，完全是两个相反的方向。不过，段永平推荐的巴菲特式的长线投资、价值投资，同样是比慢，比笨，比扎实。"不懂不做""买股票就是买公司"之类，强调的貌似是一些同样的东西。即使是同样的路数，为什么做价值投资还是要比做实业难？估计是钱在手上，痒得厉害，一般人实在是没有这个定力吧，一不小心，又回到比快、比巧、比聪明的路子上去了。

第二，做实业遇到了问题，可以用一系列的不同力度的方法解决。做投资遇到了问题，真懂行的人都知道，基本上只有一个办法：卖。一把手轻易不能换，风险太大；撇开原团队，自己上马，炒股炒成股东，投资投成老总，那更是业界笑谈；其他任何方法，老实说，有效是偶然的，无效是正常的。可以想见，做投资的人、投资的企业碰到了什么大麻烦，那真是豆腐掉进灰堆——吹不得也拍不得，心里不知有多煎熬，脑细胞不知要死掉多少。

第三，实业比的是团队，是组织，基本的方法论找到了，空间上和时间上都可以复制，既有 scalability（可扩展性），又有 sustainability（可持续性），逻辑上非常扎实。投资总体而言是比个体，比的是少数几个人，甚至一两个人的悟性，而且，这个"悟性"到底是什么，一百个人有一百个说法，"道可道，非常道"，个个说得比东方哲学还要更加玄乎其玄。所以，做实业成功的人，在投资上复制自己的成功很难；做一个投资项目成功的人，想在下一个项目复制自己的成功，同样很难。

很多做实业做得相对比较成功的企业家，到了一定年龄，喜欢成立一个控股公司，开始做投资，以为可以通过投资，复制早年自己成功创业的经历，成批量地制造好公司。这种做法，因为上述的原因，往好里说是一厢情愿，往坏里说是狂妄自大。例如，联想控股网罗了一干投行精英，风口浪尖，风雨兼程，投了近二十年，制造出了什么好企业？联想控股的最新市值 489亿港币，是腾讯市值 33435 亿元人民币的 1.5%，阿里巴巴市值 4532 亿美元的 1.4%。

投资外部创业者难于复制过去的成功，投资内部创业者更难。人群中同时拥有 entrepreneurship（创业精神）和 leadership（领导力）这两条"船"（ship）的人实在是少之又少，一家公司员工里，能够找到很多达到这个标准，可以成就大业的人的可能性，微乎其微，甚至可以忽略不计。所以，别的道理先不讲，光从这个角度看，海尔公司这些年大力推进的内部创业、创客平台的做法，实在是一条险路，如果不是歧路的话。2017 年 10月，青岛海尔市值 920 亿元，仅为同行业的美的集团 2881 亿元市值的 32%。如果不迷途知返，估计这个差距只会越拉越大。

张瑞敏的名言"没有成功的企业，只有时代的企业"，我理解他的本意是海尔要变革，努力跟上这个时代。这句话其实还可以理解为，属于海尔的那个时代，让海尔成功的那个时代，已经永远地过去了。作为一个研究管理的人，对柳张二人，我实在不忍心说什么刻薄话。人生如戏，该退场就得退场，退场的姿态，往往比进场的姿态更难。该退场时不退场，在场上越活跃，大家越是为他们干着急。

选准一个迅速发展的行业，一个蓝海，一个大金矿，一个够长的雪坡，然后十几年、几十年如一日地磨豆腐，比慢、比笨、比扎实，打造组织能力，打造核心竞争力，打造一架自动播种、自动浇水、自动收割的"永动机"，从 GE 到 IBM，从苹果到谷歌，从腾讯到华为，伟大公司都是这么做出来的。如段永平言，与投资的各种花式技巧相比，做企业的逻辑更简洁，路径更清晰，其实是更容易走的一条路。但为什么大家都不走这条路呢？或者走到半道，总想换路呢？你要问我，无他，偷懒而已。别忘了，偷是这个世界上唯一的罪，偷懒也是偷。

所以，"双创"高峰期，投出一两家独角兽的所谓明星投资人，到处赶场子，分享自己的投资经验的做法，其实是很滑稽的。如 Michael Lewis（著有《说谎者的扑克》《钱球》等）所言，在这个概率论统率一切的世界上，每一个成功的人，都应该心怀歉疚，感谢那些和他们一样聪明，却没有得到概率女神青睐的同行。把很大程度上运气带来的成功完全归为自己的眼光，自己的天赋英才，如果不是偷天之功，至少是不知深浅吧。这种不知深浅，迟早会把他们挣到的钱，全部耗光。

还有某些人提出所谓"企投家"的概念，鼓动一些江浙一带的小有所成的实业人放弃本业，跟他一起去搞投资，从这个角度看，不仅是不明智，更是不厚道了。如果他们有所敬畏，谨守不熟不投的原则，主要投资于同行业的上下游，还有那么一点点成功的可能，如果是醉心于跨界、颠覆、互联网思维之类，他们几十年攒下的那一点钱，估计很快就会灰飞烟灭了。每个实业人背后都是几百个上千个普通家庭，不知始作俑者，赚这种钱，于心何忍。

从投资到寻租

企业的神龛很小，只能摆一尊神。摆上客户这尊神，就摆不下权力这尊神；反之，摆上权力这尊神，就摆不下客户这尊神。世道艰难，扎扎实实做实业的，有时也会碰到需要向手握权力的人低头的情况，大家对此都理解；但真做企业的人，一般不会轻易越界，主动与权力勾结，往权力寻租的方向去走。容易走权力寻租道路的，往往原来就是偏资源占有型的企业。从资源占有到权力寻租，往往是一线之隔。一般人找到一点资源，靠嗅觉，靠速度，靠撕咬，来之不易；哪有权力那么舒服，把旗子往地上一插，直接一宣布，就可以把最好的资源占为己有。

判断一家中国企业是否在走权力寻租的道路，一般有几个线索。一、庞大的体量，突然冒出来，看不清楚它发展的路径和过程；二、创始人故作神秘，江湖上有很多关于他发家史的各种版本的传说（其实很多都是当事人自己主动散布出来的）；三、同时进入多个以资源和牌照为核心的不相关的行业。按这三条去找，包你屡试不爽。

最近贾某的连续剧引起了很多人的关注。明明是宫廷阴谋戏，却被很多吃瓜群众当作了创业苦情戏来看，男主角的超级演技，不得不让人佩服。其实 2013 年左右他甫一出场，我按照上面那三条对照一检查，基本都符合，对其就不再抱什么希望了。贾某最狡诈的是，2014 年他涉及山西高官案，明明是逃生海外半年，侥幸得以脱身，却有意无意把它包装成他有更深背景的剧情，让一部分以为这种背景奇货可居的投资人飞蛾扑火，从而给自己挖出一个更大的窟窿。那些把他当作创业英雄来崇拜的吃瓜群众，就更是不值一评了。真正的价值创造者，扎扎实实做实业的人，怎么会去结交那么多政府官员，怎么会有那么多的空壳公司，怎么会在财务报表上下这么大的功夫？

再讲一个正面的例子。华为进入手机业务前，一直很低调，江湖上很多人，都以为他们也是那种神神鬼鬼的寻租型企业。但是按照这三条标准仔细对照，其实都对不上。一、从小到大，他们的发展过程非常清晰；二、创始人因为性格的原因不见媒体，同事、客户、同行都了解，不是故作神秘；三、华为心无旁骛，只做电信设备制造业。

走上权力寻租的企业，除了极小一部分努力漂白的，结局基本上是已经预定的：靠山倒了，企业就倒了。看他起高楼，看他宴宾客，看他楼塌了。改革开放以来，大概每十年，就有一拨靠权力寻租发家的企业走上山穷水尽、日暮穷途的道路，实话说，老戏码演了一遍又一遍，大家都有点打不起精神去看了。"后人哀之而不鉴之，亦使后人而复哀后人也。"为什么不吸取教训？身家都百亿级千亿级了，为什么还要去走钢丝？道理很简单，这个游戏太刺激，玩的人上瘾了，过把瘾就死也行，欲罢不能啊。

最近打击的各种资本巨鳄，大家仔细对照，基本都属于寻租客，对于真正做实业和做投资的企业人，其实未必不是好消息。有关部门担心大家看不清楚，还专门出一个文件，也算是用心良苦吧。新政以来，因为宏观周期，经济确实不甚景气，但做企业的总体政商生态，还是有所好转，这一点我们还是要很清醒。当然，扎根中国之外，劳动密集型行业，要紧跟国际趋势到劳动力价格有竞争力的国家去布局；品牌和技术密集型行业，更要努力通过国际化购并，把握行业话语权，这都是以企业为使命的企业家分内应该做的事情。全球化时代，只有形成了一种全球化的网络灵活性（network flexibility），才能应对全球化的各种挑战，这里就不展开了。

脱实向虚？且慢！

我熟悉的一位深圳企业家，电缆生意做了几十年，没想到深圳地价飙升，厂区那块地转手一卖，居然远远超过了他们做电缆生意几十年利润的总和。她问我，是不是做个收租婆算了。我鼓励她，还是要努力继续做下去。实在找不到理由，只当是风水：没有这摊生意，哪来这块地，哪来这几十个亿？就算是为了子孙，守住祖传的风水吧。

我这半开玩笑的话背后其实有更深的道理。实业比资产、比钱更能传之久远。资产和钱都是物，不是生命体。实业企业、实业组织作为企业家创造出来的一个生命体，拥有它自己独立的生命力（从这个角度讲，企业家的地位仅次于上帝）。张謇说："天之生人也，与草木无异，若遗留一二有用事业，与草木同生，即不与草木同腐朽。"实业的最大好处是，它可以不与草木同腐朽。什么时代的人都要穿衣、吃饭、看病，中国做企业的环境再动荡，还是有同仁堂、全聚德、六必居等百年品牌，就是这个道理。

实业的这种持久性，如果加上家族宪法中确认的祖业不可变卖的原则和相应的家族信托安排，很大程度上能让后代们拥有一个相对更加从容、更加丰沛的人生。做企业的人，一辈子含辛茹苦，最后的关切点，往往是家族传承，这也是人之常情。与其传财产，不如传企业。做不了总经理，可以做董事长；做不了董事长，可以做大股东。"耕读传家久，读书济世长"，曾国藩给后代流下八个字：书（勤读书）、蔬（种蔬菜）、鱼（养鱼）、猪（养猪）、早（早起）、扫（打扫）、考（祭祀）、宝（善待他人），都是这种大智慧的表现。

相反，我也半开玩笑地嘲笑那些盲目跟风做投资的人，没有自己创造出来的有自己生命力的组织，不管挣多少钱，最后其实都是白搭。钞票上面不会印你的名字，所以，不管挣多少钱，要不败在"二代"手上，要不败在"二奶"手上，要不败在"二奶"的风水师手上，蝇营狗苟，何苦来哉。做实业的人是辛苦，但功不唐捐，能量守恒，上天都看到了，所以才自有上天的安排。

当然，行行出状元，最好的投资人赚到了钱，做公益回报社会，同样青史留名，贡献不亚于任何人。我调侃他们，一个原因也是这几年形形色色各种做投资的人实在是太多了，随便参加一个什么会，满坑满谷都是投资人，总有一种一个小提琴手面对十几个、几十个指挥的荒谬感。如果唯一的小提琴手受不了，也决定改行做指挥，那我们就没有音乐可以听了。没有好企业，投资人投什么？水有源，树有根，舆论层面，我们不再为做企业的人鼓与呼，就有点不公道了。

所以，不管东西南北风，咬定青山不放松，在最贫瘠的土地上，培育出最甜美的果实，用自己的汗水让荒漠变良田，沙漠变绿洲，塞北变江南的中国实业家们，实在堪称伟大。谨以此文，向伟大的中国实业家们致敬！

三 《包围学》导论

中欧东北校友会邀请我和杨鹏老师讲课。我讲完管理学习的困境后，杨鹏老师讲东北为什么会出现如今的困局。杨鹏老师从一个"权"字讲起。从字源看，"权"字就是左边一根棍子，右边一个缸子，意思是用暴力获取食物。权力本质上就是用暴力来获取物质的分配权。东北人对体制内工作的推崇、对国企的崇拜、遇事就要走关系的传统，本质上都是对权力的迷恋，与社会上动不动喜欢用拳头、用暴力来解决问题的"东北老大"的作风，看起来完全不同，其实是一个硬币的两面，是一回事。

他评论说，长期以权力为中心，围绕权力打转，会产生一种"权力-依附"型人格，这种人格与现代市场经济和企业管理等要求的"生产-贸易"型人格完全不一样，格格不入。东北企业的衰落、东北经济的下滑，都与这种权力-依附型人格有关。东南沿海发展得相对好一些的一个重要原因是，这里国有经济的比重低，大家自然都是生产-贸易型人格，必须自己土里刨食，平地抠饼。所以，如果不想办法缩小政府和国有企业在东北经济中的主导地位，东北的问题，只会越来越严重。

杨鹏老师点评说，肖老师刚才提的三个"管理之谜"，老板们为什么不做一对一，为什么不分享股权，为什么身边人成长不起来等，本质上都是"权力－依附"人格在作祟。老板要的就是臣服，要的就是你对我磕头，他才不愿意去做什么一对一呢。生产－贸易型人格不一样，只要有利可图，只要有利润，什么都可以坐下来谈。

这个分析框架很简单，但很深刻，能解释很多企业管理和企业家领导力发展的问题。为什么做老板的一定要经常下市场、拜访客户，因为只要与客户在一起，你的生产－贸易型人格就被激活了；为什么老板处理与自己的高管关系最好的方式，是把他们当一种特殊的客户来看待，也是因为，把他们当客户看待的时候，老板的生产－贸易型人格容易被激活；为什么有悠久贸易传统的地区，如广州、佛山、上海、宁波一带，企业家更容易学习管理，因为他们有深厚的生产－贸易型人格基础，容易接受基于平等和契约观念基础之上的职业化管理的各种手段。当然，"人格"这里只是一个名词，指的是一种长期的独特生存方式带来的一整套习焉不察的价值观和行为习惯，不是什么天生的、无法改变的东西。

幸福的家庭是相似的，不幸福的家庭，各有各的不幸。与职业化管理"平平淡淡才是真"相比，权力－依附型人格泛滥的民营企业，各种千奇百怪的戏剧化的现象，其中最值得关注的是鲁迅近一百年前观察到的"包围圈"现象。鲁迅说，中国但凡有个猛人，就会被一圈人包围，围得水泄不通，所有进去和出去的信息，都会被这个包围圈所过滤，直到这个猛人"变成昏庸，有近乎傀儡的趋势"，直至最后进入一种人事不省的迷狂状态，轰然倒下为止。"包围者便离开了这一株已倒的大树，去寻求别一个新猛人。"

鲁迅这个观察，意义深远，堪称开创了一个"包围学"，再引几段妙文：

> 爱国志士和革命青年幸勿以我为懒于筹画，只开目录而没有文章。我思索是也在思索的，曾经想到了两样法子，但反复一想，都无用。一，是猛人自己出去看看外面的情形，不要先"清道"。然而虽不"清道"，大家一遇猛人，大抵也会先就改变了本然的情形，再也看不出真模样。二，是广接各样的人物，不为一定的若干人所包围。然而久而久之，也终于有一群制胜，而这最后胜利者的包围力则最强大，归根结蒂，也还是古已有之的运命：龙驭上宾于天。

我们侧重分析企业层面的情况。仔细分析，猛人老板周边的包围圈有三种人。第一种是宫女。宫女一般离猛人最近。宫女的特征是漂亮，可爱，说话好听，一般都没有什么心计，至少看起来，没有什么心计的样子。不过，她们一旦有心计，知道如何运用自己的生理优势，目标往往就是成为武则天、慈禧太后一类的人物，最后不把猛人的江山连锅端，不会消停。如果有多个这种有心计的宫女，猛人身边就开始上演宫斗剧，小肥皂这里擦擦，那里擦擦，到处都是泡沫，不演个七八十集，不会落幕。

企业里的宫女是老板身边的秘书、助理、办公室主任之类的人物。有的公司，财务部门、人力资源部门、采购部门都是宫女在把握。很多民营企业规范化管理没法起步，往往是这些最重要的管理部门都被她们占领的缘故。

当然，也不排除猛人极富男性魅力，安排较有才华的人做宫女，把众宫女们收罗为忠实"迷妹"，主动为猛人分忧，帮助猛人管理企业的可能性，中国企业中，有猛人故意与多个宫女发生关系，把他们安插到各个关键部门的例子，应该就属于这一类型。宫女参与管理，有的是在台前，直接负责各大关键部门；有的在后面做眼线，为猛人通风报信。对于干活的人，前者让人生闷气，后者让人冒冷气，总之，日子都好过不了。

包围圈中的第二类人是太监：太监听话、机灵、贴心。去势的目的是"扫除其势力"，没有后代，没有自己长期的利益诉求。但问题有两面，正因为没有后代，不用担心后代遭到报应，再加上他们一般都是社会底层出身，才会选择去当太监，所以，太监一般共同的特征是坏，变着花样、非常有创意的坏，没有任何底线的坏。最常见的坏，是引诱、唆使、拉拢猛人做各种坏事。

企业里的太监，往往是在创业过程中，与老板结下了深厚交情的老臣。他们起点低，没有什么培养前途，如果再加上人品差，基本就是一个合格的太监了。他们经常鼓励猛人去做一些贪赃枉法、违法乱纪的事情。猛人好不容易下决心找一个外部高管，滴眼药、挖大坑、下套子最积极的，都是这些人。

外人一般纳闷，猛人怎么会重用这种人？引鲁迅的观察：

> 我们在外面看见一个猛人的亲信，谬妄骄恣，很容易以为该猛人所爱的是这样的人物。殊不知其实是大谬不然的。猛人所看见的他是娇嫩老实，非常可爱，简直说话会口吃，谈天要脸红。

第三类是奸臣。奸臣的最大问题是，没有奸臣会在额头贴着两个字——"奸臣"。不仅仅大奸若忠，奸臣主观上都觉得自己是忠臣，是好人。他们往往玉树临风，面目清秀，口齿伶俐，讲起各种大道理来，头头是道，具有很大的迷惑性。

与太监赤裸裸地坏形成对比，奸臣要利还要名；自己风光，后代还要风光，他们要的不是过把瘾就死，而是全面、长远的、周到的自我利益最大化。真正干活的忠臣往往拿他们没什么办法。首先是说，未必说得过他们；其次是做，这虽然不是他们的长项，但他们特别善于揽功诿过，特别善于在老板面前，做各种印象管理，所以，在老板眼里，他还是一把好把式呢。

中国企业为什么很难采取集成式管理，喜欢划小经营单元，成立多个事业部，多个利润中心，很大程度上，因为除了用"打了多少粮食"这个硬标准，老板很难判断到底谁是奸臣、谁是忠臣。企业的核心竞争力就是分工和协作。大分工、大合作才能挣到大利润。华为做到几千亿都没有采用事业部制，中小民营企业过早地采用事业部制，一方面是丧失了分工和协作带来的各种协同增效，另一方面是也不利于企业"力出一孔"，在主业上、主航道上锻炼自己的核心竞争力。

包围圈现象是权力-依附型人格的集大成表现。中国政治文化传统的一些特征进一步强化了这种现象。中国政治从来都是阳儒阴法，嘴上说一套，实际上做的是另一套。所以，讲究喜怒不形于色，讲究厚重之态，讲究城府。猛人的这种行为习惯和行事风格，给周边包围圈的三种人巨大的生存的空间，因为只有他们懂得猛人的真正的所思所想，所忧所虑，真正的目的所在。时间长了，没有这个包围圈，猛人几乎无法让自己的意志得到有效的传达。所以，庭院深深，宫斗无穷，总的根子，还是出在老大身上。

心理学的一些规律也强化了包围圈的问题。西方心理学研究所谓的 Folie-a-Deux（一对傻子）问题。一个人的一些不现实的、荒唐的想法，得到另外一个人的支持之后，会变本加厉。有了包围圈的支持，猛人的一些不切实际的想法会放大，他们的判断力会弱化，他们的智商会降低到让人难于想象的程度。所谓绝对的权力，绝对的腐败，这里的腐败，包括道德上腐败和智力上的腐败。这两种腐败，都与这个包围圈机制有关。猛人倒下后，一些人喜欢评论，猛人本人其实是个好人，都是因为"交友不慎""被谁害了"之类，其实都是皮相之论。害了他们的是这不受限制的权力，和这种权力必然带来的权力-依附文化现象，绝对不是具体某一个人的问题。

2002 年我的一篇旧文《皇帝阴影下的中国企业》的总结，值得在这里引用一下：

皇帝虽然不再有，但是皇帝情结却使皇帝文化随时有可能在某些组织内死灰复燃。皇帝文化的本质是缺乏尊重个人的人本精神和尊重契约的法制精神。而西方企业家则很自然地就建立起基于契约的大型组织、大型企业。在中国，企业家们要打破皇帝情结，用制度来建立理性化、科层化组织，比一般人想象的要困难得多。那边跨国公司不动声色地排兵布阵，这边某些中国公司还在螺蛳壳里做道场，"皇上圣明""臣罪当诛"，荧屏上也仍在没完没了地上演清宫戏，时时刻刻向国人灌输大皇帝哲学，让现实中忍气吞声的国人在幻想中享受一点做皇帝的快意恩仇。呜呼，这做了几千年的帝制噩梦，就醒不过来了吗？

在政治领域，鲁迅思考的问题其实早就有了解决方案，三权分立等制衡（check and balance）机制是解决这个问题的办法。企业本质上属于开明专制，强调民主集中，所谓"听大多数人意见，和少数人商量，自己一个人拍板"，不能简单照搬政治领域的做法。所以，政治领域的各种制衡机制，基本派不上用场。最终的解决办法还是，多跑市场，多见客户，激活自己的生产-贸易人格。无论多大的老板，面对一个无论多小的客户，都没有办法抖威风，撒脾气。见一次客户，至少能保持对公司里各种包围圈的抵抗力、抗感染能力一个月。

当然，多见同行，尤其多见做得比自己大、比自己更成功的老板，应该也是一个办法，这应该也是私人董事会这种横向学习机制能够在中国发展起来的一个重要原因吧。在东道主私董会上，不仅见到别的老板，还能见到老板的高管，见到他们的真正面貌。仔细思考，访谈别人的高管，是见到自己高管的真正面貌的最好模拟，几乎是唯一能够从包围圈外面看一眼这个包围圈的方式。所以，还没决定要不要参加私人董事会的朋友，就冲着"走出包围圈"这一点好处，也应该不要再犹豫了。

第三章　研究与文献

The best way to find yourself is to lose yourself in the service of others. (找到真我的最佳途径，就是在为他人服务的过程中丢掉自我。)

——Mohandas K. Gandhi

一 共情：领导力的终极奥秘

吴思老师参加领教工坊在云南香格里拉的活动，途中问我，你研究领导力这么长时间，告诉我，领导力难，到底难在哪里？我说，好的领导者，有一种类似通灵一般的换位思考和换位感受的能力，几乎是完全本能地，知道下属所思所想，所忧所虑，然后根据它们来安排自己的下一步行为。吴思沉默了一会儿说，我认识的高级干部中，很多副国级以上领导，好像都具备你说的那种能力。手下人什么时候该打一个电话问候一下，什么时候请到家里来吃顿饭，分寸感把握得毫厘不爽。

人与人之间的联系何以可能？年纪越大，对这个问题越是好奇。例如，语言哲学家钻牛角尖，当一个人告诉你"我手里拿着一张红色的纸"，你听见了，知道了他手里拿着一张红色的纸。但其实，你没有任何办法确认，他所说的"红色"与你心目中想象的"红色"是同一个颜色。颜色尚且如此，人的各种所思所想，所欲所望，喜怒哀乐，生离死别，多大程度上你能期待别人能真正理解你的感受，而不仅仅是嘴上说说，做做样子？这与人们面对鱼缸中游来游去的鱼，"安知鱼之乐"有什么本质区别？

人与人之间这种换位思考和换位感受的能力英文叫 empathy

(同理心、共情)，这个简单的概念里，也许埋藏了关于领导力的最深奥秘和最深源泉。这一章里，我们会简单回顾最近一二十年心理学、脑科学、神经科学对共情的最新研究*，并努力把这些研究用来解释和理解我们在中国企业家圈内经常碰到的一些现象。

共情的概念

英文对 empathy 的解释是，"理解另外一个人的感觉和经验，尤其是当你曾经处于类似情况的时候"。大多数人翻译为"同理心"，但也有共情、同感、移情、共鸣等其他译法。"同理"太强调"理"，"共情"太强调"情"，这些翻译其实都不太完美。心理学界逐渐统一为共情，为了行文方便，我这里也使用"共情"，但大家脑子里同时要保留同理心这层意思。

其实，最符合 empathy 原意的可能是中国儒家所说的"恕"和"恕道"。如杜维明解释，所谓"恕道"，就是"如心之道"，你有心，我有心，将心比心，推己及人曰恕。"恕"字的构造与

---

* 文献回顾部分参考了：刘聪慧，王永梅，俞国良，等. 共情的相关理论评述及动态模型探新 [J]. 心理科学进展，2009，17（5）：964-972；肖凤秋，郑志伟，陈英和. 共情对亲社会行为的影响及神经基础 [J]. 心理发展与教育，2014，30（2）：208-215；潘彦谷，刘衍玲，马建苓，等. 共情的神经生物基础 [J]. 心理科学进展，2012，20（12）：2011-2021；Lovett B J, Sheffield R A. Affective empathy deficits in aggressive children and adolescents: A critical review [J]. *Clinical Psychology Review*，2007，27（1）：1-13；Bernhardt B C, Singer T The Neural Basis of Empathy, *Annual Review of Neuroscience*，2012，35：1-23；Zaki J, Ochsner K. The neuroscience of empathy; progress, pitfalls and promise. *Nature Neuroscience*，2012，15（5）：675-680。谨致谢意。

西语的 em-pathy（英语）, ein-fuhlung（德语）, em-pathia（拉丁语）, em-patheia（希腊语）类似，都是由表示能动的词头加上表示感情的词根的构词，不同语言之间这种奇妙的一致性，让人不由得对这冥冥之中的规律性生出一种敬畏之心。

中国文献中对同理心或共情最著名的阐述自然是孟子的四端说："所以谓人皆有不忍人之心者，今人乍见孺子将入于井，皆有怵惕恻隐之心，非所以内交于孺子之父母，非所以要誉于乡党朋友也，非恶其声而然也。由是观之，无恻隐之心，非人也；无羞恶之心，非人也；无辞让之心，非人也；无是非之心，非人也。恻隐之心，仁之端也；羞恶之心，义之端也；辞让之心，礼之端也；是非之心，智之端也。"（《孟子·公孙丑上》）。孟子阐发了恻隐、羞恶、辞让、是非这四种人皆有之的善端，以及它们与仁、义、礼、智之间的关系，强调此心乃是人类德性的本源。

西方文献中对共情最有名的研究也许是亚当·斯密 1759 年在《道德情操论》中对于 compassion（同情）的研究。他提出人具有 fellow-feeling（同感）的能力：当个体观察到他人处于某种强烈情感状态时，体验到大体一致的情感状态。当我们看到其他人受苦时，"我们就会想象自己处于与他一样的境地……并且在一定程度上成为了他，因此以某种形式理解了他此刻的感受，感到了与他一样的痛苦，尽管在程度上比他要轻，但在本质上并无不同"。他举了很多例子，"当我们看到别人的肢体即将遭受打击时，我们自己的肢体也会忍不住瑟缩回撤。当打击的确降临的时候，我们难免也会感到有些隐痛，就像挨打的人感到疼痛一样"。

1909 年，英国心理学家 Edward Titchener 在《关于思维过程的实验心理学讲稿》中首次提到"empathy"一词。共情从此出现在心理学大辞典中，成为心理学研究的一个重要对象。对于共情的定义，随着有关研究的深入，仍在不断地变化。研究早期，基于现象学的描述，学者将共情定义为一种认知和情感状态，认为共情是从他人的立场出发，通过对他人内在状态的认知，从而产生的一种对他人的情绪状态。另外一些学者把共情当作一种情绪情感反应，认为共情源于对他人情感状态的理解、并与他人当时体验到的或将会体验到的感受相似的情绪情感反应。把共情当作一种人际交往能力，更符合领导力研究的

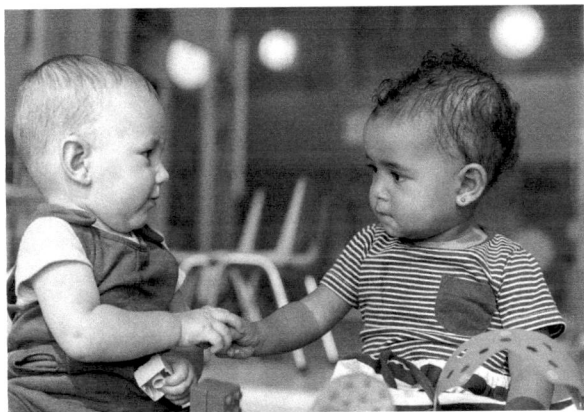

图 3.1　研究表明婴儿具有共情能力 *

────────────

* Babies playing together © 壹图。

语境。共情被看作一种对认知能力和情感能力的结合体：认知能力指的是辨别、命名他人情感状态和采择他人观点的能力；情感能力指个体的情感反应能力，两种能力交互作用，使个体产生共情。这种交互性，是共情能力与其他人际能力相区别的一大特征。

共情的二维结构

学者们对共情的结构或者组成成分进行了很多探讨。印第安纳大学的 Mark Davis 是较早系统共情的学者，他认为共情包括个人和情境的因素、发生在共情身上的过程和共情的情感性及非情感性结果，成为国外使用最普遍的共情量表（Interpersonal Relation Inventory）编制的理论依据。在该量表中，将共情分为四个部分，观点采择（perspective taking）、想象（imaginations）、个人感伤（personal distress）和共情关心（empathy concern）。芝加哥大学的 Jean Decety 长期研究共情背后的脑机制，认为共情是在不混淆自己和他人的体验和情感的基础上体验并且理解他人的感受和情感的一种能力，包括三种成分：情绪共享（affect sharing）、观点采择（perspective taking）和情感调节（emotion regulation）。德国马克斯·普朗克学院的著名共情研究专家 Tania Singer 认为共情产生过程具有以下要素：（1）产生共情的人出于某种情绪状态（affective states）；（2）这种情绪状态和他人的情绪同形；（3）这种情绪是由于对他人的情绪的观察和模仿而产生；（4）产生情绪的人意识到自己的情绪源于他人而非自身。

总体而言，这些研究的一个共同点是，它们都指明，共情这种心理现象的特殊性和复杂性很大程度上在于，它兼有认知机制和情感机制的参与，包括认知和情感这两个独立的维度。

　　哈佛大学心理系的 Jamil Zaki 在《自然：神经科学》发表的共情研究的综述文章指出，关于共情的研究的一个重大共识是，共情由情感和认知两个独立的子系统构成。他们用经验共享（experience sharing）和意象化（mentalizing）来分别指代这两个子系统。经验共享涉及的机制叫"神经共鸣"（neural resonance）。当人们自己经历某种心理状态时触发的神经系统，与他们观察或知道其他人在经历某种心理状态时触发的神经系统，有一个重叠的部分，这个重叠的部分，就是神经共鸣。意象化指的是人们对他人心理状态进行判断的能力，涉及大脑的一种"自我投射"（self-projection）机制，可以超越现在和这里的这个自我进行悬想，包括过去、未来、虚拟事实和采取对方的角度等各种情况。

　　脑科学的实证研究很大程度证实了共情的这种二维结构。脑损伤病人研究证明，共情包括情感共情和认知共情两个独立

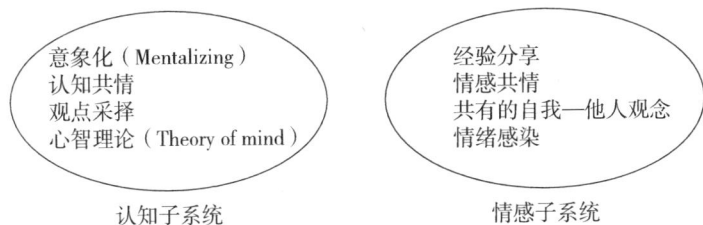

意象化（Mentalizing）
认知共情
观点采择
心智理论（Theory of mind）

经验分享
情感共情
共有的自我—他人观念
情绪感染

认知子系统　　　　　　　　　　情感子系统

图 3.2　共情的两个子系统

的成分。情感共情指个体无意识的情绪感染和情绪识别。认知共情指个体对他人情感的理解。学者们采用多向共情测验量表（MET）研究自闭症病人，发现自闭症病人的认知共情能力受损，但是情感共情能力与正常被试没有差别。对边缘性人格障碍病人的类似研究也发现，与健康被试相比，边缘性人格障碍病人表现出更低的认知共情能力和更高的情感共情能力。以色列海法大学的 Simone Shamay-Tsoory 等人（2009）通过对脑损伤病人的研究发现，大脑腹内侧前额叶（vmPFC）损伤病人认知共情能力低，但情感共情能力正常；大脑额下回（IPG）损伤病人情感共情能力低，但认知共情能力正常。这些研究证明了共情包括情感系统和认知系统两个独立的部分。

现在更具体地看一下，情感共情和认知共情涉及的是大脑哪些不同的脑区。学者们通过功能性脑成像技术（fMRI）研究疼痛共情，即让被试者观察他们的爱人正在接受疼痛刺激。情绪共情激活的是前部脑岛（AI）、背侧前扣带回皮层（dAAC）等与情绪共情有关脑区。与疼痛共情相似，被试观看他人的恐惧、高兴、焦虑等情绪产生共情反应时，被试的前脑岛和前扣带回皮质也激活。这些研究证明，除了疼痛共情，其他形式的共情也激活前脑岛和前扣带回皮质。

镜像神经系统（MNS）在情感共情中有重要作用。镜像神经系统位于大脑的额下回（IFG）的背部区域和顶下小叶（IPL）的头部区域。观看他人正在体验某种（自己也曾经体验过的）情绪时，镜像神经系统会被激活。学者们发现，儿童的

共情倾向得分与大脑镜像神经元区域（IFG）和情感表征区域
（杏仁核）的激活程度显著正相关，相关系数分别为 0.81 和
0.54。另外，前脑岛（AI）把边缘系统（limbic system）与镜像
神经系统（MNS）连接起来，在共情中也起到了重要的桥梁作
用。例如，当观察者看到他人愤怒时，镜像神经系统自动激活，
然后通过前脑岛把神经冲动传递给边缘系统的杏仁核，杏仁核
也被激活，从而观察者同样也体验到愤怒情绪。

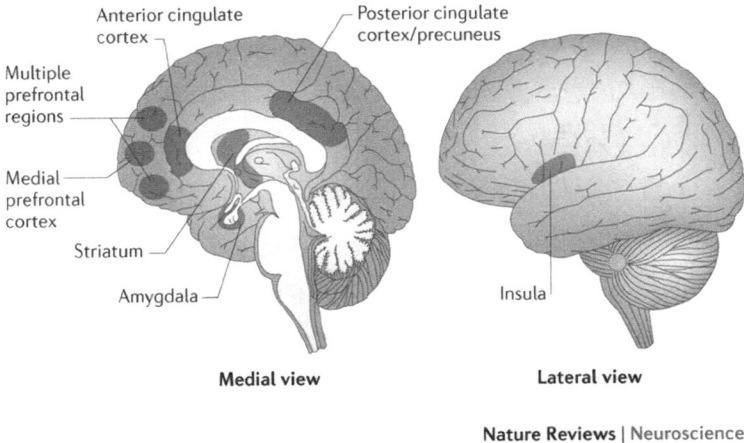

图 3.3　大脑分工图 *

　　情感共情是无意识地被他们情绪感染，不涉及认知过程。认
知共情指个体理解他人的情感，需要动用心智理论（Theory of
Mind）中关于理解他们情感的部分。关于认知共情的脑成像研

---

*　Tang, Yi-Yuan, et al. "The neuroscience of mindfulness meditation." *Nature
Reviews Neuroscience*, vol. 16, no. 4, 2015.

究发现，认知共情激活的神经网络包括：内侧前额叶（mPFC）、颞上沟（STS）、颞顶交接处（TPJ）、颞极（TP），但其中最核心的是大脑内部叫作"腹内侧前额叶"（vmPFC）的脑区。

例如，前述 Shamay-Tsoory 等人（2007）研究 49 名脑损伤病人，发现大脑腹内侧前额叶（vmPFC）损伤病人在理解他人情感（认知共情）的任务上表现差，但在理解他人想法的任务上表现正常。2009 年他们又研究 30 名脑损伤病人，结果发现，腹内侧前额叶（vmPFC）损伤病人认知共情能力受损，但情感共情能力正常。类似，其他学者采用健康被试研究发现，相对于理解他人的想法，认知共情更强地激活左侧的腹内侧前额叶（vmPFC）。还有学者采用经颅磁刺激方法研究腹内侧前额叶（vmPFC）在认知共情中的作用，结果发现，对腹内侧前额叶（vmPFC）的损伤导致被试理解他人情感的能力受损。

总之，情感共情和认知共情的独立性是共情的生物基础决定的。情感共情涉及的神经网络包括：参与自我疼痛的前脑岛（AI）和前扣带回（ACC），参与共情模仿的镜像神经系统（MNS），其包括额下回（IFG）和顶下小叶（IPL）。认知共情指个体理解他人的情感，其神经基础则主要是腹内侧前额叶（vmPFC）。

共情与亲社会行为

所谓亲社会行为，指的是能使他人获益的行为，例如助人、分享、安慰、捐赠和合作等。而根据上述共情二维结构论，共情是一种认知能力和情感反应的综合，包括情绪共情和认知共情两种成分，是个体设身处地知觉他人感受并体察他人情绪状态的能力或倾向。一个具有较高共情水平的人，通常会对他人的需要或痛苦情绪比较敏感，会更多进行换位思考，产生更强的同情心。很自然，学者们发现共情与亲社会行为有着紧密的关系，共情是利他、助人、合作等亲社会行为的重要动机源泉和情感基础。

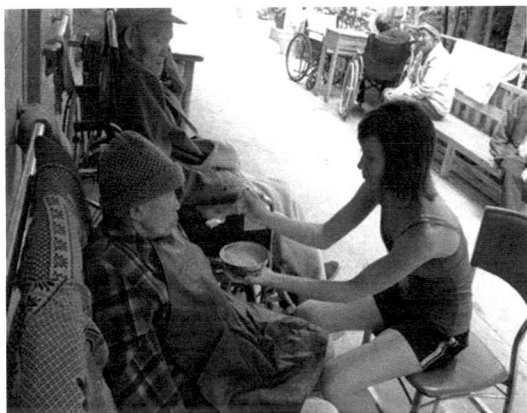

图 3.4　亲社会行为奠定一个社会文明的基础

有意思的是，由于情感共情和认知共情涉及不同的脑区，二者在对亲社会行为的促进中也扮演了不同的角色。加州大学戴维斯分校 Carrie Masten 等人（2011）发现，个体在看到他人受苦时，激活前部脑岛、背侧前扣带回皮层等与情绪共情有关脑区，以及背外侧前额叶皮层、内侧前额叶皮层等与认知共情有关的脑区，其中前部脑岛和内侧前额叶皮层的激活程度越高的个体在接下来表现出越多的亲社会行为。进一步的中介分析结果表明，内侧前额叶皮层的激活水平在情感共情特质与亲社会行为表现的关系中起中介作用。由于内侧前额叶皮层参与观点采择、感知他人与自己的相似点等过程，所以学者们认为，思考被观察者在哪些方面与自身相似是认知共情过程的一个重要方面，而认知共情能促进亲社会行为。总之，看到他人受苦能够引发个体的情感共情，对受苦者与自身的相似性思考引发认知共情，二者都能促进个体的亲社会行为，但情感共情特质要通过认知共情才能对亲社会行为产生作用。

这个研究结果呼应了耶鲁大学心理学家 Paul Bloom 的在著名演讲《我为什么反对同理心》中的观点 *。同理心本质上是人类一种很原始的、本能的反应，很容易通过对认知系统的影响甚至是操纵来改变其共情的对象和程度。同理心的力量在于将一件事情放在聚光灯下："你也许一开始并不关心，但是同理心会引起你的注意。如果我们能感受另一个人的处境而不是只看抽象的统计数据，就会更有采取行动的动机。"但问题在于聚光灯的范围很狭隘，而且往往会被人为操纵，指向错误的地方，导致偏见、计数不清、死板与短视等种种不尽如人意的情况。

很多罪犯、杀人犯往往是没有共情能力的心理变态，所以，对于共情与反社会行为之间的因果关系，一般人很少会感到惊奇。一项综述研究通过对 17 个研究进行元分析检验了情绪共情和攻击或犯罪行为之间的关系。不同研究使用的共情量表是一样的，研究结果也并不一致，即共情与儿童的攻击行为之间并

---

* Paul Bloom, *Boston Review*, 16, August, 2016.

没有一致的关系，但是共情与青少年的攻击行为却存在负相关关系。青少年自我报告的共情与攻击行为尤其呈现了最为显著的相关关系。总之，与儿童相比，青少年共情与攻击行为的负相关关系显得更为一致，与自我报告式共情测量问卷相比，使用行为测试的青少年情感共情与攻击行为的相关关系更为显著。

大班椅上的心理变态

缺乏共情能力的青少年更有可能出现反社会行为，大家容易理解。但为什么小时候喜欢在街头打架斗殴的小阿飞长大之后却往往成为知名企业家？心理学家找到了一些线索。加拿大著名犯罪心理学家罗伯特·哈尔（Robert Hare）制定了用于判断患者是否心理变态（psychopath）的检测表（PCL-R）。该检测表由 20 个判断标准组成，每个标准评分为 0（不符合）、1（部分符合）和 2（完全符合），当中包括：有口才和表面魅力、非常自负、狡猾、喜欢控制他人、惯性撒谎、缺少深层情绪波动、冷酷、易感厌烦、易怒、有犯罪倾向、孩童时期有过暴力行为、少年犯罪、滥交等。得分在 30 分及以上的，基本可判断为心理变态。哈尔曾对 203 名企业专业人士进行 PCL-R 评测，发现 4% 的测试者得分颇高，应被列为心理变态者。这个比例不算高，但值得警醒：对他人的痛苦无感，冷酷无情，缺少良心不安，也许确实对一个经理人在组织金字塔里踩着别人的脑袋往上爬时会有所帮助。

回到共情的二维结构，仔细思考，很多心理变态的人缺乏的不是认知共情能力，而是情感共情能力。尤其是高智商的、坐在大班椅子上的心理变态。加州大学尔湾分校神经科学家詹姆斯·法论研究连续杀手几十年，发现自己有一个与连续杀手一样的大脑结构，了解他人内心感受的能力的认知性同理心很强大，而感受他人内心感受的情绪性同理心则付之阙如。在试验中，MRI 扫描正常人的大脑，海马旁回、杏仁核和其他掌控情绪的大脑组织会兴奋起来，亮起来，而心理变态者的这些脑区却无动于衷。也就是说，他们知道你在想什么，却感受不到你的感受。他们在情绪性同理心方面的这种缺陷使得他们在利用别人时拥有巨大优势。哈尔教授 2008 年一项测试的结果显示，PCL-R 得分甚高的心理变态者能够近乎完美地辨别身边哀伤或不顺心的女性，从而把她们玩弄于股掌之上。

高智商的心理变态当然不限于男性，女性中也有"穿 Prada 的女魔头"，加上性别的优势，这种强势女性（英文中所谓的"bitch"）在组织中往往如鱼得水。与这种心理变态完全相反的是一些低认知共情/高情感共情的自闭症患者。他们有着非常强烈的情绪性同理心，能感受到他人的痛楚，看一幅画，听一首曲子，感动得泪流满面，而对于反映对方思绪各种很明显的表情，他们却从不关注，更无从理解。轻度自闭症患者，如果能上班，往往是心理变态最佳虐待对象。

西方大班椅里坐的是冷酷无情的宫斗勇士，与之相对，中国更可能坐的是一批白手起家的老板。改革开放走的是增量改革的路子，中国第一代创业者中很多都来自底层、边缘人群，他们当中有相当比例的人属于这种高认知共情/低情感共情的类型。他们的认知共情肯定高，如果不高，无法理解他们的客户的需求，基本没有创业成功的可能性。企业发展到一定规模时，他们的低情感共情就成为企业下一步发展的巨大障碍。面对市场，面对客户的时候，他们也许神机妙算，料事如神；面对高管，面对员工的时候，他们却往往缺乏最基本的判断力。奸佞当道，忠臣呕血。"商业的天才，管理的白痴"，最后闹得众叛亲离，鸡飞蛋打，都是很自然的事情。

最极端的，有些创业者甚至还有属于青少年犯罪人群、连环杀手类型的，负责道德行为、伦理判断和冲动控制的眶部皮层（Orbital Cortex）基本没有启动的痕迹。第一代老板很多因为黄赌毒、因为涉黑、因为私生活混乱而把企业带到沟里去的，往往与老大的这种人格缺陷有关。没有社会责任感，没有公共精神，汲汲于权钱交易、官商勾结，都还算是其次的了。很多创业者在实现发财、成名之后，找不到继续做企业的动力，也是这个原因。

权力导致的脑损伤 *

共情很大程度上是人类与生俱来的能力。学者们发现，婴儿在早期就能感知和反馈他人的情绪，当其他婴儿开始哭叫时，新生儿和婴儿立刻变得非常痛苦。即使在缺少明显情绪线索的环境下，18—25 个月的孩子也会同情处于困境的他人。情绪唤

---

* 此段参考：Jerry Useem, Power causes brain damage, July/August, *The Atlantic Magazine*.

醒与大脑镜像神经系统（MNS）有关。学者们采用脑电研究证明婴儿在 6 个月时，镜像神经元就开始起作用。最近的学术研究发现，即使创业者原来拥有这种能力，长期位高权重，他们的这种能力居然可能会丧失掉。

伯克利加州大学的心理学家达柯·凯尔特纳（Dacher Keltner）在二十年的实验室研究和田野调查后发现，受到权力影响的被试表现得和脑外伤患者类似——冲动性强，风险意识低。最关键的是，他们会逐渐丧失共情能力。一个著名的试验是让被试在自己的额头上写字母 E。觉得自己富有权势的人，把字母写反的概率，比其他人大三倍。觉得自己有权势的人在处理很多需要共情能力的任务时，都表现得更差，如辨认图片中人的表情，猜测同事会怎么理解一句话的含义等任务的时候。

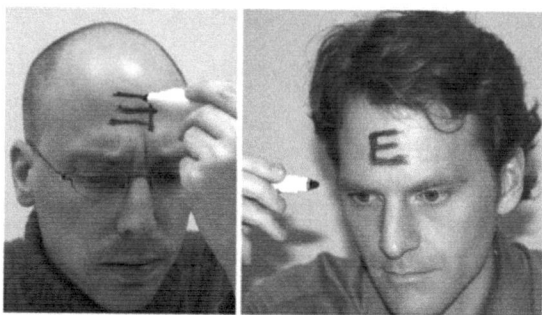

图 3.5　为什么写反了？*

---

* Hass, R. G. (1984). Perspective taking and self-awareness: Drawing an E on your forehead. *Journal of Personality and Social Psychology*, 46 (4), 788–798.

图 3.6 美国前总统乔治·布什在 2008 年北京奥运会

凯尔特纳是行为科学家，脑科学家进一步刨根问底。加拿大麦克马斯特大学的萨克温德·奥比（Sukhvinder Obhi）发现，当他把富有权势和权势较弱之人置于经颅磁刺激仪（transcranial-magnetic-stimulation machine）之下观察时，发现权力会削弱镜像神经系统的作用。如前所述，这个系统是共情尤其是情感共情的生理基础。奥比教授担心，有权力的人不是不能换位感受，而是不愿意换位，他们在随后的试验中增加了让被试主动努力去换位感受的环节，可惜，没有什么作用，镜像神经系统照样罢工，不认真工作。

更可怕的是，心理学试验中的被试的镜像神经系统在经过富有权势的"priming"（例如，让被试想象和描述自己特别有权力的一个典型场景）之后，短暂地处于一种类似于休眠的状态，而长期手握真实权力的高管或高官，面临的可能是大脑这个部位的永久性损伤。而且，根据心理学家的研究推测，受损伤的领域不限于情绪共情所涉及的大脑部位，可能同时涉及认知性共情所涉及的部位。

很多人在社交场合自觉、不自觉地习惯模仿对方的肢体语言，以更好地换位思考和换位感受，加强与对方的连接。凯尔特纳发现，富有权势的人倾向于不模仿权势较低的肢体语言（权势较低的人也倾向于不在有权势的人面前暴露肢体语言），这也加重了他们的"同理心赤字"（empathy deficit）的问题。在丧失了对他人的判断能力之后，他们只好更加依赖于各种"stereotypes"（刻板印象）来进行管理，从而更加容易在用人等问题上犯下更大的错误。古今中外各种穿着"新装"的皇帝，光着屁股走在大街上，或忸怩作态，或耀武扬威，背后也许都有这个原因。

凯尔特纳将这一种现象命名为"权力悖论"：一旦拥有权力，我们就会失去我们最初需要的获取权力的能力。历史学家 Henry Adams 说，"权力本质上是一种杀死当事人的共情能力的肿瘤"。阿克顿的"权力腐蚀人，绝对的权力绝对腐蚀人"这句名言，要在这个意义上理解，才算到位。一般人都把"腐蚀"理解为当事人道德上的腐败，其实，比道德上的腐败更可怕的是，智力上的腐败。

我也有一个有意思的旁证。企业家私人董事会的参会者一般都是各企业的老板，做这种董事会的主持人很容易产生一种虚幻的"权势感"。一不小心，这种权势感，就会让主持人丧失一个优秀的主持人和促动师（facilitator）的清空倾听、鼓励参与、控制节奏、总结模式的能力，"一朝权在手，便把令来行"，一不小心，就变得自负、武断、指手画脚起来。私人董事会的好的主持人为什么那么难找，应该也与大脑的共情机制有关。

打开你的天线

著名心理学家 Susan Fiske 提出一个不同的思考角度。富有权势、位居要职的人，关闭他们的共情尤其是情感共情机制，有可能是因为他们的工作的性质的需要。位居要职的人掌管资源的分配，如果任由自己的同理心泛滥，可能会影响他们资源分配的自主性和公正性。中国人强调，"慈不将兵"，带兵打仗的人不能有"妇人之仁"，大致也是这个意思。所以，位居要职的人的情感性同理心机制的关闭，可能也不完全是一种功能失效，有时候还是需要具体情况具体分析。

大卫·欧文（David Owen）勋爵专门研究权力带来的"狂傲综合征"："该病由拥有权力导致，特别是与巨大成功相关的权力。它会持续数年，对患病领袖产生影响。"它的 14 条临床指标包含了：对他人明显的貌视、与现实脱轨、行事鲁莽、不称职等。在 2008 年出版的《权病交加》（*In Sickness and in Power*）一书中，他研究 1900 年以来的英国首相和美国总统，认为至少有四位患有这种综合征。

为了避免这种综合征，很重要的是有人扮演"toe holder"（抓住脚指头的人）这个角色。例如，对温斯顿·丘吉尔来说，这个角色由妻子克莱门廷（Clementine）扮演。她有勇气在信中对丘吉尔直言不讳："亲爱的温斯顿，坦率地说，我觉得你最近的为人处世的态度恶化了，你不再是过去那个和蔼的你了。"这封信写于希特勒攻进巴黎之日。因为有人悄悄告诉她，丘吉尔在会议上表现得如此轻视下属，大家自然是"不管好坏，一个主意也想不出来"，她写道，"你当然也得不到最好的结果"。

政治顾问路易斯·豪（Louis Howe）给连任四届美国总统的富兰克林·罗斯福扮演这个角色。他总在不断地提醒罗斯福不要忘乎所以，妄自尊大。更古老的，恺撒避免权力综合征的方式是，每次凯旋回到罗马，他安排一个奴隶坐在车里，对着他的耳朵说，"你只是一个普通人，一个人，不是神"。

伤害大脑的不是权力本身，而是享有权力的感觉。所以，要想避免，或恢复大脑功能，那就是终止享有权力的感觉。凯尔特纳的实验表明，只要想一想自己没有权力的感觉，你的大脑就不会越过现实的边界。为了避免权力狂傲症，欧文给政治人物的建议是：回顾过去不狂傲的人生阶段，阅览有关普通人的纪录片，养成读选民来信的习惯等。

百事集团 CEO、执行主席英德拉·努伊（Indra Nooyi）经常提到她在 2001 年得到董事会任命的故事。她到家后，沉浸在刚刚上任之后仿佛成为世界中心的喜悦中。她还没来得及和母亲分享这个好消息，就被母亲问道能不能出去买盒牛奶。怒气冲天的努伊照做，出去买了牛奶。当她回来时，母亲建议她"把该死的皇冠留在车库里"。在这则故事中，努伊的母亲扮演了 toe holder 的角色。

企业家朋友的问题其实更简单，他们拥有一个最真实、最坦率、最容易获得的好的 toe holder：客户。最优秀的企业家知道这个秘诀。只要他们觉得自己有点脱离现实了，他们只要做一件事，立刻可以使得他们脚踏实地：拜访客户。一个企业家朋友的进一步建议是，把同事当客户看，也许能一定程度地在公司内部避免权力狂傲症的问题。创业者在面对客户的时候，处于一种全息接收状态，大脑所有的天线，所有的功能，都会全部打开，同理心系统，自然也包括在内。

古希腊第一个哲学家留下的一句话是，"认识你自己"，这句话成为阿波罗神谕，刻在太阳神神庙的门楣上面。所以，所有的管理问题都是自我问题，所有的领导力问题都是自我认知的问题。从这个意义上讲，摒弃以自我为中心，努力以客户为中心，不仅仅是经营的核心逻辑，也是管理的核心逻辑，这简简单单五个字，其中蕴含的平常心、谦卑心、敬畏心，是保持共情机制的关键，这也许才是领导力的最深层次的奥秘。

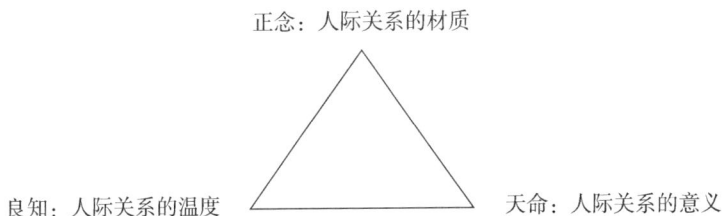

正念：人际关系的材质

良知：人际关系的温度

天命：人际关系的意义

图 3.7　领导力的三个最基本的向度

共情解决的是人与人之间的互相理解何以可能、人际关系何以可能这个最基本的问题，对领导力的这个最核心、最基础的机制有了基本的理解之后，下面三节我们需要继续探索与领导力相关的三个重大概念：正念、良知和天命。正念来自佛教，反用出世之法来入世，从自我观照的清晰度出发，解决人际联系的材质问题；良知来自儒学，挖掘我们自身的优秀文化传统，确立正向的人际关怀，解决人际联系的温度问题；天命主要来自基督教，汲取西方文化的精华，给人际关系赋予终极意义，解决人生奋斗的终极目标的问题。

二　正念的凯旋*

2017 年 4 月，我邀请卡巴金教授到北京领教年会上授课。他个子不高，但身体健壮，动作灵敏，最让人印象深刻的，是他锐利而柔和的目光，很难想象，他已经是一个七十多岁的老人。自 20 世纪 70 年代以来，他已经孜孜不倦地研究和推广正念近半个世纪，被业界誉为"正念之父"。我问他，是什么东西在支持您这么做？他说，也许这就是我的 karma（业、因果）吧。向听众介绍他的时候，我说，古有禅宗祖师达摩一苇渡江，今有卡巴金到中国教授正念，他听了很开心，笑得和孩子一样。

的确，正念是一个神奇的东方文化理念在互联网时代的奇妙凯旋。佛教禅宗一支，从达摩到六祖，汉化基本成形。六祖"一花开五叶"，分为临济宗、沩仰宗、云门宗、法眼宗、曹洞宗。没有失传的临济宗、曹洞宗，被日本人发扬光大。十三世纪，道元和尚在宁波天童山一带留学五年后，倡导"观照禅"，把曹洞宗带入日本。约 700 年后，铃木俊隆又把禅宗从日本带到了美国西海岸，在旧金山建立了美国第一座禅寺，培养了包括乔布斯在内的一批信徒。作为禅宗最重要的心法的正念，在

---

　　* 除了正文中提及的研究，本章还参考了一些文献综述，这里不再一一列出，谨致谢意。

卡巴金等人几十年如一日的推广之下，一时成为美国乃至全世界高科技界和知识界的标配。*

说起冥想、坐禅、内观，中国人容易迷失在各种形形色色神秘的、模糊不清的佛教和传统文化术语之中，分不清宗教、巫术和科学的界限。这一章里，我们以最谦卑的姿态先系统了解一下，西方医学、心理学、脑神经学在这个领域的最新进展，体会一下现代科学范式、现代科学方法论、现代学术社区在这么一个非常传统的话题中抽丝剥茧、披沙沥金的伟大力量。**

正念的概念

"正念"一词来自巴利文"sati"，"sati"的意思是"去回想"（to remember），但是作为一种意识模式，它通常意味着心的存在（presence of mind），所以，虽然我们采取通行的"正念"概念，它更确切的中文表达其实就是一个"念"字：心在今，心在当下。卡巴金等正念研究专家把正念定义为一种冥想实践，意味着以非批判（non-judgmental）的方式关注当下，从而使意识处于稳定（stable）、不反应（nonreactive）和专注（focused）的状态。

正念的概念根植于佛教心理学，但是随着一些哲学和心理学传统的发展，正念以及其周边的一些概念与很多人文学科都有着紧密的关系，如古希腊哲学、现象学、存在主义，还有欧

---

* 参见《硅谷最受欢迎的情商课》《正念革命》等。

** 本章侧重理论探索，具体的正念练习，大家也可关注互联网上的各类正念 App、各种正念指南和训练课程。

洲思想中的自然主义以及美国的超验主义和人文主义。这种被普遍描述的模式表明了它在人类体验中处于中心位置，实际上，正念是基于意识中的两个根本性活动：注意（attention）和知觉（awareness）。

在多种正念定义的观点中，通常包括两个方面：对当前保持关注和对经验不带评价的接受。多伦多大学的 Scott Bishop 等人提供了一个操作化定义：（1）自律的关注，在此时此刻保持这一关注，直接的经验；（2）以充满好奇心，开放性和接受的态度面向此时此刻经验。Peter Malinowski 的利物浦正念模型（liverpool mindfulness model）提出了几个注意技能的发展，包括保持注意、内心想法、监测关注、脱离分心和集中正念转移注意力。另外，还有一些研究者认为正念应该包括更多的成分，比如不反应（non-reactivity）、同情（compassion）和自我同情（self-compassion）。尽管目前还没有一个确定的正念的操作性定义，但是这些观点有一个共同点，那就是正念是一种对"注意"的注意（attention to attention）。

另外，对正念的理解需要注意中西方语境下的微妙区别。佛教强调运用注意力稳定性和清晰度的提高去探索关于意识本身这个根本性问题，其核心是专注。但这种专注与西方语境下的专注不同。西方的专注是让个体注意自己的身体和感觉，并有意识地摆脱习惯性认知和行为模式，如格式塔疗法（Gestalt therapy）和罗氏咨询（Rogerian counselling）。与此对比，正念强调关注当下任何可能出现的情况，这种关注没有内在的规则、预期或限制。如卡巴金所言，从这个意义上讲，正念可以被看作"一场没有目标的旅途"。西方的心理治疗，更倾向于强调挑战"负面"思想，以"积极"的思想和诱发反馈的行为去代替"消极"的思想。而正念的目标与之相反，它是促进个体接受自身所讨厌（unwanted）的想法和感受与阻止个体"回避体验"，即阻止个体逃避带有负面评价的情感、身体感觉和想法。因此，东方正念的基础更符合幸福的哲学，即在追求幸福的过程中不是试图避免或改变消极的想法，而是强调一种观念的改变，即使个体对难以面对的情绪（difficult emotions）有更大的接受度。

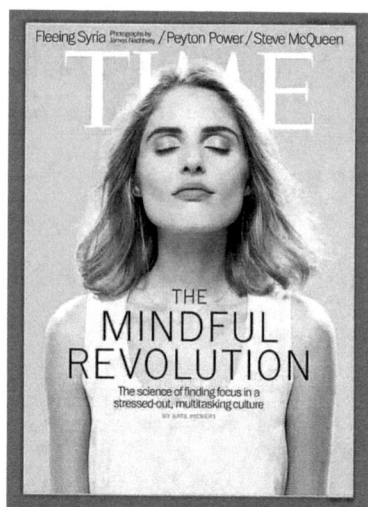

图 3.8 《时代》杂志封面报道《正念革命》*

---

* *TIME Magazine*, Feb. 3, 2014.

正念与身体健康

随着正念的研究不断深入，研究呈现出向学科内部的纵深发展和从学科到学科的横向研究。研究的纵深发展表现在，冥想与积极的正念训练能够降低皮质醇水平和血压，提升免疫反应，甚至可能会影响基因表现。研究的横向拓展表现在，从研究正念如何影响个体的生理和心理健康，从医学、心理学领域扩展到管理学、教育学、经济学等领域。

正念在西方的医学研究的基础是麻省大学的正念研究先驱卡巴金教授首倡的以正念为基础的干预措施，包含不同程度的冥想练习和一种对结果进行基于因果的评估。使用最广泛的是基于正念的减压训练（Mindfulness-Based Stress Reduction，MBSR）和基于正念的认知治疗（Mindfulness-Based Cognitive Therapy，MBCT），这两者都是历时八周的小组治疗，在这八周里，通过一系列正式或非正式的正念训练教授成员正念技巧，包括正念式的呼吸，思想，身体感觉，声音和日常活动。越来越多的随机对照试验结果表明，与控制条件相比，基于正念的干预确实能有效地改善一系列临床和非临床的心理结果，包括焦虑，抑郁复发风险，抑郁症状，压力，慢性疼痛，生活质量，癌症患者的心理问题等。

越来越多的科学证据支持正念冥想训练对压力相关的医学症状具有治疗效果。另外，研究表明对于有慢性疼痛的人来说，正念训练能够减少压力症状和负性心境状态，增加情绪幸福感和提高生活质量。

图3.9　研究正念近半个世纪的卡巴金教授

在某种程度上，正念训练对身体健康产生的积极影响可能是通过学习如何更好地解决日常生活中难以避免的压力，学习如何记住身体不仅仅有出现问题的时候，更多的时候是正常的。正念可能通过一系列的生理、心理和行为途径缓解与压力相关的疾病，其中包括：清晰阐述对压力源的初步评价；促进对压力源需求和应对措施的精准二次评估；减少功能失调性的应对方式，如恐惧和反刍；增强适应性的应对方式，比如积极重评；减少压力和心理生理激活（psycho-physiological activation）。

前沿研究开始解释一些正念训练积极影响生理健康和康复进程的生理通道。比如，著名正念研究专家 Richard Davidson 与同事们在一项标杆性的研究中发现，为期 8 周的 MBSR 后，前脑活动改变最大的个体对流感疫苗有最强的抗体反应，表明正念训练可以改变大脑和免疫系统、增强抗病性的研究。更多近期 MBSR 研究关注有严重生理疾病的人，包括乳腺癌、前列腺癌和其他类型的癌症，这些研究发现，正念能够通过降低人体的皮质醇（一个主要的应激激素）水平，提高自然杀伤细胞（natural killer cell）活性和促炎细胞因子（pro-inflammatory cytokine）水平来提高人体免疫功能。对于 HIV 感染的病人的研究进一步表明，MBSR 可能对免疫系统有积极影响，包括自然杀伤细胞活性增强以及 β 趋化因子（β-chemokines）的生成增多，帮助阻止 HIV 病毒感染健康的免疫细胞。

正念与心理健康

越来越多的证据证明，正念不仅有助于减少压力和压力相关的医学症状，而且可以增强积极情绪和提高幸福感。冥想练习培养了更多的注意力、有意识和接受力，与降低心理压力有着密切的关系，包括更少的焦虑、失望、愤怒和担心等。各种研究表明，正念积极机制的发挥与思维方式的重构相关，这些重构的思维方式促进了精神上幸福感的提升。

例如，一份观察性研究结果表明，当人们利用更多的实践进行正式的冥想练习（比如瑜伽等），经过 8 周对身体的干预性活动，就可以提升正念，而正念的提升又反过来解释了心理压力的降低和心理幸福感的增强；最近一项针对学生的随机对照性实验表明，经过 4 周关于身体放松的正念冥想训练，学生们的情绪低沉减少了，与失望和其他情绪失调相关的认知过程减少了，最终缓解了压力；另外一项临床研究结果表明，8周的正念练习可以在很大程度上减轻曾经有抑郁症的个体进行反复思考。所有这些研究都表明，正念积极机制的发挥似乎与重构思维方式相关，这些重构的思维方式促进精神上幸福感的提升。

总之，关于正念的大规模发展研究结果表明，人们随着内在正念水平（不包括正式的冥想练习）的提升，会越来越少地感知到压力、焦虑和失望，越来越多地感受到开心、振奋、快乐、希望、满足、活力和对生活的满意。除了冥想练习和在日常生活中培养专注的意识有益于精神健康之外，哪怕是在一瞬间处于专注的状态都可以提升幸福感。正念的研究进一步指出，拥有更高水平的正念的个体可以通过更强的精神意识、理解力、接受力和调整不愉快状态的能力更好地调节他们的幸福感。个体在当下具备的娴熟调节内部情绪经历的能力也许可以转化为长期的心理健康。

另外一方面，一系列基于正念训练的项目，包括基于正念的压力缓解练习（MBSR）、基于正念的认知疗法（MBCT）、接受和承诺疗法（ACT）、辩证行为疗法（DBT）以及基于正念的饮食意识训练（Mindfulness-Based Eating Awareness Training, MB-EAT）可以有效地治疗比较严重的精神问题，包括焦虑、复发性抑郁症、慢性疼痛、边缘型人格障碍以及暴食症。学者发现，正念练习通过减少烟草渴望来帮助个体戒烟，另一项研究则发现正念练习对个体戒烟的帮助是通过切断吸烟欲望和吸烟行为之间的联系来实现的。学者们探讨这项训练效果的神经机制，发现在减少烟草渴望的同时，与行为自我控制有关的脑区有更高的激活。另外，正念还有助于减少性与饮食冲动。

图 3.10　儿童练习正念的效果得到越来越多人的认同 *

　　值得特别关注的是，越来越多的证据表明对父母进行正念训练可以帮助提高其养育技巧和教养能力，从而减少孩子的问题行为。学者们将父母正念训练结合到一个家庭强化项目中，采用随机对照疗效比较研究，共包括 432 个家庭，测试正念增强家庭强化项目（Mindfulness-Enhanced Strengthening Families Programs，MSFP）的效果。结果表明，在一般情况下，MSFP 在提高教养的多个方面是有效的，包括亲子人际正念，父母与孩子的关系质量，孩子的行为管理和父母的幸福感等。儿童正念训练有助于增强儿童的自律神经回路（self-regulatory neural

---

＊　Photo by Wavebreakmedia on GettyImages.

circuits），从而提高持续关注和情绪调节能力。对于学龄前儿童来说，一个历时 12 周的基于正念的善良课程（Kindness Curriculum，KC）可以明显改善儿童的社会能力，使儿童在学习、健康和社会情绪发展方面获得更好的成绩。

正念的大脑机制

科学研究同样表明，冥想能够影响大脑结构本身。基于大脑结构能随着经历而改变的发现，而不是先前所认为的，人一旦成年之后大脑的结构就固定不变了，越来越多的神经学家正在研究冥想以及随之产生的正念是否能够抵消压力、创伤以及注意力不断分散给大脑造成的影响。

大量研究说明，从初学者的简单冥想练习到系统的正念训练，都会对大脑与注意、意识和情绪相关的脑区产生影响。正念的三个关键元素对大脑都会产生影响。正念的一个关键元素是有意地关注此时此刻的能力。一项临床研究和实验室研究都发现，正念冥想训练（MBSR）会增强注意指向当前的能力，提高注意执行效率。正念的第二个关键元素是识别并准确地标注情绪的能力。大脑图像研究已经发现具有更好正念的人通过大脑前额皮层（PFC）的参与，大脑中间部分控制情绪反应的杏仁核（Amygdala）与背侧前扣带皮层（ACC）能力更强。正念的第三个关键元素是更完善的自我意识。学者发现，8 周的MBSR 与背外侧（PFC）和·内侧（PFC）的神经活动增强相关，而这两个脑区被认为是部分促进自我意识的脑区。

长期的正念训练不仅会引起脑功能的变化，还会引起脑结构上的变化。Richard Davidson 与同事们 2004 年在声望很高的《美国国家科学院报告》上发表了一篇文章，他们发现，那些用10000 个小时以上来冥想的佛教徒的大脑比普通的冥想者的大脑要有更好的功能连通性。同时，这些僧人的脑中有更多的伽马波活动，这显示他们处于意识的更高层次。

哈佛医学院的 Britta Holzel 教授和同事的另外一项研究表明，与人口学特征相匹配的控制组相比，体验正念冥想的人，其冥想时激活的脑区的灰质有所增加，比如右侧前岛叶，其作用是促进内感受性知觉。总的来说，长期的正念训练会导致局部脑区灰质密度和皮层厚度的变化。它们主要是与感觉加工、学习、记忆、注意过程和情绪及情绪调节相关的脑结构，如前脑岛、海马、前额叶和扣带前回等。这是它改变个体感知觉和注意、记忆能力及情绪调节能力，保持身心健康的神经基础。

总的来说，专注、集中的冥想练习可以提高个体保持对某个对象的稳定的注意的能力，这个对象可以是自己的呼吸，也可以是另一个人。冥想练习同时也提高个体在分心的时候，灵活地监视和重新定向注意的能力。基于这些发现，我们不仅知道心理训练可能会改变大脑，而且知道当个体获得冥想经验后，行为的能力也会增强。

正念与自我认知

认识自我是哲学上一个恒远流长的难题，了解自己的个性、自己的想法、自己的感受、自己的行为对每一个人来说都是重要但又困难的。人们对自我的认知还存在许多盲点，这些盲点对于个人和他人来说都有消极的影响。比如说，一个过高地估计自己地位或个性中的积极性的人往往会不被人喜欢，而洞察他人是如何看待自己的以及承认自己的缺点可能会减弱他人印象的负面性。类似地，缺乏洞察个人在将来会怎样感受或行动的能力会导致糟糕的决策，对不可预知的结果感到失望，并最终降低生活满意度。

正念有助于个体的生理和心理健康，那么它是否可以提高自我认知？Scott Bishop 将正念划分为注意当下经验和非评判的接受两个分概念，这为理解正念如何作为自我认知的通道提供了理论框架。大体上说，更多地注意个体当下的经验有助于克服许多信息障碍，非评判性的接受帮助个体在通往自我认知的道路上克服许多动机障碍。

更多地注意个体的当前经验可以抵消通往自我认知路上的信息障碍，这是通过增加个体所拥有的关于他们思考、感受和行为的模式的信息量。一个重要的假设是正念提高了个体将注意力维持在当前的时刻，并处理更多信息的能力。一些研究也证明了这一假设，正念极大地提高了个体对情绪的颗粒度、清晰度和辨认能力。所以说，基于正念的认知技巧可以帮助人们关注和注意更多的关于他们感受、思考和行为的模式的信息。

非评判性地接受个体当前的经验可以帮助个体克服阻碍自我认知实现的动机障碍，这是通过减少反应性和防御性的自我威胁的信息。正念能够帮助人们在体验消极情绪时，获得更少的消极反应和更适从的意愿。研究者认为经过正念训练的个体体验悲伤时，认为悲伤是"无害的感官信息，而不是一个需要自我监管和回应的情绪负载的威胁"。所以，正念训练可以帮助个体避免带有偏见地处理有关个人人格的信息。

与自我认知相关，同时，有证据表明，正念训练有助于个体找到内心的平静（灵性）和与他人建立牢固的感情。正念练习者在注意力、接受力和同情等方面表现更好，而这些促进他们以更加灵活和适应性的方式去对待压力，促进健康和幸福感，这同时也让他们成为工作和生活中更好的交往伙伴，有助于他们与他人建立良好的关系。

例如，研究发现，正念能极大程度地提升亲密关系的质量。正念影响关系的通路是多样的，包括对他人更好的注意，更高质量的沟通，减少冲突，减少情绪反应，对利他情绪更好的表达，比如同情和共情。亲密伙伴的特质正念（dispositional mindfulness）与关系质量和稳定性正相关。杜克大学医疗中心 James Carson 和同事们的一项著名研究发现，与控制组相比，参加正念训练的夫妇表现出在关系质量和功能上都有提高，包括关系满意度、关联度、亲密度和对伴侣的接受度等。

总之，正念让我们找到一种内在连通性，成为更好的自己，更好地管理现在和未来。个体在专注当下体验时，逐渐培养自我意识，感觉到自我尊重和自我控制，即我感受我的决定，我的行为不是其他人告诉我应该怎么做，而是我想这么做。从这一意义上讲，正念所引发的授权意识和应变能力使个体改变对生活的思考方式，即通过内在力量感的识别，增加个体的内在连通性，帮助个体在个人价值观和生活目的上发生根本性的改变，使其寻求和重新评估生活的意义，以更加积极的心态去管理当下所面对的困难和挑战，在应对这些挑战的过程中找到一种深沉的幸福感。

正念的幸福感很大程度上通过一种正念带来的外部连通性（超连通性）来实现。专注的体验让个体体会到一种精神上的幸福感，让生活充满意义和目的；这种幸福感带来一种积极的、充满力量的情绪状态，一种与他人、与周围环境、与天地万物的能量连通的感觉*，这种状态和感觉激励着个体朝着有意义的方向决策与行为，超越个体，超越小我，努力去从事各种利他的、亲社会的行为。"汲取宇宙能量"之后，困难和挑战不仅不会让个体妥协，反倒激发出最大的斗志。值得注意的是，这种感觉与我们中国人常说的"天人合一""同胞物与""天下万物一体之仁"等理念之间的关系，我们在下一节"良知的展开"中会进一步论述。

组织中的正念

正念在组织和管理中的作用正在得到越来越多学者的关注。研究证据表明，正念影响一系列的工作表现，包括学习成

---

* 中国典籍中有很多这方面的记载。如陈白沙："万化我出，天地我立，而宇宙在我矣，得此把柄入手，更有何事。往来古今，四方上下，都一起穿纽，一齐收拾。"（《白沙子全集·与林郡博》）如王龙溪转述王阳明的静坐体验："自谓尝于静中内照形躯如水晶宫，忘己忘物，忘天忘地，与空虚同体，光耀神奇，恍惚变化，似欲言而忘其所言，乃真境象也。"（《龙溪先生全集》卷二）

绩、工作绩效、组织公民行为、越轨行为和安全绩效等。例如，研究发现，特质正念与 MBA 女学生的 GPA 总分存在相关；特质正念与餐馆服务员的工作绩效相关；与控制组相比，接受正念训练的中层管理者在管理相关的工作绩效上表现出很大的提高。

在医护人员群体也发现了类似的结果。例如，研究发现，临床医生更高的特质正念与患者对沟通质量和整体满意度的更好的评价有关；相似的，另一项研究发现正念干预会提高医院接待小组的家庭友善度；如果治疗师曾接受过正念训练，那么与未接受过正念训练的治疗师的治疗效果相比，病人会减少焦虑和敌意，病人的治疗效果会更好。

中科院张警吁教授一项以核电站员工为对象的研究发现，在负责复杂任务（控制室操作）的员工中发现特质正念与自我报告的安全之间存在显著的正相关。后续的一项研究重复验证了这一结果，并且发现对于具有更多经验和能力的员工来说，这两者之间的联系更强。总的来说，现在已有一部分证据表明正念对工作表现的作用，但是还需要更多的研究对此进行探讨，并且职业类型、工作特点和工作环境可能都是需要研究的重要条件。

组织学及其实践的核心领域离不开关系，正念会影响关系质量和团队关系。比如，正念通过提高上下级之间的关系质量，来提升下属的态度和行为。研究发现领导者的特质正念和员工的工作—生活平衡、工作满意度、公民行为和工作表现正相关，与员工的疲惫和越轨行为负相关。

首先，正念可能通过对互动伙伴的持续关注来提升关系，对互动伙伴的持续关注能够加强沟通和增加交流情绪信息的可能性。状态正念（state mindfulness）和亲密伙伴间的更好的沟通质量相关。

其次，特质正念更高的个体能更好地保持积极的基调，一般表现出更少的敌意和愤怒，减少在与同伴发生冲突时的情绪反应。气质性正念和正念训练都会调节个体对不公正的反应，包括减少反刍思维、消极情绪和报复等。

正念还通过更好的共情来提高关系质量。相关研究发现特质正念与共情间存在联系。与控制组相比，参与正念减压项目的被试表现出更好的共情（情感性共情）。当一个靠拐杖走路，并且明显很痛苦的人走进一间坐满了人的等候室，完成正念训练的人中有一半都让出了自己的座位，而控制组只有不到 20% 的人让座。正念训练同时有助于换位思考（认知性共情），从而帮助团队掌控和解决工作中的各种冲突。

更广泛的视角研究正念对员工的幸福感的促进作用。越来越多的证据表明员工幸福感对员工和组织表现有显著的积极作用，这一积极作用是通过影响员工的身心健康、缺勤率、离职率和角色内绩效（in-role performance）实现的。正念和正念训练有利于减少报告的倦怠水平、减少感知压力的水平、减少工作与家庭的冲突、减少消极情绪，并且伴随更好的睡眠质量。另一项研究发现，接受了自我导向的正念干预后的员工取得更高的工作满意度。在其他职业上也发现了这些联系，包括医生、教师和军人等。

表 3.2　正念在工作中的各种正面作用 *

类别	正面作用	类别	正面作用
心理类	更能活在当下	关系类	解决管理冲突
	寻找意义和目标		改善困难关系
	更能接纳自我		提高沟通能力
	更强的自尊		提高对他人的觉察
	管理愤怒		提高同理心和情绪控制
	思维更为清晰		提高社交技能
	提高专注度	表现类	改善业绩表现
	发展更好的临在		处理混乱局面，带来改变
	提高自我觉察力		更好的工作与生活平衡
	克服自我限制的信念		改善工作计划性和条理性
	直觉更敏锐		提高解决问题能力
身体类	身心更健康		提高决策力
	更好的睡眠		更能考虑中长期
	更为平静		提高创造力
	处理压力与焦虑		减少习惯性反应
	控制轻度抑郁		培养真诚领导力
	提高复原力		与价值观保持一致

* 根据《正念教练》135 页内容整理。机械工业出版社，2016 年 6 月版。

　　乔治城大学的 Elizabeth Stanley 研究正念在军队中的应用，帮助海军士兵在高压的作战条件下更加的灵活机动。基于正念减压的课程，她和同事们发明了一套"正念基础思维适应性训练法"，在部队中初步使用，取得了很好的效果，引起了国防部门的高度重视。自那之后，他们又进行了另外两项与海军士兵相关的正念项目研究。正念的作用，在要求最为严苛、责任最为重大的军事组织中的作用得到证实后，对正念的推广产生极大的影响。

图 3.11　海军陆战队执行任务 *

---

　　* *Philippine and U. S. Marines simulate a beach landing from combat rubber raiding crafts onto a small island off the coast of Palawan, Philippines.* （Photo：gt. Anthony J. Kirby/U. S. Marine Corps）来源：*THE DAILY SIGNAL*，November 10, 2014.

如果说领导力是完美的家具，正念相当于是最深的大山里找到的最好的木料；领导力是完美佳肴，正念是下雪天从地里新采摘的蔬菜；领导力是人际关系的交响曲，正念是一把把奏出最美妙音乐的小提琴。正念洗净在红尘中日久的满面风霜，让职场中疲惫灵魂重生，永葆新生儿一般的初心（beginner's mind），对他人、对世界、对万物充满最纯粹的好奇之心和关切之心。有了这种禅学意义上的初心，才能以不变应万变，洞察万物的本质；秉持初心的领导者，才能构建既强有力又有柔韧性的团队。我们构建中国式领导力，把正念作为起点，背后就是这个原因。

在信息超载、过度连通的互联网时代，正念让我们专注当下，专注自身，最大程度地抵消了技术的各种负面作用。佛教古老的智慧以这种方式焕发出全新的魅力，是一件很奇妙的事情。禅宗从中国到日本，从日本到硅谷，从硅谷到波士顿，再回到中国，是正念的凯旋，也是东方文化的凯旋，也是人性和自然的凯旋。"天行健，君子以自强不息"，正念在东西方这一场神奇的"思想之旅"，也是人类文化生生不息、永远积极向上的力量的一个象征。下一节，我们从中国传统文化的另外一个角度，从儒学、从良知学出发，继续探讨中国式领导力的源代码和底层逻辑。

三 良知的展开*

海底捞创始人张勇与我聊天，提到他早年的一件事。那时海底捞创业不久，在某处二楼开了一家店。一楼也有一家餐厅，老板人很坏，生气的时候，用开水泼员工。张勇看见了，实在气不过，找了一个碴儿，带着几个员工，把这个老板打了一顿。多少人从网上下载"海底捞培训系统""店长培养大全"之类，但如果没有创始人这种骨子里对员工、对人的尊重和爱，很难想象他们能够靠这些手册复制海底捞那套"地球人已经阻挡不住"的传奇服务方式和管理系统。

其实优秀的企业家，往往都是侠骨柔肠。马云回忆他第一次上电视，是1995年他刚刚创业的时候。有一天晚上，他骑自行车下班，看到五六个人在马路上偷井盖。他一只脚搭在地上停下来，大声喝止他们。后来才发现，这原来是西湖明珠电视台的一个测试节目，整个晚上，只有他一个人通过了这个测试。任正非骨子里更是一个充满感情和感性的"文艺男"。有一次他

---

* 本章主要参考书籍包括：《阳明学综论》，吴光主编，中国人民大学出版社，2009年；《有无之境：王阳明哲学的精神》，陈来，北京大学出版社，2006年；《王阳明与明末儒学》，冈田武彦，重庆出版社，2016年；《李卓吾——两种阳明学》，沟口雄三，生活·读书·新知三联书店，2014年；《传习录》，王阳明，中州古籍出版社，2008年。谨致谢意。

在北京与几个老友餐叙，服务员一连犯了好几个低级错误，陪同人员严厉斥责，把小姑娘说得差点掉眼泪了。任正非反过来帮服务员说话。这么小的孩子，一个人跑到北京来打工，也不容易，咱们还是担待一下吧。走的时候，还专门叮嘱，给这个服务员留了一笔小费。

组织是技术系统，同时也是社会系统。管理一方面是一门自然科学，讲究技术逻辑；另一方面，也是一门社会科学，讲究人文逻辑。这种人文逻辑很大一部分属于道德哲学和应用伦理学的范畴。这也是德鲁克再三强调的管理是一种博雅艺术（liberal art），是一门文科背后的深意。人文、人文关怀、伦理与信仰这些概念对管理的重要性，怎么强调都不过分。很幸运，这正好是整个中国传统文化，尤其是中国儒学最关心的话题和领域。在这一节里，我们将努力开发中国文化的人文精神，让这种文化精神成为中国式领导力建设的最核心资源。

万物一体之仁

万物一体理念是中国儒家对佛道思想的挑战的一个伟大回应。儒家重人文关怀和社会秩序，但在建功立业的同时如何摆脱外物之累，如何在社会责任与个人自由之间，在颠沛流离和"乘桴于海"之间找到一种平衡，一直是孔子和古典儒学面对的一个大问题。宋明理学用万物一体的理念，很大程度上解决了入世与出世、"拯救与逍遥"、有与无之间的矛盾，让儒学具有一定的超越性和宗教性，也让儒学真正成为中国知识分子安身立命的一种学问。

万物一体的提法来自《庄子·齐物论》"天地与我并生，万物与我为一"，但作为儒家思想，其起源是北宋儒张载在孔孟仁民爱物的古典思想基础上提出的"民胞物与"的思想："乾称父，坤称母。予兹藐焉，乃混然中处。故天地之塞，吾其体。天地之帅，吾其性。民吾同胞，物吾与也。"天是父亲，地是母亲，"我"是天地之间最伟大的存在，自然也要同时主动负起最大的责任。就是每一个人，都要当作我的同胞来爱护，每一个物体，都要当作我的同类来爱惜。

这个思想经程颢总结，逐渐系统化："仁者以天地万物为一体，莫非己也，认得为己，何所不至？若不有诸己，自不与己相干，如手足不仁，气已不贯，皆不属己，故博施济众乃圣之功用。"不把天地万物尤其是人类社会的每一个成员都看成与自己息息相关、不可分离的部分，就好比中风的人无法感觉到自己的肢体存在一样，不是正常的情况。在儒家的这种思想中，人文关怀、人道主义、对每个个体的平等和尊重都是题中自有之义。

更重要的是，天地万物一体的这种思想让儒家找到了在入世中出世的平衡感："仁者以物同体。义礼智信皆仁也。识得此理，以诚敬存之而已，不须防检，不须穷索，此道与物无对，大不足以名之，天地之用，皆我之用。"（《二程集·遗书·二》）仁者进入了这种廓然大公的精神境界，吾性自足，天真烂漫，随心所欲而不逾矩。这种思想是儒家二程面对佛道两家的挑战，努力消化道佛两家的精髓后的一大发明，让中国的儒者真正找到了安身立命之所。

图 3.12 中国山水画蕴藏了"万物一体"的理念 *

---

* （宋）马远《梅石溪凫图》，北京故宫博物院藏。

王阳明把这种天地万物一体的精神本体叫作"良知"："夫人者，天地之心。天地万物，本吾一体者也，生民之困苦荼毒，孰非疾痛之切于吾身者乎？不知吾身之病痛，无是非之心者也。是非之心，不虑而知，不学而能，所谓良知也。"（《传习录·答聂文蔚书一》）人有心，天地也有心，那就是人，仁者当为天地立心。没有良知的人，就像手脚长疮腐烂，却没有感觉到疼痛一样可怕。人的一切罪恶，都来源于人不能以万物为一体，被功利霸术、训诂科举之类阻碍了自己恢复自己的本性。恢复了这种本性，人与人之间就能做到相互之间真诚无私的关爱。

《传习录》中写得最好的完整文章《拔本塞源论》（《答顾东桥书》后半部分）也是阐发这个思想："夫圣人之心以天地万物为一体，其视天下之人，无外内远近，凡有血气，皆其昆弟赤子之亲，莫不欲安全而教养之，以遂其万物一体之念。"他把这种万物一体之念的缺乏当作所有政治问题和社会问题的根源（所谓"拔本塞源"），虽然因其时代局限性有迂阔的一面（所谓"老内圣开不出新外王"），但在个人修养层面，这种理论不失为一种精致的解决方案："盖其心学纯明，而有以全万物一体之仁，故其精神流贯，志气通达，而无乎人己之分，物我之间。"儒家修养的目的在于，进入一种不以物喜、不以己悲的"自得"状态："捐富贵、轻利害、弃爵禄，快然终身，无入而不自得。"

教育的根本目的在于成德，复归于这种万物一体之心。有了这种万物一体之心，大家自然都不会执着于身份高低和职业

贵贱，大家各司其职、安分守己，互通有无，美美与共，理想
社会自然就会实现。儒家强调，学问功夫所要达到的理想境界
就是"求其放心"，本质上是回到心的本来面目和状态："圣人
之学所以至易至简，易知易从，学易能而才易成者，正以大端
惟在复心体之同然。"

　　值得注意的是中国悠久的现实主义诗歌传统对儒家这种悲天
悯人的情怀的发挥："长太息以掩涕兮，哀民生之多艰"（屈原），
"穷年忧黎元，叹息肠内热"（杜甫），"遍身罗绮者，不是养蚕
人"（张俞），"兴，百姓苦；亡，百姓苦"（张养浩），"衙斋卧听
萧萧竹，疑是民间疾苦声"（郑板桥）。诗歌的力量，极大地提高
了儒家精神在读书人、在知识分子人群中的渗透度和接受度，天
地万物一体之仁，成为中国文化的一种重要的精神底色。

阳明学的歧路

　　王阳明设"致良知"为教，极大地提高了良知这个概念在
中国文化传统中的地位。可惜中国缺乏严格的学术传统，学者
们一向是重直觉、轻理性，重结论、轻论证，重言传、轻写作。
这方面，阳明也不能幸免。阳明竟其一生，并未提出一套概念
清晰、逻辑严密、体系完整的心学理论。再加上阳明因材施教，
经常根据一个人"根器"好坏，天赋高低，来决定他所传授的
内容，使得阳明学在阳明之后走向严重的分化，产生了很多理
论和实践层面的争议。关于这些分化，学术界有很多分类，总
之可以概括为偏入世的阳明左派和偏出世的阳明右派，和努力
维持出世和入世平衡感的阳明正统派（修证派）。

　　左派是现成派和狂禅派，以浙中王龙溪和泰州王心斋为代表，逐渐走向虚无主义和自然主义。虚无主义是把一切道德礼教都视为人生束缚而不屑一顾，自然主义则认为一切日常行为都合乎圣人的道德，"满街都是圣人"（王心斋语），从而走向了"以名教为桎梏，以纪纲为赘疣，以放言高论为神奇，以荡轶规矩、扫灭是非廉耻为广大"（黄宗羲语）的纵欲思想。

　　阳明强调实践尤其是道德实践的重要性，苦口婆心讲知行合一，要努力去践行，"行"要向"知"靠拢，谁能料到，他的弟子们不是让"行"靠拢"知"，而是让"知"去靠拢"行"。流氓不可怕，就怕流氓有文化。有了意识形态支持的阳明左派"以任情为率性，以随俗袭非为中庸，以阉然媚世为万物一体"（顾泾阳语），事实上最后走上了一条不无类似邪教的反道德、反文明的歧路。明朝末年，物欲横流，纲纪倾圮，公论与阳明左派的流行是有很大责任的。

　　一匹之夫，任情纵欲，害的只是他自己。位居高位的人，恣意横行，"六亿神州皆舜尧"，那就是人间的灾难了。阳明左派后世的流变，是理解中国20世纪意识形态悲剧的一个重要视角。爱惜阳明的人会慨叹，阳明播下的是龙种，收获的是跳蚤。但我们也应该反思，为什么作为中国文化、中国思想精华的阳明学容易产生这种变异？与西方相比，与有神论相比，我们的文化是否缺乏一种谦卑感，一种敬畏感，缺乏一种端正严格的自律精神？我们在下一节"天命的召唤"中会继续探讨这个问题。

阳明左派以一种猖狂的姿态入世，阳明右派为了救正，却走向了近于出世的另外一个极端。阳明右派以聂双江和罗念庵为代表，强调心体虚寂，主张收敛主静。聂双江主寂："良知本寂，感与物而后有知。知其发也，不可遂以知发为良知，而忘其发之所自也。"他强调，内心的宁静是致良知的前提，学习者要确保内心深处"寂而常定"。罗念庵主静："良知源泉也，知觉其也，流不能不杂以物，故须静以澄汰之。"水流只有静下来，才能清澈。这种静定功夫，绝非一朝一日可以达到。

阳明正统也叫中道派、修证派，以邹东廓、欧阳南野为代表，在阳明右派的基础上强调"体究践履、实地用功"（王阳明语），重视慎独、自律、践履、务实，如风浪中的中流砥柱，使阳明之道赖以不坠："夫学何为者？悟性、修命、知天地之化育者也。……惟悟也，故能成天地之大；惟修业，故能体天地之塞。"（刘师泉语）把觉悟和实修结合起来，才是阳明学的真正精髓。这一派通过刘宗周和黄宗羲，逐渐发展成为明末清初以来的强调经世济民的实学传统："圣人教人，只是一个行""致字即是行字""必以力行为功夫"（黄宗羲语），以努力摆脱阳明左派流行造成的学界"束书不观，游谈无根，回避现实，逃之愈巧"的空疏学风。

值得注意的是，如黄宗羲评价，"阳明一生精华，尽在江右"，总体主张心有主宰，强调收敛主静，重视修持功夫的阳明右派和阳明中道派，基本都是江西人（聂双江、罗念庵、邹东廓、欧阳南野，都是庐陵即吉安一府人氏）。这应该与江西在宋明以来在中国文化版图上的重要地位相关，近世以来江西人文经济衰颓之势，与之形成鲜明的对比，作为一个江西人，为之浩叹。

日本人学阳明，发扬主体性、主观能动性，强调行动力、执行力，自恃阳明正脉，甚至认为"阳明学已全亡于清国，更盛于我国"（结城蓄堂语）。与武士道精神相融合，成为吉田松荫、西乡隆盛等一代明治维新志士的思想来源和精神支柱。阳明学成为"每一个个人的超俗的决心、精神的觉醒，以及宇宙大的自我的确立等个人精神世界的自我完结"（沟口雄三语）的重要基础。有意思的是，这种日本式的阳明思想出口转内销，通过孙中山、梁启超、蒋介石等人传回中国，在 20 世纪的中国革命中形成了重要的影响。

图 3.13　阳明学成为日本一代维新志士的精神支柱 *

---

* www.blisseuphoria.com。

阳明强调"良知即是独知时",强调清醒的自我觉察(所谓"良知常照",注意与上一节主题正念的关系),以及在这种自我觉察的基础上的自我激励和自我管理,现在一些把阳明学当生意做的人,利用广场效应等群体动力学规律去洗脑,去收割没有独立思考能力的"肉鸡",是一件非常缺德的事。用王阳明自己的话来说:"霸者之徒,窃取先王之近似者,假之以外,以内济其私己之欲,天下靡然而宗之,圣人之道,遂以芜塞。"(《答顾东桥书》)阳明学居然还有这么一条歧路,这是孜孜于"为己之学"的古代儒者们绝对没有想到的吧。

更等而下之的是把阳明学当作政治钻营的工具。学界已有共识,中国儒学最大的问题是在建立现代政治秩序方面没有建树("老内圣开不出新外王"),所以在这方面,要虚心向西方学习,一代人学不会,第二代、第三代继续学习。也因为此,海外新儒家们一致认为,儒学作为一种传统哲学的价值要想发挥出来,必须退回个人修养的层面,以心性儒学代替政治儒学。不谨守"群己"这条界线,把儒学当作劝进的工具,把阳明学变成专制主义、愚昧主义的工具,为权力张目,成为权力的帮凶,不仅是缺德,几乎是造孽了。

管理的知行合一

阳明阐述知行合一,"知是行之主意,行是知之工夫""知是行之始,行是知之成""不行不足谓之知"等,探讨的主要是道德意识和道德行为的关系,针对的是明朝中期社会风气日益败坏、道德水平日益下降的大背景。一般人对宋明理学不感兴趣,往往是因为不喜欢这门学问散发着一股泛道德主义的"头巾气"。我们这里谈知行合一，不是空谈世道人心，我们关心的，还是企业管理中的如何把理论变成实践的问题。

背后的道理其实很简单。企业一方面是技术系统，要求管理者拥有以技巧为基础的能力（skill-based competence），简称技巧能力；企业另一方面是社会系统，要求管理者拥有以价值观为基础的能力（value-based competence）或者以道德为基础的能力，简称道德能力。技巧能力靠知识，靠经验，靠积累；道德能力的落地，却只能靠管理者内心的强大道德动力，最终靠的是康德所说的"绝对律令"。知行无法合一，知而不能行，不是技巧能力的缺乏，而是因为这种道德动力的缺乏。管理的很多终极秘密，商学院教授束手无策的很多管理难题，其实都与这一点相关。

举几个例子。我做领教工坊后，最让我惊讶的是，中国的企业家朋友们几乎从来不做常规的一对一的绩效谈话。不做一对一，如何确保下属的短期和长期目标与企业的目标一致？目标不一致，怎么可能成为一个有效协同的团队？我苦口婆心，一而再、再而三地与企业家朋友强调，后来把一对一过程中要问的三个方面问题给大家一一罗列出来（目标完成、能力评估、职业发展），大多数人却还是不去做。后来才发现，技巧能力根本不是重点，问题出在企业家的道德能力上。大多数略有规模的企业的老板，内心深处其实都是颇为孤傲的。此山是我开，此树是我栽，一草一木，一砖一瓦都是我打造起来的。你一个我招来打工的，好好给我把活干好就是了，还要我来主动嘘寒问暖，做思想工作？没有一种道德力量的支撑，没有对下属作为一个平等的人的发自内心的关心，老板不会去做这个事情；勉强去做，也只是摆摆样子，效果自然也好不到哪里去。

再举一个面试的例子。大多数没有经过专业训练的人，在做面试官面试候选人的时候，都是在面试的前 30 秒决定，是否要录用这个人。剩下的时间，面试官其实都是在向自己论证，自己刚才的决策有多么英明。人力资源部费尽心机为他们整理出来的面试问题单，他们拿着做做样子，觉得这个人很合适，就开始天马行空地海聊；觉得不合适，碍于面子，就兴味索然地问几个不相关问题，再耗一点时间。为什么面试官就是不愿意老老实实把问题单上的问题一个一个地问完呢？我仔细思考这个问题，答案很简单：无他，面试官为了享受权力的快感而已。没有对候选人作为一个平等的人发自内心的关心，没有对这种享受权力的快感的警惕之心，面试官是不会老老实实按问题单去问问题的。

再举一个财富分享的例子。华为崛起之后，络绎不绝的企业家到华为学习，个个若有所思状，貌似有所触动。回去价值观输入、任职资格评定、IPD 流程变革之类，搞得也像模像样，唯独股权分享方案，一议再议，光打雷，不下雨，就是不见落地，好像这个股权分享方案技术上有多复杂似的。我也再三告诉他们，股权分享方案，只要满足 1）进入和退出条件想好；2）与绩效挂钩，不要一次到位；3）投票权与分红权分离三个条件，就是八十分的方案，不要太担心。股权咨询公司，我也可以给你推荐两三家。一眨眼，两三年过去了，还在继续研究！我理解，他们这样百转千回，说一千，道一万，其实还是舍不得！不要说像任正非那样留 1.4%，留 14%、40% 我都佩服您啊。可是，他就是舍不得！又要马儿跑，又要马儿不吃草，世间哪有那么便宜的事！

为了更好地理解道德能力在管理中的重要性，我们先来看 James March 的一个简单理论模型。管理是一个非常复杂的研究对象。从知到行的距离非常长。它的复杂度很大程度上来自理论知识与实践知识之间的区别。理论知识是基本不受时间和空间限制的企业管理的底层逻辑和普遍规律，这是管理学者们皓首穷经研究的对象；实践知识是针对特定对象、在特定的条件下有效的管理知识，很大程度上无法跨时间和跨空间复制，各种行业新闻和媒体报道里，能找到很多这种类型的知识。商学院里按照一定标准一定流程编写的管理案例，一方面是一时一地的管理经验，另一方面非常注重提醒学生注意其边界条件、使用条件，基本介于理论知识与实践知识二者之间。

从理论知识到实践知识，中间隔着一个太平洋；从实践知识到实践，中间又隔着一个太平洋。管理的知与行之间，隔着两个太平洋。有意思的是，从理论知识到实践知识，需要管理者对各种使用条件完整的理解、清醒的判断和灵活的调整能力，拼的主要是一种技巧能力；从实践知识到实践，拼的却往往是道德能力。如上述中的几个例子，绩效谈话、面试候选人、股权分享，技术层面的问题容易解决，道德动力的问题只能靠管理者内心深处良知的扩展来解决。

道德理想国的诞生

管理本质上归根到底是以管理者的善意激发被管理者的善意，最后形成一种良性循环。我在《中国人为什么组织不起来》引用殷海光的三教合一图，阐述孔仁孟义、佛陀慈悲和基督博爱内在的核心其实都是一致的，都是内心深处对人的一种原发的、巨大的、包容性的善意，强调的也是这个道理。没有这种善意，光在技巧能力上下功夫，是无法实现真正的管理进步的。国人一般汲汲于技巧层面的学习，如果这种技巧的代价是丧失了对人的善意，丧失了本心，还不如没有任何技巧。在这一点上，《庄子》中描述子贡碰见的那个老人，宁可抱瓮灌溉，也不愿因为使用了机械，让机心破坏自己内心的淳朴状态，还是有一定道理的。

学术研究为这种善意的循环提供了坚实的理论基础。密歇根大学的战略学家 Robert Axelrod 邀请学者们为一个重复囚徒困境游戏设计战略。然后把所有人设计的战略输入电脑，对弈 200 次。第一次有 15 个战略竞争，第二次有 63 个战略竞争。实验的结果，两次都荣获第一的是几乎最简单的"一报还一报"战略（tit for tat），他不仅善良（不首先背叛对方），而且宽容（对方背叛一次他只惩罚对方一次），更为发人深省的是，每次博弈，他的得分都不比对方高（最多与对方一样高）。他的成功不是建立在别人失败的基础上，而是建立在别人成功的基础之上。他没有赢取任一场战斗，却赢得了整场战争。大智若愚，大赢若输。所谓"仁者无敌"，不是说他没有敌人，而是因为他战胜了人类与生俱来最为凶险的敌人：自身的贪婪。

Axelrod 这个结果后来汇集成为著名的《合作的进化》* 一书。这本书也是对哈耶克的人类合作的扩展秩序的很好的呼应。哈耶克在他的最后一本书《致命的自负》中写道："我们的文明，不管是它的起源还是它的维持，都取决于这样一件事情，它的准确表达，就是在人类合作中不断扩展的秩序。"首先，这种秩序是自发的产物，不是人类设计的结果。由于它是自发的，因而也是人人都认同的、遵从的，是不需要强制力的。正是由于这一点，自发秩序也是自由的秩序。其次，这种秩序不仅是自发的，而且是扩展的。最初在原始人的小团体中，然后扩展到部落，再扩展到国家，再扩展到国际社会，直到全人类的分工和竞争都被纳入这个合作秩序中。

哈耶克用自发秩序、扩展秩序来描述自由主义市场经济体制，倡导私有产权、开明的自利，他强调法律等"超个人规则"在这个过程中的作用，但他反对任何人工建构理性，也反对与这种建构理性如影随形的各种意识形态和道德高调。和其他经济学家一样，他们倾向于把市场经济的主体一个个的企业当作一个黑箱，他的奥地利老乡德鲁克则打开这个黑箱，发现了这个黑箱其实更大程度上是依赖个体之间的善意的循环来运作的，发现管理的本质，是激发和释放每一个人的善意，管理者为员

---

* 《合作的进化》，上海人民出版社 2007 年 1 月版。

工着想，释放善意，员工才能为企业着想，回报以更大的善意。优秀的企业家，一般都是有坚固的安全基础，能够持续地释放善意的人，就是这个原因。

在道德自律的基础上实现共同繁荣，是人类的永恒梦想。从柏拉图的"哲学王"，到卢梭和罗伯斯庇尔的"道德理想国"，从儒家的三代梦想到孟子的"王道乐土"，从老子的小国寡民到陶渊明的世外桃源，都是这种追求的体现。世间没有完美的乌托邦，热爱美德的人，他们的第一选择是，创建一个自己的企业，努力在做这个企业的过程中追求自己的梦想。企业家展开自己的良知，进而带领员工一起展开他们自己的良知，这才是一家优秀企业发展的最深的基础。

四　天命的召唤*

某投资大佬问我，有没有一种办法，成批量地培养企业的操盘手。我哭笑不得，告诉他，几年前，某地政府号称投资多少万，批量制造乔布斯云云，大家都当笑话讲。你的这个"批量制造操盘手"，与某地政府批量制造乔布斯又有什么区别？投资人，成功了几个项目，往往会丧失平常心，以为自己真有"点金术"，容易开始产生类似这种"非分之想"。过了几个月，网上流传他在自己投资的一家零售企业年会上的长篇讲话，俨然是一副大老板的姿态，虽然公关是当作正面宣传来发布的，我却觉得大事不好。投资就是人，不认同管理团队，企图凌驾其上，甚至取而代之，都是非常危险的倾向。中国投资界，炒股炒成股东，投资投成老总这样的笑话，我们已经见得太多。

有领导力的企业家，不论是偏创业型的还是偏操盘型的，为什么无法批量制造？有很多分析的角度，最深层次的原因是，做企业很辛苦，很大程度上，其实是一个"以命换命"的过程，

---

* 本章主要参考用书：《敬虔生活原理》，生活·读书·新知三联书店2012年版；《群氓之族》，广西师范大学出版社2015年版；《清教徒的革命》，商务印书馆2016年版；《自由的崛起》，江西人民出版社2008年版；《加尔文与商业》，四川人民出版社2015年版；《加尔文传》，中国社会科学出版社2009年版；《加尔文传》，华夏出版社2014年版；《向内创新》，机械工业出版社2017年版。

用企业家的天命换成企业的使命。没有一种把企业当作自己的天命来做的精神，是不大可能做出一家伟大的企业的，尤其是在中国这么一个复杂的经营环境里。这种人，像钻石，是在非常特殊的地理条件和地质条件下才能生成的一种物质，能发现一块，就不得了，岂有批量制造之理？

如果说，正念是起点，良知是过程，天命则是终点。"天地者，万物之逆旅；光阴者，百代之过客。"正念是把人生的旅舍打扫干净；良知是每天面朝大海，春暖花开，给每一个陌生人祝福；天命则是以一种最勇敢的姿态直面人生的各种挑战。有正念，无良知，缺的也许是一分入世的温度；有良知，无天命，缺的则是一种专一、坚定、无所畏惧的人生态度。这一节里，我们侧重从信仰尤其是基督教加尔文教派的角度探索清晰的天命观和使命感对于企业家领导力的重要性。

无超越，无动力

企业家最本质的特征是，他们是一群不满足于现状的人。他们内心燃烧着一团永不熄灭的火，只要这团火烧着，他们就永远处于一种不满足、未完成、没有安全感的状态。他们创新、冒险、好胜、皮实、折腾、坚忍不拔，永不言败，可以说，都是内心这团火在背后驱使着他们。这团火有三种不同的燃料，给他们提供持续的动力。第一种是物质层面的，为了让自己和家人生活得更好一些；第二种是社会层面的，为了比别人更成功，这个别人可能是泛指，可能是特指；第三种是精神层面的，为了自己内心的信念和理想，包括宗教信仰，具有一定的超越性。三种燃料也基本对应企业家的三个阶段和三种境界。物质层面的动力，很快就会碰到天花板。社会层面的动力，包括较劲、嫉妒等，有时候也能支持企业家走很久，但企业家最持久、最强大的动力，一般都来自精神层面。

例如，一个值得关注的现象是，这三四十年来，中国企业家丛生的地方往往是那些说一种独特的方言，有较强社区凝聚力，有自己深厚的文化传统的地方，如江苏、浙江、福建、广东等（这几个省加上上海和北京，基本支持着中国财政）。这些地方中，尤其有企业家精神的是几个背山面海、相对更加独特、文化更加自成体系的地区，如浙江的温州、台州、宁波，福建的晋江、莆田、福清，广东的潮州等。说独特方言、有更强社区凝聚力的地方，大家互相攀比、出人头地的动力往往更强。

图 3.14　莆田等地有较强的社区凝聚力 *

＊ 摄影：邱宗新（来源：福建摄影家协会官网）。

例如，温州、莆田等地，创业成功的人第一件事是回老家盖房子，而且一定要盖得比邻居高，比邻居大。有意思的是，这种地方的人往往也更有超越性，更容易进入第三阶段。近年来温州、莆田等地基督教会的发展，还有佛教在这些地方的企业家圈子内越来越深入的影响力，都是这个逻辑的体现。

洛克菲勒说，"我财源滚滚，如有天助，因为上帝知道，我会把它们用到该用的地方"；曹德旺把人生当成一场修行，"人生借由布施、持戒、忍辱、精进、禅定等步骤，最后达到般若，完成人生的轮回"；任正非总结，"我一生无愧于祖国，无愧于人民，无愧于事业与员工，无愧于朋友，唯一有愧的是对不起父母"。不管是什么宗教背景，具有一定的超越性的信念和信仰的企业家，一般都坚信把企业做好是上天赋予自己独特的使命，在这种天命感的支持下，他们才能百尺竿头，更进一步，永远保持他们那种永不懈怠、永不歇止的创业激情。

从万物有灵论到无神论

这里我们在广义上来理解宗教信仰。宗教的英文 religion，字源是拉丁文的 ligare，意思是"信守、承担、坚持"。另外一说，其拉丁文字源是 relegere，意思是"反复朗诵、收藏、积聚"，即累积而得的智慧或传统。结合两个词源，宗教意味着坚持传统，意味着"对上帝或者某个对等的神祇，对誓约，对一个信仰的共同体，对某些仪式和习俗的规范，对那个拥有共同信念、戒律和教理的实体，以及对一个承袭下来的传统，都有着一种传承的关系，这个传统源自古代的智慧与教导，口耳相授或载之经书，经信徒代代传递、念诵和注视，历久不衰"（伊罗生《群氓之族》）。

从经济学的角度看，大多数宗教把时间的维度拉长，让行动者尽量以一种长远的眼光看问题，从而改变行动者采取的行为战略。例如，在 centipede game 或者囚徒困境中的重复博弈趋于无限，甚至根本没有终局的时候，行动者在"合作"和"背叛"之间，主动选择背叛的可能性就变小了，从而推进了整个社会中各种行动者的合作行为。基督教的末日审判、天堂和地狱的观念，是拉长时间维度；佛教的转世和业障的概念，也是拉长时间维度；中国儒家重视宗族传统，强调慎终追远、荫庇子孙的理念，本质上也是拉长时间维度。值得注意的是，从"孔子作《春秋》，乱臣贼子惧"起，中国独特的官修正史制度，也在一定程度上起到了拉长时间维度的作用，统治者对于"人吃人，是要上史书的！"的忌惮，遏制了很多大权独揽后的胡作非为的倾向。

从社会学的角度看，宗教提供了一种"非社会性"（non-sociality），平衡和缓冲高社会性团体对个体带来的压制和束缚。社会学鼻祖涂尔干（Durkheim）在其《自杀论》中指出，不仅丧失了最低社会联系的低社会性（social integration 太低）会导致人口的自杀率提高，太高的社会性（social integration 太高）同样会对自杀起到促进作用。共同的宗教信仰一方面把人组织起来，让他们拥有一定的集体行动能力；另一方面，更重要的是，当每个个体在"信仰的市场"中，出于自由意志而选择信仰某种宗教时，他们遵循集体规范、服从集体命令，首先是在服从自己的选择，服从于自己与上帝之间的关系，而不是屈从于某种外在权威或集体的力量，从而排遣和释放了高社会性团体给个体带来的压力。越是现代化的宗教，对这种个体性强调得越是彻底（如路德教的"因信称义"），这种"非社会性"的特征越明显。

从心理学的角度看，宗教为变幻无常甚至荒谬无稽的人生提供方向、目的和意义。首先，宗教为无意义的事情提供意义，

图 3.15 人类的童年一般都持有万物有神论

"为不可思议之事提供说法，为不可解答之事提供解答，使不可知之事可知，界定善恶是非，解开生死与时间之谜"。其次，宗教通过自我实现的预言（self-fulfilling prophecy），为人生提供确定性。例如，坚信功不唐捐，天道酬勤，锲而不舍、百折不挠地努力，自然成功概率大；坚信善有善报，人心一杆秤，长期坚持行善积德，以德报怨，时间长了，自然会得到大家的认同和爱戴，连当事人的后代，都会得到大家的照拂和回报。最后，宗教分别扮演母亲和父亲的角色，为人们提供心理支持。"宗教是安慰的活水，是痛苦、恐惧、困惑、挫折的避难所；宗教提供呵护、治疗、安抚和鼓励"（母亲的角色）；"宗教是权威的源头，是戒律的司法，对冥顽不灵的罪人施予惩罚甚至报复，偶有宽恕，不损其刚直、坚定、威严"（父亲的角色）。本质上，"宗教是以普天下亲子关系所产生的感情、恐惧与欲望为脚本，并据以搬演的一套戏码"（《群氓之族》）。

从历史的角度看，人类文明刚开始时，大多数原始人持有的是万物有神论。到古希腊、古埃及和古印度，这种万物有神论逐渐被多神论所取代。等到沙漠中亚伯拉罕三大宗教（犹太教、基督教和伊斯兰教）兴起，多神论被一神论所替代。来自希伯来的基督教传统与古希腊的理性传统结合之后，更是爆发出来无往弗届的感染力、传播力和生命力，经过中世纪的积累和16世纪新教的革命，成为席卷世界的现代西方文明的底层架构。17、18世纪欧洲启蒙运动掀起了一股反思基督教的风潮，从保守的苏格兰启蒙，到激进的法国启蒙，知识分子纷纷走向不可知论，如英国的经验主义大师休谟；或者泛神论，如荷兰的理性主义大师斯宾诺莎；或者自然神论，如法国启蒙运动领袖伏尔泰和卢梭。作为启蒙之子的美国建国一代，如富兰克林、杰斐逊等人，基本都属于自然神论者（争议比较大的是华盛顿，部分人认为他也是自然神论者）。

表 3.3　人类历史上主要的几种信仰立场

万物有神论者	Animist	认为万物，包括植物、山水、用品都有生命，都有灵魂，如大多数原始人
多神论者	Polytheist	同时崇拜多位神，每位神代表一种自然力量或者原则，如古希腊、古埃及、古印度等
一神论者	Monotheist	存在一位神，创造一切，决定一切，如犹太教、基督教和伊斯兰教
不可知论者	Agnostic	认为神的存在是不确定的或者不可知的，即人类理性有限，无法证明神的存在或者不存在，如休谟
泛神论者	Pantheist	认为一个无所不在的，既超越又内在的神存在于万物之中，如斯宾诺莎
自然神论者	Deism/ Nature theology	神创造世界，创造人的理性，宇宙的完美运行证明神的存在，但是神不会干涉，也不会显灵，不会制造奇迹，如伏尔泰等启蒙运动一代
无神论者	Atheist	否认神的存在，如马克思主义者

总之，按涂尔干所言，"上帝是社会的象征"，宗教信仰是一个社会凝聚力的最终来源，是确保人与人之间合作机制的基础，是哈耶克所论述的自发秩序形成的前提，是绝大多数西方主流学者，包括牛顿、爱因斯坦等自然科学家，保留至少自然

神论层次的宗教信仰背后深层次的原因。没有信仰的力量，首先惩恶会成为瓶颈，不仅因为宗教信仰的制度成本远远低于法律体系，更是因为法律工作本身，也需要形而上的信仰力量的支持；没有信仰的力量，扬善也变得举步维艰。善欲人知不为善，真正的善无法完全依赖于人群的社交虚荣和社会褒奖，更不能容忍与公权力和国家机器的暧昧牵手。没有信仰的力量的支持，即使是中性的追求自我成就和个人实现，例如，学者追求学术真理，企业家追求基业长青，都容易走向短视从众、小家子气和小富即安。

所以，我们在向西方学习的时候，一定不能丧失比例感、主次感，抓住西方文化的主流（所谓"正典"），不要被一些一时流行的支流文化、反潮流文化（所谓"负典"）所影响、所支配。当然，更重要的是，虚心学习西方文化重历史、重传统、重传承的做法，学习他们那种审慎的保守主义和敬虔的社群主义（Communitarianism）精神，重视中国文化中能够产生凝聚力的各种集体、组织、信仰资源。在市场经济努力发展到今天这个阶段时，回过头来整理中国文化中的优秀成分，包括儒道释诸家，也包括一百多年来在中国逐渐落地生根的基督教精神，通过对前者的"创造性转换"和对后者的"转换性创造"，让他们成为中国人的凝聚力、中国人的组织能力建设的文化源泉，是当务之急。

在宗教信仰上，亚洲人相对从容和宽容的态度，其实也可以成为一种独特资源。例如，日本人出生时去神社，结婚时去教堂，去世时去寺庙，并不代表他们在信仰问题上不严肃、不专注、不虔诚。相信任何一个在日本一尘不染的大街上走过一段的人，都不会在这个问题上纠结不清。中国人也有"道为骨，佛为心，儒为表"等类似的说法。印度的印度教、佛教、耆那教之间，也基本能够友好共存。宗教学上，亚洲人的这种做法叫 henotheism 或者 monolatrism，前者指的是，信仰自己的信仰对象，但是不排除别人信仰的对象具有同样的神圣性；后者指的是，承认有多个神，但选择只信仰其中一位。李安电影《少年派的奇幻漂流》中主人公说，信仰是一栋房子，可以在不同房间转一转，说的也是这种比较平和悠闲（layback）的态度。

图 3.16 日本年轻人在神社举行的婚礼 *

---

* www.japanvisitor.com。

从宿命之天到使命之天

天命是一个非常微妙的词。许慎《说文解字》："命，使也。"英文相应的词是 command，天命就是 "Heaven's command" 或 "God's command"。同样的 "天命"，可以作两种完全不同的解释。第一种解释为宿命，一切都是先天注定，无法改变的。持这种想法的是宿命论者，消极，被动，安于被主宰，既然一切都是上天安排好的，无须也无法通过自身的努力去改变。第二种解释为使命，每个人来到人世间，都承担了上天或上帝赋予的独特使命。人最好的度过自己一生的方式，就是认识到这种天命后，接受它，践行它，无怨无悔，无忧无惧，努力最好地完成自己的人生使命。这种对天命的理性化的处理，破除了第一种天命观的神秘化、迷信化，赋予了信奉者巨大的主观能动性和主宰自己人生的无穷能量。

孔子的天命观在宿命之天和使命之天二者之间徘徊，最清晰的表达这种宿命感的也许是这一段：

> 公伯寮愬子路于季孙。子服景伯以告，曰："夫子固有惑志于公伯寮，吾力犹能肆诸市朝。"子曰："道之将行也与，命也。道之将废也与，命也。公伯寮其如命何！"（《论语·宪问第十四》）

孔子认为，如果天不废道，就算公伯寮污蔑子路，季孙也不会相信；如果天要废道，那么无论公伯寮做不做结果都一样，也就是说，行道废道皆有命，上天已经事先确定了。还有著名的

"五十而知天命"，"死生有命，富贵在天"，以及君子三畏，"畏天命，畏大人，畏圣人之言"，都多多少少洋溢着一种消极的宿命论色彩。

但是，孔子伟大的地方在于，他同时也有自己的使命之天，尤其在遭受危险、重大挫折的时候，这种天命观就会浮现出来，支持他以一种舍我其谁的责任感和大无畏精神，不屈不挠，奋力向前：

> 子畏于匡，曰："文王既没，文不在兹乎？天之将丧斯文也，后死者不得与于斯文也；天之未丧斯文也，匡人其如予何？"（《论语·子罕第九》）

孔子认为，自己是要传递保存先王之道的，如果天不愿意消灭这文化，那么匡人也不能把他怎么样。同样，孔子在面临宋国大夫桓魋的人身威胁时说："天生德于予，桓魋其如予何？"（《论语·述而第七》）上天既然赋予我大德，桓魋这种人的目的怎么能达到呢？最让人感动的，是孔夫子的这一段：

> 仪封人请见，曰："君子之至于斯也，吾未尝不得见也。"从者见之。出曰："二三子何患于丧乎？天下之无道也久矣，天将以夫子为木铎。"（《论语·八佾第三》）

《论语正义》注解："语诸弟子言，何患于夫子圣德之将丧亡耶？天下之无道已久矣，极衰必盛。木铎，施政教时所振也。言天将命孔子制作法度，以号令于天下。"古代掌管文教的官员对民众施以教化时，摇动木铎召集百姓。孔夫子认为，自己一生的使命，就是充当上天的木铎，"知其不可而为之"，孜孜不倦，津津乐道，努力传递先王之道，建立他心目中的理想秩序。

如果说孔子是在自觉不自觉地努力从宿命之天走向使命之天，加尔文派神学则旗帜鲜明、坚定不移地选择使命之天。加尔文主义很大程度上是基督教向《旧约》精神、向犹太教精神的一个回归，极大程度地强调神权，强调上帝的绝对权威，包括他的严格的要求、对不端者的惩戒。与基督的慈爱和宽恕相比，加尔文主义更加强调上帝的威严和愤怒。这种神权主义，在加尔文主义 17 世纪初在荷兰针对阿米念主义（Arminianism）而提出的郁金香五原则（TULIP，简称源于以下五点的首字母）里有清晰的表达：

1. 全然的败坏（Total depravity），所有人类在所有层面都已经被罪污染，丧失了追求真神的自由意志；

2. 无条件的拣选（Unconditional Election），神出于怜悯，拣选一部分人得救，与这些人的行为无关；

3. 限定的救赎（Limited Atonement），神只给一部分人提供救赎；

4. 不可抗拒的恩典（Irresistible Grace），神的恩典的施行，是罪人无法抗拒的，不管他自己愿意不愿意；

5. 圣徒永蒙保守（Perseverance of the Saints），被神拯救的人，永远不会沉沦。如果沉沦，说明他未被拯救。

仔细理解，郁金香五原则对神的绝对主权的强调真是无以复加。加尔文主义最极端的一个说法是所谓的"双重预定论"（double predestination）：神在创世之前，就已经预先拣选了一些人得救，一些人堕落灭亡。这么一种看起来非常极端的宿命理论，怎么就变成使命理论，给加尔文教派信徒带来源源不断、绵绵不绝的内心动力，成为韦伯念兹在兹的促进现代资本主义发展的"新教伦理"呢？

秘诀在于一个字：信。

加尔文教派的信徒，要坚信自己是上帝的选民，用自己在尘世的功绩，证明自己已获上帝的拣选，对于企业家，这种功绩就是所谓的三拼命："拼命挣钱，拼命省钱，拼命捐钱"。所以，按照这个逻辑，行为是得救的结果，而不是得救的原因："善行不是我们蒙呼召和蒙拣选的原因……善行向我们的良心做出见证，见证耶稣基督在我们里面，我们因为蒙拣选得救恩，不可能灭亡"（Theodore de Beze）。简单地讲，这个论证就是所谓的"实用三段论"（syllogismus practicus）：

1. 所有蒙拣选的人都会表现出某些记号（signa posterior）；

2. 我表现出这些记号；

3. 因此我在蒙拣选之列。

加尔文派信徒因为这个逻辑而绝处逢生，内心焕发出强大的心理动力，他们必须通过表现出应有的记号，向自己和世人证明自己已蒙拣选。最重要的记号就是，在上帝创造的世界上努力工作，创造财富，广施善行，从而全心委身上帝，服侍上帝，荣耀上帝。这里的"工作"不是"有偿职业"，而是勤奋并有效地使用上帝所赐的一切能力和天赋。

图 3.17 加尔文派信徒在强大内心动力的支持下开疆拓土 *

韦伯把加尔文主义看作一种制造和引发焦虑的意识形态，它驱使其信徒通过信奉一种入世的禁欲主义，在有条理的劳动和世俗的成功中寻求一种控制和自信意识。它用神学术语证实和解释了人们已经拥有的有关世界和自我充满危险的观念，然后用圣徒的身份为人们提供一条摆脱焦虑的路径，即通过清教徒的"自制"、"训练"和"方法"通向安宁和自信。加尔文教

---

* www.timetoast.com。

义对自我的严格要求，带来了信徒商业上的成功，从而带来了内心的自由。

表 3.4　宿命之天与使命之天的对比

	宿命之天	使命之天
神学基础	神秘主义	理性主义
能动性	被主宰	自己主宰
动力机制	缺乏动力	有巨大动力
常见宗教	初级信仰	较发达信仰

从人生使命到企业使命

优秀的企业家都是先找到自己的人生使命，然后从自己的人生使命出发，找到企业使命，把做企业当成实现自己人生使命的手段。企业使命推出愿景和战略，推出价值观和组织，整个企业的框架就搭起来了。企业家的人生使命，可以说是一个企业的真正灵魂，是企业"千古圣圣相传的一滴真骨血"。我们来一起看几个例子。

华为进入消费者业务后，任正非半推半就，配合华为的传媒战略，成为朋友圈第一企业家网红。其实，华为公司的底层密码，21 世纪初流传在网上的一篇任正非的文章《我的父亲母亲》，已经写得非常清楚了。任正非在这篇文章里，回忆了父亲、母亲在三年经济困难时期和"文革"时期的经历，反思我们国家和民族走过的这一段弯路：

回想起来，革命的中坚分子在一个社会中是少的，他们能以革命的名义，无私无畏地工作，他们是国家与社会的栋梁。为了选拔这些人，多增加一些审查成本是值得的。而像父母这样追随革命，或拥护革命，或不反对革命的人是多的，他们比不革命好，社会应认同他们，给以机会。不必要求他们那么纯洁，花上这么多精力去审查他们，高标准要求他们，他们达不到也痛苦，而是要精神文明与物质文明一同来支撑，以物质文明来巩固精神文明，以一种机制来促使他们主观上为提高生存质量，客观上是促进革命，充分发挥他们贡献的积极性。我主持华为工作后，我们对待员工，包括辞职的员工都是宽松的，我们只选拔有敬业精神、献身精神、有责任心、使命感的员工进入干部队伍，只对高级干部严格要求。这也是亲历亲见了父母的思想改造的过程，而形成了我宽容的品格。

任正非的人生使命就是要建立一种"主观上为提高生存质量，客观上是促进革命，充分发挥他们贡献的积极性"的机制。那个年代过来的人，可能还记得 1980 年《中国青年》杂志发起的"为什么人生的路越走越窄"的大讨论，"主观为自己，客观为别人"（其实就是亚当·斯密的"开明的自利"）成为荒废了十年青春的几代人的共同心声，打下了中国走向市场经济的意识形态基础。业界公论，华为成功的关键是建立了一套有效的利益和激励机制。首先是在商言商，不唱高调，不讳言利益，直面生存质量和物质文明对于广大干部职工的重要性；其次是不自私，"不让雷锋吃亏"，让奋斗者得到合理的回报，坚持人力资本增值大于财物资本的增值；最后是宽容，只对高级干部进行严格要求，对高级干部与普通员工进行区别对待。这一切的起点，就是目睹整个国家进入崩溃的边缘的一个知识分子和转业军人的家国情怀。

再例如，海底捞的张勇，在四川简阳上职业高中（汽车修理学校）的时候，他喜欢逃课，到简阳图书馆自己读些闲书。看卢梭的《论人类不平等的起源和基础》，思考"人生而自由，却无往而不在枷锁之中"，看《独立宣言》说"一切人生来都是平等的"，思考为什么到处都是不平等：为什么我们乡下人出去打工，受到这么多不平等的待遇？农民工被忽视，被侮辱，被损害，连被车撞死，命价与城里人都不一样，这一切是为什么？张勇创立海底捞，为企业确立"双手改变命运"的使命，打造了一套不看学历、不看背景的"考核—拓店—晋升"三位一体的制度，背后是一个辍学的汽车修理学校的学生自己的人生使命。

再举个例子。乌镇的陈向宏，从桐乡市市长助理的职位，回到自己的家乡乌镇任职，年轻气盛的他，给自己的家乡打出了"中国乌镇"的名号，立志要把乌镇打造成一个世界级的旅游度假目的地。江南一带，水乡古镇之类，多如牛毛。除了是茅盾故居，乌镇也谈不上有多大的特色。"中国乌镇"的提法，尤其让很多人不高兴。乌镇上面有桐乡（县级），桐乡上面还有嘉兴（地级），嘉兴上面还有浙江（省级）。你一个科级单位，打什么"中国牌"？到桐乡市里去开会的时候，大家都取笑他："中国乌镇"来了。倔强的陈向宏顶住了压力，请刘若英拍广告，通过陈丹青请木心回到家乡，通过黄磊开办戏剧节，通过获得有关部门的支持，成为"世界互联网大会"的永久承办地。"乌镇成为一张国家名片，我这一辈子，也算值了。"陈向宏感慨地说。

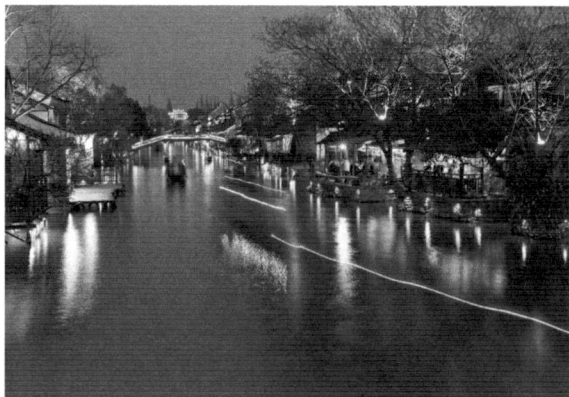

图 3.18　乌镇成为一张国家名片 *

上神山，找使命

《向内创新》**系统地介绍了在个人和组织层面寻找自己的独特使命的通用方法论，不管什么信仰背景的人，都可以参考。个人层面，最重要的是，在人生转折的关键节点上，在人生的重要关口，停下来，放下自己社会身份、专业知识、自我定位，让自己头脑中各种纷纷扬扬的思绪、意识、情绪安静下来，进入生命的"神山"。这里的神山，可能是某一个特定的地方，但

---

*　Night scene of Wuzhen © 壹图。

**　《向内创新：如何释放你的创造性潜能》，机械工业出版社，2017 年 4 月版。

更是一种意识状态的比喻：

> 当灵魂骤然沉浸于当下的生命洪流中，直觉乍现，因为整个人类历史在生命的洪流中相互关联并都记录于此，因而，我们可以知晓一切。

大自然的壮观美景，尤其有助于让人进入生命中的神山。"天何言哉，四时行焉，百物生焉"。大自然一句话不说，却往往胜过人世间的万语千言。独处、禁言、禁食也是一些常用的方法，还有一些人喜欢用日记、记录方法整理自己的思路。不同门派的静坐、禅修、内观，在这个过程中，能起到很大的作用。

到了神山之后，我们的第一步是回溯。我们的人生中的点点滴滴，都自有其独特的价值，每一次考验、胜利和挫折，都成就了今日的自我。"这些经历和挑战的价值何在？它们有助于实现什么目的？"通过回顾人生之路，我们创造了一个转折点，一道门，一个关口。第二步是探寻。我的激情、我的驱动力、我内心最深层次的热爱是什么？我的一生，能实现什么目的？我的独特使命是什么？探寻过程中，努力让自己处于一种身心最平衡、最安全、最放松，内心观照最为澄澈的状态。第三步是整合，把找到的那个使命融入到自己的身体之内。灵感的产生往往有一个特征：了然于心。我们孜孜以求的目标，在某种程度上早已经为我们所知。远在天边，近在眼前。

使命在身，感受一下它给你带来的磅礴的能量和无限的创造力吧！

第四章　辅导与成长

Many are harmed by fear itself, and many may have come to their fate while dreading fate. (很多人是被恐惧本身而不是他们恐惧的对象伤害。他们害怕命运的同时蹈入命运。)

——Seneca, *Oedipus*, 992

一 我们都是被吓坏的孩子*

我最近给企业家们推荐一本叫《突破之道》**的书，书中最为惊心动魄的是讲道，创始人的所有长处都会在企业实现突破之际（大概在营业额 10 亿元人民币左右）反噬，成为企业成长最大的障碍。例如，创始人喜欢自己理清头绪，解决问题，结果是同事们无法上手；创始人喜欢灵活机动，改变方向，结果是同事们疲于奔命；创始人喜欢同时处理多项任务，结果是陷入各种细节；创始人喜欢关键时刻自己上场，结果是无人照看大局；创始人喜欢不惜一切代价取胜，结果是打了一场本来就不该打的仗；最可怕的是，创始人重感情、讲义气，创业老臣不出活、不守规矩、蛮不讲理的时候，创始人一次又一次，高高举起，轻轻放下，结果是企业重金制定出来的各种游戏规则，从价值观到战略，从制度到各种流程，全部形同虚设，成为笑话。

我经常说管理"反人性"，一方面反的是被管理者"贪婪、惰怠和腐败"的普遍人性；另一方面，更重要的是，也是反管理者的快意恩仇、随心所欲的个体人性。保持灵活机动，关键

---

* 2017 年 4 月 4 日首发于领教工坊公众号。

**《突破之道》，机械工业出版社，2017 年 4 月版。

时刻自己上场，与创业老臣把酒言欢，忆当年创业阶段"峥嵘岁月稠"这些事，哪个不是创业者最大的人生享受？但是，如果你想建立一个基业长青的企业，一个从平庸走向卓越的企业，你就必须遏制自己这种"人性"化的冲动。创业者注定要孤独，放纵自己的个人感情和好恶，任由自己沉浸到那些"花柳繁华地，温柔富贵乡"中去，不知不觉中，就有可能给企业带来灭顶之灾。

从创始人在心态上给公司加冕，到在战略上重金投入，逐渐加码；从外部私人董事会上花大钱请人给自己拍砖，到在公司里鼓励进谏的文化，仔细思考，一个企业实现从平庸到卓越的突破，需要创始人一个多么强大的内心！需要创始人把自己的利益、面子、情感等各方面的需求看得有多淡！需要创始人内心深处，对公司代表的这个事业有多大的热爱！企业所有的突破，都是企业家本人自己的突破，没有这种热爱的支持，技术层面无论有多好的系统，最后都是白费力气。

动力发生系统

内心强大，首先原动力、动力发生系统要强大。西方的企业家秉承韦伯传统、清教徒传统，把做企业的过程当作实现人生救赎的手段，在一定程度上缓解了这个问题。在缺乏彼岸宗教传统、普遍不重视心灵生活的中国，原动力不够强大，往往是处于突破之际的企业家一个很大的瓶颈。一些人很容易退而选择小富即安的道路，收藏、旅游、弄个庄园什么的，开始醉心于折腾各种生活方式。

当然也有反复，受了点刺激，发奋了一阵子，但过几天，又依然故我了。今天在朋友圈刚转完"宗庆后四十五岁骑大板车送货"，明天他就转"千秋功业三杯酒，万丈红尘一壶茶"。中国的儒道互补哲学，给了这些人最好的借口。全世界没有一个地方能给这些没有动力去奋斗、去做事的人提供这么一整套完整、精致、系统的自我安慰的哲学。

虽然不足为外人道，一些企业家内心动力的来源其实是好强、攀比、与人暗暗较劲。有的人跟同学比，有的人跟同乡比，有的人跟曾经瞧不起自己的人比。"今天你对我爱理不理，明天我让你高攀不起。"人性一些负面的东西往往蕴含着强大的能量，虽然不排除变废为宝、化负为正的可能性，别的先不说，这种与别人较劲的人生是一种多么纠结和憋屈的人生啊。蛇窟中千百条蛇，永远只有一条蛇能探出头来。天高任鸟飞，你可以做雄鹰自由翱翔；林深不知处，你可以做猛虎信步徜徉，为什么偏要做蛇窟中的一条蛇！

动力消耗之一

动力发生系统有问题，动力维护系统问题更大。中国这一代创业者普遍存在的另外一个问题是，很多人出身寒微，在原生家庭的成长过程之中，留下了很多心理上的欠债。这些欠债，在漫长的人生过程中，好比自己喂食的一头怪兽，不知不觉中，逐渐长大成为一个巨大黑暗的阴影，甚至成为心魔，在后台操控企业家们的日常行为模式。这些阴影，极大程度地消耗了企业家们的人生动力，分散了他们的事业心和奋斗心，降低了他们带领企业顺利实现突破的可能性。

首先是贫穷。人穷志短，早年太穷的人，很容易产生一种对于财富的不可遏制的、完全非理性的占有的欲望。一位企业家说，小时候他家里很穷，基本没怎么见过钱。创业后费尽心机，千辛万苦，终于挣到第一桶金。他把那几万块现金带回家，全部摊开，摆在床上，上下看，左右看，怎么看怎么欢喜，觉得这钱真是比绝世美女还要好看。第一桶金这样当美女看，很正常。当企业大到一定程度，还把钱和股权看得那么重，看得比自己的事业还重，就肯定有问题了。

举个例子。华为而今几近于神，门口来参观的企业家络绎不绝。我经常半开玩笑地说，欲练神功，挥刀自宫。任正非只给自己留 1.4% 的股权（投票权是另外一码事），你们能做到只给自己留 14%，哪怕是 40%，我也服你们啊。中国最知名的这批企业，华为、万科、腾讯、阿里巴巴等，老大的股权比例几乎与企业的优秀程度成反比，你们连这点都看不开，还学什么华为！大多数人都笑而不语。

反面例子到处都是，最近最悲惨的是山东某著名水泥厂一案。本来就是国有企业，总部大楼上挂着"翻身不忘毛泽东，致富感谢邓小平"标语。老大改完制后还贪心不足，要打员工和高管的股权的主意，居然赫然宣布单方面解除员工股权信托协议，最后，鱼死网破，鸡飞蛋打，人家一起"死翘翘"。"金满床，玉满床，转眼乞丐人皆谤"，守财奴的结果最后基本上都是"白茫茫大地真干净"。

动力消耗之二

第二是冷落。很多出身寒微的企业家，原生家庭或者残破不全，或者兄弟姐妹众多，能活下来就算幸运了，没有从家庭和亲人身上得到情感上的关怀。一些创业者，很自然地把感情寄托在"兄弟情谊"上，非常讲义气，甚至与创业老臣形成一种感情上的依赖关系，造成上文所述企业被老臣绑架的情况，影响企业突破的实现。

还有一个更凶险的维度。企业家如果不仅家境贫寒，自身条件也不算优越，整个青春期，连一个异性的微笑都没有得到过，都很常见。创业成功后，出于一种可以理解的补偿心理，一段时间内，放浪形骸，还值得理解，如果一直活在这种原生家庭和青春期的阴影当中，很自然的结果就是三宫六院。企业内部从此上演永无止境的"宫斗戏"，嫔妃之外，老大身边还围着一圈又一圈的奸臣佞臣，永远水泄不通。这些人的共同特征是笑脸一个比一个甜，口活一个比一个了得。所有出去的信息和进去的信息都会被这些人过滤，老大最后完全处于一种人事不省的迷狂状态，大家眼睁睁地看着他把好好的企业往悬崖边和深渊里带。

研究家族企业传承的人知道，华人大佬因为普遍三妻四妾，大房、二房、三房之间仇深似海，给家族企业的传承平添了一个巨大的不稳定因素。能和平分家就已经是祖先保佑了，哪里还敢企望家族企业基业长青。只知道羡慕罗斯柴尔德、洛克菲勒、福特传承了多少代多少代，不知道人家对自我有多高的要求？生前纵情声色，死后还想流芳百世？这个账，上帝算不平。

动力消耗之三

第三是轻视。出身不好的企业家，从小被人瞧不起，很容易在创业成功后，过分在意行业、政府和社会对自己的正面评价，所以花很多时间做各类协会主席、参加各种评奖/峰会、做委员/代表、被各级领导接见等等。如果他们的生意模式本来就是通过这些事情争取政府资源或者政策支持，我们也理解，但很多企业家完全就是因为自己喜欢，甚至"有瘾"，就颇有点不明智了。这些场面上的事情，非常费时费神费力，企业的很多事情，往往就无法顾及了。

北京某著名教父级企业家，貌似就有这种情结，非常享受在各种场合做老大哥的感觉。你喜欢听好话，别人自然就会投你所好，所以身边永远是一圈又一圈的仰慕者。自己是大筛子，筛下的是一堆小土豆；选出的接班人是中筛子，筛下来就是花生米；再往下的人就是小筛子，筛下的就只是一些小末末了。该公司业务江河日下，估值甚至不及互联网新贵的零头，从这个角度看，应该是必然的了。

该企业家老家为南方科举重镇，也许在他的血脉中、潜意识里，金榜题名、敕封三代之类的传统还在起作用？我注意到，长三角的企业家，可能因为所在地自古就是科举重地，与其他地区的企业家相比，更热衷于做这些场面上的事情。珠三角的企业家，相对而言，在这方面，看得更开一些。即使参加，一般都有明确的目的性，不至于沉醉其中，把自己弄得晕晕乎乎，以至于影响自己的主业。

贫穷、冷落、轻视之外，还有幼时被权力欺凌，所以创业成功后，喜欢结交权贵，与权力勾结；幼时吃了上顿没下顿，所以喜欢事无巨细，控制一切；幼时被欺骗，所以与谁也无法真正建立长期的信任关系（表4.1）……所有这些，都会给企业埋下危机的种子。上述这六七个心魔，一个就足够把一个企业搞垮，更何况于很多企业家心里，同时有好几个心魔，轮番上阵。

表4.1　各种恐惧及其导致的贪婪

恐惧	导致的贪婪
贫穷	对物质财富的占有
冷落	需要身边很多人亲近、巴结、讨好
轻视	对社会荣誉看得很重
欺凌	结交权贵阶层
失控	事无巨细，事必躬亲
欺骗	无法与人建立长期信任关系

被吓坏的孩子

尼采说，要在我们自己身上，克服这个时代。对于我们这些出身寒微的企业家，更重要的是，在我们自己身上，克服自己的出身，克服自己内心的各种匮乏感，努力让自己高贵起来。高贵，无论古今中外，从来都与财富无关，而是与担当、责任、贡献、牺牲、自制、谦逊等美德联系在一起的。企业家朋友富而思贵，首先自己要从精神上成为贵族，才有可能让家族成为受人尊重的真正贵族，君子之泽，五世不斩。

中国人心理学教育、心理学修养普遍基础薄弱。遇到问题泛政治化、泛功利化、泛娱乐化，一般都容易忽视心理学的角度。企业家是中国社会进步最重要的驱动力量，需要我们额外的关怀。出身寒微的第一代中国创业者们，很多都需要回到童年，回到青春期，找到那个躲在墙角或者壁柜里，那个被贫穷、冷落、轻视等吓坏的孩子，把他带到草长莺飞的地方，让他无忧无虑地奔跑、嬉戏、欢笑。只有与这段过去和解，他们才能克服各种匮乏感，恢复自己的动力系统，在源源不断、绵绵不绝的内心动力的支持下，把企业带上一个又一个新的高峰。

在这点上，正念、内观、冥想是一种极为重要的心理学手段，可以帮助企业家提高对自身情绪的觉察、分辨和管理的能力，帮助企业家抵御阴影中的各种怪兽对自身的侵害。领教工坊私人董事会再三强调关怀，强调关怀是挑战的前提，"四分关怀，三分挑战"，"八分关怀，七分挑战"，其实也是帮助企业家在一种安全的抱持型环境（holding environment）的支持下，找到真实的自我，找到过去的自我，与这个自我和解的意思。

总之，"行不得则反求诸己，躬自厚而薄责于人"。企业想要实现突破，先要自己实现突破；自己要想实现突破，先要建立一个强大的自我；而强大的自我，来源于信仰和心理层面。信仰和信念给了我们对事业的热爱，给了我们原动力，是动力发生系统；我这里强调的质朴刚健、务实精进的健全人格和健康心理，则相当于动力的维护系统；动力发生系统和维护系统的问题解决了，才有条件解决动力应用系统，也就是企业管理和战略等技术层面的问题。实话说，企业家自身动力问题解决不好，不管公司有多少从《财富》500强引进的高管，多少一流咨询顾问设计的制度、体系、流程，多少培训大师手把手教会的方法、技术、工具，最后基本都是浮云。

二　以热爱战胜恐惧*

以热爱战胜恐惧，什么意思呢？核心很简单，就是对事业的爱是解决你做企业的过程当中所有最头疼的问题的钥匙。从社会学的角度，建设智慧型组织，你需要对事业的爱；从心理学的角度，个人的领导力发展，你需要对事业的爱；从宗教学的角度，解决人生动力的问题，你需要对事业的爱。三个角度，都归结到对事业的爱，除了对事业的爱，没有任何别的办法能够解决这些错综复杂的问题。

我先从时髦的词说起。在这几年的互联网风潮当中，我是少数几个保守派之一。不知道什么原因，过去两年好像你只要反对互联网，你就是反革命，你就是逆流，你就要被历史淘汰，所以没有几个人敢说话。基本上经济学界只有一个许小年，旗帜鲜明地提出对互联网思维的一些反思。他有几句很有名的话，比如说，什么是 O2O？两边都是零，中间一个"二货"，没有 O2O。

管理学界我算是说话说得比较直的，但是我没法像许小年那么直，因为许小年他只顾自己说得痛快，我不能只顾自己说

---

*　根据作者 2016 年 10 月 27 日在领教工坊 1515 组演讲整理。

得痛快，因为我们还有这么多同事、这么多组员朋友，所以我说得会比较温和一些。但总的来讲，我很保守，我没有那些鼓吹互联网思维的人那么乐观。

因为道理很简单，互联网传送信息的速度是以百亿计的，一瞬间所有信息，不管是一对一，一对多，还是多对多，都能够传送出去。所以互联网对于媒体、娱乐、订车、订票等等这些行业的改变肯定是非常大的。

传送物体就麻烦了。大家应该还记得，2000年前后，北京就有了一批电商公司，e国一小时、8848之类，你在网上下单，我在一小时之内就能够把你买的东西送过来。那批电商后来全部"死翘翘"了。什么原因？因为"桐庐帮"还没兴起！我这么讲，大家像听笑话一样，但事实上，就是因为"四通一达"还没有发展起来，"四通一达"的老板都是桐庐人，有好几个也是我的学生。他们可能受教育程度不是很高，经验也不多，但是没有桐庐帮，就没有淘宝、京东、唯品会这些公司今日的辉煌。当然京东主要是直营的模式，但是逻辑是一样的，靠的是物流体系的支撑。

传送物体还可以，传送人就麻烦了。传送人的服务就是个大问题。因为人不是物体，他是会动的，而且，他不一定完全听你的话。我们自己做管理者都知道，叫他动他不动，叫他不要动他非要动；叫他往东他往西，叫他往西，他非要往东，让人头疼。所以传送人的服务，实话实说，逻辑上是不支撑的。所以这些声音很大的所谓的上门美甲、按摩、厨师，后来慢慢地都没声音了，最近尸横遍野。其实大的逻辑，从这个角度来讲，是很简单的。

所以人哪，你要去控制他，你要去把他组织起来，其实是一件非常非常难做的事情。人生在世最难的两件事情，一件事情是把别人口袋里的钱放到自己口袋里去，第二件事情就是把自己脑袋里的东西放到别人脑袋里去。其实第二件事情的难度远远超过第一件事情，挣点钱很容易，但是你真正要从思想层面去影响人，实话实说，如果没有一等一的务虚的功夫，成功的概率是极小极小的。

大家看过《盗梦空间》，影片里的盗梦者为了影响富二代，让他去把自己父亲的企业分拆掉，要通过做五层梦才实现这个目标，梦中再做梦，五层才把这个念头植入这个富二代的内心深处。你可以想象有多难！所以改变人极难，影响人极难，你要想把人组织起来，这个是亘古以来人类最大的挑战。

把人组织起来的挑战

从理论上讲，中国企业组织能力发展有三个阶段。中国人传统上用得最多的是图 4.1 左边的基于私人关系的原始组织，就是靠血缘、地缘、业缘，靠老大那张脸。它的模板是人类最古老的组织：家庭。中国人要想做件什么事情，首先得靠血缘；血缘没有了，就模拟血缘：倒两杯酒，然后手指头扎一下，滴两滴血进去，把酒喝了，就成为结拜兄弟。如果非要上纲上线，喝自己的血，就算 cannibalism，茹毛饮血，就算原始人了。但几千年来中国人只能靠这种原始的方式去组织人，没有别的方式。

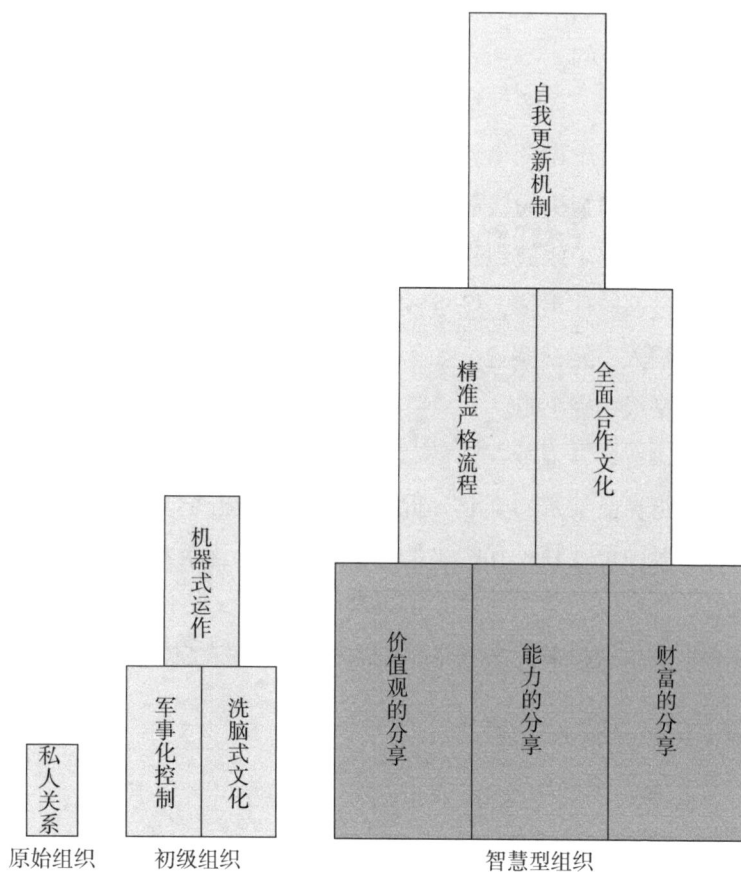

图 4.1　中国企业组织能力模型

第二阶段是基于机器式运作的初级组织，这种组织模拟的对象是军队。可怜的中国人连第二种组织几乎都没有完全发育出来，所以一直是"打仗亲兄弟，上阵父子兵"，历史上稍微有一点战斗力的军队，岳家军、戚家军、杨家将，都是靠家族组带、血缘关系来维系的。

第三阶段是建立在共同价值观基础上的智慧型组织。共同价值观是中国文化里缺少的东西，一直到太平天国，中国人才明白，还能这样把人组织起来。当然太平天国这条线最后可耻地失败了。但另外一条线慢慢地取得了成功，这条线就是共产党。

基于共同的价值观，建立一套游戏规则，每个人都按照游戏规则去做，在此之前中国人没有这种东西。中国做得好一点的企业，全部跟这种组织方式有密切的关系。

打比方，任正非就再三地说，华为没有什么新东西，我们的不让员工吃亏，以奋斗者为本，长期坚持艰苦奋斗，批评与自我批评，这些都是共产党的做法。他没有说谎，他不是在打马虎眼，他说的是真的。批评与自我批评，中国人没有这个传统。中国人的传统是反求诸己，是自己写日记的时候批判自己，像曾国藩一样，去朋友家吃饭，桌上有个美女，多讲了两个笑话，回去就批评自己是禽兽，我们只有这个传统。当面批评与自我批评是欧洲人的传统，大家看电影里头，女主角偷情，跑到教堂里去跟神父忏悔，它是那个传统的一个变体，到我们中国来慢慢变成了当面批评与自我批评。

阿里巴巴你别看他讲什么武侠文化，道教文化，关明生把GE 的管理系统引入进来，但是阿里的魂完全是共产党的魂，就是马云再三强调的那八个字，"思想建党，政治建军"。他带领团队专门跑到古田会议的原址去朝拜，就是为了学习这八个字。

所以国外的人评价马云，说他不是 Jack Ma，是 Jack Mao，就是这个意思。

现在在中国做企业，如果不去向自己最熟悉的智慧型组织学习，还是靠老大那张脸，或是靠一套严刑峻法，一头狮子领着一群绵羊，你真的根本不是人家的竞争对手，完全没办法跟这些共产党的学生抗衡。

这三个阶段分别对应人治、法治、文治（用文化来治理，用价值观来治理）；做生意、做产品、做公司；要素驱动、效率驱动、创新驱动。过去靠要素驱动，最重要的是，搞到便宜的生产要素；然后是效率驱动，在公司内部建立一套机器化运作的体系；未来，最重要的是创新驱动，需要一把手在领导力上有很大的突破才有可能。

智慧型组织的三份薪水

什么是智慧型组织？智慧型组织是你要同时给员工发三份薪水，第一份是普通的财务意义上的薪水。你的工资，你的奖金，你的股权怎么分配？这里头有很多学问。这里我们不展开讲。

第二份薪水是能力的薪水，其中最重要是干部梯队建设。从中央到地方的各级党校、干部学院，他们一直都在搭干部梯队，几十年如一日地这么做，你就可以想见党的干部梯队，人才库有多么充足，多么丰腴。在企业千头万绪所有问题归根到底都是干部的问题。你真要是像华为那样，一个职位旁边有三个人等着上，他敢跟你叫板？门都没有，还没开始叫板就被拿下了，华为都是那样的，一个职位三个人有任职资格，谁上那就不是你说了算。

干部梯队建设是一切的核心。所以华为和阿里都有两个人力资源部，一个是传统的负责招聘、薪酬、培训的人力资源部；还有一个人力资源部，华为叫干部部，阿里叫组织部，负责的就是干部梯队建设。名义上这个干部部的部长，比那个人力资源部的部长还低半级，但事实上，干部部部长是见官高三级。

第三份薪水价值观的分享是一切的基础。价值观在中国尤其重要，是什么原因呢？因为中国的价值观实在太混乱。西方人他们再怎么讲 diversity（多元化），讲宽容，讲多元，他们的价值观，common ground（共同基础）是非常清楚的，就是两个"希"字：一个希是希腊的希，讲究权利，讲究法治；另外一个希是希伯来的希，就是基督教的传统，犹太基督教的传统，讲究他人，讲究义务，讲究别人打你的左脸，你把右脸转过去给他打。一个是政，一个是教，政教分离，自他两利，形成了一个优美的平衡。

"政"的层面，保护你的产权，一个小茅房风能进，雨能进，国王不能进。但是"教"的层面，又告诉你，富人要进天堂，比骆驼钻针眼还要难，你必须回馈社会。所以就形成一个非常优美的自他两利的良性的平衡。而中国人到现在为止，我们找不到这样的 common ground，我们的价值观系统非常复杂，中国传统有一套，共产主义有一套，现代的普世价值又有一套，中国传统里头又分儒、道、法、墨、释，至少六七套自圆其说的价值观。所以在中国，找到共同的价值观就成为极艰难的问题，更不要说找到之后还要去确保人人都坚信它，信奉它，按它去做事情。

所以在中国，你说你是一个商业模式的发现者，没什么值得骄傲的；你是战略方向的调控者，没什么值得骄傲的；真正难得的是成为价值观的提供者。这才是真正的最大的挑战，它好比在西亚的沙漠里头去建一个滑雪场，得用多少马力的发动机，才有可能维持这个温度！但在中国做企业就是这样，你必须想办法让这个企业的人，简单、透明、直接，大家按照一个共同的游戏规则做事，一起劳动，一起分享。你可以在外面尔虞我诈，钩心斗角，男盗女娼，进了企业，你就必须按照这个简单、透明、直接的游戏规则来玩。这个对任何一位一把手都是最大的挑战。因为很简单，企业不是真空，企业没法真空，它到处都是漏风的口，企业里"整风"整三个月，不如回家老婆"枕边风"三分钟。你很难维持这个文化的浓度，所以你要用尽所有可能的手段去确保价值观的一致性，这个才是对企业家最大的挑战。

当然这三者是互相渗透，你中有我，我中有你的。价值观这么难影响，怎么办？首先搞定"一副扑克牌"，最核心的54个人。所以阿里也好，华为也好，他们就是拿这54个人练，烧不死的鸟是凤凰，泥坑里爬起来是圣人，受不了委屈的干部不是好干部。一定要确保这54个人认同企业的价值观，这54个人在，这个企业就在；这54个人开始腐化，开始堕落，这个企业根基就没了。54 个人，逻辑上能够支持一两千亿的盘子是没问题的。你要有四五个跟你完全同心同德的人，我觉得支持到一两百亿都没问题。有几个完全同心同德、可以背靠背的高级干部，很多事情你就是另外一种处理的方式。做企业难，难就难在这个事情上。

德鲁克说 Culture eats strategy as breakfast（文化把战略当早餐吃）。一个企业，价值观不对，文化不对，这个企业就没有希望了。战略对不对其实没那么重要，阿里现在也承认了，它最初的那个 B2B 战略是一个愚蠢的战略：介绍买方卖方认识，他们互相认识了，你的价值也就没有了，这是个自我击败的业务模式。华为也经历过小灵通的惨败、3G 模式的选择惨败。但是有问题吗？没问题，只要企业的文化对，团队对，它自然会自我校正，它的战略慢慢又会长出来。所以战略和组织，如果非要说哪个更重要，组织确实比战略更重要一点。

所以松下幸之助说，一百人的时候，我要带着大家冲；一千人的时候，我要和大家一起冲；一万人的时候，我要站到后头运筹帷幄；几万人的时候，我要双手合十，以拜佛的虔诚之心领导他们。这句话在中国尤其贴切，只要团队人数多到一定的程度，你就必须是大祭司，什么角色都不如这个角色重要。什么叫大祭司？就是跪在最前头磕头磕得最响的那个人，他是最坚定的信奉者，最坚决的执行者，最热忱的宣灌者。而且这个位置是很难做的，不是因为你怕二祭司把你拱下去，而是一不小心，你就会坐到神坛上，你就会变成教主。一旦自我膨胀，就有可能自我爆炸，一不小心就成为邪教，这里的分寸感非常关键。

判断一个教派是不是邪教，就看一点，就是这个教派的创始人是不是还活着，只要他还活着就是邪教，就这么简单。不管他当初有多么高贵的梦想，他最后一言九鼎，他成为教主了，他就会变质，他就会堕落，绝对的权力变成绝对的腐败。所以只要创教人还在，他就是邪教，就这么简单。

所以马云为什么一而再再而三要去自黑，讲一些让大家不把他当回事的话，他其实是很努力地把自己从神坛上面请下来。他经常说，我就是杭州街道上一个小痞子。上次在亚布力人家问他，你死的时候墓碑上想刻什么字？他说"这里躺着个杭州佬"，就这几个字。他不想让人家把他变成教主，因为太危险了，这个企业就会进入一种像太平天国那种迷狂的状态。

靠你对事业的爱

这个价值观从哪儿来？只能从你的事业心来，没有别的办法。事业心包括使命、愿景、价值观。大家知道，这三个东西是互相你中有我，我中有你的。使命是为这个社会提供什么东西，愿景是这个公司要成为一个什么样的公司，核心价值观往往是这个员工应该怎么工作。

在中国，最大的事业往往不是行业性的标准。例如，华为的事业不是建立一家世界级的通信企业，而是"不让雷锋吃亏"，因为雷锋已经吃了上千年的亏。中国社会，从来就是说一套做一套，所谓的阳儒阴法。所以，怎么能够改变这个文化传统，努力打破这个死循环，走出这个怪圈，不让雷锋吃亏，不让那些做事的人，主动做事的人，主动按照规则做事的人吃亏，在中国，是比任何事业都更大的事业。所以，华为的事业不是打造一家世界一流通信企业，它的事业是不让雷锋吃亏。这才是任正非三十年源源不断的激情最深刻的来源，因为他在跟两千年的中国文化做斗争。

海底捞的事业是什么？是打造一个火锅店？不是。跟这个没关系。海底捞的事业是双手改变命运，跟这个城乡二元体制做斗争，这个城乡二元体制，农民工跑到城里头来，被侮辱、被忽视、被损害。凭什么呀？我海底捞来了，我张勇来了，给你们建立一个平台，你们可以双手改变命运，不看学历，不看背景，什么都不看，就是看你的绩效，你就能够从一个普通的农民工做到店长。你带着徒弟出去拓店，拓到七八家店，你就成为区域经理，区域经理年薪上百万，给你配车、配司机，配保姆。他的激情，他热爱的事业，不是开火锅店，是双手改变命运，是跟这城乡二元体制做斗争。这个才是张勇源源不断激情的来源。

万科的激情来源不是盖房子，万科热爱的事业是什么？是不行贿。所以万科几十年如一日，拿二手地，不拿一手地，因为可以通过真正做产品，做服务来挣钱，我可以做到不行贿，这个是他的事业。虽然王石这次因为"红烧肉"吃大亏了，但是我们自己还是要有整体感、比例感，知道万科这些年，能这样走下来，不容易。

说一下龙湖，龙湖是我 INSEAD 校友房晟陶做的，他是我这个智慧型组织模型的第一拨读者，完全按照智慧型组织的逻辑来做龙湖，龙湖就从四五个亿成为四五百个亿的公司，吴亚军也给了他极丰厚的报酬，也许创造了中国人力资源和世界人力资源史上的报酬的一个记录。他走的时候，吴亚军写了篇文章，情深意切，叫《或相濡以沫，或不忘于江湖》，讲的就是打造共同的价值观过程当中的一些非常感人的事情。

我讲的好像是企业的价值观，但是实际上是企业家个人的价值观，你自己有没有这种我愿意为他奉献一生的事业，决定了这个企业有没有共同价值观。因为这个东西必须是你的命，做企业只有一个办法，以命换命，没有人能够像哪吒的师父一样，摆几朵莲花，几个莲梗，吹口气，哪吒又活了，没有人在企业界有这个能力。你只能是把你当作生命一样重要的东西，注入这个企业当中去，用你的命换这个企业的命，没有任何别的办法。

中国人组织的进步

上面讲的这些道理，也解释了为什么我们这些年不怎么讲台湾企业家，不怎么讲香港企业家了。这三个人（图4.2），我挑战你们一下，谁都认识？中间这个可能个别人还能认识，中间这个是谁？王永庆。左边那个是谁？刚刚去世的台湾数一数二的企业家，你可能名字都没听说过，张荣发，台湾长荣集团的一把手，创始人。右边那个也是台湾数一数二的企业家，你可能听都没听说过，统一集团的高清愿。实话实说，现在中国大陆企业在运营方面，组织能力已经超越他们了。你发现你很少讲港台企业家了，你甚至连日本都不怎么讲了，顶多还有一个稻盛和夫，那还是我们王阳明心学的一个徒弟。

图 4.2　港台企业家不再是中国人学习的标杆 *

　　所以就这么七八年时间，你发现大家就不说港台的案例了，甚至不说亚洲的案例了。中国的互联网界开始直接跟美国的互联网界 PK 了。什么原因？就是因为我们中国人终于学会了现代组织方式，我们终于通过共产党这条线，草蛇灰线，学到了组织的本质。我们最优秀的企业，通过这两家公司，都在慢慢地学习，在仿制，在复制这两家公司的做法。互联网圈的都知道，他们招人一定要招阿里的铁军，阿里铁军干什么的呢？就是早年 B2B 卖"中国供应商"，基本上是把冰卖给因纽特人的那拨人，现在是互联网行业最重要的一支部队。华为呢，大家都知道，你现在想学华为这一套管理，最重要的事就找这些华为背景的咨询公司。所以，他们都是在为中国企业的进步做巨大的贡献，在普及他们这些组织理念，他们的经营哲学。

---

　　*　图中三位企业家分别是张荣发、王永庆、高清愿。

在中国做企业，因为刚才讲的搭建智慧型组织很难很难，它有点像沙漠里头去维护一个绿洲，一不小心大沙丘过来了，你就没了。这跟在西方做企业就形成鲜明的对比，西方做企业是在高高的岩石山上筑城堡，它的基础非常非常的好。而我们这边呢，说老实话，风险、难度是更大的。

当然，什么事情都有两面性，正因为大家都做不到，你万一做到了，你其实吸引力就更大，而你大到一定规模的时候，你慢慢就可以国际化，你就没必要把企业的基础搭在流沙上，而是可以搭在人家制度体系价值观环境的坚硬的岩石山上。像华为，他们正在做整体的治理架构的设计，要达到的目标是"千秋万代，一统江湖"，像西方这些最优秀的公司一样，不会因为任正非的身体健康状况，不会因为第一代创始人的离去而变化。他们最重要的设计理念就是一定要利用西方国家的制度和价值观环境，因为他们有几千年的按这个游戏规则做事的政教合一和自他两利的传统。

为什么以命换命这么辛苦还要去做？因为你要实现的是人类最伟大的梦想，张謇管这叫"不与草木同腐"，我们普通人管它叫什么？叫不朽，叫永生。因为严格意义上来讲，你的智慧型组织建立起来之后，你的价值观真正地得到了大家发自内心的认同之后，你的这个组织是可以一代一代流传下去的，你可以不死，进入一种永生的状态。这是普天之下各行各业所有最牛的人最高的梦想，就是这两个字，不死。所以，最伟大的企业家和政治家、科学家、艺术家一样，你们是可以不死的。任正非有一些年经常讲这个问题，我怎么才能够不死？通过这个智慧型组织的流传，你进入了不死的境界，所以这个是最高的梦想。

与此形成鲜明对比，做投资的人没什么好得意的，他不管挣多少钱，他死之后他都知道他的钱肯定是留不住的，因为钱上头不可能刻你的名字，它刻的是中国人民银行的名字。所以你不管多少钱，要不被"二代三代"糟蹋掉，要不被"二奶三奶"糟蹋掉，要不被"二奶三奶"的风水师糟蹋掉，肯定的。最后不管你有多少钱，都是留不下任何东西的。我们做企业的辛苦，好像挣钱比那些做投资的人难，但是上帝是公平的，上帝也给我们完全不一样的回报，因为我们不与草木同腐。

我讲这些东西有亮点，我一回国万科就请我去讲，阿里前前后后请我讲了近十次。阿里整套干部团队的建设系统，我还是做了一份贡献的。但是我的书也就每年卖个几千套，我中国的学生也就是每年不到一千人。所以有时候我也会自我怀疑，怕我这些东西不接地气，是不是有点太激进了？后来我发现了，一点都不用担心，因为我找到了我的幽灵军团。我的幽灵军团是什么？我的幽灵军团就是"80后""90后"这批年轻人。对于我们这代人来讲，智慧型组织是价值观的分享、能力的分享、财富的分享，是高配。但对于新一代年轻人来讲，这个是标配，你没有这些配置，我根本就不跟你玩。所以我们追求"平等、参与、分享"，他们进一步还要追求"自主、掌控和意义"*。这是我万水千山找到的三个词，不是我拍脑袋写出来的。

---

* 丹尼尔·平克：《驱动力》，中国人民大学出版社，2012年2月。

自主是什么意思呢？一定要让年轻人有一个相对比较大的决策的空间；掌控，一定要让年轻人能够学一门绝活；意义，他一定要在工作当中能够找到人生的意义，实现他的生命的价值，实现他的对事业的热爱。这个是互联网时代，人联网时代智慧型组织为什么变得更重要背后的逻辑。当然还有一个更重要的原因，非常务实的原因，就是手机。手机完全改变了公司生态，原来的台式机时代，甚至是笔记本时代，你在机器上头炒股啊，聊天啊，看毛片啊，你是很害怕的，因为你怕领导从你身后经过的时候看到，你关窗户也来不及。而且严格意义上讲，你用的是公司买的电脑，你所有的操作 IT 部门都是有记录的。

但是现在是手机时代，我在这儿讲课，你拿着个手机，你哪知道我是在干什么？我在聊天，我在炒股，我在看毛片，你不知道的。你能把员工手机都拿过来看吗？人家自己的手机你能怎么着？更何况现在的手机设计，他只要关掉 App，你就不知道他开的是哪个 App。所以最近这两三年，尤其是"双创"运动，实话说，大家日子过得肯定是会更苦一点。为什么？你公司任何有一点想法的年轻人，不要说每个礼拜，至少每个月会收到他小伙伴的一个创业邀约，收不到，他就不是人才。所以你过去两三年，你是很苦的。

所以做企业，只能是靠自己对事业的热爱，找到你的比生命还重要的价值观，然后以命换命，没有别的办法。让苹果种子长出一个苹果树来，苹果成熟了，再去播种，再长出一片苹果林来，没有任何别的办法。这是第一个角度，智慧型组织的角度。

金子般的领导力

第二个角度是领导力的角度。白花花的银子背后是钢铁般的团队，钢铁般的团队背后是老大金子般的领导力。但是一百个人看得见白花花的银子，这一百个人里头只有十个人看得见钢铁般的团队，这十个人里头又只有一个人看得见老大的金子般的领导力。在中欧要搞一个炒股的论坛，基金的发起，大家都非常踊跃；你要是讲团队，讲学习型组织，感兴趣的人就少得多得多；你要讲什么个人的修养，领导力的修炼，那更是寥寥无几，没有几个人感兴趣了。

金子般的领导力到底是什么东西呢？说得那么玄妙。我们做学问的，寻寻觅觅，千山万水，百死千难，只找到八个字，这八个字是什么？就是"知己知彼，扬长避短"。但这八个字难哪，你要想发挥别人的长处，你就得接受这不是我的长处。你要想接受不是我的长处，你就得认识到这不是我的长处。这个难哪。古希腊第一个哲学家泰勒斯说的，人生在世最难的是什么？最难的是认识你自己。

创业者是一种非常特殊类型的人，在任何国家，创业者、企业家都是最宝贵的资源，最宝贵的财富，它好比是钻石，它必须是特殊地理和地质条件下才能生存的一种物质。所以我们为什么要做私人董事会，因为只有钻石能够切割钻石，别以为我们做教授的有什么神奇的方法，没有的，只有钻石能够切割钻石。

夸完你们我就得批评你们了，所有的创业者也都是有病的人，你内心燃烧着一团火，你永远有一种不满足，未完成，不安全感。这团火永远在那儿烧，你闲不住，你没活干就会死，所以多少移民到加拿大、移民到美国的企业家，你发现他们过一段时间又巴巴地回来吸雾霾，"不错，雾霾还是北京的感觉好"。没办法，上午看海下午跳海，好山好水好寂寞，很快就会回来。因为企业家他必须是要做事的人。

这种人他赤手空拳，一砖一瓦，一草一木打造出一个三五亿，三五十个亿的公司出来，实话说，不管他表面上多谦逊，显得多么低调，他内心都是很孤傲、很自大的。人力资源，不就是招几个人吗？IT，不就是买几台电脑吗？销售，还有我拿不下的客户？产品，这个行业有谁比我更懂产品啊？——他觉得自己什么都厉害，什么都懂。

但是你没有办法，企业做到一定的层面了，你就是不懂。五千人的企业，人力资源他就值两三百万。你能干，真正能干的人就不会来，来了也待不住。你自己是不可能真正懂人力资源的，这种干部体系的搭建，胜任力模型的落地，里头有很多细节，很多专业诀窍。打个比方，价值观到位为什么难？大家知道阿里是 KPI 占比 50%，价值观评定占 50%，每个季度通关。大家知道这个活儿为什么难吗？因为它不是大陆法，按照写好的具体条款去做；而是英美法，每次价值观考核，都有一个艰难的判案过程。

一般人认为 IT 很简单，但你知道稍微大点的公司，最重要的不是 IT，是 IS，是信息安全部。信息安全部干什么？它决定这个公司里头什么信息什么人可以看，什么人可以改，什么人可以删。这个是很难的，你的客户信息，你的供应商信息，你的员工的薪水，什么人可以看？什么人可以改？什么人可以删？不是专家拉不出名单来的。

销售你真懂？你自己是厉害，能打 90 分；但是你能把刚毕业的大学生在三个月之内培养成 75 分的销售员吗？你做不到，你不懂。

产品你真懂？这一点最滑稽的是江浙一带那些明显是农民起的假洋名的消费品牌。年轻人英文学得比你好，打死也不会买这些散发着"泥土芳香"的品牌。

所以要让这些创业的人，成功的人承认他们不懂，真的很难很难，有时候还不如一刀子把他捅了，他内心深处接受不了。尤其是这些人还跟你叫板的时候，"一草一木，一砖一瓦都是我打造的，你来跟我叫什么板？"但对不起，你就是该跟他坐下来好好谈，你如果觉得这个地方是你的王国，这个企业的发展基本上就停止了。

这个自我认知极艰难极艰难，必须回到你早年的经历，甚至是童年经历，才有可能真正地认识清楚。在中国，你非常非常惊讶地发现，这些做得好一点的人都有一个共同的特征，他们基本上都是大户人家，至少是读书人的子弟成长出来的。

我数一下，柳传志的老爸是专利局的副局长；王健林的老爸是西藏自治区的副主席；王石的老爸是郑州铁路局的局长；任正非的老爸有人说是小人物，不是，是黔南师专的校长，而且他的岳父是四川省的副省长。互联网圈马化腾，小人物，是吗？不是，他爸是盐田港的副总经理；马云，终于逮着个小人物，马云不是小人物，马云老爸是浙江省曲艺家协会会长，从小教他学快板、学相声，才练就了他今天的三寸不烂之舌。大家知道我们南方人讲普通话，都是讲外语的，很不容易的。所以我今天在这里外语讲得还不错，虽然不像咱们北方人那么熟练。广东、福建、浙江企业做得好的企业家，真正能讲得好的也就是马云一个，而且他还是用中英文讲，估计他爸爸同时告诉他要好好学英文，八岁开始就带着在西湖边给老外去做导游。

所以如果我们出身寒微，实话说，你内心深处有很多负债，你有很多欠账，你有很多恐惧。我出身也算寒微的，我老爸是中学老师，当过一段时间校长，我妈是小学老师，小时候这些滋味基本都尝到过。贫穷。你小时候特别穷，你就有一种不可遏制的积累财富的冲动，怎么跟你讲分享财富，你也觉得只是说说而已。有点像明末清初那个钱谦益，清朝人打到南京来了，钱谦益老婆很有名，叫柳如是，就说，老朱家对我们不薄，咱们投水自尽，以身殉国吧。柳如是做好准备了，钱谦益拿手一摸，水太凉。财富分享上，我们大多数中国企业家学华为都是"水太凉"。

蔑视。小时候你社会地位低，被人瞧不起，所以你会有一种被认可的渴求，政府的认可，社会的认可，他人的认可，这是第二种恐惧。

冷落。小时候你没人照料，没人与你亲近，很少有人拥抱你，所以你就会非常喜欢旁边有一圈人吹捧你、巴结你、亲近你。老板身边这么一群吹牛拍马的人，干活的人全走了。如果你特别希望别人亲近你的话，就是这个结果，因为有能耐的人，肯定不会说那些特别谄媚的话，特别好听的话。

失控。小时候你吃了上顿没有下顿，明天的饭还不知道在哪儿，你就非常希望掌控一切，你不信任人，你不会轻易地授权，而且热衷于在企业安插各种眼线。

欺凌。你小时候被政府欺压，你见过最大的官就是公社书记，你长大之后做企业，你会非常喜欢跟这些官员接触，以当什么代表、什么委员为荣。

所有这些都是心魔，不要说这五个六个，只要有一个，你这个企业基本上就会卡住，就发展不起来。你只有一种办法，用对事业的爱去战胜这些恐惧，我这一辈子就是干这个的，我不在乎财富积累，我不在乎社会认同，我不在乎旁边有没有人亲近，我不在乎是否掌控一切……你才有可能走出这些心魔，才有可能从恐惧驱动型企业家脱胎换骨，变成一个热爱驱动型企业家。

迷失自我的企业家

中国企业家圈内，很多恐惧驱动型企业家，因为出身寒微，企业做起来之后，就开始自我迷失，然后自我膨胀，最后自我爆炸。这些人很多都是熟人，讲他们的故事有点难为情。我就讲两个吧。第一个兰世立。兰世立苦到什么地步？他爸爸生他下来，因为是第四个孩子，就叫兰四立，后来才改成世界的"世"，兰世立。在武汉大学读书四年，没有生活费，到大学宿舍里去捡牙膏皮换钱，有一次在女生宿舍捡牙膏皮的时候，差点被人家当流氓抓起来送到公安局去，就苦到这个地步。他个子又矮，整个青春期，可能就没有一个女孩正眼朝他看过几眼。

后来做东星旅游，成立了东星航空，他就开始丧失自我，认识不到自我了。例如，招空姐，人家是有各种条件，一二三四五；他招空姐就一条，人长得漂亮就行。空姐招来了，人家搞培训，他搞军训。军训就军训吧，他还搞阅兵式，他让那些女孩子穿上美军的军服，挎上 AK47 步枪的模型，他坐在吉普车上，"同志们好——"。这一瞬间，基本就奠定了他后来的结局。

再讲一个，张跃，湖南远大公司的，可能也是中国头几个买私人飞机的企业家，非常疯狂，自我膨胀到令人难以想象的地步。打个比方，明明是他哈工大毕业的弟弟张剑发明的直燃式空调，他非跟人家说是他发明的。你一个小学美术老师怎么发明直燃式空调呢？他就跟人家讲，他是达·芬奇式的全才。

他就喜欢搞这些自我膨胀的事情，前一段时间说要用八个月时间在长沙盖出一座世界最高大楼，128 层，到现在为止，连坑都没挖。所以陷入这种迷狂境界很可怜，因为他们都是一个国家最宝贵的财富，他们都是最大的钻石，但结果就是这么一个下场，能不让人感到遗憾吗？

什么原因？因为中国人认识自我尤其地难。难在哪儿呢？

难在我们的政治、文化、心理三个层面。它就像栗子，有三层壳，很难剥到内心深处去。政治层面，中国人从来就讲究城府要深一点好，喜怒不形于色好，厚重姿态比较好。因为在这种说一套做一套的环境里头，太直，太疾恶如仇，你是活不下来的。你就慢慢学会了隐藏自己的真实想法，你总是隐藏，隐藏到最后你自己都不知道自己在想什么，所以很容易迷失自我。

文化层面，中国人也非常容易迷失自我。因为任何一个猛人，都会被各种佞臣包围，围得水泄不通，所有出去的信息和进来的信息，都会被这个包围圈过滤，所以最后这个老大其实完全处于人事不省的状态，不知道外头世界发生了什么，最后轰然倒下。包围圈就没事可做了吗？不是，他们去包围下一个猛人。所以鲁迅的原话，这就是中国的人在变，中国的事却没有发生太大变化的原因，因为这个包围圈没有变，那个包围的机制没有变，所以很容易迷失自我。

还有更麻烦的是栗子的最里头那一层红色的薄衣，那一层剥不掉，这个栗子也没法吃。如果有一个学科，中国离世界先进水平差距最大，不是数学，不是物理，不是化学，不是经济学，而是心理学。中国人均的心理学素养跟西方发达国家是相差很远很远的，所以西方人碰到比较难受的事情，碰到了困惑，他们有牧师，有神父，有自己的心理医生，实在不行有病友会、互助小组等。中国老板什么都没有，只有一个办法，找朋友喝酒，但是现在车那么堵，一般也就是发几个微信表情假惺惺地安慰一下就结了。

最要命的是，随着你的经济地位、政治地位的提高，你小时候的朋友会离你远去了。越讲原则，越有尊严的人，他离你远去得越快，围上来的人往往都是未必真正对你好的人。所以认识自我，因为这三层原因，它变得尤其难。所以做企业归根到底就是回答北大保安那三个问题：你是谁？你从哪里来？你要到哪里去？这三个问题回答不了，这个领导力的建设应该来讲是没有根基的。

这也是 U 型理论的精髓，碰到任何事情千万不要直接反应，从左到右，不要直接反应，要沉下来，继续沉下来，继续沉下来，超过评判之声，超过嘲讽之声，超过内心的恐惧，然后回到这个问题，我是谁？我一生的工作是什么？然后慢慢慢慢去找出解决方案。这个解决方案才是递进的，才是一步一个脚印的，最扎实的解决方案。

关于这个 U 型理论有两本厚厚的书，一本叫《U 型理论》，一本叫《U 型变革》，但最重要的逻辑就是我这一句话，沉下来、沉下来、再沉下来。所以，我们不讲佛教、基督教，但是我们可以有一个冥想中心，大家在这里反思：我是谁？我一生的工作是什么？我要做的贡献是什么？所以这个是领导力的最核心最核心的内容。只有靠这个人生指南针，才有可能让你走出这种内心的恐惧，走出被心魔驱赶的这种可悲的状态。这些心魔一个就足够把你的企业杀死，更不要说三个四个一起上了。这是第二个维度。

找到你的天命

第三个维度，是宗教学的维度。这个维度很难讲，为什么呢？因为中国文化是一个世俗文化，我们没有这种宗教传统，所以很多话我讲出来，你好像听懂了，其实你未必真正懂了，有一个很长的体悟的过程。大家去西方旅游，很容易麻木，下车看庙，上车睡觉，觉得就是这些东西嘛。其实你要努力去体会它背后到底是什么东西？像我给大家看的三个西方历史上非常重要的教堂，我一会儿会给大家讲为什么重要。它背后到底是什么东西？西方人他们真的相信天上生活着一个白胡子老头吗？他决定着我们的生老病死，在决定我们的一切吗？不是，宗教讲的不是这个东西，完全不是这个东西。

我先介绍一下这三个教堂。第一个教堂是米兰大教堂，为什么放米兰大教堂呢？公元 313 年，罗马皇帝君士坦丁大帝颁布《米兰赦令》承认基督教合法地位，基督教从此成为正教，成为地上的宗教，在此之前，统治者对基督教就一个字"杀"，一个被杀了三百多年的宗教你可以想见，它内心强大到什么地步？被杀了 313 年，你想一想，杀了至少十几代人。中国明末清初，或者是宋末元初，一般是读书人为了表示对前朝的敬重，自己再也不做官了，但是儿子这一辈是怎么都想去做官的。顶多能维持一代，人家是维持了十几代呀，这个是米兰大教堂的故事。

第二个是威尼斯圣马可教堂。圣马可教堂为什么重要呢？公元 1177 年，神圣罗马皇帝和亚历山大三世教皇在这个地方签订了和约，我承认你，你也承认我，我们不要打了。为什么在

图 4.3　米兰大教堂 *

图 4.4　威尼斯圣马可教堂 **

---

* Milan Cathedral（Dome，Duomo）© 壹图。
** St Marks Cathedral and square in Venice © 壹图。

威尼斯呢？威尼斯是双方都认可的一个中间地带，一个中立城邦国家。所以这个事情很神奇的，威尼斯就是几个沙洲小岛，它们却成为罗马教皇和神圣罗马帝国的皇帝都必须承认的一个公立的第三方。什么原因？因为在这块土地上有两个皇帝，教皇和世俗的皇帝，神圣罗马帝国的皇帝，在来回拉锯式地打，鹬蚌相争，渔翁得利，所以像威尼斯这种以商业作为发展基础的城邦国家就第一次在人类历史上获得了真正的自由。

下面这个教堂是什么？是佛罗伦萨的百花大教堂（见图4.5）。这个大教堂是在美第奇家族的主导下建设的。美第奇家族在人类历史上第一个靠非暴力手段成为一个国家的统治者。靠什么？靠贿赂，靠钱。你说这好脏啊，我告诉你，总比杀头

图4.5　佛罗伦萨百花大教堂 *

---

* Italian Renaissance Tuscany, Florence, Santa Maria del Fiore ⓒ 壹图。

文明一点吧。你要很清醒，它是在相当于我们明王朝的时代，建立了资产阶级的统治。

所以西方人他信的不是一个白胡子老头从云端降落，他信的不是这个，是基督教的上帝。基督教又一分为三，一个是天主教，一个是东正教，一个是新教。新教又一分为三，一个是英国的国教会，也叫圣公会，它是可以有偶像崇拜的。其他两个没有偶像，一个是德国和德国再往北的叫作路德教派；一个是起源于瑞士，后来横扫西方的加尔文教派。

路德教派最重要的教义就是天职观，这个事情是你的天职，是上帝安排你去做的事情，就跟我们企业家把这个当作我的事业来做是一个逻辑。路德是个德国农民，说老实话，比较淳朴，比较厚道，可能也比较笨。加尔文就不太一样了。他其实是一个法国人，法国是天主教的大本营，所以他就被迫逃到日内瓦去建加尔文教的中心。英国宗教环境相对宽松，慢慢英国就有了很多加尔文教徒，尤其是苏格兰。一大批信加尔文教派的英国人就坐了一艘船，叫"五月花号"，把加尔文教又带到了美国。美国的五月花号公约和美国的宪法完全是基于加尔文教来的信念。加尔文教的信念是什么？就是这三句话。

第一句话，每个人都是有罪的，能不能被上帝救赎，能不能死后进入天堂得到永生，在上帝创造这个世界的时候就已经确定下来了。你一听吓一大跳，那我明天早上还要起床干什么？我还要去奋斗干什么？他还有第二句话。他第二句话是，任何人无法以任何方式探知上帝的旨意。这句话是非常强大的，你仔细思考。所以他就得出一个逻辑的必然结论，也就是第三句话：作为加尔文教派的信徒，你必须单方面坚信自己是上帝的选民，用自己尘世的功绩去证明上帝的恩典，你只有这一种方式。所以加尔文教派的信徒内心深处那种源源不断、连绵不绝、无穷无尽的动力，任何其他文化边都摸不到，你不得不佩服。

我因为在华盛顿大学待了几年，算是跟这些西方的金字塔上面的人打过一些交道。哈佛商学院前后几任院长都是摩门教徒。摩门教是新教里头最保守的教派，他们保守到什么程度，你真的是难以想象。中欧欧洲的合作伙伴 IESE，是事工会的学校。事工会是天主教里头最保守的教派，就是《达·芬奇密码》里头得白化病的那个杀手所属的那个教派。这种教派虔诚到什么地步？不结婚的所有收入送给自己的教堂，结了婚的送 1/10，然后要多多地生孩子，不是三个四个，而是十几个。你去问那些摩门教的、事工会的老师，都是十几个孩子，他们是用这种方式去传播他们的信念，去传播他们的宗教信仰的。

所以他们这种改变世界，要在一个地方去打造自己地上的天国，这种动力是无比地强大的。有本书叫《清教徒的礼物》*，就是说这些人的故事，大家感兴趣可以把这本书找到。所以各行各业你都要很清醒地知道人家的动力，他这个系统是怎么搭建的？他哪来那么强大的动力？到底背后是什么原因？

我再举个例子。我这个行业一篇最好 A Journel（A 级学术

---

* 《清教徒的礼物》，肯尼斯·霍博、威廉·霍博著，东方出版社 2013 年出版，2016 年再版。

期刊）论文，大概值十万美金的年金，就是你只要发表，就有人给你每年发十万美金的钱，你不要管谁给你，只要你在系统里，就有人给你钱。像我们大部分学者，包括我自己，发表了三篇、五篇就觉得够了，这游戏我会玩了，就去做别的事了。那国外一流高校的一流学者，你去把他的简历打出来，那个打印机哗哗哗十几页、几十页，每页上头都是十几篇这样的论文，七八十岁，每天晚上工作到十一二点，没人要求他们这样工作。

德鲁克，九十多岁，每五年还要重看一遍莎士比亚。德鲁克打字，一个手指头打字，他能打出三十四本书，你想想这是什么样的动力系统？德鲁克是非常虔诚的加尔文教派的信徒，你去看他的自传《旁观者》，为什么德鲁克的东西常看常新，永远有生命力？就是因为他背后极深厚的宗教背景。

有些朋友可能读过柯维的《高效能人士的七个习惯》，柯维是摩门教徒，这七项习惯就是摩门教徒的工作方式、基本功，他们都是这么工作的。

所以，一把斧头一本圣经，他们就能够把这个国家建设成这么美丽的一个地方。像盐湖城这样的地方，基本是一个盆地，自然条件是很差的，但是现在你去看，像人间仙境一样。你要让中国人整，那还不得天天雾霾，雾霾浓到咱们见面握手都还没看清对方是谁。

中国人也有这种类似的天命观，觉得是上帝派我来的。你像孔子周游列国的时候曾经反思，在宋国遭到一个危险，桓魋这个人要难为他。孔子就说，"天生德于予，桓魋其如予何？"——老天爷派我来传授我的学问，来讲仁义之道，你能把我怎么样？

佛教也有类似的理念。大家如果信佛的话，应该知道这句话是什么意思，"安忍不动如大地，静虑深密如秘藏"，它讲的是地藏菩萨。地藏菩萨最知名的一句话叫"地狱不空，誓不为佛"，他要度尽天下所有受难的人。这是佛教的担当精神，这种非我莫属的精神的来源。

在宗教文化上，我们要各美其美，但是一定也要知道美人之美，最后才能美美与共。我讲这些东西你会觉得很奇怪，肖老师，你这个是管理学吗？还是国学、玄学？不是，我讲的都是一个字："钱"。因为只有这样，你才能够真正地把这个企业组织起来，把这个团队带好。才能挣到钱。

所以比尔·乔治说，找到你的价值观，坚持真诚如一，是你提高你的领导效力最好的方法。罗伯特·奎因说，你依靠自身的最根本的价值观能力的时候，你最强大。康明斯说，坚持做自己，意味着毕生面对一场最艰难的战役，而且永远不停止战斗。

我讲的这些东西，中国的老祖宗讲的是最好的，孟子说"学问之道无他，求其放心而已矣"。你的鸡鸭狗丢了你知道去找，你的事业心，你的发心、本心、初心丢了你不知道去找啊。所以"学问之道无他，求其放心而已矣"。

王阳明讲得更好，"人人自有定盘针，百化根源总在心，却笑从前颠倒见，枝枝叶叶外头寻"。我讲的这些东西全部是王阳明的心学，你如果一直仰慕心学，却不知道从何学习，我讲的全部是心学。吾心即宇宙，心外无物，向内去寻找，就是这个道理。你向内去寻找，找到自己的天命、天职，然后反过来看自己，自己就很渺小，你就能看清楚自己的缺点，你就会承认自己的缺点，你就会拥抱自己的缺点。你拥抱自己缺点之后，没有任何人可以用这个缺点来攻击你，因为你承认它，我就是不行。你能拥抱你的缺点，人家就会来帮助你，你就有钢铁般的团队，有了钢铁般的团队，你就有战无不胜的业绩，就这么简单，这个就是心学。

但是心学很容易走偏，大家知道，心学讲的是知行合一，老祖宗的意思是，"行"要努力往"知"的方向走，这样才算是在修炼嘛。但是因为没有上帝，没有这一套理论系统和正式的宗教系统的支持，实际上中国人信心学特别容易走向一个误区。这个误区在于，不是"行"向"知"靠拢，是"知"去向"行"靠拢，就是通过一种自我拔高、自我崇高化、自我神圣化的一种方式，去把他自己做的这些很普通的事情，甚至是有点龌龊的事情变得很伟大。这个就是阳明后学特别容易进入的误区。我非常佩服那些走戈壁的人，但是你走戈壁，你尝尝身体挑战的滋味，你不要自我拔高，说你是在"重走玄奘路"。玄奘是什么人？玄奘是公元7世纪，一个人走到印度去学了二十年的人，一个人哪。这种自我崇高化、自我神圣化是阳明后学特别容易走偏的一个误区，这里我顺便讲一下。所以我们学王阳明一定要很清醒，不能够走那条路，走那条路就偏了。

什么叫悟？左边是"心"，右边是"吾"，找到"吾心"，找到我的本心，找到我们的事业心，你就悟了。我一辈子就是干这个，我不跟你比，我不跟任何人比。人生就三万天，所以没有几天了，我们只能是对准一个方向去做功，才有可能留下点痕迹，才能证明这个世界你曾经来过。大多数人死的时候，是无法留下任何证据证明他曾经来过的，留不下任何证据。坟过三代自然平，你姥姥叫什么名字你记得吗？都不记得了。

为公司还是为自己加冕

刚才讲得好像稍微有点务虚，我们来务实一点。你有没有真正地为这个事业心加冕，为这个公司的事业加冕，决定了你这个企业的很多很多、方方面面。如果这个皇冠戴在创始人头上，就会是左边这些做法；如果这个皇冠戴在公司的头上，戴在大家共同的这个事业的头上，就会是右边这些做法，完全不一样。

第一，战略。给创始人加冕的组织，创始人做重大决策。给公司加冕的组织，创始人在各个部门深度参与的基础之上做决策。当然，最后还是得老大来拍板，但是前提是有大家深度参与。

第二，精神特质。给创始人加冕的组织，强调的是对创始人个人及其远见的忠诚。给公司加冕的组织，强调的是每个员工在自己的工作岗位上为组织做出最大的贡献，做出最佳的工作。

表 4.1　为公司加冕
创始人 vs 公司

	给创始人加冕的组织	给公司加冕的组织
战略	创始人做重大决策	公司各部门深度参与
精神特质	对创始人个人及其远见的忠诚	为组织做出最佳工作
管理层如何看待自己的职责	经营业务	创造环境使人们更好地工作
企业文化	仅仅反映创始人的个人特点	同时广泛代表组织成员的经验
新观念	主要来自高层	系统地来自整个公司
部门间冲突的解决	把问题给高层	相关部门坐下来讨论
人们因何而被歌颂	英雄事迹	"砌砖"：通过健全流程，减少英雄事迹
最大的禁忌	对创始人不忠诚的行为	不把公司最大利益放在心上

第三，管理层如何看待自己的职责。给创始人加冕的组织，一般来讲重心都是放在经营业务上面，每天想的就是多打点粮食。但是给公司加冕的组织，管理层最重要的工作是创造一种使人们更好地工作的环境，努力去创造一种组织机制、文化和氛围，而不是自己去做业务。

第四，企业文化。给创始人加冕的组织，仅仅反映创始人的个人特点，就是大家说的"企业文化，就是老板的文化"。而给公司加冕的组织，它的企业文化同时广泛代表整个组织成员的经验，是大家的文化，是一个结晶体。

第五，新观念。给创始人加冕的组织，其新观念主要是来自高层，来自老大。所以，感觉这个老大很有创新能力，是个天才。但给公司加冕的组织，它的创新、它的新观念，是系统地来自整个公司，高层，包括老大，更多的是行使一种挑选人的职责，把最好的创新、最新的观念给挑出来。

第六，部门间冲突的解决。给创始人加冕的组织，老大要不出面，部门之间的矛盾就解决不了。大多数中小民营企业请咨询公司，最头疼的问题就是部门配合，部门配合永远是第一要解决的难题。给公司加冕的组织，会形成一种相关部门坐下来讨论，大家一起把问题解决的文化，不需要老大出面就能够解决部门之间的冲突。

第七，人们因何而被歌颂。给创始人加冕的组织，在企业内部传颂的事迹都是各种打单的故事，各种把客户搞定的故事，技术、产品是容易出英雄的领域。但是，给公司加冕的组织，它们同时强调"砌砖"，强调如何通过健全流程，通过机制的设置让人人都成为英雄，而不是依赖于少数人物来实现公司的业绩。

第八，最大的禁忌。给创始人加冕的组织，最大的禁忌是对创始人本人、对老板不忠诚的行为，这个是大忌，立刻就会看到不好的结果。给公司加冕的组织对创始人，对老板的忠诚当然也是一个问题，但更大的问题是不把公司的最大利益放在心上，是各种阳奉阴违，甚至是损公肥私的行为，才是公司最大的禁忌。

如果皇冠戴在你的头上，你作为一个公司创始人的所有优点，都会在企业发展到一定程度之后，变成你的缺点，全部会变成缺点，这个坎大概是十个亿左右。在座有不少朋友营业额已经超过了十个亿，但是还是值得参考一下。

第一，创业者特别善于在千头万绪当中找出轻重缓急来，也很享受这种快感。但是你如果还是用这种方法做事，你旁边的人根本没法上手，你以为你把这个活儿交给他了，他听不懂，因为千头万绪都在你一个人脑子里头，你说不清。你说这个单子你去跟，这个局长是我同学，但你就没跟他说你和这个局长当时还同时追过一个女孩子，这个女孩子跟你现在还有点藕断丝连，这是很微妙的东西，只有你知道。你任务交不出去，你发现最关键的时刻，他就忘了一个变量，忘了一个头绪。

第二，你务实、灵活、机动，创业嘛，你肯定要务实、灵活、机动。但是当公司稍微大一点的时候，这个务实、灵活、机动就会成为致命的缺点，因为你会频繁地调整方向。三五个人冲锋，你回头一喊，我们换一条线路往上攻，回头一说就变了。三五百人的时候，你想想，传军令传三五百人会传成什么结果？它就会乱掉，它就会完全自乱阵脚。

第三跟第一有点关系，你擅长同时处理多件事情，你很容易陷入细节，你根本出不来。

第四，打篮球九十五比九十六的时候，你总希望你是最后那个投入制胜一击的三分球的人，但其实很多情况下你不应该上场，你上场了，就没有教练，没有真正照看大局的人了。

第五是，创业阶段你肯定要不达目标不罢休，不惜一切代价去攻下客户。但是企业大到一定程度，你要很清醒，你要只打值得打的仗。

最要命是最后一条，你重感情、讲义气，你没法说出口让老人走。你想想创业阶段，用汗水、用泪水，甚至用鲜血凝聚的友谊，你怎么让他走啊？但是学术研究告诉我们，绝大多数麻雀公司都是因为被老人绑架无法变成凤凰，你没有办法，你必须让他走。你有一万种方法感谢他，你有一万种方法给他面子，但你就是不能让他带兵打仗，一点办法都没有。

这个学术研究是美国人做的。美国人大家都知道，公事公办，连美国人都被这个困了，更不要说我们这么强调感情和义气的中国文化。所以绝大多数中国公司如果麻雀变不了凤凰，都是因为这个原因。所以很难很难的，你如果没有对事业的爱，你过不了这一关，你真过不了，这个太难了。你说当年我们没日没夜地干，不就是为了今天兄弟们笑傲江湖吗？现在我就得让你走了，这是什么感觉？真是没办法。这本书叫《突破之道》，我们领教工坊很多组员都已经买了这本书，逻辑就是这个逻辑，大家要听懂这个话的含义。

私人董事会最重要是三个功能，第一是照镜子，到领教工坊来，大家都是说真话，都是绝对坦诚，我们没必要给你扮演宫女、太监、奸臣的角色。第二个是接生婆，我们坚信你最了解这个企业，最好的解决方案肯定是在你这里，我们只是帮你接生而已，所以我们在一起探讨，非常强调要以当事人为主，不要强加一个解决方案给他。第三个是陀螺仪，就是我们再三讲的对事业的热爱，因为陀螺转起来，它那个方向是不会改的，你这么放，那么放，那个陀螺指向的方向就不会变，所以这个功能也用在航天、航海和苹果手机里头，它永远告诉我们，我们目标是什么，我们不偏离目标。

私人董事会最经典的学习方式，往大里说包括三块，一个是提问，一个是诊断，一个是建议。它的逻辑很简单，因为老板们在一起，当一个当事人提出一个问题，他就容易开始来支招。我们的逻辑是，你不了解情况你支什么招？你事情的性质没搞清楚支什么招？你自己没经历过类似的情况你支什么招？所以一定要提问，然后诊断，然后分享自身的相关经历，然后才能够支招，强调一定是有一个提问的流程在前头。

所以往最简单里说，私董会最核心的就是一个提问。但这个提问它内在的逻辑有三层。第一层，它是 mind 的逻辑，它是用提问的方式来了解情况，它相当于咨询公司的流程，我来了解情况。所以有时候问两三个小时很正常，要了解情况。第二层是 heart 的逻辑，什么意思呢？你不能光了解情况，光了解情况你未免有点自私了。你一定要激发当事人的思考，因为这个"宝宝"一定是他的"宝宝"，我们一定要让他自己找到这个解决方案，那他这个解决方案落地的概率才大，才容易落地。所以一定要想办法用心真正地关怀，去触发当事人思考。第三层最难，第三层是 soul 层面的提问，是什么呢？是谦卑的探询，是带着发自内心的尊重，发自内心的好奇，用谦卑的探询去激发当事人的这种事业心，激发当事人的战斗欲，激发当事人的内在动力。

　　这三层一定要同时做到。所以为什么好的私董会有那种醍醐灌顶的感觉，因为它是同时在三个方向上帮助你。所以我们小组有一个口号叫"灵魂深处的同行者"，一定要在这个层面下功夫。

　　　　如果你想建造一艘船，先不要把人们召集起来采集木材、分配工作和发号施令，而是要引导他们向往浩瀚无边的大海。

　　这个是著名的《小王子》的作者圣埃克苏佩里说的一句话。企业家不要跟人比执行，跟人比执行很愚蠢，你要比战略；其实你也不要跟人比战略，战略其实你也高超不到哪儿去，你真正应该比的是梦想，是事业心，是以命换命的决绝的态度。你只能是用这个去感动身边的人，去组成你那个 54 张牌的中高层团队。我说了，54 张牌就能支持上千亿的公司，你只能是靠这个。

　　我今天讲的东西很务虚，但是目的是务实，如果觉得有一点太人文了，太哲学了，大家要担待一点，我们一切都是为了把企业做好。做企业，最终拼的是你的胸怀、底蕴和视野，拼的就是这些软性的东西。

三　正念、良知与天命的力量*

在讲信仰的力量之前，我先把大家最熟悉的逻辑给理一理：白花花的银子背后是钢铁般的团队，钢铁般的团队背后是老大金子般的领导力。可惜，100个人都看到白花花的银子，其中只有10个人，能看到钢铁般的团队；而这10个人里面，又只有1个人能看到老大金子般的领导力。这个金子般的领导力很简单，就是八个字：知己知彼，扬长避短。

可是，你要想发挥别人的长处，就要接受，这不是你的长处；你要想接受这不是你的长处，你就得认识到，这不是你的长处。你真的懂销售吗？你真的懂产品吗？你真的懂人力资源吗？你要觉得你自己懂，真懂的人就不会来，来了也待不住。但很多做企业的人，你要让他承认，他自己不懂产品、不懂市场、不懂人力资源，你还不如直接一刀子捅了他。

创业的人是一种非常特殊的人，内心深处烧着一团火，永远处于一种不满足、不安全、未完成的状态。他们没法过舒坦日子，多少人移民到温哥华去，还不是巴巴地回来吸着这雾霾。这种人含辛茹苦、筚路蓝缕做了一个十个亿、二十个亿、一百

---

*　根据作者2016年1月2日在正和岛厦门年会演讲整理。

亿的公司，内心是非常自负的，多多少少是一个自大狂。你要告诉他"你不懂"，你还不如一刀子直接捅了他。所以，古希腊第一个哲学家说，人生在世最难的是什么？最难的就是看清楚你自己。所以，永远不要忘记北大保安的那三个问题：你是谁？你从哪里来？你要到哪里去？

为了回答这三个问题，我们必须有一种更高、更远、更大的东西，我们必须站在这个更高、更远、更大的角度上往回看，才能真正看淡、看透、看清自己。你才能够接受自己的短处，才能发挥别人的长处，才能建立钢铁般的团队，才能有白花花的银子。这个逻辑链是滴水不漏的。没有更高、更大、更远的东西，你就不可能打造起钢铁般的团队，就不可能收获白花花的银子。

今天由于时间关系，不展开，我只讲三个词：正念、良知、天命，分别来自佛学、儒学和基督教。顺便提一句，我们说的信仰不是宗教信仰，我们信的是它的逻辑，信的是背后滴水不漏的逻辑链。我们不需要那些仪式性的东西，不需要一个人假装教主的样子，坐在那里接受我们的膜拜。只有找到这种东西，你才可以熄灭你内心的那团火，你才可能真正找到内心的安宁。

一般人刚开始做企业是生活所迫，很多人都是被体制排挤出来的人，没有办法。后来过了这个关，干什么？攀比。你到温州、晋江、汕头之类的地方去，最偏远的农村，都是7层楼、8层楼、9层楼，每家每户都盖得高高的，但是没有人住。为什么？同村的张三盖了7层楼，我可以比他低吗？不可以。所以，10个亿想着20亿，20个亿想着50亿。这种攀比，实际上是没有尽头的，你永远处在一个煎熬的状态，因为你没有找到自己真正的信仰。

正念的智慧

第一个词是正念，来自佛教。很简单，正念就是对注意力的注意力，是有意识的觉察，关注当下，不作评判。永远生活在当下，保持一种生气勃勃、元气淋漓的原生状态，一种单纯的、强大的生命本能的状态，回到你的童心，回到你的赤子之心。这种状态非常强大。可惜"出口转内销"，这个概念一直要等到成为国际学术界的主流，中国的人才慢慢地开始重视起来。

现在，正念已经成为西方运动学、心理学、医学研究的主流。用最新式的电脑去扫描打坐的人，发现他们的脑电图跟我们的脑电图不一样。大量研究证实了正念这个东西，对于组织、领导力、创新，甚至对于军队战斗力，都有一个巨大的正面促进作用。这可是我们老祖宗流传下来的东西！

乔布斯为什么能够打破一切框架，能够直击问题的本质，背后就有正念的作用。所有人的评价与观点，甚至所有的鲜花与掌声，老子都不在乎！就是这种一意孤行、我行我素的精神在支持着他们，才有后来这一系列的创新。所以，正念在很多500强公司现在已经成为一个非常大的潮流*，其中最著名的是Google公司一个新加坡的华人工程师写的一本书，*Search Inside Yourself*（《向内搜索》），不要去向外搜索。

---

* 《硅谷最受欢迎的情商课》，中信出版社，2013年6月版。

良知的力量

其实我们的老祖宗早就已经给我们指出了一条向内搜索的道路，这个道路是什么？就是我们好几位朋友都提到的王阳明的心学：心即理，我心即宇宙，良知是其中的核心。我们内心深处的大油田、大森林开发出来，什么样的奇迹都可以创造。我们心里都有一个浩瀚的宇宙，不要忘记这一点，不要光想着探索外面的宇宙，忘了自己内心那个宇宙。

王阳明秉持良知的理念，能够强大到什么地步？这里没有办法展开，我们一般听说过的都是他卓越的军功，一个书生，带着几千民兵，就可以把宁王朱宸濠给活捉了。王阳明说："用兵何术，但学问纯笃，养得此心不动。"什么叫"此心不动"？中文很伟大，也很可怜，就一个"心"字。英文的"心"，至少三个字：soul，mind，heart。

"此心不动"，首先是 soul 不动，就是使命、愿景、价值观不变。我的公司，什么都可以变，甚至老婆、孩子都可以变，但是我的使命、愿景、价值观不变，我这辈子，就是干这个的。用任正非的话说：行万里路、阅万卷书、见万般人，但是只做一件事。

其次，mind 不动，其实跟刚才讲的正念的逻辑是一以贯之的。真正强大的人永远有一个 B 版的自己，甚至是 C 版、D 版、E 版的自己，时时刻刻在旁边提醒着 A 版的自己，把握好做事的分寸感。所以，修炼到像李嘉诚这种程度的人，与官员、与企业家、与记者打交道，接人待物，你不会看到有任何的差错，因为他有 B 版、C 版的李嘉诚在旁边帮他看着，进行自我监控。

最后，heart 不动，心如止水，就是没有任何情绪波澜。"止怒、止言、止行"，老子早就说过，最好的领导者，事情做成之后，大家都说，我们本来就是这样的呀。微信出来，马化腾干了什么？Mate 8 出来，任正非干了什么？什么都没有干，最好的领导者，不需要冲到前头。

天命的归宿

第三个词是天命，这个词大家最陌生。大家知道，人类初期都是多神教，一颗老树也拜，一片岩石也拜。一神教，是从亚伯拉罕开始的。所谓的亚伯拉罕宗教，一分为三，犹太教、基督教、伊斯兰教。基督教又一分为三，天主教、东正教、新教。新教又一分为三，英国的国教会，德国、北欧为中心的路德教，瑞士、苏格兰为中心的加尔文教。

加尔文的教义最重要的也是三条。第一，一个人死的时候能不能进入天堂，在上帝制造这个世界的时候，就已经预先确定下来了。你一听，这难道不是很消极、很被动的一个信仰吗？它还有第二条：任何人无法用任何方式探知上帝的旨意。所以，这就得出第三条：你必须单方面坚信自己是上帝的选民，通过自己尘世的功绩去证明上帝的恩典。这也许是一些"理工男"永远无法理解的逻辑，但，这就是信仰。

我说的这三样东西，殷海光早就画了一个图，一个三圈模型，佛陀慈悲、孔仁孟义、基督博爱，内在是一致的，有一个交集，这个交集是什么，大家也可以想一想。这一观点，李安在拍《少年派》的时候也强调了，不同的宗教是一栋房子的不同房间，我可以到每个房间里去看一看，不影响我的虔诚。

所以，我们做企业的人，作为一个中国人，在信仰的这个问题上，先"各美其美"没问题，但也要"美人之美"，最后是"美美与共"，一起建设更美好的世界、一起建设更美好的未来。

四　行走江湖三种境界

老话说"天下熙熙，皆为利来；天下攘攘，皆为利往"，有点太绝对。我观江湖上有三种人行走，一种为挣钱，一种为做事，还有一种是为"造人"：造就人，成就人，让身边的人成功。有意思的是，为挣钱而行走的人，往往挣不到什么钱；为做事而行走的人，能做成一些事，也能挣到一些钱；但真正做成大事的、挣到大钱的，往往是第三种人。这种人为了造就人，心中如同包着一把火，急急如律令地行走于江湖之间。

小老板为钱而奔走，绝大多数，终其一生，还是小老板。发心是为了做成一件事的，不管多大程度上能够完成当初的心愿，至少还能成就一段小小传奇，很多在领域内小有地位的中小企业，都属于这一类型。但有意思的是，很多我们当作标杆的成功企业都是靠第三种逻辑驱动的，国外是这样，今日之中国尤其是这样。著名的例子如华为的"不让雷锋吃亏"、阿里的"让天下没有难做的生意"、海底捞的"双手改变命运"、顺丰"让一批人得到有尊严的生活"、德胜洋楼的"让农民工成为绅士"等。越是想钱想得魂牵梦绕、魂不守舍的，越是摸不到钱；越是真心真意、全心全意去成就员工、成就客户、成就他人的，越是数钱数到手软。商业的世界，就这么奇妙。

　　这里说说华为。华为在报酬体系的设计上非常激进，激励力度极大，90 年代冲坡时期的员工收入，曾经一度是同行业的5—6 倍。再加上华为公司那段时间对"狼文化"的宣传，一般人很容易把华为理解为一个充分利用人贪婪本性的物质激励的故事。但事实上，"分赃"的前提是"劫寨"。没有一个个"雷锋"式好员工的吃苦耐劳和奉献精神，没有"胜则举杯相庆，败则拼死相救"的团队作战能力，没有铭记"烧不死的鸟是凤凰"的宽广胸怀，就没有物质激励的前提和基础。所以，换一个角度看，华为同样是一个极大地激发人性善的典型。主观为自己，客观为他人，本来就不矛盾，看你采取的是哪一个角度。

　　从本质上来看，华为的故事其实是一个与道德关系不太大的激发人、成就人、造就人的管理故事。文化上鼓励大家做雷锋，制度上尽最大可能"不让雷锋吃亏"，从而让更多人自发自愿地去做雷锋。这个管理故事中扮演最核心、最关键角色的是华为堪称全世界最完善的价值评价体制——左边支持价值创造，右边支持价值分配，从而形成一个源源不断的自我循环机制，也就是任正非最为之自豪的"逝者如斯乎"：喜马拉雅山的冰雪融化为长江水，水流到太平洋，蒸发为云，化为雨雪，再降落到喜马拉雅山上……搭建起这套体系后，创始人只需要像孔夫子一样，站在岸边感慨：逝者如斯乎！

　　搭建这样一套体系，需要创始人对"人"这个世界上最博大精深的生产要素有多大程度的关注度、理解度和把握度，大家可以想见。熟悉任正非早年写的那些文章的人对此应该一点都不感到惊讶，任正非在文章中表现出来的细腻、文艺、闷骚的程度（如上例中的暗暗自比孔夫子），及其对人性的深刻理解，绝对是理工男中的奇葩。华为顾问回忆任正非在北京吃饭的一次经历。餐厅服务水平很低，任正非不仅不生气，还反复讲，对服务员不要那么凶，她们也不容易，那么小的年龄，那么低的工资，跑到北京来打工，很不容易。他不仅安慰这个"90后"，走的时候，还特意给了她小费。好统帅没有不爱兵的，真正的大老板，永远"目中有人"。

华为与价值评价系统并列的干部评价系统在本质上也是价值评价系统的一部分，进一步集中体现了华为在人，尤其在干部的要求、选拔、使用、培养上面所下的功夫。感兴趣的朋友可以找黄卫伟老师主编的《以奋斗者为本》细读，这里不再展开。我想提醒大家注意的是华为对"干部"两个字的强调。当年宁高宁空降中粮公司后做的第一件事情是把中粮集团"中层干部工作会议"改成"中层经理工作会议"，而身处市场经济最前沿的华为却一直沿用"干部"，甚至还专门成立与人力资源部几乎平行的"干部部"，发人深省。

同样享受到了"造人机制"带来的超级红利的阿里巴巴公司在这方面看起来似乎更加"传统"，他们甚至在集团直接成立一个"中组部"，负责中高层干部管理工作。而负责中高层培训的"湖畔学院"，则成为他们的"中央党校"。还没有完，阿里还有著名的"政委"体制，平均每50个员工，配备一个"政委"，全职负责这些人的思想工作。还有早年的"延安整风运动""抗日军政大学""南泥湾开荒"，马云参观古田会议旧址时念念不忘的"思想建党，政治建军"……何其相似乃尔！一时间，国内外很多人甚至都改口管马云叫"Jack Mao"了。

大家的直觉是对的，共产党在"造人"、在人才管理机制方面确实有很多值得企业学习的地方：党校、组织部、后备干部管理、档案管理制度等等，这一系列我们既熟悉又陌生的制度，背后其实都有非常扎实的组织逻辑。再例如，革命党时期总结的所谓"老三大建设"：思想建设、组织建设、作风建设，而今在企业层面也仍然颇有借鉴意义。思想建设对应的是企业价值观的梳理和统一，组织建设对应的是干部梯队的搭建，作风建设对应的是行为规范的制订，都是一个造人企业管理工作的重中之重。

为什么共产党的内部管理方法对企业会有那么大的借鉴作用？了解共产党组织方式的历史和起源也许能够帮助我们理解这一点。中共的干部管理体制源于苏共，苏共的干部管理体制源于东正教。例如，列宁出身于一个虔诚的东正教家庭，斯大林毕业于东正教神学院，《钢铁是怎样炼成的》之类的那个年代的革命名著中洋溢着浓郁的宗教情怀和东正气氛，熟悉西方基督教文化传统的人一眼可辨。布尔什维克（苏共前身）开创的这种被社会学家 Andrew Walder 称为"意识形态团体"的组织方式，非常符合当时共产党开展地下革命和武装斗争的需要。

中国自古是儒家宗法社会，唯一的正式组织资源的是"亲亲",打虎兄弟班,上阵父子兵,没有血缘就通过歃血为盟、把兄弟、干儿子等手段来模拟血缘。五四运动以来,激烈地反传统成为主流,宗亲血缘关系失去合法性,中国就处于极度缺乏组织资源和组织手段的一个状态。从苏联引入的这种组织方式,在很长一段时间内,确实是代表中国在造人、在人的组织方面的最高水平。清亡后中国一盘散沙,各种势力风起云涌,能否在这场角逐中胜出,与是否掌握这种独特的组织资源是分不开的。相比较之下,蒋介石这一边在这个重大问题上显得面目模糊,左右游移,显然缺乏最基本的定位和定力。

五　三步打造你的领导力*

　　我的领导力理论也许是世界上最简单的领导力理论。三个逻辑链。第一个是自我监控。白花花的银子背后是钢铁般的团队；钢铁般的团队背后是老大金子般的人品，用八个字来衡量：以人之长，补己之短。第二个是自我认知。要想发挥别人的长处，先得接受，这不是我的长处；要想接受这不是我的长处，先得认知到，这不是我的长处，也是八个字：知人者智，自知者明。第三个是自我发现。要想正确地认知自己，先得知道，我要去哪里，自己都不知道自己要去哪里，怎么去领导别人？要想知道我要去哪里，先得知道，我从哪里来，也就是，我是谁。

　　这三个简单的逻辑链，哪一步都不简单，要想做到，都需要褪去很多层死皮，长出新皮，长出老茧来，才有可能。白手起家，赤手空拳打出一片江山的民营企业老板们，什么苦没吃过？但这种苦往往受不了，其中种种不安、尴尬、惶恐，真是言语难表其万一。为什么这么难？核心原因很简单：这个过程触及的往往是老板们内心深处最脆弱的一面。从某种意义上讲，

---

* 2015 年 7 月 23 日首发于领教工坊公众号。

他们几十年如一日起早摸黑、含辛茹苦地打下这片江山，就是为了隐藏和掩盖这一面。现在你要把它挖掘出来，还要晒给大家看，就算是铁人、超人，也不好受啊。

所以，很自然，即使大家理解和认同了这个逻辑，甚至也下了决心去做，但离真正把它们变成自己的行为和习惯，还是很远。"知"与"行"之间，往往隔着一个太平洋。而且，最为吊诡的是，个人能力越强的老板，实现这个跨越的难度越大。几种常见的情况如：老板是销售高手、销售奇才的；老板从小是学霸，样样比人强的；老板劳碌命，特别爱冲在前面，爱干活的。最可叹的情况是老板是科学家或艺术家，这两种人，如果任着自己的性子做企业，基本上都是灾难。而且，在自己的专业里造诣越深，地位越高，这个灾难可能就越大。

因此，有了理论，还要有方法。同样按照极简至上、聚焦可改变的行为的原则，三件事情也许可以成为企业家领导力修炼的突破口：一对多、一对一和一对零，大致分别对应上述的自我监控、自我认知和自我发现三个逻辑链。

一对多，就是学习如何开会。首先，最重要的是区分四种会议的类型，从每天碰头会（5—10分钟），到每周经营会（60—90分钟），到每月战略会（3—4小时），到每季度总结会（1—2天），目的不一样，形式和方法都不一样。四种会议中，中国民营企业普遍薄弱的是战略会和总结会，一般都是因为老板习惯于一言堂，一开起会来就是从头到尾、从上到下的纵向灌输。如果有沟通，顶多是老板和过堂的部门经理之间的简短对话，以老板训斥和经理自辩为主，其他人或幸灾乐祸，或自叹侥幸，基本都作壁上观。这种形式的会议，能起到什么作用，可以想象。

做一个最简单的算术题。30人参加一个3小时的会，部门经理一个一个过堂，平均一人6分钟。别人过堂的时候，其他所有人事不关己，高高挂起，真正在开会的，是老板和正在过堂的部门经理。所以，整场会议，虽然消耗了 $30 \times 3 = 90$ 人时，但真正的有效工作时间其实是 $2 \times 3 = 6$ 人时，时间的有效利用率是 $6/90 = 6.7\%$。就算加上一两个比较操心的副总裁，尽量全程倾听，偶尔参与讨论，有效利用率一般也难以超过10%—15%。可惜，这就是我们大多数民营企业内部会议的现状。

一对一包括外部招聘面谈、职业发展面谈。外部招聘面谈，尤其是高层的招聘面谈，一般民企老板都逃不脱，但一般也都是口渴的时候才想到挖井，临时抱佛脚，很难达到迅速成长阶段的公司CEO要花50%的时间在招聘上这个时间标准。与内部高管进行绩效评估和职业发展面谈，管理得好的企业几乎是每个高管每周进行一次，多的一年总计达100—200小时。与此形成鲜明对比，大多数民企老板，我了解的情况是，基本从来不与自己的高管做这种一对一的面谈。平时见面谈的都是具体的业务和工作，当事人的能力建设和职业发展始终排不到议程中去。大多数高管，一年下来，得到这方面的唯一反馈，也许只是年终聚餐会上，和老板干杯时，老板拍拍肩膀说的那句话：今年干得不错，明年换个部门？

我思考这个问题很久，为什么会是这种情况？一对一是一种极具象征性的职业化行为，上司和下属往那一坐，代表的就是一种平等协商的精神和双向沟通的态度，更不用说，很多好老板在这种场合中也会主动寻求下属对自己的批评和反馈。也许，潜意识里，大多数民企老板内心深处其实无法接受这种沟通形式的平等性？此路是我开，此树是我栽，一砖一瓦，一草一木都是我当年创业打下的江山，你一个我招聘过来的人，凭什么要和我平起平坐？

然而，铁打的江山，流水的英雄。如果你想要通过职业化管理让企业实现基业长青，这是我们民企老板们必须首先要过的一个关。

一对多的重点是自我监控，时时克制自己的表现欲，努力发挥团队的聪明才智。一对一的重点是自我认知，通过平等的沟通和反馈更清晰地认识自己。更重要的也许是一对零，也就是企业家通过独处、反思、阅读来进行自我发现的时间。在这方面，每个人有每个人的门径，这里我侧重谈谈阅读的重要性。

很多人都注意到，很多成就比较大的企业家，阅读面一般都非常广，而且一个有意思的情况是，越是成就大的企业家，越不怎么读管理类书籍。我理解这里的核心是自我发现的逻辑。一个人如果想要回答"我是谁，我从哪里来，我要到哪里去"这三个人生在世最本质的问题，真正地认识到自己在宇宙间的定位，对于大多数人，阅读也许是成本最低、最容易上手的一种方法。

例如，阅读文学、历史、传记类书籍，一个人更容易看清自己，潮起潮落，聚散离合，浪淘尽千古英雄，世界从来就是这么运转；阅读天文、地理、自然类书籍，一个人更容易看淡自己，天地悠悠，生死白头，恩怨情仇，人类就是这么回事，很多时候与动物也没有什么区别；阅读社科、宗教、哲学类书籍，一个人更容易看透自己，鸡虫得失，蜗角虚名，蝇头微利，有些东西其实不值得我们去费那么大劲。有了这些看清、看淡、看透的大背景，自然有助于我们自我发现，找到真正代表我们的人生价值和可以从一而终的人生目标。有了这种目标感，这种比生物层面、本能层面的"我"更高更大的东西，自我认知和自我监控都是顺其自然的事情了。

没有阅读习惯，甚至有阅读障碍症的老板怎么办？每个人的学习门径不一样。有的人是看书，有的人是聊天，有的人是信教，没有一定之规；甚至看起来不可救药的、爱玩的人，通过亲近大自然、体育活动、极限运动、手工制作等业余爱好，只要有慧根，也能起到类似的自我净化作用。很多爱玩的老板企业往往还比苦哈哈的敬业老板企业运转得更好，秘密往往就在这里。

最后，为了让三件事落地，最实操的也最简单的一个领导力发展方法也许是让助理把自己每周的时间安排记录下来，最好详细到半小时，在哪里、与谁、做什么事。自己每周对照检查一遍，在一对多、一对一和一对零方面，分别花了多少时间。最初是勉强和别扭，然后是慢慢成为习惯。也可以通过公开承诺，让同事们帮你形成习惯。当这些行为成为别人对你的期待后，不这么做，大家反倒不习惯了！知与行之间的太平洋，只能靠我们自己伐木成舟，扬帆济海。大多数民营企业家都是有目标、有理想的人，为了事业，为了企业的前途，相信你们，不管多苦，也一定能做到。

第五章　领教工坊的实践

Throw out your conceited opinions, for it is impossible for a person to begin to learn what he thinks he already knows. (把你那些自以为是的观点扔掉吧，因为一个自以为已经知道的人，是无法开始学习的。)

——Epictetus, *Discourses*, 2.17

一　私人董事会的"门道"*

先说一下学术背景。大家多多少少应该听说过亨利·明茨伯格吧。明茨伯格在西方管理学界地位很特殊，他是基本上能守住学术界的地盘，在实践界又有相当大的影响力的一个学者。大家知道，西方的学术界和实践界有时候相差得很远很远，学术界很知名的大师，实践界从来没听说过；反过来，实践界大家都耳熟能详的那些大师，学术界从来都不讨论他，一篇文章、一个观点都从来没讨论过。而明茨伯格，是少数几个能横跨理论界和实践界的大师级的人物。

明茨伯格一辈子三大战役。第一大战役是管理者角色论。大家学管理学，一般的教科书第一章肯定能找到明茨伯格的名字。他的理论最初是 1973 年发表的，是他的博士论文，80 年代就进入了教科书，创造了从论文发表到进入教科书的最短时间的世界纪录。大家知道，一般的学术成果，从发表到慢慢地被接受，最后进入教科书，怎么着都得有二三十年吧，但他基本上花了不到十年时间就完成了这个历程，是蛮特殊的一种情况。

第二大战役是战略过程论。明茨伯格提出，战略不是以老

---

* 根据作者 2014 年 9 月 22 日在领教工坊演讲整理。

板们坐在那个开着空调的办公室里就能够设计出来的，也不是咨询师通过搜集大量的数据能够计算出来的，必须是在一边做一边思考，在执行的过程当中慢慢去优化。他强调的是所谓战略"自然形成"的这个角度，跟迈克尔·波特的战略定位论形成了鲜明的对比。所以，他开创的学派就叫"战略过程学派"，迈克尔·波特开创的学派叫"战略定位学派"，他也因为这一大战役的成功成为美国战略管理学会的创始主席。

第三大战役，明茨伯格就跟 MBA 扛上了。他认为 MBA 教育是在错误的时间，因错误的理由，教育了错误的人，什么都是错的。他不仅说，而且真正就开始干起来了。这对学者来讲其实是很冒险的事情：你可以批评，但是建设比批评不知道要难多少。他还真就干起来了，做了一个 IMPM，International Master in Practicing Management，国际实践管理硕士项目。这个实践管理硕士项目强调的是跨越边界的管理教育，跨越很多很多各种各样的边界，打个比方，跨越教与学的边界、跨越学科的边界、跨越教室的边界、跨越国家的边界等等。这个反 MBA 运动在 2008 年金融危机前后算是告一段落，老明的这些观点得到了越来越多人的认同。

明茨伯格做了 IMPM 之后，他又发现，顺着那个逻辑继续往前推，为什么我要向这些所谓的教授、学者、专家去学习管理，我们经理人们为什么自己不能够通过一种方法互相学习、互相促进、互相挑战、互相帮助去提高自己的管理水平，提高自己的领导力水平呢？他就做了一个 Coaching Ourselves——自我辅导，大概从 2007 年底，2008 年初开始运作。

私人董事会在中国为什么难

在中国做高管辅导、领导力教练，最头痛的地方是什么呢？它不仅跟西方一样，有理论与实践之间这条鸿沟，还有另外一条鸿沟：东西方文化之间的鸿沟。就是说，你在教科书上学到的管理学理论，是人家在他们的历史、文化、制度环境下总结出来的、有用的东西，我们的历史、文化、制度环境跟他们完全不一样，所以，他们有用的东西，我们往往没用；甚至还相反，他们有用的东西，对我们反倒是有害。所以这就给我们在中国做高管辅导、做领导力教练提出一个更高的要求。

怎么去解决好这些问题，这是我们早期在创业阶段一直在想的问题。总体来讲，成人学习是有它的特殊性的，它一定要跟经验相结合，这跟小学、中学、大学不一样。小学、中学、大学老师在白板上演算这个公式，你跟着走，自己在下面也算，结果一出来，你一看，对上了老师的结果，那你就学会了。但是成人学习，尤其是成人去学管理方面、领导力方面的东西，是一个非常艰难的事情，因为必须跟他的经验相结合。如果不跟他的经验相结合，不管你讲得有多好，不管他乍听之下多么震动，其实都是春风过驴耳，最后都发现，从哪来还是回哪去。

所以，问题的核心是，怎么去跟经验结合。逻辑上，有三种可能性。一种是跟过去的经验相结合，要善于反思，要善于像牛一样反刍吃进去的草料；第二是跟现在的经验相结合，也就是体验式学习，要想办法在你学习过程当中，让它就那一刹那有所触动；第三种可能性是跟未来的经验相结合，那就是行动学习，要把你学到的东西带到公司里去，带到现在的工作岗位上去，想办法落地。所以，从学理上来讲，你要想让成人学习发生，真正发挥作用，必须通过反思学习、体验学习、行动学习这些手段。但在中国，反思学习也好，体验学习也好，行动学习也好，都有一些非常非常特殊的障碍。

尤其是反思学习。大家知道，领导力方面的反思学习，首先得有自我知察能力，self awareness；然后才是第二位，自我悦纳，你要接受你自己长的那个样子，接受你自己的个性，接受你自己的短处，英文叫 self compassion，你要自己爱自己，自我悦纳；最后才谈得上 self discipline，自我管理、自我控制、自我调整。但是，绝大多数中国老板、中国的企业家们，一般来讲，自我知察能力相当差，什么原因呢？这跟我们的政治、文化、心理环境是息息相关的。

大家知道，首先中国的政治生态非常特殊。老的传统叫"阳儒阴法"，表面上讲"天下为公"的儒家，实际上是为"一己之小私"的法家，说一切做一切，都是为了"一己之小私"。所以，从来都是说一套做一套，一直都是这样，后世只是不断地换"马甲"，整个政治生态没有发生过什么变化。在这种环境下，一个企业家要想生存，首先必须城府很深，必须喜怒不形于色。你要太心直口快、疾恶如仇，首先灭掉的就是你，你根本就不可能存活下来。

所以，中国相书从来就讲究"厚重"，老外从来不讲这个。大家知道什么叫"厚重"吗？厚重就是，看不出你的表情来，看不出你心里在想什么，一副扑克牌脸，这就叫厚重。所以中国稍微混得好一点的人，都必须是有厚重之貌，没有厚重之貌，你就首先连立足之地都找不到。所以，政治生态就决定了咱们的老板们的壳是很厚很厚的，因为没这层壳，他就活不下来。

其次是中国的文化生态——高权力距离文化。关于这一点，鲁迅讲得最经典。他说，中国但凡有一个猛人，他就会被一圈子人包围，围得水泄不通；时间长了，所有进来的信息和出去的信息，都会被这个包围圈所过滤；到后来，这个猛人其实完全处于一种"人事不省"的状态，他根本不知道这个世界发生了什么，所以最后轰然倒下。猛人倒下，之前包围的人就没事可做了吗？不是，他们继续去包围下一个猛人。所以鲁迅就总结，为什么中国的猛人一直在变，但是中国的事情却没有发生太大的变化，就是这个原因。这个文化生态也决定了，我们中国的这种猛人有一层硬硬的壳，这个壳体现为可能是那样一个包围圈，一个极小极小的信任圈，一个极小极小的信息圈。

最后是心理生态。大家知道，西方人只要是中产阶级以上，一般都有自己的私人医生、心理大夫、牧师等等，这都是很正常的安排，中国人没有这些东西。中国人碰到点什么问题，只有一个办法，就是找朋友喝酒。我们没有心理医生，没有牧师，没有各种支持小组，self-help groups，我们没有这种东西。所以老板们一般把心里的东西藏得很深很深，他轻易不会去跟外人讲这些事情。而且老板们还有一个问题，他原来还有一些朋友，像发小、中学同学、大学同学，可以聊聊天，随着企业做得越来越大，他的社会、政治、经济地位越来越高，他会发现，很奇怪，他小时候身边那些人就会离他而去。而且越是正派的人，越是有点尊严的人，离他走得越远，围上来的，往往是别有用心的人。所以，老板们慢慢也发现了，他连找个朋友喝酒都找不着，问题就变得很严重了。

所以，很多做老板的人会慢慢形成一层非常厚的心理边界，心理学上管它叫"厚边界层"。什么叫"厚边界层"？大家知道，搞艺术的人，甚至是做科学研究的人，他们的边界层是很薄的。有一个很简单的测验方法，就是你还记得不记得你昨天晚上做的梦？搞艺术的人，昨天晚上做的梦，立刻就变成一幅画；写小说的，可能铺排一下，立刻就变成一篇小说；甚至是搞科学研究的人，门捷列夫的元素周期表，也是做了一个梦，然后赶紧把它完善一下，就做出来了。他们的边界层都没那么厚。但做企业的人，边界层极厚极厚。咱们可以试试问问身边的土豪，你记得你昨天晚上做的梦吗？做的是什么梦？你让他去描述，一般来讲，都不会有什么结果，因为他会立刻把这些东西当作非理性的垃圾、无关紧要的东西，推到潜意识下面去了，再也不会冒出来了。

总之，中国的政治、文化、心理生态决定了，跟老板打交道很艰难很艰难。其实还有一点，这点跟战略，跟企业的商业模式有关系。中国这二三十年起来的企业，不能一概而论，但我的直觉是，从几个亿到几十亿，到几百个亿的企业，规模大的企业中，靠关系、靠资源、靠垄断的比例，比靠价值创新、实打实把东西做出来，为社会创造价值的比例要大。所以，这些人，你去跟他讲管理、讲领导力，完全是 stonewalling，你就像碰到一堵石墙。他觉得，你这人懂什么，你知道生意怎么做吗？他理都不会理你。他们这些人最在意的，天天念叨的就是关系、圈子、资源，所以他不会关心什么领导力和管理。你别看他也上"长江"，上"中欧"，但是他实际上图的是这个，在一起聊的都是这些东西。所以这跟企业的战略是相关的，咱们心里面要很清醒，如果他们的企业战略、商业模式是属于上面这种，你要去卖管理、卖领导力、卖教练，一般来讲，难度很大很大，因为他重心根本不在这儿，不关心这些东西。

最后一点也和上面讲的相关，中国人的人与人的信任关系很难建立，不是跟圈子内的人，他就不会说这些话，不像西方，我按照一个表格走，我们把整件事情去理一遍，这样这种信任关系就建立了。中国人？开玩笑！我们把一个表格走一遍我们就有教练关系了？我就信任你了？我就把我那些事讲给你听了？开玩笑！他不会跟你讲的，教练关系没那么容易建立。

所以，在中国，你如果想做领导力教练，想让他们产生自我意识，让他们有反思能力，必须先越过这一层一层又一层的障碍。这就是中国的现实，我理解的现实。要很清醒地理解这个现实，才谈得上进一步去做什么事情，去怎么影响到他们，这是大的背景。

从纵向学习到横向、内向学习

前面讲了管理学的背景和教练关系建立的背景，还有一个大的背景是中国人学习的习惯。中国人从传统上来讲，我们习惯的是纵向学习，所以我们管老师叫"师父"。什么叫"师父"，一日为师，终身为父，强调的是权力关系，强调的是我比你高，我比你牛，我要受到你的尊重。所以，从老的科举时代，到后来的高考时代，纵向教育永远是最核心的教育方式。但从逻辑上来讲，除了纵向教育，还有横向教育。

打个比方，这几十年，中国教育是计划经济的最后几个堡垒之一，所以烂不是一般的烂，是烂透了。但是为什么大家还是比较看重北大、清华、复旦这种学校？因为这种学校的学生聪明，孩子们好，所以很多懂事的孩子都知道，我去清华、去北大、去复旦，我不是冲着所谓的教授、博导，我冲着啥？我冲着我这帮同学来的。

所以，年轻的一代对横向教育的重要性其实有很深的理解。为了让大家对这个横向教育有更深的体会，我推荐大家去看一个 TED 视频，Mitra Sugata 教授的《自我教育的新实验》。这个视频获得了 2013 年 TED 大奖，Sugata 教授也因为这个视频成为这个教育界的大名人，得到了比尔·盖茨这种超级富豪的关注，他们正在谈一个很大的全球性的项目，把横向学习的理念推广到世界上的各个角落去。

我一两年前看到这个视频时，很震撼。多少年了，大家把老师、教授、专家、学者，看得那么重，但事实上我们应该问自己，我们到底扮演的是什么角色？我们到底做了多大贡献？我一直在思考这个问题。你仔细想想，这可都是一堆印度最穷苦的地方的十一二岁的小孩，他们都能这样学习，更何况四五十岁的中国最聪明的一批企业家朋友们！所以我们千万千万要很清醒，我们到底能帮到他们什么，要一而再、再而三地问这个问题，要不我们很容易就会产生一种妄念，进入一个妄区。这是横向学习的大背景。

除了纵向学习和横向学习之外，其实还有一种学习，"内向学习"，就是我刚才强调的行动学习、体验学习、反思学习。内向学习某种意义上是真正的学习，横向学习为什么那么有用？它其实是通过内向学习来发挥作用。打个比方，这个视频里有个细节，一定要让五六个孩子围在电脑前头讨论怎么解决这个问题。一定是五六个孩子一台电脑，如果是一个孩子一台电脑，就没这个效果。什么原因呢？因为五六个孩子一台电脑，他们必须去讨论，必须决定是谁来操作这个电脑，谁来制作笔记，谁负责什么事情。孩子们互相讨论的时候，会产生巨大的同侪压力、同辈压力，你要是记不住这个东西，你要是没有什么贡献，你要是对小组的作业没有做出任何有价值的建议，就会被小组里另外五个小朋友瞧不起。

十一二岁的小孩子，瞧不起对于他来讲，是一个多么巨大的心理负担，所以在这个过程当中，他就一定要努力地去记住这些东西，要提出自己有价值的主意出来，然后慢慢地，你发现他就会学得很深，并不是说只是谷歌一下，只是查了一下答案而已。五六个人互动的过程，发生了化学反应，产生了内向的学习，所以学习效果好。

企业家的内向学习，我发现可以归结为三个方面。第一个方面是"照镜子"，十四五个企业家在一起，随时在照镜子。他说别人的时候，这个被说的人在照镜子，其实说的人他自己也在照镜子：我说别人说得好像挺像那么回事的，我自己做得怎么样？他也在照镜子。所以，当事人在照镜子，组员也在照镜子，这个是第一个功能，照镜子的功能，用柳传志的话来讲，就是互相照看你的后脑勺。讲得滑稽一点的话，就是你不管转多少次身，屁股都还在你后头，人是永远看不见自己的屁股的。"人至愚，查人则明；人至智，查己则暗"，你再聪明，你都不了解自己的情况，所以，很自然就有照镜子的巨大价值。

第二个功能是"接生婆"的功能，也就是苏格拉底说的"智慧的接生婆"。什么意思呢？你要坚信他们有解决方案，你要坚信他们自己能找到解决方案。作为领教和组员，我们要做的就是提供好这个接生的条件，让他们顺利地把这个孩子，把这个解决方案找到，这是接生婆的比喻。

第三个内向学习是"陀螺仪"。陀螺仪是什么东西？你小时候要是玩过陀螺，你就有印象：陀螺放在一块木板上转起来，不管你怎么倾斜木板，陀螺的轴心的指向方向，都不会发生变化。内向学习的第三种功能就是陀螺仪功能，自己一个人很容易迷失自己的初心、本心、发心。但是十几个人在一起，他就会一直提醒他自己：你想干什么？人家是想干那个，你到底想干什么？他就一直在问自己，到底想干什么，所以就不容易迷失方向，不容易随波逐流，不容易被这个时代的潮流带着走。

私人董事会背后的三大逻辑

私董会到底是什么东西？你要去上网查，一些文章会告诉你私董会有七个步骤，八个步骤，或者九个步骤，这些东西是核心吗？实话说，那是皮毛的皮毛。到底什么是私人董事会？经过这些年的思考，我认为，私人董事会是三个圈的交集，上面的圈是教练，所以教练的技巧，或者说教练的手艺很重要。我不喜欢说"教练技术"，因为教练是手艺，这是明茨伯格的理论："管理是科学，是艺术，但是更是手艺"，教练更是不用说了，它是一门手艺。左边的一个圈是咨询，右边还有一个圈，这个圈是 IAF，International Association of Facilitation 所定义的行动学习。私人董事会在哪里呢？私人董事会在这个交集里，它难是因为在这个交集里；它有意思也在这里；它在中国有巨大的发展前途，也是因为它在这里。

首先我们要稍微介绍一下这三种东西到底是什么。其实这三种东西很大程度上是相互矛盾的，痛苦就痛苦在这里。打个比方，咨询值钱，能给这些老板们以震撼，一般来讲靠的是什么？靠的是给答案，不管他提出什么问题，你能够在三五分钟，一二十分钟之内迅速建模，出来一个分析框架，给他一个指导方向。大家知道，麦肯锡这样的公司，到北大、清华、复旦去招生，选中的都是这种有迅速建模能力的人。他们有时候会问一些特别无厘头的问题，比如把纽约城的窗户全部擦一遍需要多少天之类，就是看你能不能十五分钟之内给我迅速建模，把这个问题有眉有眼、有招有式地解决了。所以咨询训练的就是这个，你必须有答案，你要没答案的话，对不起，你就不值钱了。

教练与咨询相反，教练不给答案。教练就是提问，就是问问题，然后启发你去思考，让你自己去找到这个答案。直接给答案的教练是很失败的教练，是完全违反了教练的本质的。

行动学习跟这两个东西又不一样，行动学习既不能给答案，又不能不给答案，行动学习是什么东西？行动学习的本质就是两个字：中立，就是刚才提到那个 TED 视频里头老奶奶的角色，她其实相当于中立，因为每个人说点什么，她都夸一下。每个人讲的东西你都复述一遍，都鼓励一下，这都是不违反中立的立场的。

这三样东西，哪一样都不容易，咨询我们不用说了，咱们在座的有很多咨询大佬，没有几十年的功夫，想吃咨询饭，门都没有。教练呢，你要没有这种清空、悬挂、延迟判断的能力，一般来说，也很难成为一个合格的教练，所以正念在做教练方面就有很大的借鉴意义，正念强调的就是有意识的觉察，关注当下，不做评判，教练需要的就是这种能力。教练表面上好像是提问，背后其实是一颗大爱之心，是对这个教练对象的一种发自内心的尊重、关怀和认可，是一种温暖的力量在支持着你去提问再提问，促进对方打开再打开。

所以，教练背后，其实是一种非常感性的东西。很多人喜欢上教练课，比如欧洲教练认证课程、美国教练认证课程，但说老实话，有的人就是不适合做教练，上多少课程他都不会是合适的教练，因为他没有那种清空、悬挂、延迟判断的能力，他没有那颗温暖的心。好的教练，往那一坐，就四个字，"如沐春风"，人家就能够敞开心扉，人家就愿意在你的引导下去进行思考，进行探寻，去找到这个问题的解决方案。没有感情层面的这种力量，理性再强，提问技巧再厉害，也是白搭。所以，很多上各种各样认证课程的人为什么未必是合格的教练，往往是因为他们感性方面不行，他们没有一颗无条件的温暖的、拥抱的心。就有点像你小时候外婆、妈妈对你的那种态度，心理学家叫作抱持性环境，holding environment，就像当年妈妈、外婆抱你那种感觉，这才是一个相对合格的教练应该给客户产生的感觉。

教练的过程当中有很多技巧，很多需要注意的地方，我这里只讲几个很小的方面，我也是用比喻来讲。第一是"破案"，好的教练有一种侦探的精神，有一种探寻的态度，不会轻易地下结论。这个跟咨询完全相反，教练不会轻易下结论，他很耐心，通过一个个蛛丝马迹、一个个细节把问题拼接起来，然后去想办法找到全貌，这是像破案。

第二是像"攻城"。一般的成年人，尤其是企业家，有极强的心理防御机制，你让他感到心理上有一点受威胁，有一点不安全感和不舒服感，他的防御机制就开始发动。这种防御机制，跟我刚才讲的中国企业家有一层壳，其实也是相对应的。一些常见的防御机制，在我们跟企业家朋友们交流的时候，经常能碰得到。打个比方，最常见的心理防御机制是什么？是走极端。比如，你跟他说，女性特征、雌性激素对于好的领导很重要，他就给你走极端：没有雄性激素，怎么能带着大家冲锋陷阵，谈得上什么领导力啊！你说今天天气不错，他说，今天天气不错，明天天气难道有问题吗？凭什么说今天天气好？这种爱走极端的语言模式其实是心理防御，他不愿意跟你谈，他也知道黑和白之间有很多不同层次的灰，但他不愿意跟你敞开谈，所以他就跟你较劲，跟你"犯轴"。他听你说雌性激素、女性特征很重要，他可能就听出你在批评他没有女性基因，没有关怀的基因，所以他就要开始跟你走极端，其实也是在改换话题。这个走极端，英文叫 splitting，就是什么东西都喜欢一分为二，而不是注意到在白和黑之间还有一个"伟大的灰"。

大家还常见的一种心理防御机制是投射（projection）。明明是他不信任别人，他觉得别人不信任他；明明是他太在意自己的利益了，他说别人唯利是图。这其实是最常见的一种心理防御。

还有一种心理防御机制叫"反应形成"（reaction formation）。这个最经典的例子就是娱乐圈的"秀恩爱"，当事双方其实早就心怀鬼胎了，但是他们又有一种负罪感，所以一旦有第三方、媒体、镜头在的时候，他们就要展现出多么爱对方的样子，其实我们普通人一眼就能看出来，就觉得这俩人怎么那么黏糊？他们其实是在心理防卫。我们不是说他们假装相爱，是他自己受不了"我不爱这个女的"这个现实，所以才一定要做出爱她的样子，他不是在作假，他是自己在劝自己，自己在防御，在保护自己的脆弱的小心灵，"我没有变心，我不是白眼狼，我不是那种不负责任的人"。

这里我只是举举个例子。这些林林总总的心理防御机制，在心理学的书里，大概有十七八种。你跟老板们讲话的时候，经常乒乒乓乓，他们的心理防御非常快，所以我们作为专业人士，我们就要很清醒地知道他在使用A、B、C什么心理防御手段。一旦发现他心理防御，你不要跟他硬着来，硬着来肯定打不开，一点作用都没有，你只能绕着走，知道他们需要更多的关怀，更多的关爱，更多的信任。这是长时间跟老板打交道，慢慢才能够培养出来的直觉。不要跟他讲道理，你带着咱们受过的专业训练、科班训练去跟他讲道理，比如"雌性激素占一，雄性激素占四才是最好的领导力"，没用的，因为他其实是在用这种方式跟你"关门"，shut down，你去跟他讲道理没用，你要很清醒，他是在防御你。

第三个比喻，教练最重要的当然还是"勘矿"，你要坚信这里有金矿，慢慢地让对方自己去找到解决方案。

这是教练需要注重的一些方面，这里我只是用这几个比喻来介绍，其实教练很复杂，不在于它的科学原理复杂，而在于它在现实生活中千变万化，是文科的复杂，不是理工科的复杂。大家知道文科的复杂跟理科的复杂完全是一种不同维度的复杂，举个例子，全世界到今日为止，不知有多少流行音乐、爱情歌曲了，几乎所有的流行音乐、爱情歌曲说的就一件事情：my baby，how can you leave me like this，宝贝，你离开我，我很伤心。但是它体现成为那么多千奇百怪、千姿百态的流行音乐作品，这就是文科的复杂。教练的复杂是文科的复杂，不是理工科的复杂。所以咱们要很清醒，这里没有太多别的学问，就是需要你随机应变，能够立刻知道对方在干什么，然后想办法，能够一方面"破案"，一方面"攻城"，一方面又能够把矿给勘探出来。

这三个方面，在很多维度上都是互相矛盾的。举个例子，教练是激发他自己的思考，这个我说了很多遍了。咨询是什么？咨询最重要的是通过你的专业积累，塑造你权威的形象，否则就收不到钱，就这么简单。当然还有行动学习这个维度，它既不是激发自己的思考，也不是塑造高大上的形象，它是什么呢？它是利用群体动力学让他们自己体会到私人董事会的价值。

群体动力学是什么东西？明晶有一次总结得特别好，就是两句话，第一句话是"搬起石头砸自己的脚"。让他自己先说，比如"我是什么样的人"，然后让他身边的高管说他是什么样的人，再让私人董事会的同伴说他是什么样的人，或者是让他自己的动作来暴露他是什么样的人，让他自己照镜子看见自己是什么样的人。

第二句话是"挑动群众斗群众"，让他们互相之间把真话说出来。很多做到个一二十个亿的老板，不管表面上表现出多么尊重我们这些专业工作者，他内心深处永远有个小小的声音在跟他说：这些人没什么了不起，他们懂什么，他们没做过企业。所以一方面，我们要努力用自己的专业积累树立起咨询的高大上的形象；另一方面，更重要的是，要利用群体动力学这个力量，让别的老板去敲他：你不是瞧不起这些教授、专家、学者吗，那人家二十几亿、五十个亿的老板说的话你该听一听了吧？我们用这种方式，实际上也是通过横向学习来代替纵向学习。

这就是我总结的私人董事会背后的三套逻辑，这三套逻辑都是不一样的。行动学习的逻辑，一是创造合作式客户关系，二是规划适当的团队流程，三是创造并维持一个参与的环境，四是带领团队并取得适当且有用的成果，五是建立并保持专业知识，六是展现正面的专业态度。这六点哪一点都不容易，所以行动学习真正要做好，是难度极大极大的事情。

总之，私人董事会的整个主持过程是以行动学习为主，提问阶段是以教练为主，最后总结阶段是以咨询为主。这三样东西，缺一不可，少一样东西，这个私人董事会就站不起来，至少是我们想做到的这种高端的私人董事会站不起来。当然，咨询还有更多的细节，我这里没法展开讲，我们真正到东道主那个地方去的时候，我们采用的整个流程其实就是典型的咨询公司的一个流程，先访谈，然后会诊，然后开私人董事会，所以其实是结合了咨询的流程在里面，只有这样，对方才会真正认可你的价值，否则不管你怎么跟他们讲这个东西的伟大意义，多么代表革命性的一个新方向，人家就是不买账。所以要很清醒地知道这个维度的重要性。

私人董事会的未来

中国人从来都玩圈子，几千年来都玩圈子，但是这个时代有一个特殊的机缘，能够让我们把圈子变成一样别的东西，变成什么东西？变成社群。圈子变社群，是有前提的，什么前提？首先是价值观，例如，领教工坊强调的是反求诸己的价值观。其次是互联网。光有互联网，没有价值观，圈子不会变成社群；反过来，光有价值观，没有互联网，圈子也很难变成社群。

例如，如果没有微信群，咱们的私人董事会小组维系感情、维系互相之间的黏性难度相对是比较大的。大家仔细想想，如果不用微信群你用什么办法？用 QQ 群？用 E-mail 群？好像都不太现实，所以微信群实际上是改变了人际生态，是很大的一个技术上的背景。包括我们刚才看的那个视频，这种自组织的学习，如果没有互联网，没有谷歌，它也不可能发生。所以，有了互联网，有了价值观，圈子就能成为社群，背后是这么一套逻辑。

我们的社群很简单，一个一个的小社群，十四五个人的小社群，合起来，变成一个大社群。这种结构很稳。所以，从学理上来讲，咱们领教工坊私人董事会这么一个组一个组地建下去，十个组、一百个组、两百个组，一般来讲，逻辑上是很稳的，不会有什么问题。因为我们是小社群基础上的大社群，左边有价值观，右边有互联网，肯定是能够这么稳定地、稳步地发展下去的，大的逻辑不会有问题。

二 私人董事会的社会网络

私人董事会的成员之间的人群互动（group dynamics）关系，很大程度上影响了一个私人董事会小组的组建和发展状况，社会网络是理解人群互动的重要工具。我的博士论文研究是关于社会网络的，这里我结合私人董事会发展的不同阶段，谈谈我的一些观察、经验和思考，供有志于从事这个行业工作的朋友参考。

私人董事会有多难

主持一个企业家私人董事会小组，是一件很具挑战性的工作。2012 年左右，私人董事会突然在中国爆红。真真假假的各种私人董事会，或者是打着私人董事会旗号的各种企业家圈子，大江上下，长城南北，到处开花。例如，我搜索了一下，与私人董事会有关的微信公众号，就有一百多家。仔细了解，真正有收费、提供专业服务、具有一定可持续性的私人董事会，非常少，可能也就三五家。大多数想做私人董事会主席（领教）的人，经过一两次尝试，就知道这工作能有多难，慢慢自然也就知难而退了。

领教除了必须在业内有相当高的地位、相当大的知名度和相当广泛的社会联系之外，必须同时有"内存""中央处理器"和"带宽"三样东西。内存是指，领教必须懂企业和企业家。懂企业，尤其是懂民营企业，指的是领教有自己的知识系统和方法论，经营和管理问题都能接得上茬，对得上话；领教还必须懂企业家，他们能够理解典型的民营企业老板看待问题、思考问题和解决问题的方式，能够与他们顺畅地进行沟通，包括教练式沟通。

第二是"中央处理器"，指的是领教必须有一种"快思手"能力，能够对企业家提出的问题进行在线的分析，当下、立刻、马上给出一个比较有说服力的分析问题的框架。内秀的人，习惯于在占据大量材料后，对问题进行科学、系统、完整的思考的人，虽然思考的深度和广度超过"快思手"，但未必适合担当领教工作。

第三是"带宽"。即使"内存"和"中央处理器"健全，领教如果没有同时观察十几个人的肢体语言和微表情，听懂他们的话语、感受话语背后的情绪、判断情绪背后的动机的能力，他们一般也很难胜任领教的工作。这种人际带宽，与那种同时让几十个客人感到宾至如归的女主人的能力，是一种类似的东西。这种能力往往是天生的，有就是有，没有就没有，没有办法勉强。

当然，我们通过配置"召集人"这个职位，可以部分分担领教的这部分工作，对领教"带宽"方面的要求，相对可以降低一些。

组建时期的私人董事会

组建一个私人董事会小组，必须也只能以领教为中心，很大程度上靠领教的社会影响力和一对一能力。社会影响力大一些，一对一能力强一些，可以平衡；反之亦然，一对一能力强的，社会影响力小一些，也可以顺利把一个小组组建起来。但总之，每个组员决定加入小组，本质上都类似于一次服务销售、咨询销售的过程，需要领教付出很大的脑力和心力，有时候甚至还包括体力。

体力指的是领教舟车劳顿，去一个比较偏远的地方拜访企业家的情况。中国人讲感情，北京、上海的大专家，这么辛苦，到我这个小地方来传经送宝，本身就是一个大人情，所以成功的概率自然相对要大一些。

12—17 个组员中，最好有 4—5 个是领教的深度认同者（图5.1），这 4—5 个组员，成为小组的组织核心。在中国，比较好

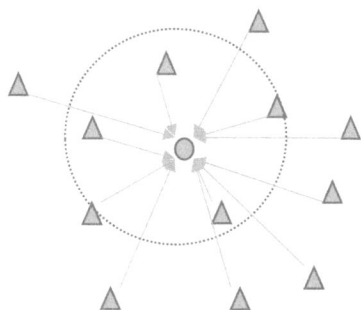

图 5.1　组建阶段的小组，中心小圆代表领教，三角为组员，虚线的圆圈内代表认同程度较高的"班委"

用和常用的方法是成立"班委"，一般一个班长、德高望重；一个学习委员，参与小组学习内容设计；一个纪律委员，主管小组纪律；一个财经委员，主管财务等。班委在提炼小组价值观、维护小组价值观、学习内容设计、小组成员调整、小组问题解决方面，扮演重要角色。

从社会网络的角度看，组建一个私人董事会小组，要挑选好成员，为将来小组形成一个健康的人际网络打下基础，至少要考虑到"两个一致性"和"三个多元性"这两个维度：价值观一致性、规模一致性、地区多元性、行业多元性和人口特征（demographic）多元性。价值观一致性是为了避免烂苹果效应，规模一致性是为了避免蒸发效应，地区多元性是为了避免面具效应，行业多元性是为了避免重访（deja vu）效应，人口特征多元性是为了避免回声效应。

表 5.1　组员群体的特征与要避免的效应

	组员群体的特征	要避免的效应
1	价值观一致性	烂苹果效应
2	规模一致性	蒸发效应
3	地区多元性	面具效应
4	行业多元性	重访效应
5	人口特征多元性	回声效应

领教工坊的使命是培养价值创造型企业家，所以，从一开始，我们就不希望投资公司、金融公司、地产公司等资源占有类企业老板参加我们的私人董事会，避免他们带来的烂苹果效

应。烂苹果效应有三层。第一层，是近墨者黑，很多资源占有类企业其实多多少少有些权力寻租的成分，容易给其他小组成员带来一些不良的影响；第二层，资源占有类企业本质上拼的是一把手的眼光和决断，对管理提升和领导力开发的需求一般不是很大，容易给小组成员带来一些不好的导向；第三层，与第二层相关，资源占有类企业老板进了一个企业家圈子，注意力一般都是放在寻找资源上面，好比来了一筐苹果，他在里面翻啊翻，挑出几个他认为有价值的好苹果，其余的，对于他来讲，就是烂苹果，爱理不理，对小组成员之间的关系会产生一定的破坏性。

蒸发效应指的是较大规模企业老板与较小规模老板在一起的时候，较大规模企业老板会自觉不自觉地对较小规模企业老板进行社交排斥的现象。当较小企业老板人数越来越多，他们的数量占少数的时候，他们会逐渐降低参与程度甚至直接退出。组建小组的时候，首先是要严格控制起点，营业额 3 亿以下的企业，一般还处于创业期、对管理提升和领导力发展没有迫切要求。然后是要尽量把 10 亿以下的企业、10 亿—100 亿的企业分开进入不同定位的小组（100 亿以上的，属于少数，这里不展开讨论）。当然，营业额只是一个指标，同时要考虑行业差异（贸易业、零售业、原材料和通用产品营业额偏大，软件业、高科技、知识密集型行业营业额偏小）、利润率、成长性、一把手个人素质和社会影响力等因素。

私人董事会小组成员互相之间原来不认识、不熟悉是一个有利条件，因为如果原来是相熟的同学、朋友，他们之间往往已经按照通行的社交套路形成一种相对固定的打交道的方式，也就是说，已经戴上了一个隐形的社交"面具"，理想的私人董事会成员之间在"中立、温暖、放松"基础上建立起来的"坦诚、关怀、挑战"的关系，反倒不容易建立起来。所以，与美国的私人董事会一般是同城老板聚会不同，我们强调地区多元性，一般希望是来自不同城市的、原来不熟悉的十几个老板组织起来成为一个小组。地区多元性的另外一个好处是让企业家接触不同地区的商业文化，内地的企业家，多接触沿海的企业家；长三角的企业家，多接触珠三角的企业家；江苏的企业家；多接触浙江的企业家，对于他们打开思路，都有好处。

我们还强调行业的多元性。"同行学习能进步，跨行学习能革命"，都来自相同的行业，大家的思路不容易打开，遇到什么事情，都是"这事我碰到过"（deja vu）的感觉，容易犯简单的经验主义的错误（重访效应）。相反，来自不同的行业，交叉学习（cross-fertilization）、跨界学习的概率相对更大一些。还有一个很务实的原因，同行、类似行业的老板，更容易讨论业务、战略和商业模式等经营类问题，反而忽略了更重要的、更适合在私人董事会讨论的组织和领导力类的问题。组织和领导力问题，不仅本身更重要，而且，只有组织和领导力问题才有可能让当事人更坦诚、更打开，勇于暴露自己的弱点和缺陷，让私人董事会进入从讨论的质量，到结果的质量，到关系的质量的良性循环。

关系的质量

讨论的质量 ⟶ 结果的质量

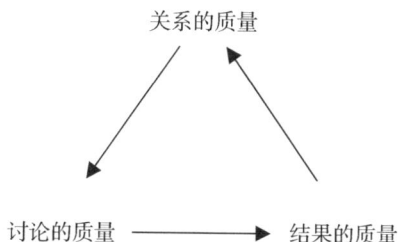

图 5.2　私人董事会的良性循环

　　最后一个是组员个人特征的多元性，包括性别、年龄、个性等。企业家多数是 50 岁左右的老虎型或孔雀型中年男*，看问题容易是同一种视角、同一种倾向、同一种声音，以至于在小组内产生一种巨大的"回声效应"，不利于我们认识所讨论的问题的本质。所以要努力在小组内请入一定的女性组员和年轻组员，增加不同的视角，平衡他们的观点。女性组员，即使是"女汉子"类型，也一般比男性企业家更加倾向于右脑、情感、直觉思考，对于一个小组形成看问题的多元视角，有尤其重要的价值。

　　私人董事会讨论效果最好的规模，我们的经验，正好是"最后的晚餐"的规模，13 人。人少了，视角和观点的多元性成为问题；人多了，参与度和时间分配成为问题。这也是以互动式教学著称的著名私立学校 Philips Exeter 的典型课堂规模。

---

　　* 职业行为风格测试（PDP）把人分为老虎（支配性强）、孔雀（好表现）、变色龙（适应性强）、猫头鹰（重数字和细节）和无尾熊（稳定的跟随者）五大类。

在实际运营中，考虑到出席率的问题，小组规模可适当增加到
15—17 人。

持续时期的私人董事会

不管多么精心规划，小组第一年期满、第二年期满都是小
组成员调整比较大的时间点。作为领教和运营方，很重要的一
点是要把握主动性，通过小组内部民意测验、与班委讨论等方
式主动淘汰与小组价值不符、参与度低、贡献度小的组员，及
时引入更符合小组价值观的有实力的企业家，尽量实现平滑转
移，最小化小组成员更迭对于小组稳定性的影响。一般 30% 是
一个值得注意的比例，14—15 人的小组，不续费的成员超过
4—5 人，就要引起领教和召集人的关注，要及时干预。

一个技术型的细节是，小组成员续费最好在最后一次小组
活动之前完成。随着时间的推移，小组的续费周期自然分散化
了，原来都是 9 月份，慢慢 1/2 是 9 月份，1/3 是 1 月份，还有
一些其他月份的，自然也降低了小组平滑运营的难度。

进入小组持续期（第二年、第三年开始）后，小组成员之
间的横向联系变得非常重要，他们互相之间，要产生深度的认
同感，而且是双向的认同感。以 15 个成员的小组为例，一共有
210 条（15×14）认同线。通过简单统计网络密集度（network
density，即实际认同线数量/210），可以获得一个小组的健康
度/可持续度的指标。我们倾向于认为，这个指标达到 0.5 以
上，这个小组基本上可以继续平稳运作 3—5 年；如果能达到
0.7，可以继续平稳运作 5—10 年。

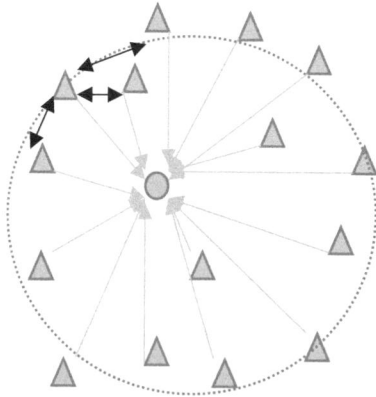

图 5.3　持续时期的私人董事会，黑色箭头代表小组成员之间的认同线

　　我们通过鼓励小组成员"线下"（指非正式活动）一对一或者小规模聚会来实现这种横向联系。每次小组正式活动，大家向召集人更新过去两个月的线下活动情况，给线下活动积极分子颁发一定的奖励和荣誉。

　　这个阶段要避免认同度集中到某一两个成员身上的风险，这可以通过简单计算网络集中度（network hierarchy，即某成员得到的认同线总和/小组成员之间所有认同线总和）来测量。我们的经验是，某组员的集中度超过 0.5，这个小组可能就会面临较大的风险。这个成员往往是小组内企业实力较大、个人威望和魅力较强的企业家。已经形成了较大等级度的小组，要通过改变班委组成、引入同等级或者更大等级的企业家等方式，来打破这种不均衡的网络结构。

更新时期的私人董事会

一个私人董事应该持续多长时间？理论上，从组员的时间看，以平均 40 岁左右加入私人董事会计，维系 30 年，到 70 岁左右退出和解散，是一个正常的数字。从领教的角度看，平均 60 岁左右建组，维系 20 年，到 80 岁左右退出和解散，是一个正常的数字。所以，理想的私人董事会，平均维系 20—30 年，应该是一个合理的范围。

第四、第五年的私人董事会小组，一般有一个对小组做较大的调整的需求。一方面是认知层面，大家缺乏新鲜感；另一方面，在情感方面，也有审美疲劳的可能性。更常见的可能是"假感情"的释放问题。大多数企业家情商都很高，在合适的场合说合适的话。一起三四年后，企业家与其中一部分人，会成为深层次的朋友；但也有一部分人，因为更深层次的价值观、性格、偏好、人生变故等方面的原因，无法真正成为好朋友，只是碍于同属于一个私人董事会的情面，表面上很友好。这种表面上的友好，也就是所谓的"假感情"，需要找到一个合情合理的释放口。每过三四年，小组主动做一个较大的调整，更替 1/3 左右的小组成员，看起来是一个必要的做法。

张伟俊老师在他的私人董事会小组满五年的时候，感觉到虽然小组表面一切都好，其实下面暗流涌动。他艺高人胆大，采取了一个 unconventional（非常规）的方法解决这个问题。某一次非常成功的小组活动后，他宣布小组解散。想继续参加私人董事会学习的，想继续让他来主持私人董事会的，大家重新加入新的小组。然后，通过小组民意调查，他们淘汰了近 1/3 的组员。以这样一种方式"清零"后，小组以一种全新的姿态继续出发。

总之，作为一个小团体，私人董事会构成了一个 12—17 人的小型社会网络，它的组成、它的机构与这个小组的可持续发展，有很多有趣的关系，值得我们继续观察和研究，尤其是在时间序列的定量研究方面，有很大的潜力。在运营层面上，必须对小组的规模（Size）、密集度（Density）、集中度（Hierarchy）保持密切的观察，每年定期进行检测，才能充分确保运营的平稳度。

三　好的私人董事会，坏的私人董事会

私人董事会的概念刚流行开来的时候，从企业家，到高管，到全职太太，各个圈子，都在开私人董事会。一两年后，热潮就退下来了。我观察，最重要的问题，是私人董事会成员之间的关怀度不够。半小时之前，大家还互相不认识，十几个人突然就聚在一起开私人董事会，再加上主持人未必很专业，单方面地要求当事人打开打开再打开，袒露很多私密的细节，这种非正式的私人董事会，往往会对当事人形成一些意想不到的伤害。没有了关怀作为前提，提问变成了对隐私的窥视，拍砖变成恶意的释放，建议变成了智商的炫耀，即使当事人无比理性，自我无比强大，开完这场私人董事会，对自己有了更清醒的认识，因为对方的恶意给自己造成的伤害，也容易丧失自我变革的能量。而真正的自我变革，瓶颈往往不是"知"，而是"行"，一场私人董事会，能不能赋予对方推动自我变革的能量，才是检验它的效果的最重要的标准。

领教工坊后来取消了私人董事会体验会作为一种业务拓展的手段，也是这个原因。不能为了业务拓展，违反私人董事会"基于关怀的挑战"的原则。新组建的小组，主要靠领教个人能力和影响力的背书，吸引组员加入；老的小组，靠已经加入的企业家背书。一定要让组员企业家体会到我们的私人董事会互相关怀的独特的气场和发自内心的深沉的力量。

成年人的社交，是不能拔苗助长的。信任和关怀关系的建立，有一个渐进的过程。我经常说的话是，四分关怀，三分挑战；八分关怀，七分挑战。关怀的建立，一定要在挑战之前。宁可挑战少一些，不要操之过急。而且，很多挑战性比较强的话，其实可以在中间休息时一对一地说，或者晚上一起吃饭的时候，加上一点酒精的力量，半开玩笑地说，因为更少触及当事人的"面子"的因素，效果往往更好，未必一定要在正式的私人董事会上提出来。

关怀的问题解决了，我们再分别来看看私人董事会的流程和内容最核心的关键。流程的关键是提问。私人董事会不管是九段论还是三段论，最重要的其实就是提问这一段。提问阶段提得好，私人董事会就是80分以上，其他阶段，基本上是锦上添花，不可能是雪中送炭。极端一点的专家认为，提问阶段提得好，后面的阶段甚至都可以取消。我主持私人董事会时间长了之后，用得比较多的是"分水岭法"，一半以上的时间用于提问；提问阶段结束后，进入分水岭下一阶段，什么话都可以说，包括提问、诊断、建议、分享等，对企业家们的讨论打扰较少，有利于形成一种自然的 flow（涌流）的感觉。

好的提问，不在于提问者多么能抓住当事人问题的关键，视野多么开阔，角度多么巧妙，而在于提问者对当事人有没有一种发自内心的关怀、真诚的尊重和谦虚的探询的态度，不能表现出任何智力上的傲慢感和道德上的优越感。私人董事会主持人的功力，最大程度的体现就在于，出现这种苗头的时候，能够迅速叫停，或者让提问者重新组织语言提问，或者换一个人提问。大家讨论的企业管理的话题往往很复杂，一般人大多数脑力都花在努力跟上讨论的话题上，如何在基本能跟上话题的前提条件下，电光石火之间，迅速做出这种在线判断，对主持人的智商和情商，确实是很大的挑战。

领教工坊的私人董事会设置两个角色，领教主管内容，召集人主管流程，其实就是基于这个考虑。领教有丰富的经验，懂企业，包括经营与管理；懂企业家，包括当事人的动机、能力和风格，确保内容的讨论不会出现大的偏差，让主持人能够集中注意力去处理提问方式等与私人董事会流程相关的问题。

内容的关键是大家讨论不走偏。如何确保大家的讨论不会出现大的偏差？一场好的私人董事会，最后的结论，应该是自动汇集而成的，每一个组员的输入，都算是一条支流。重要的意见，是水量比较大的支流，不重要的意见，是水量比较小的支流，或者是二级、三级的支流。被后来的意见证伪的意见，相当于断流的支流。领教的输入，可能是一条比较大的支流，但也仅仅是一条支流。所有支流汇集，自然出现一个共同的入海的方向，就是大家的结论。

这里的技术诀窍就是大家要充分地清空、悬挂、延迟判断。用长江流域图来继续这个比喻，长江从青藏高原一路南下，相当于当事人把问题提出来的时候，有人几乎忍不住大叫："这问

题太明显了……"到丽江的时候，因为玉龙雪山的阻挡，长江
向北流；到攀枝花的时候，因为雅砻江汇入，长江又向南流。
长江在云南和四川交界处这个阶段时，一会儿向北流，一会儿
向南流，相当于大家的不同意见针锋相对，正处于一种胶着的
状态。这时候千万不能急，不要急于下结论，要让大家接着提
问。长江继续流，一直到了宜宾，因为大渡河和岷江的汇入，
才基本确定了向东流的大方向，相当于大家基本对这个问题达
成了共识。但是问题还没有完，大方向出来之外，过了重庆，
长江又折向了东北方向。流经湖北、湖南、江西、安徽四省境
内时，长江一会儿向东南，一会儿向东北，相当于大方向下，
大家还是有不同的判断。一直到南京，才算最后确认了向东流
入太平洋的方向，大家才算达成了最后的共识。

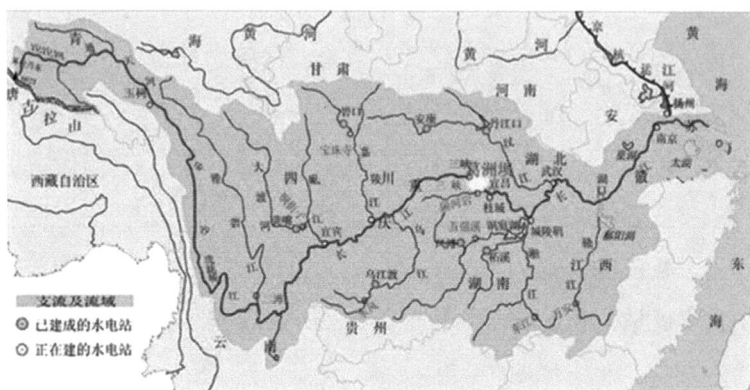

图5.4　长江流域图*

* 四川省社会科学院（www.sass.cn。）。

领教的作用，大多数情况下就是作为一条支流汇入自己的意见。当然，如果你觉得大家有走偏的可能性，也有必要让大家停下来，重新审视一下全局，以确保大方向没有走错。第三种可能性，是力挽狂澜。你认为大家的方向错了，可能是被某个意见领袖带到沟里去了，可能是某座山、某条山脉的偶然阻挡，总之，你以你一生的经验和直觉，认为大家方向不对，那你也必须以一种中流砥柱的姿态站出来，为这场私人董事会力挽狂澜。

信任度、关怀度比较差的私人董事会，大家往往比较乐于讨论业务问题，包括战略、商业模式、赢利模式之类的问题，很大程度上是因为讨论这类问题，当事人需要袒露的私密信息较少。其实私人董事会是不适合讨论这些问题的。一个行业无穷无尽的细节，不可能在三四个小时内涵盖到。大家得出的结论，往往未必符合当事人的实际情况，一些点子式的具体商业建议，对当事人的帮助也非常有限。增加信任度，讨论领导力、高管安排、高层团队建设的问题，才是四两拨千斤，没有耽误这一群时间最宝贵的人的时间。

关于好的私人董事会，我最近强调的比较多的是"中立，温暖，放松"六个字。中立是大家没有利害关系，没有重大利益相关；温暖就是关怀，你知道，这一群人，是真正希望你成功的；放松，是大家在一起，不比谁比谁聪明，不比谁比谁成功，大家唯一比较的是，谁比谁的学习能力更强，谁比谁的领导力提升得更快。这种比较，也算是私人董事会横向学习的逻辑，"只有钻石才能切割钻石"的精义所在吧。

第二篇

破解管理之谜

第六章　企业的底层逻辑

Believe me, it is better to produce the balance sheet of your own life than that of the grain market. (相信我吧，比做出粮食市场的记账单更重要的是，做出你自己人生的记账单。)

——Seneca, *On the Brevity of Life*, 18.3

一 企业的底层逻辑与企业家的突破 *

很高兴今天到这里来给大家做这个分享，因为是 AMP 俱乐部的活动，我专门为这个活动备的新课，今天四五十张 PPT 都是第一次讲（鼓掌），题目叫"企业的底层逻辑与企业家的突破"。

同样是做企业，其实有三种人，这三种人做事的逻辑完全不一样，第一种人是负责价值创造的企业家，这一类人就是我们常说的企业家和实业家，他们从零开始，一点一滴创造客户所需要的价值。整个经济的增长，社会的发展主要靠的是这一批人。

第二种人的核心是占有资源，所以做企业投资也好，跑马圈地也好，各种矿山也好，各种珠宝也好，本质上他是做投资人。做投资看起来简单，钱出去了，这个东西就是你的，其实做投资要想成功，比做实业要难很多。这不是我说的，是关于这个话题最有发言权的著名企业家段永平说的，他曾经做过步步高、OPPO、VIVO，40 岁以后开始做投资。他回过头来看人生这两个阶段，发现做投资远远难于做实业。

---

* 根据作者 2017 年 11 月 5 日在中欧 AMP 俱乐部第二届理事大会演讲整理。

　　为什么呢？第一，做实业比慢、比笨、比扎实，而做投资比快、比巧、比聪明，所以相对更难一点。其实更深层次的逻辑，比这个还要更可怕一点。做投资真正做得好的，像巴菲特，包括段永平向巴菲特学习，也是比慢、比笨、比扎实，一年做的投资决策包括买和卖不会超过三五个。但绝大多数人钱在手上，痒得厉害，根本控制不住自己，所以他要不是一投进去就使劲往下掉，要不就一涨他就出手（众笑），所以很难挣到钱。

　　第二个原因，你投资一家企业，这个企业出现什么问题，你只有一个办法，就是卖掉它，基本没有别的什么选择。辅导老板、弄一个高管进入，甚至投资投成老总，自己上马当总经理，这些基本上都是笑话，唯一的办法就是卖掉它。这跟管理完全不一样，长期的、短期的、激烈的、温和的，管理有无穷无尽的变量可以操作。

　　第三个原因，投资无论做得多好的人，你去让他讲，你到底为什么做得好，他都讲不出来。不仅别人无法复制他的成功经验，他自己都无法复制自己的成功经验。它不像实业，实业价值的创造的逻辑，你抓住了，它既能在空间上复制，又能在时间上复制，它相对是更简洁的。

　　所以这三个原因决定了，别看那些投资人一下子赚了多少个亿，最后真正发大财的、做成大事儿的，其实大多数情况下都是做实业的。欧洲首富是宜家的老板，日本首富是优衣库的老板，美国首富是比尔·盖茨，都是做实业的。

　　第三类靠权力寻租的就更不用提了，一句话总结他们的规律：你看他起高楼，又看他楼塌了。你判断一家企业是不是靠寻租做事情就看三点：第一，体量很大，突然间不知道从哪里就冒出来；第二，很神秘，江湖上流传各种关于他如何发家、如何做生意的故事的版本，很多都是当事人自己放出来的；第三，进入很多不相关的以资源和牌照为核心的行业，这种企业一般都是权力寻租形成的，你一点都不要羡慕，它迟早会倒下，这一届不倒下，下一届肯定会倒下（众笑）。

价值创造的关键是合作

我今天只讲第一类价值创造型的企业，他们是怎么做的。可以归结为一个最简单的模型，有点像个戴眼镜的小人（图6.1）。做企业的本质是想办法运用好人力资源去创造客户价值，价值创造出来之后，拿过来给人力资源分享，就是这么一个最简单的逻辑。

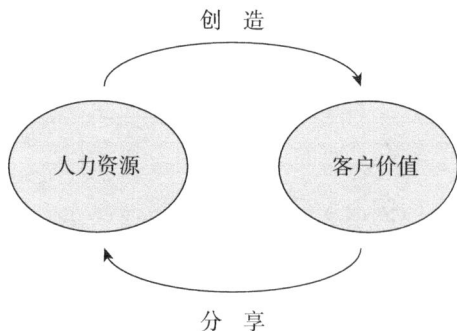

创　造

人力资源　　　　客户价值

分　享

图 6.1　企业的底层逻辑

　　为了理解这个简单的逻辑，我们还是要把它拆开来看。第一看创造价值。创造价值靠什么？从学理上来讲，就是靠合作。什么叫合作？一件事情，一个人做不来，必须靠两个以上的人来做，就叫合作。一个和尚挑水喝，两个和尚抬水喝，三个和尚没水喝。为什么三个和尚没水喝？因为又要谈判，又要签合同，又要监督执行，合作的成本太高，还不如渴死算了。所以合作难，能干的人到处都是，怎么把他们组织起来，才是难倒全世界的英雄汉的第一件事情。

　　从学理上来讲，必须以客户为中心才叫合作，你天天想着自己的利益，以自己为中心，或者是以上司、老板为中心，其实以老板为中心就是以自我为中心的一种，那不叫合作。

　　合作为什么重要？因为企业存在的必要性就是因为完全合同的局限性。靠市场上谈判形成的一个完全合同，没法解决这个问题，必须依靠不完全合同。所有的雇佣合同都是不完全合同，大概的雇佣条件定了，做什么，怎么做，做到什么程度，雇佣合同当中都是没有定下来的，必须靠纵向的指挥和横向的协调来解决这些问题。

　　合作有部分合作还有全面合作，全面合作就是毫无保留、全心全意的合作。这个完全不一样，达到的结果是天壤之别的。最好的例子是，你是按照工作说明书做事情，还是ABCD，Above and Beyond Call of Duty？本职工作之外的事情，同样做好，这才是真正合作的状态。

　　一个企业里合作的人就是那种做事儿的人，主动做事的人，主动按规矩做事的人，做完事之后不计较、不抱怨、不担心的这种人，他在企业里到底占多大比重，他在企业里是不是越来越多？如果越来越多，这个企业欣欣向荣，如果越来越少，这个企业基本上就走向死亡，看这个企业的合作是在进化还是退化。

所以合作好的企业就是这种状态："很傻很天真，又猛又持久。"阿里巴巴最让人震撼的是他们十周年这张照片（图6.2），能够做到这样，是极艰难的事情。大家都知道，挣钱容易，分钱难；共苦容易，同甘难。16个人能一起站到台上去，这已经是世界之最了。

图6.2　阿里巴巴十周年晚会 *

---

* 浙江新闻网。

　　有两个人没上去。孙彤宇，淘宝的创始人，后来离开了淘宝，离开了阿里巴巴。为了不显得太突兀，马云就跟他太太说，你也别上去了，所以他太太也没上去。但是孙彤宇没有在任何一个场合说过马云和阿里巴巴的一句坏话，你不得不佩服。

　　前两天，我跟关明生在一起，也有传说他跟马云不和，但是不管公开还是私下，关明生没有说过阿里巴巴和马云的一句坏话，你不得不佩服。所以这种全面合作的状态，自然就能够把平凡人凝聚起来，做成不平凡的事业。

　　怎么实现这种合作？从学理来讲有三大手段：第一，靠架构和流程来保障部门间的合作。正规军的打法，都是后台、中台、前台分工非常细致，走大分工、大合作、大利润的道路。中国人总是想找捷径，搞什么阿米巴、内部创业之类，最后都是不了了之。小舢板再多，也根本不可能是一艘航空母舰的对手，不要说航空母舰，一艘驱逐舰就把它们全部变成"废柴"了。这如果不是一条死路的话，至少是一条歧路，根本不值得花那么大的心思去做。

　　大分工、大合作自然的发展就会走向某种形式的矩阵制，所以你要用很多手段去克服矩阵制的成本，两顶帽子的制度、前后端的制度、流程式组织的制度，都是为了解决内部成本的问题。大家千万不要忘记，只有大分工、大合作才能挣到大利润。

　　第二，靠价值观和企业文化来保障个人之间的合作。共同的价值观必须通过一套标准流程来建立，至少是高管团队，最初创业的三四十人的价值观共识，要具体到行为规范，然后招聘、培训、考核的时候，完全要按照这个行为规范来做，这样才能确保个人之间的合作。

但是真正到最关键的时刻，靠的是使命和愿景来保障员工和企业之间的合作。不管多么英明的明君，他的公司里面肯定会有冤案，肯定会有受到冤屈的忠臣。关键时刻，只能靠对共同的使命的认同来解决这个问题。任正非经常说的三句话：受不了委屈的干部不是好干部，烧不死的鸟才是凤凰，泥坑里爬起来的才是圣人。只有在企业和员工之间建立一种盟约关系，不是契约关系——盟约的意思是不完全算经济账，碰到经济账算不平的时候，我能忍住这口气，照样能够毫无保留地输出，企业和员工之间才能建立长期的关系，才能成为事业伙伴。最终靠的是这个来确保最深层次的、最全面的合作。

《血战钢锯岭》的男主人公救出了75个人（图6.3）。"胜则

图 6.3 《血战钢锯岭》剧照

举杯相庆，败则拼死相救。"他每救一个人得多少回报吗？脑子里没这个功能。所以最终员工进入不计较、不抱怨、不担心的状态，企业才能渡过难关。你要仔细想一想，你公司里有多少个像他这样的员工，如果只有你一个人，那对不起，这个企业永远是一个个体户，不管你有多少人，都是个体户。

熟悉我课程的同学都知道我讲的中国三种类型的组织。从原始组织，到初级组织，再到智慧型组织，本质上就是合作范围的扩大。原始组织只能跟与你有私交的人合作，初期组织只能让那些特别听话的、不动脑子的人合作，而智慧型组织某种意义上是要跟世界上任何人合作，只要在一定的底线之上，你都能跟他合作，这才是好的组织。

价值分享的核心是公正

上面讲的是创造的箭头，第二个箭头是分享。创造价值之后，你怎么去跟员工们分享。学术上有很多人性的假设，经济人假设、理性人假设、社会人假设，一个非常重要的关键就是公证人，人就是要公平、公正，尤其在经济组织里，公正比什么都重要，不上一定的年龄理解不了这个概念。

Fair 这个词在西方人日常生活当中的使用频率极高，他们非常强调 fair play（公平竞争）。这个词到今天为止都没法很好地翻译，鲁迅嘲笑 fair play 为"费厄泼赖"，因为他不懂，到今日为止 fair play 你也不知道怎么翻译才是最好的翻译。西方人在辩论的时候最常说的一句话叫 fair enough，我刚开始不知道他们在说什么，后来知道他其实是说，你这样讲有你的道理。再举个例子。

西方的小朋友一两岁时爸爸妈妈就教他说这句话，"It is unfair"。游乐场里面坐滑梯，大家说好一人滑一次，你滑了两次，他就上来说，It is unfair。那么小，走路都走不稳，他就会说这句话。中国小孩儿力气大一点，脾气坏一点就当霸王；力气小一点、脾气好一点的就让他再滑第二次，或者只知道哭着找妈妈（众笑）。你别小瞧这个小细节，整个社会的公共秩序就是这么形成的。

中国人就一定"不患寡而患不均"？其实仔细一思考，中国人慢慢也在变，也不是说一定要吃大锅饭，慢慢大家也开始认同"多劳多得"的理念。比起平均主义来，大家慢慢更认同的其实是公平、公正。

世间从来没有结果公正这件事儿，你能找到的只有程序公正，只有这样才能解决内部人的偏见的问题——永远觉得自己付出的劳动多。大家一起去扛水，你自己豆大一滴汗水，掉地上摔八瓣，你看见了；人家豆大的一滴汗水，掉地上摔八瓣，你看见了吗？你肯定就没看见。即使看见了，你也觉得那滴汗水比你的小一点（众笑）。隔了一段距离，可不是看着要小一点嘛。

Perception is reality，感觉就是事实，在外企上班第一个月，肯定有人教你。他觉得公平就是公平，他觉得不公平就是不公平，说什么都不重要。他觉得不公平，就慢慢不发言、不参与。开会的时候一声不吭，开完会，各种营私舞弊就出来了。企业这种"一不做二不休"的人多了，那很麻烦的，一不工作，二不休息（众笑），每天显得很忙活的样子，仔细一想，他其实什么结果都没有。

华为员工为什么爱加班？就是因为"分赃"分得好，他靠六套系统确保程序公正。总体来讲越往上越细，像KPI，个人业绩承诺书很细；稍微粗一点的是职位评价系统；然后是任职资格系统，什么人能在这个位置上做，什么人能提拔，什么人不能提拔；价值观考核系统，其实也是相对要粗一点。

然后是年终述职体系，这里批评与自我批评很重要。批评与自我批评不是中国文化传统，从王阳明到曾国藩，都是自省，自己夜深人静的时候，反思我今天干的这些事情，哪些事情可以干得更好。那种当面的批评与自我批评，其实是西方的传统，西方的基督教，周末神父就要给大家做礼拜，后来到中国就变成了书记带着大家做思想工作。

最后是干部评价体系，每年干部盘点，谁是属于20%要提拔的干部、明星员工，这个是第六套系统。

分钱、分权、分名，要考虑到各种平衡。是绝对考核还是相对考核，绝对考核是以考为主，相对考核是以评为主；是获取分享值，还是评价分配制。提成叫获取分享值，你今年干了多少，拿5%提成；像大的电信项目，比如5个亿的项目不可能靠简单的提成，都是几百人，上千人在一起团队合作，那就要靠评价分配制；普通的干部怎么分钱，普通的员工怎么分钱；你是想走升官的路线还是想走发财的路线；最重要的区别是"奋斗者"与"劳动者"的区别，华为的提法比较出名，其实好公司基本都有这种类似的操作方式，"劳动者"是"955"部队，上午9点上班，下午5点下班，一周工作5天；"奋斗者"

是"996"部队,早上9点上班,晚上9点下班,一周工作六天,72小时。这两种人的待遇完全不一样,你是"劳动者",就确保你的下班时间、加班工资、你的年假、产假,但你的年终奖可能就是标准的1个月、2个月的薪水。"奋斗者",配股、分红、奖金、提拔所有的机会都会向你倾斜。

有了程序公正,就会有主动合作或者全面合作,大家的投入度就会增加,这是把两个机制综合起来,用这张图也可以来表示它们之间的关系(图6.4)。

两种实现业绩的方法

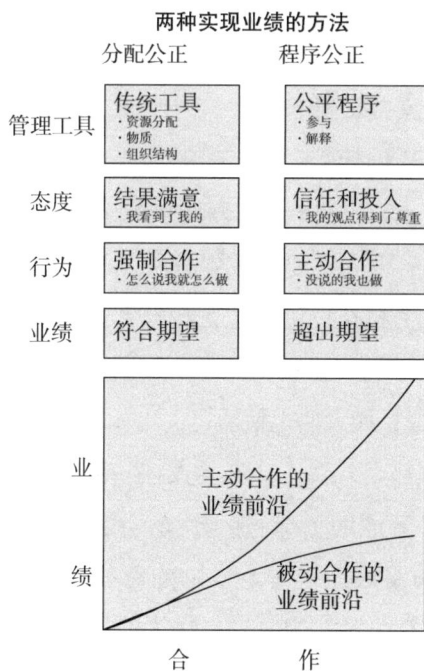

图 6.4　结果公正与程序公正

拧麻花的挑战

刚才讲了创造的箭头，分享的箭头，接下来我们讲企业家的两种挑战。

客户价值、人力资源分别代表以客户为中心和以奋斗者为本。一个是对业绩的关注，一个是对人的关注；一个是对制度的坚持，一个是对人的关怀；一个是追求公平，一个是不计较得失；一个是追求物质文明，一个是追求精神文明；一个是性恶论，一个是性善论。两者之间有各种干扰，各种冲突、各种张力。包括做企业的过程中，各种第二级别的类似的矛盾，例如，要扩张还是要效益，要控制还是要活力，是强调个体还是强调团队，其实都是一对矛盾。

管它叫矛盾是因为可怜的中文词汇量不够，英文根本不叫矛盾，不叫 contradiction，而是叫 paradox，表面上看起来是矛盾的，其实不是，它是一体的，是相辅相成的。

所以企业家要做的事儿是一定要站在矛盾之上，不要站在矛盾的一边，否则你就纠结死了。所以要实现这个矛盾两个方面的均衡作用，让他们既对立又互相促进，来形成企业长期发展的机制。

所以管理是什么？管理就是拧麻花。我们请三个同学上来体会一下刚才讲的创造和分享的深层次逻辑。我们给大家 5 分钟时间，看能不能拧成一根麻绳，下面的同学可以支招。不能编，只能拧。

管理是什么？管理就是拧麻花。三个人一定要往三个不同

图 6.5　大家在拧麻绳

的方向用最大的力气拉（图6.5）。做研发的就要强调技术，做生产的就要强调质量，做营销的就要强调造势，所以肯定是三个不同的力量，往三个不同的方向去拉。

公司里面不同部门之间，左右要拧麻花，上下也要拧麻花。打个比方，你在上面呼唤英雄，呼唤雷锋，呼唤大家的合作精神，下面你的制度、分享体系就得非常公平，你不能让雷锋吃亏，不能让英雄流血又流泪。内外部也要拧麻花，内部强调一定要按照价值观做，外部对很多事情的接受度、容忍度相对高一些。前后也要拧麻花，今年服务年，明年是创新年，后年是质量年，前后拧麻花。

做企业本质上就是各种矛盾的综合平台，你必须站在矛盾之上，不能站在矛盾的中间，更不能站在矛盾的一边。你去古希腊看博物馆的麻绳，四千年、五千年的麻绳还紧紧地嵌合着，这就是管理的作用。

用比喻的方法来讲，麻绳其实是向量的加法，你想到 C 点去，直接走过不去，绝大多数的情况下需要分一支到 A，分一支到 B，然后你这个向量就过去了。这个知识大家中学数学都学过（图 6.6）。

拧麻花的道理一部分中国人还是相对比较容易理解，因为我们的道家，有无相生，虚实相济，这个道理还是讲得比较透的。"反者道之动，弱者道之用"，有很多这方面的阐述，大部分人对太极的理念还是有一定的接受度的。

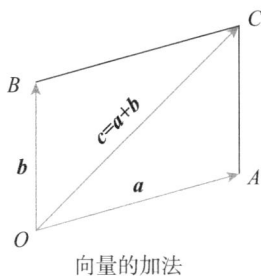

向量的加法

图 6.6 向量的加法

更好玩的是我们从小到大背的马克思主义原理、辩证唯物主义，其实把这个道理讲得非常到位：矛盾是事物自身包含既对立又统一的关系，矛盾存在于一切事物当中，并且贯穿于事物发展过程的始终。

从学理上把这个问题讲得最清楚的是吉姆·柯林斯，在《基业常青》这本书里，专门有一章讲"如何打破非此即彼的暴政"（Tyranny of OR）（表 6.1）。做企业永远是雌雄同体，永远是一只脚理想主义，一只脚现实主义。如果没有这两方面不同的要求，对不起，这两个球、三个球没法把它抛起来。

表 6.1 "打破非此即彼的暴政"

既要	又要
利润之外的目的	务实地追求利润
相对固定的核心意识形态	积极主动地寻求变化
围绕核心业务的保守主义	大胆、果断、冒险行动
清楚的愿景和方向感	机会主义的摸索与试验
高大上的目标	渐进式的演变和进步
选择坚持核心意识形态的经理人	选择能带来变化的经理人
意识形态控制	基层运作充分自主
非常严厉的文化（几乎像教派）	变革、行动与适应的能力
为长期投资	必须有短期业绩
强调哲学、远见、未来	优异的日常执行
组织按核心意识形态来安排	组织根据环境来调整

所以打破非此即彼的暴政，就是要你有这种拧麻花的能力。一手画方，一手画圆。最近网上流传的一个小视频，左手顺时针，右手逆时针，你转转试试看，99%的人都没法做到。

中国企业做得好的基本上都是男女搭配，干活不累，背后就是这个逻辑。雌雄同体，阴阳平衡，这个是极艰难的事情，内分泌系统容易乱套。一方面睾丸素大剂量分泌，另一方面又是雌激素大剂量分泌，我估计一般人很容易会崩溃。

华为在将近20年前就总结过这十大矛盾：尊敬个性与集体奋斗；开放合作与独立自主；顾客、员工与合作者的关系；精神文明与物质文明；公平与效率；民主与独裁；统一性与多样性；程序化与灵活性；速度与效益；继承与发展。

所以华为的高层经常说，任正非在公司里头从创业到今天，二三十年，没说过一句"真话"。他说的都是谎话？不是，他完全根据企业当前面临问题的主要矛盾来说话。当前大家都搞个体英雄，那我就说"团队合作是成功的唯一之路"；大家天天在那里协调来、协调去，他就说，"企业一定要鼓励英雄主义"。他就没说过一句"真话"。你去看那本任正非所有的讲话稿编成的书，里头全部是这种矛盾，左也是他有理，右也是他有理。他确实是就当前面临的主要矛盾的主要方面，用一种听起来非常独断的方式来表达。

做企业，你不这样说，没有人听你说话。一方面要个人英雄，一方面要团队合作，到底要我干什么呢？90%的人不知道他要干什么。只有这样你才能够找到开放、妥协、灰度的平衡点，才能让企业平衡地往前走，"方向坚定不移，但并不是条直线，有时候是左右摇摆的曲线，有时候甚至会画一个圈，但你离得远看，它是紧紧地指向前方的"，最后是这么一个大的逻辑。

大多数西方人这方面其实比我们可怜，他们基本上都是"方脑子"，很难理解我们讲的这个逻辑。他们不像我们既有道教的传统，又有几十年学马克思主义原理留下来的积淀。马克思主义背后至少是黑格尔，还是有点哲学的，你讨厌教科书，"泼洗澡水把小孩子给泼掉了"，那是你的问题。所以中国人的哲学沉淀、哲学底蕴各方面跟19世界的德国人相比，还是要差一些。

菲茨杰拉德，著名的小说《了不起的盖茨比》的作者，说过一句话，"检验头等聪明的方法是一个人是否能够在大脑中同时拥有两种完全相反的理念，却能够保持大脑的正常运转"。这个话说得很"轴"，只有"方脑子"的人才会这么说话，大部分西方人只能用这个方法去理解刚才讲的这个逻辑。

我的老师明茨伯格讲"管理是科学，是艺术，更是手艺"。首先管理是科学，不要被网上乱七八糟的内容所忽悠，你去买几本教科书，所有关于管理的知识都在教科书里头。你放心，包括今天我讲的绝大多数东西，都在教科书里头。但是你懂了教科书，懂了科学，你就会做管理吗？管理是艺术，要有这种蛊惑人心的力量，要有马云那种"忽悠"的能力；但是管理更重要的是手艺，是手感、质感和分寸感，是时机、节奏、火候的把握能力，这种东西才是命脉。

就像刚才拧麻绳，什么时候你要往左边，什么时候往右边，这三个方面拉的力度有多大，转的速度有多快，嵌合得好不好，这些全部是手艺。所以管理必须从实践中来，摸爬滚打，什么罪都受过，你才可能出息，没有别的办法。光学科学不管用，光学艺术也不管用，一定是科学、艺术再加上手艺。

西方人很艰难的，手艺只有 craft 这个词，表达不出来。我们中文，我刚才已经讲了多少个词了，手感、质感、分寸感、节奏、时机、火候，还有"度"，中国人特别讲究"度"，这都是在讲手艺这个东西。

所以真正好的学者、好的理论是非常值钱的。你们可能会纳闷，中欧那么多课程，为什么总经理班好像发展得就比别的班好一点呢？一年给中欧带来一个多亿的收入，大家知道什么原因吗？当年我设计这个课程时，只用了明茨伯格教给我的5%—10%就达到这个效果。

其实最核心的，你们当事人应该都知道，我虽然强调五种AMP特殊的学习方法，最重要的一个就是横向学习，所以互访就成为我们6个模块当中的一部分，你必须去做，这是课程要求，逼着你去跨地区、跨行业、跨功能去做互访，还逼着你们写互访报告。这就提醒大家，管理要从实践中来，要跟"隔壁老王"学管理，要以别的实践者为师，互相照镜子才能学到管理，它背后是这个逻辑。大家一直互访不过瘾，然后又继续私下里互访，一个班60个同学，一年互访一个两个，能互访三四十年。所以10年、20年之后，大家关系还这么好，跟这个互访机制是分不开的。

所以好的学者、好的理论是非常强大的，大家千万不要小瞧，觉得是书呆子做的东西，真正好的学者，他可不呆。

静摩擦力的挑战

这个是做企业的小模型给你带来的第一种挑战，是两者间的平衡。第二种挑战比这个还要难，除了平衡，这个模型还需要转起来，打破静摩擦力，让这个东西越转越快，越转越快。

大家知道同样是一个轴承，中国产的轴承转7秒、10秒就停下来了，德国产的轴承，10秒，20秒，30秒，40秒，还在转，中国产的一个轴承10块钱都不到，德国一个轴承卖过来要卖一万块，两万块。什么原因？因为他摩擦力小，他的材料工艺技术好。

最难的是打破这个静摩擦力，你要有超额创造，你要有超额分享。超额创造来自新技术、新模式、新的领域管制开放，就这三条路。华为的崛起三个都占了，正好是新技术，软交换代替硬交换；新的商业模式，任正非讲过一个王小二卖豆腐的商业模式，我就不细讲了；正好是整个全球范围之内电信领域管制开放的机会窗就给他们带来一个超额创造。

但是比超额创造更重要的是超额分享。从薪酬到权力、到名誉你有没有超额分享？你没有一个超额分享，想让这个游戏玩起来，难度极大。华为超额分享的力度有多大，大家都知道。我当年在诺基亚上班，20世纪90年代末，当时外资企业拿5000块钱的时候，出门坐飞机，打出租车，住五星级酒店，"望之若云端之人"。我们普通老百姓那时一般一个月拿七八百块钱，在深圳收入高一些，1000不得了。华为出来直接乘以6，外企5000，他给6000。这个在人类企业史上是打破纪录的，大家知道前一次这么做的人是谁？是福特，当时美国一个劳工一天的薪水是1美金，他把它涨到2.5美金，这已经是在世界企业史上奠定地位的人物，任正非是乘以6。

我知道你们听到这儿很痛苦，我既没有超额利润的基础，又没有超额分享的胆量，我的企业怎么办？你没办法我也没办法。当然人心都是肉长的，你有没有超额的分享，都是跟竞争对手比，未必要6倍。其实学术研究发现，从钱上面来讲，你只要比竞争对手高 20%、30% 就能撬动这个良性循环。这个道理很简单，我到公司调研普通员工，上个月开多少薪水？生产线上普通员工没有什么保密，就跟我讲：我扣掉杂七杂八能拿到 3600。我就会问他比隔壁工厂多吗？他说，好像差不了多少。人的感觉，多 30% 就会觉得比隔壁多；多 10% 左右，好像差不了太多。你们自己也可以去做调研，只要比人家多 20%、30%，就能慢慢形成良性循环。

最大的挑战，你到底是为什么做企业？这个企业是不是你一生的事业？别忘了创造价值的过程当中，最终的合作需要共同的事业、共同的使命和愿景才能形成。你都没有把它当作你一生的使命，你让人家把它当成一生的使命？全世界我没见过谁洗脑水平这么高的。什么叫使命？使命就是使着命去做。

宇宙最大的奇迹和秘密是生命。你们仔细思考，自然界、物理界的逻辑是热力学第二定律，就是有秩序的东西慢慢会走向无秩序。烧开一壶水放在房间里头，它很快就跟房间一个温度了，无法保持温差，保持有秩序的状态；新买一个房子特别干净、整齐，过半年、过一年就堆满了杂物；门口的花园一两年不打理，就会变成荒野。所以有秩序的东西会慢慢变得无秩序，整个宇宙就是按照热力学第二定律来运转，但是生命改变了这个。所谓的生命，到一棵草，到一个蚂蚁，到脊椎动物，到人，都是在和热力学第二定律相对抗，你越想越神奇。

只有一个答案："上帝在制造生命。"企业家是仅次于上帝的物种，因为企业是有生命的，你百年之后它完全可以自动继续这么转下去，不需要你去照料。你不就像上帝吗？但是你要给它命，你不给它命它就不是生命体。怎么给它命？就是赋予它使命。怎么赋予它使命？你首先要以身作则，你自己首先要把它当成自己的使命。这样才有可能让别人认同这个使命。你愿意为企业的成功放弃什么？权力、地位、财富，这都是小事儿，关键是时间、家庭甚至是生命。

因使命而自由

刚才讲到第二个对企业家的挑战，对创始人的人挑战是更加深层次的。因为第一个挑战拧麻花某种意义上是技术性的问题，挑战的是智商。第二个挑战某种意义上挑战的是更深层次的问题，可以说是情商，甚至可以说比情商更深层次的，对人生意义、价值理解的深度。

背后的逻辑很简单，白花花的银子背后都是钢铁般的团队，钢铁般的团队背后都是老大金子般的领导力。但是可惜，100个人都看得见白花花的银子，但里头只有10个人看到白花花的银子背后钢铁般的团队，这10个人里头又只有一个人看得见老大金子般的领导力。所以中欧讲股票、投资的课就坐得满满当当的。讲团队、组织，兴趣就去了一大半。你要讲领导力，讲人生，讲哲学，对不起，大家感兴趣的可能性就很小。

什么是老大金子般的领导力呢？讲得好像很高深，其实很简单。其实就是那句中国古话，"知己知彼，扬长避短"。因为，你要想发挥别人的长处来弥补自己的短处，你首先得承认这个东西不是我的长处。你要想承认这个东西不是我的长处，首先就得认识到这个东西不是我的长处。但是做企业的人，你别看他表面上是一个谦虚或是平和的面孔，他内心深处都是很孤傲的。我白手起家，从无到有做出 5 个亿、50 个亿的企业来，你们懂什么？表面尊重你，但他骨子里是非常孤傲的。你让他承认他不懂 IT，不懂人力资源，不懂产品，不懂销售，还不如直接一刀子捅了他。

企业家是一个国家最伟大的财富，像钻石一样，是在非常独特的地理和地质条件下才能生成的。上帝造人有正必有反，这种人往往是一种"有病"的人，内心深处燃烧着一团火，一种不安全感、不满足感、未完成感，在驱使着他永不歇止地一步一步往前走。就像香山最美的那片红叶，往往是虫子蛀过的，是同一个道理。这种人你要让他很平和地去跟你讨论这些问题，是很艰难的一件事情，因为他的整个人生价值、人生自我定位，就建立在这种成就感的基础之上，你让他承认这个不懂，那个不懂，他受不了。所以普通的家庭妇女、小孩子你让他知己知彼，扬长避短相对容易，"我数学不好，顶多能考 80 分"，他会很客观，但是要让企业家承认他不懂销售，不懂产品，实在是太难。

这个道理简单吗？说简单也极简单，说复杂也极复杂。为什么大多数企业家自我认知这关往往很难过呢？这与企业家们的出身背景是分不开的。因为第一代创业的人很多都是偏社会底层甚至社会边缘的人，这个道理很简单，当年那些好学生，好孩子，成绩好的，都去哪了，大家都不用说。创业的人，基础条件往往是相对差一点的。小时候很穷，长大之后容易对财富有不可遏止的渴望，他又没时间消费，他看着那个数字就是开心，还好现在不需要把那个钱摆在床上数了，俞敏洪当年挣到一万块钱，就把每张钱摆在屋子里头，开着灯，看着那一屋子的钱，一夜都没睡觉，开心到那个程度。这是俞敏洪自己讲的故事。

小时候被人忽视、被冷落，家里七个孩子、五个孩子，根本没人管你，老三还是老五都分不清，所以长大之后，他特别喜欢别人巴结他，喜欢一些人围上来的感觉。上有所好，下必甚焉，所以企业里头很快你就会被一群小人包围。所有还有点尊严、有点底线的人，三丈之外必被他们挑于马下，根本见不到老大。大多数企业就是这个鬼样子。如果你喜欢被人围着、被人巴结的话就是这个样子。

你小时候被人蔑视、瞧不起，可能属于在班上老师从不点名的孩子，坐在后排的那个孩子。所以当你的企业做得差不多了，你就会对各种各样的荣誉有一种饕餮的心态。今天这个论坛，明天那个峰会，今天这个主席，明天那个会长，每天就忙这些事儿。当然我们中欧校友会还是要忙，别的会不能忙（众笑）。这些东西真的是非常耗时间和精力的。

你小时候被人欺凌，爸爸妈妈可能被村霸逼得下跪过，所以你长大之后，特别喜欢跟那些官员勾结，很快就走上了寻租那条死路。

你小时候吃了早餐，中餐都不知道在哪里，所以你就非常喜欢把控一切。最著名的例子就是杭州的宗庆后，他管得细，细到什么程度？据说买把扫帚都要他签字。每天他的办公室门口一大堆人排队等他签字，秘书为了避免矛盾，就让大家排队，还发号。他觉得离了他都不行，这个地球不会转。

所以你如果出身贫寒，是很容易掉到这些陷阱里去的。你看中国企业做得好那几批人，要不就是父母曾经身居高位，要不就是知识分子，只有这两种人能够相对容易地走出这些陷阱，这些人全是有背景的人。王石的爸爸是郑州铁路局局长，王健林的爸爸是西藏自治区的副区长，马化腾的爸爸是深圳盐田港的副总经理。任正非的岳父是四川副省长，他的爸爸是都匀一中的校长，后来做了一个师范学校的校长。马云的爸爸是浙江曲艺家协会的会长，从小让马云学相声，练就了今日的三寸不烂之舌。

苦孩子出身的人就容易掉到这些陷阱里去，格局就不大，对自我的认知就容易走偏，所以这是没有办法的事儿。怎么走出来？只能以热爱战胜恐惧，你只能靠找到你的事业之后全身心地投入你的事业，然后回过头来看自己，你就看得很清楚了，像小蚂蚁一样，你就看得很透，看得很淡。不懂，你就说不懂，有什么大不了的，你就会交给懂的人去做，你就不会有那些千奇百怪的纠结的心理。

黑塞说："对每个人而言，真正的职责只有一个，找到自我，然后在心中坚守一生，全心全意，永不停息。"这个自我是什么？就是自己的事业。木心说："许多人的失落，是违背了自己少年时的立志，自以为成熟、自以为练达、自以为精明，自以为看透了，想穿了，于是我们就从此变成了自己年少时最憎恶的那种人。"茨威格说："一个人最大的幸运，莫过于在他人生中，在他年富力强的时候发现了自己的使命。"

人是通过投入一个使命而获得自由的。把自己投身于这个使命之后，你跟别人就不一样了，你就是唯一的，谁也比不过你，你也不会跟别人比了，你也不会被这些攀比的情绪所困扰。你玩数字游戏，实话说，它是个蛇窟游戏，一千条蛇，只有一条蛇能探出头来。好不容易做到 10 个亿，参加一次同学聚会，高中同学谁谁谁已经 20 个亿了；好不容易做到 20 亿，参加一个老乡聚会，隔壁谁谁又做到 50 个亿了，你就纠结吧，一辈子就纠结下去吧，没有头的。

英文有一个很难翻译的词，commitment，有人翻译成承诺，有人翻译成投入，我觉得台湾人翻译的最好，台湾人翻译的是"委身"，女孩子"委身于你"的这个"委身"（众笑）。你要委身给使命，这才是这个英文词最好的翻译。

我刚才讲的这套逻辑其实也是阳明心学的学问，"学问之道，不假外求"，要向内去求。我刚才是反过来讲，我现在再顺过来讲，你找到了自己的事业，全心全意、毫无保留地热爱这个事业，你看自己就会看得很清楚，你就知道什么是我的长处，什么是我的短处，什么东西我不喜欢，什么东西我真的不擅长，或者是什么东西我既不喜欢，也不擅长，你就会找到合适的人去弥补自己的短处。你承认他的长处，你在利益分配、权力分配、地位分配上很自然就会给予他尊重，你们就是钢铁般的团队。有了钢铁般的团队，就有了白花花的银子，你的绩效就是芝麻开花——节节高。

很多人都等着看马云的笑话，看任正非的笑话，觉得他们肯定是此一时，彼一时，运气好而已，看他们内部人会爆出他们的内幕出来。实话告诉你，真正做得好的企业，伟大的企业，没有什么内幕。早年上过我在中欧的课的同学都知道，我那会儿就开始讲华为了，我那七八张 PPT，10 年我都没变过，不是我懒，因为我不需要变。我当时讲的话，现在都对。很多人在下面不以为然，那个任正非，肯定是有阴谋，肯定是后面有手腕、有花招。好公司没有什么内幕，不要有这种期待，他就这么简单，他自己股份就是 1.4%，他把这些东西看得就是很淡。战争年代，任正非就是跟那些伟人一个级别的人物，他能看重这几十个亿、一两百个亿，笑话。所以人生是有境界区别的。

领教工坊的实践

我离开中欧一方面是因为华盛顿大学的事情，谢主席知道，同时也是和几位教授朋友做了领教工坊，应该来讲在中国开创了一个全新的行业，就是私人董事会，企业家朋友聚在一起，每两个月一次，一次两天互相学习，互相帮助、互相批评，逼着大家去照镜子，逼着大家去尊重团队伙伴，逼着大家去形成钢铁般的团队，这样很自然就带来白花花的银子。这背后的逻辑其实都是跟 AMP 一脉相承的。我刚才讲过，AMP 顶多用了10%左右，但在领教工坊我大概能用到 30%—50%，强调的就是横向学习。我们这六年多琢磨出一整套横向学习的逻辑和机制。

我的私人董事会小组已经进入第七年了，我们的约定是要一直走到72岁，因为72岁是做企业最好的年龄。为什么呢？第一，72岁你经验足够丰富，炉火纯青；第二，72岁该玩的都玩了，该花的都花了，花不动了，所以会一心一意做事业；第三，72岁你还有可能随时就没了，你永远在提醒自己，要做一个经得起时间考验的东西，你要做让企业成为百年基业的事情。72岁的企业家在这方面他的决策往往就更加精准，更加到位。从稻盛和夫，到巴菲特，到王永庆，到任正非，都是这个道理。

私人董事会的前提是中立、温暖、放松的关系。先有关怀才有挑战，你兄弟情分没到，拍砖效果是没有的，反倒助长了人与人之间那种满满的恶意。有一段时间江湖上以为私董会很简单，那些都是歪嘴和尚念经。首先是中立，组员之间不能有业务关系，小的利益相关你要告知；大的利益相关，对不起，你就必须避免；你如果有大的利益相关，有一个人就必须退组，像买卖关系、雇佣关系、投资关系，有了这些关系就必须退出。第二是温暖，你必须发自内心地关怀大家，认同大家，就是让大家找到小时候跟外婆在一起的感觉。第三是放松，你不怕丢面子，不怕说错话，不怕别人说你没水平。

只有满足这三种条件才是私董会，才能帮到企业家。我们标准很高，也有同学说自己申请过，但是没有录取。没有办法，我也非常抱歉。我们要求必须是企业主要的负责人，必须在行业内有一定的地位，必须营业额有一定的规模。

回到这个模型，如果转一圈代表社会的环境，他就呼应了德鲁克说的管理的三大任务，首先是要有经济绩效，要创造利润；其次是富有生产力的工作和员工的成就；最后是社会影响和社会责任。这三个方面正好对应了德鲁克三个管理的目标：有绩效、有成就、有贡献（图6.7）。

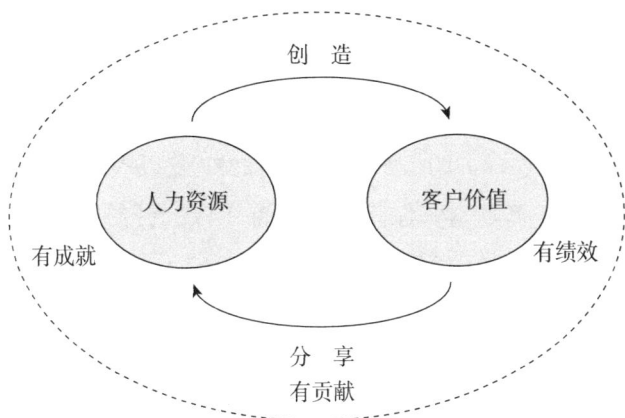

图6.7　管理的三大目标

做企业这么苦为什么要做？就是这个伟大的复利机制，你想到这个就温暖。大家知道每年增长10%，增长30年是多少倍？17倍。每年增长20%，增长30年是多少倍？237倍。做投资人，20%的回报率想都不想，理都不理，觉得回报率太低了。但是做企业，20%坚持30年，那就是237倍！最成功的投资人，他其实也就是走这个复利机制，只不过是努力靠近企业家而已。每个做企业的人你都要坚信，最好的投资就是你自己这家企业，你到外头去弄矿产、地产，弄这个，弄那个，都不如你在企业管理上下功夫，这个伟大的复利机制就是，30 年之后 237 倍。别的值得你看吗？根本不值得你看。你今天 1 个亿，你退休的时候就是 237 亿，你还忙别的干什么。但是绝大多数企业三年就开始移情别恋，就开始羡慕别人炒地产、矿山之类。

"天道酬勤，功不唐捐"，你会发现，所有搞地产的最后留不下来什么东西，所有的资产，所有的钱都是物，不是生命体，你钱再多又怎么着，要不被"二代"败掉，要不被"二奶"败掉，要不被"二奶"的风水师败掉，你何苦来哉？留下一个事业，留一个有生命力的组织，30 年翻 237 倍这是多大的成就感？这是多大的一笔财富？你想做什么都可以，做教育、做公益、做慈善都可以，你不做也行。你做个基金会，家族三代、五代、十代传承下去也行。不要忘了这个最简单的复利机制，这个也是我今天对各位的祝福，留下一个生命体，留下一个复利机制，任何别的东西都无法代替它给你带来的成就感。

谢谢大家。我们还有一个提问环节。

提问环节

提问一：请教一下肖教授，两个问题，一个就是您说阿米巴，您不看好，能不能请您评价一下海尔现在的方式方法。另外一个您说"老人"是企业发展到一定阶段的问题，那您能不能评价一下阿里的"十八罗汉"最后都留下来，而且在阿里担任要职，他们是怎么样处理这个问题的。

肖知兴：从学理上来讲，不排除在某个发展阶段靠缩小经营单位，靠激发前线的战斗欲望来实现企业的成长，但是从总体来讲，正规军的打法是我刚才讲的前台、中台、后台。后台就是人力资源、财务、法务、政府公关；中台就是工程、研发、营销、品牌、渠道；前台就是直接打仗的，看你是什么业务，有可能是生产，有可能是门店，有可能是服务，总的来讲你必须往这个方向来走。海尔从这个意义上讲努力地推所谓内部创业、"人单合一"，就走偏了，这就解释了他的市值还不到美的的三分之一，因为市场已经用脚投票了，对海尔的模式已经不看好了。

我本来是想写一篇文章批评张瑞敏在青岛讲的"人单合一"的演讲，从学理的角度去看漏洞百出，惨不忍睹。但老先生67岁了，我实在是有点心疼他，早年他是我们学管理人的楷模，我想了半天，还是别惹他。后来我在文章里面去提了一下，这些丧失企业家精神的企业开始去走投资的路，最后走成什么鬼样子。一个是联想外部投资，投资投成现在这个鬼样子，现在市值只有阿里的1.4%，腾讯的1.5%。网罗了几十个投行高管，投成这个鬼样子，所有的机会都能错过，这水平得高到什么地步？(众笑)

还有海尔的内部投资，投成那个鬼样子，像剃须刀那么大的洗衣机，吃饭油滴衣服上了，拿出来洗洗，这个东西能有多大的市场份额？这就是死路一条。但是毕竟瘦死的骆驼比马大，老的白电基础还在，活下去还是能活下去的，但是不会活得太好，利润、增长各方面都不好看。我觉得做企业的人该退场就得退场，退场的姿势比入场的姿势更难。这个就是我们讲的要知道自己的短处，你年纪大了不要再前线操作了，这是最大的自知之明。像任正非在公司具体的事都不管，他唯一的权力应该是思想权、文化权，他不管这些具体的事儿，成天在外面交流，他有非常清醒的自知之明。

第二个问题，我觉得马云那边反倒是正面例子，十八罗汉里，现在真正担任要职的人只有少数，彭蕾负责蚂蚁金服，戴珊现在是 B2B 的负责人，蒋芳负责人力资源，还有担任其他职务的，加起来也就四五个吧，大多数人都退下来了，连合伙人都不是，只是股东。所以他这个问题解决得很好。马云在解决这个问题上是高手中的高手，一次一次地杯酒释兵权，没有任何人在任何场合说他坏话。当然这个企业实在是发展得好，大家也不愿意说发展得好的机构的坏话，也是一个原因。

提问二：感谢肖教授的分享，一个问题是想让您帮我们分析一下，很多中小企业上新三板，您对上新三板怎么看？另外一个，现在有一些新三板的公司想通过收购 A 股，跑到 A 股上面去。您怎么看？

肖知兴：资本问题不是我的长项。实话说，我对这些小打小闹都不看好，做企业复利机制建立起来，指哪打哪，想喝酸的就喝酸的，想吃辣的就吃辣的，其他的都是雕虫小技，不值得太操心。当然中国 A 股上市公司有一个巨大的估值泡沫，很烂的公司都五六十倍，有一个购并的机会在里面。但是大家记得我第一张 PPT 讲的价值创造、资源占有、权力寻租、靠这个高估值去购并别人属于哪一类？属于资源占有，还有一点点权力寻租的成分。"天道酬勤，功不唐捐"，你放心好了，所有这种走购并路子的企业，必须自己有一个强大的价值创造机制，质量上远远大于你被并购的对象，你才有可能把并购做好。

因为你是可乐原浆，他来点水无所谓，同样很甜；但你本来就是很稀薄的酒，再加这么多水过来，就一点酒味都没了，它是这个逻辑。当然我这么讲，你又觉得纠结，看人发财就难受，他60倍的估值去买人家20倍、25倍，真爽，包括我要是你，我也难受。我在这边一年三千万、五千万，你动不动就是二十几个亿、几十个亿买公司，我也难受。但是你就得想清楚我是干什么的，我要那20个亿干什么？我是晚上多吃一碗饭，还是今天晚上睡觉多换两次床（众笑）？意义不大。

所以你要想得很清楚你的事业是什么，你就不会被这些技术层面、资本运作的层面所干扰。他都是为你所用，有用你就用，没用就不用，都以我伟大的事业为衡量标准。中国现在资本市场主要是资源占有性，加上一点点寻租性，应该来讲，对企业的伤害还是有的，你自己得把握住，你得知道什么是价值创造，什么是伟大企业最基础的机制，不要被这些东西所影响，即使上来也不要做这些资本购并、借壳，这些意义不是太大。

你可能会想，我就看着他一年市值翻一个跟头，多爽。但是你要想，你的寿命还很长。人生最苦的事，莫过于白发人送黑发人，人还在，公司却倒了。你还要活30年、50年的，你不能为这种短期的机制去伤害企业价值创造的系统。所以伟大的企业，上市不上市都是技术手段，一切以衡量对我的价值创新机制是增进还是损害为标准。如果增进，我可以用，用了以后我就是当资本工具用。但我觉得不要轻易做那些大体量的购并，做那些莫名其妙的资本运作，这些事情都是有副作用的。你就像眼前的例子贾跃亭，怎么吃进去，怎么吐出来，弄得有家不能归，他才40出头，他的下半生怎么过，我是不敢想。包括在此之前，德隆集团唐万新下半生怎么过，都无法想。

我这个观点有点偏激，但是回过头来说一下，把它当成正常的资本手段用，高估值我也不会浪费掉，但一定要注意并购和资本运作，不要损害你的价值创造点，并购的时候一定要注意体量，你一百亿你吃个三五亿的公司可以，你要自己是个三五个亿你到处吃一二十亿、三五十亿的公司，说老实话你的基因根本控制不住，最后失败的概率还是相当大，除非你参加领教工坊，我们帮你培养干部队伍，帮你培养部队，培养符合你价值观的亲兵，只有这条路。这个也很凶险，但至少我们时时刻刻把这根弦绷得很紧，我们把干部团队，干部工作的建设看得比什么工作都重要。所以真正的老大战略都可以不管，但是一定要管干部。

人家跟我讲任正非早年创业的细节，任正非上厕所的时候就会掏出来一个小本来，一般创业老板小本上记的都是这个客户要怎么弄，那个客户有什么需求，那个产品有什么需求，任正非的小本记的是这些人的优点和缺点，哪个人什么优点怎么发挥，哪个人什么缺点怎么避免，都是琢磨这些事儿。你要没这个基因，你就得找别人（做这个工作）。这个东西才是企业发展的本职工作。

提问三：教授，听了您的讲课很有感触，刚才我也在跟您探讨，我觉得现在的企业家不容易，您的通篇讲话当中含了很多哲理的思考。你对企业家就是老板素质要求很高，很多企业家格局的问题，跟他文化环境、出身都有关系。我很赞赏领教工坊，这样的机构会促进大家保持这种激情、朝气。人是会有惰性的，比如说一个企业他当时创业的激情五年、六年以后可能会有各种因素来干扰，也会变化。这是我的感想。我的问题是，您谈到的 Fair 的问题，在企业的底层逻辑就是创造和分享，我非常赞同，但分享您说的是必须是公正，而对 Fair 的概念我的理解是公平，因为公平和公正这两个概念我觉得是不同的。我首先认为公平才能有公正，因为这个概念有企业文化在里面，或者道德导向在里面，我想请教一下教授您怎么看公平和公正之间的意义，在企业管理中的作用？谢谢。

肖知兴：我这里不怎么区分这两个概念。学术上确实公正比公平更重要，它是更大、更高的、更加深层次的概念，它有法律、道德的概念在里面。我在这里面不怎么区分这两个概念，公正、公平基本上可以放在一起去理解，对外可能强调公正多一点。我认同你的看法，没有问题。

提问四：肖教授您好，我刚才听了您对企业家的高度总结，我有幸在德隆集团干过。我想请教一下您，德隆当年也是非常优秀的企业，我想您对德隆的成和败您怎么看？我觉得我们是局中人，您是旁观者，我希望您给我一个很好的答案。

肖知兴：我们对任何企业家都是发自内心的尊重，他们都是一个国家最宝贵的财富，我觉得从价值创造到资源占有，到权力寻租，最可怕的逻辑是，它们是不可逆的，奶牛只要尝过鲜血的滋味，它就再也不会吃草了，这个过程是不可逆的。所有想逆着去做事情的全部会碰得鼻青脸肿，面目全非，它们是不可逆的。人世间的规律就这么可怕，所有玩过资本游戏的人你要让他们做实业，他没法静下心来做。所有寻过租的人你让他去做资本运作，他也不愿意做。

我觉得唐万新后来也在努力往价值创造的方向走，但败就败在刚才说的不可逆的逻辑里头。人心就是这样，他尝到了鲜血的滋味，就不会吃草了，所以守住价值创造者的本分为什么很重要，也是这个逻辑。

但我要是价值创造者，资本的工具我可以用，这个不影响；甚至如果有人真要把我们逼急了，我们收买他一下，我们也愿意，但是我们不会主动去寻租。中国做企业做到100亿、200亿以上，有时候这种情况还是会发生，你被动地还是要交一些保护费的。但是反过来，没门。迄今为止我在人类历史上还找不到做投资的人去做实业很成功的例子，没找到。更不用说做寻租的人再去做企业，迄今为止我没有找到。不要有幻想，这个可能性根本不存在。

做企业就像一棵树一样，它必须慢慢地从根到干，从干到枝，从枝到叶，从叶到花，有一个自然成长的过程，它必须从下往上生长，所有从上往下打的路子，全部是歧途。从政治往下打是歧途，从资本往下打是歧途，从营销往下打是歧途。所以，那些互联网高峰期网红品牌都消失了，因为他们违反了做企业根本的逻辑，从上往下打都是死路一条。

所以各位前段时间被互联网搞得很晕，还是要小心一点。张国华院长是很清醒的，他懂中国的国情，所以定下一条规矩，没有在国外拿博士学位的，不让上讲台，除了吴敬琏和江平。中国的国情你不卡住这一条，各种千奇百怪的人都来做教授了。然后来了一个英国人做院长，说我们向国外的商学院学习，要搞一些有实践背景的来做兼职教授，就把一些没有受过科班教育的人搞过来做教授，搞得乌烟瘴气。

我虽然离开了，但还是觉得脸红，我们这些受过科班训练的学者很小心地守身如玉，守了十几年的大姑娘，最后被他们给弄了（众笑）。他们讲的那些东西，平均每张 PPT 上至少有三个以上的错误。我们受过学术训练的人，这点傲气还是有的，我刚到欧洲工商管理学院时，一个年轻的助理教授来讲他的博士论文，题目一打出来，Unpopular Culture，就被我们系主任骂了 40 分钟，第一张 PPT 还没有进入，就骂了 40 分钟。一般人是摸不到学问的门的，管理学背后很深很深的水，经济学、社会学、心理学、人类学、宗教学、法学，还有文学、历史、哲学，都要有一定的积累。

提问五：肖老师您好，刚才您提到按前台、中台、后台这样做大分工，其实是一个正途。同时，我再请教一下，如果在大分工总框架下面，在局部用一些小分工的方式，让大家更有激情地去工作，这是不是也是一种好的方式呢？谢谢。

肖知兴： 你的问题已经自己回答了，它就是个分寸感，你觉得划小的经营单位已经开始影响公司的整体利益了，就说明你要往合作的方向走一走了；你要觉得大家扯皮扯得很厉害了，一个很简单的事情内部要过 20 多道流程，那你就往缩小经营单位的方向走一走。它其实也是一个矛盾，你要把握好中间的平衡点。各行各业都不一样，像做餐厅的，做服装业的，你可能偏小分工、小合作一点，问题不太大；但是你如果是做大型电力系统的，做电信设备的，你就得往大分工、大合作的方向走一走，所以它是一个分寸感。

这个东西你就理解大逻辑，具体做的过程中全靠自己去体会，全靠自己去把握企业的脉搏。就像我们年纪大一点的，小时候都挑过担子，两个箩筐里头放的东西不一样的时候，你挑上肩膀其实很难找到平衡点，除非你要先去称一下这个是 45斤，那个是 58 斤，然后再按那个比例去找扁担的平衡点，但这是不可能的事情，我们小时候哪有秤，尺子也找不到。但是你要是真挑过担子，就会觉得很简单，你先挑上去，再前后挪一挪不就找到了？其实就是这个道理，你先挑上去，前后挪一挪你就找到平衡点了，你不要去找从一而终的标准答案，没有。所以要从这个角度去理解它。谢谢大家。

二 拧麻花的哲学与实践 *

我其实属于讲"道"比较多的人，但是今天回过头来讲"术"，希望这两个小时对《拧麻花的哲学与实践》的理解能够帮到我们未来 5 年、10 年、20 年做企业。这是一个非常核心的概念，非常核心的一个理论，非常核心的一套做事的方法。我们先看黄卫伟的这篇文章 **，只有两页，大家花五分钟时间看一下。（组员阅读黄卫伟文章）好了，我们现在分成三组，任务是用三股麻绳拧出一根粗的麻绳出来。不是编，是拧出一根麻绳。你们自己分工，拧出一个麻绳出来，怎么拧我不知道。（各小组拧麻绳。）

麻花如何拧？

好，我们总结一下拧麻绳有哪些技术要点。首先上下都要动；方向要相反，一个顺时针，一个逆时针；每一股细绳都要先拧紧；要尽量均匀，不均匀的时候要退一下；其实不是不均匀，是快慢、节奏、力度都要平衡；最后要打一个结；三小股

---

* 根据作者 2017 年 5 月 15 日在领教工坊 1307 组演讲整理。

** 黄卫伟《拧麻花》，见网上文库，文章最早发表于《中国企业家》2003 年第 6 期。

细绳得往不同的角度扯。如果都往同一个角度扯，就会缠到一块去了，而且这个角度不能够太大，也不能够太小，差不多30°—40°的样子最好；还有，那三股绳会合的时候很重要。现在大家练习的是手工拧，如果用机器，要是会合不好的话，有可能这个绳就不好看，或者是不均匀，或者是比较脆弱，不好用。会合点非常重要。

我们最重要的技术细节基本都拉出来了。我们讲的这些其实都是企业管理。我们讲的不是拧麻绳。你看，企业管理一定是要上下一起用力，而且方向要相反，每一股都要拧紧——研发要拧紧，生产要拧紧，销售也要拧紧，而且要把握团队之间快慢节奏力度的平衡，研发太强了你就得等一等生产和销售，销售太强了你得等一等研发和生产。

那么往不同的角度拧对应的呢，研发肯定是强调我这个产品要有多好，销售也一定是强调怎么卖，生产是强调质量，所以一定是分工的各方各自强调不同东西。会合点呢，就是发生矛盾的时候一定要有一个处理的机制，让这些矛盾能够变成动力，变成生产性的力量，最后一定是要总结要复盘，要考核，要每年坐下来讨论一下我们今年取得了哪些进步，取得了哪些成果。

所以黄卫伟老师这篇《拧麻花》，抓住了管理工作的本质。管理很大程度上就是要把各种问题的看似互相矛盾的两个方面变成一个对应统一、相辅相成的整体，比如个人与集体、效率与效益、授权与控制、市场份额与利润、社会效益与经济效益等等。这是企业均衡发展、可持续成长的一个根本命题。

现实生活中的情况其实比两股力量还要复杂。刚才让大家练习的是三股，企业管理中最经典的研、产、销，人、财、信等等，都是三股。

中国人因为阴阳、太极理念的普及，相对更容易理解其中的精髓，西方人的直筒子头脑，却往往对此颇为隔阂，他们直到 2011 年才终于把这个道理琢磨出来了，两位学者 Wendy K. Smith 和 Marianne W. Lewis 的文章 Toward a theory of paradox: A dynamic equilibrium model of organization（《悖论理论初探：组织的一个动态平衡模型》* ），发表在美国《管理学会学报》，也肯定是极难读懂，但是大的逻辑就是这个拧麻花的逻辑，探讨管理工作中的矛盾，也是分三股，而不是两股。细节我们就不展开说了。

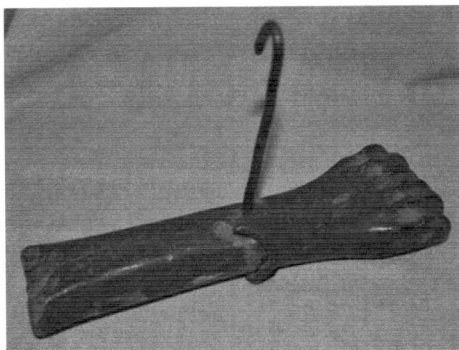

图 6.8 拧麻绳时用的拨于

---

* 美国《管理学会学报》2011 年第 2 期。

真正的麻绳怎么拧？中国古代拧麻绳的机器，左边一个九孔机，每三股拧成一股绳，右边一个三孔机，往相反的方向拧。中间这个叫拨子。这个东西非常重要，因为三股绳子会合的时候一定要注意别卡着，也别跑得太快，这个决定了绳子好看不好看。这个相当于企业里面负责部门协调的那个功能。有的企业是老板，小企业其实就是老板负责协调；有的时候是总经办负责协调；有的是管理变革办公室负责协调；华为是在整个矩阵组织里面，生出一个维度来专门负责协调，就是流程负责人，例如研发/IPD 有一个流程经理，销售有一个流程经理，生产/供应链有一个流程经理……这样在职能和客户之间又多出一条线来，在中间起协调作用。

为什么拧麻绳的逻辑那么重要呢？因为人性。我们上午刚刚听了陈驯博士*的演讲，人性三大罪，不是贪、嗔、痴，对于我们做企业的人来讲是贪婪、恐惧、惰怠这三大罪。他又懒又贪还特别怕失去，别人拿得比他多，他还要嫉妒。"古言系日须长绳，此绳如何摇得成。乃知有意将人警，系日天绳日易沉。"如果没有一根"系日长绳"去把这个人性牵回来，你这个企业是不可能做好的。所以，每一个做企业的，其实都是要想办法拧成一根系日长绳。日头会下山，这个是天经地义，所有的组织都是一个熵增的过程：原来有秩序就会变成没秩序，原来很勤奋，现在就变得很懒惰，所以你必须要用一套机制去跟万有引力、跟人性做斗争。这是多么艰难的一件事情，你可以想象。

---

* 陈驯，赫尔辛基大学神学博士，曾任燕京神学院教务长。

这个其实也是我们初中的时候学过的向量的加法：你明明是要去 C，你直接去是去不了的，你必须是一帮人去 A，一帮人去 B，然后两帮人的结果相加，A+B 它就等于 C。做企业就是这样，你直接去去不了，你想这个价格增加 30%，利润增长 50%，很难，你必须这边有一拨人努力下功夫研发产品，这边有一拨人下功夫做渠道做品牌，这样你才能到那边去。所以大逻辑是这个向量的加法。

背后其实是我们非常熟悉的辩证法。这东西我们中国人再熟悉不过了，所谓反者道之动，弱者道之用，无中生有，有中生无，这些是从老子开始，就在某种意义上流淌在每一个中国人血液当中的一个逻辑。一般的西方人理解这个逻辑其实比我们要难，因为他们没有我们这种老子的这一套文化的背景，所以他们到 2011 年才写出这篇文章来，而且很多地方从我们中国人的角度读起来还是觉得有点机械，有点形而上学。

"矛盾是自身包含的既背离又统一的关系，矛盾是存在于一切事物当中，并且贯穿于事物发展过程当中始终。"辩证法其实我们从小到大都在背，"马毛邓三"（马克思主义原理、毛泽东思想、邓小平理论、三个"代表"）大家从小到大，都要学。

企业里头永远是无穷无尽的矛盾，你只能用拧麻花的方法去解决。如果是两股的话，一会强调 A，一会强调 B，一会强调 A 和 B；如果是三股的话你还得增加，一会强调 A，一会强调 B，一会强调 C，一会强调 A 和 B，一会强调 B 和 C，一会强调 A 和 C。你就得变，来来回回地去强调不同的东西，只有这样才能把这个系统的水平提高；短板一个一个提高之后，桶的容积变得越来越大。

西方人直通通的思维方式理解这个东西其实比我们难，讲得最清楚的是吉姆·柯林斯的《基业长青》。他在书里面讲，花了整整一章，讲怎样打破"二分法的暴政"：做企业一定是矛盾的两面同时都要，要雌雄同体，你一方面要这样，一方面要那样。例如，一方面要胸怀远大，一方面要脚踏实地；一方面要有企业家精神，另一方面又要有非常务实的职业化的管理，等等，要把握好两者之间的平衡关系。

这个逻辑用得最好的，还是任正非。有人说华为成功了怎么说都行，我们做学生的，一定不能够用这种成王败寇的想法来寻找阿 Q 式的心理平衡，每个成功者的背后都是有原因的，你这么做不能确保成功，但是你不这么做肯定不成功。任正非对"灰色逻辑"，对这种黑和白之间平衡点的寻求，是有着极深的体悟的。企业管理最重要的是在黑和白之间寻找平衡，想办法让各种因素能和谐共处；和谐的过程是妥协，妥协的结果是灰度。为了往前走，有的时候我们需要绕一个圈子，甚至要走点回头路，但是远看就是往前走的一条线，并不会影响我们前进的步伐。

所以我们教管理学的人有的时候很为难，你要问我 A 能不能到 B，我肯定告诉你 A 能到 B，但是事实上 B 同时也能到 A。那么你问我的是 A 能不能到 B，我就说 yes 了，大多数情况下我干吗要补第二句话呢，我就没补第二句话，甚至还有第三句话，

C 也能到 B，D 也能到 B，所以我就没有去补这句话，所以有时候你把我给你说的那句话当成绝对的，当成真理去使用，那就掉沟里去了。

管理就是这么一个复杂的东西。某种意义上社会科学比自然科学复杂，管理学比一般的社会科学还要复杂。它复杂就复杂在变量之间的因果关系是有无限种可能性的。为什么不到 40 岁的人做 HRD 想都不要想，两三千人的公司，你请一个不到 40 岁的人来做 HRD，基本上就是灾难，因为组织里头的任何原因都潜在地有无数个结果，任何结果潜在地有无数个原因，而且这无数个原因不是等量的，不同的行业、不同的规模、不同的历史、不同的领导者的风格，而且这些因果关系有的重要，有的不重要，有的今天不重要，明天重要，有的这个时候不重要，那个时候重要，完全是场景化的东西，所以你要在这种情况下去找那个绝对的真理，那就只有一个结果，就是被带到沟里头去。管理没有绝对的真理，它永远是在排序，永远是具体情况具体分析，永远是场景化地去判断：这样做是不是合适，有可能出现什么结果。这个是大的逻辑。

我过去长期跟领教工坊的企业家朋友都是讲使命、愿景、价值观，甚至讲一些像今天上午讲的道德激情，讲这些很哲学化的内容。但是我意识到我们很多企业家朋友管理基础其实是比较薄弱的，那些高大上的东西有时候帮不到他们，所以我努力提炼了一个最简单的三因素模型，来帮助企业家朋友们在脑子里建立一个思维框架。

　　大家知道思维框架比什么都重要。为什么我们学术界一般认为碎片化的学习是帮不到忙的，因为你脑子里没有思维的框架，你如果有思维的框架，苍蝇都是肉，你就能够消化；如果没有思维的框架，你就每天读朋友圈的那些鬼文章，一般来讲是要害死人的，一会儿张三这么讲，一会儿李四那么讲，而管理的东西怎么讲怎么有理，怎么讲都能够自圆其说，但到底什么是你这个时间地点任务下应该学习的对象、应该采取的方法，这个是一定要掌握一个思维框架之后再经过长期历练才能形成的一种直觉。

　　这个框架，就是一个最简单的三股绳子拧成一股绳子的结构（图6.9），开始的时候是三股，再往下是就是9中股，再分一层，总共是27小股。

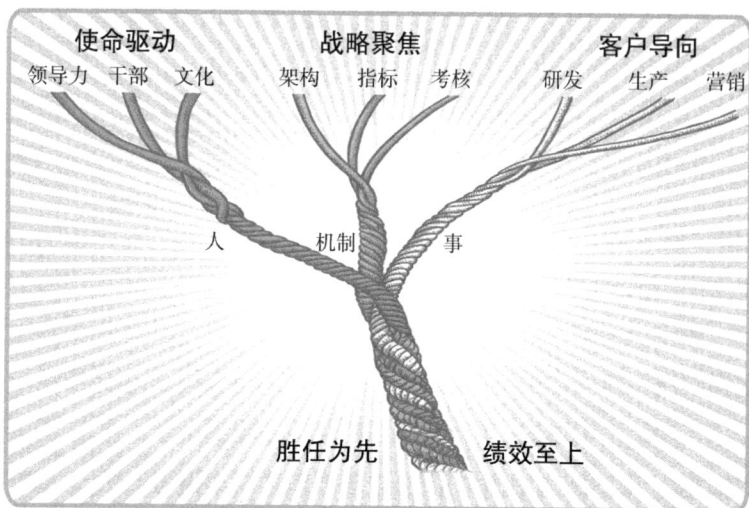

使命驱动　　　　战略聚焦　　　　客户导向

领导力　干部　文化　　架构　指标　考核　　研发　生产　营销

人　　　机制　　　事

胜任为先　　　绩效至上

图6.9　管理的麻花

我们先看第一层的三个内容。要变成一个伟大的企业，左边是使命驱动，解决的是人的问题；右边是客户导向，解决的是事的问题；中间是战略聚焦，解决的是机制的问题；最后是培养成有胜任力的团队，源源不断地输出骄人的绩效。这个是大的框架。最近《哈佛商业评论》中文版的首席撰稿王丰采访了很多华为的最高层，写了一篇《华为三宝》的文章，跟我总结的这个框架一模一样，左边是使命驱动，右边是客户导向，中间是战略聚焦，我没看过他们的文章，他们也没看过我的文章，所见略同，因为这是普适的东西，只要你真正用心去琢磨，都会看到。

动力的来源

我们先来看左边这个大股，左边这个大股"使命驱动"，分成三个中股，分别是领导力、干部和文化。其中领导力又分成三个小股，是愿景、自我、团队，干部分成一对一、盘点和调配，文化分为行为、模范和故事（图6.10）。我们接下来一个一个走一遍。

一般人刚接触领导力，想的肯定是一个高大上的超人，一个今天上午陈驯博士讲的训示者，他的魄力，他的意志，他的智慧，他的品格……都是这些东西。但是这些其实不重要。重要的是什么？重要的是你跟这些下属之间的这两个维度的关系有没有建立起来，第一个维度是创立结构，第二个维度是关怀体谅。

这就是著名的俄亥俄领导力模型，就是你跟团队中的人，

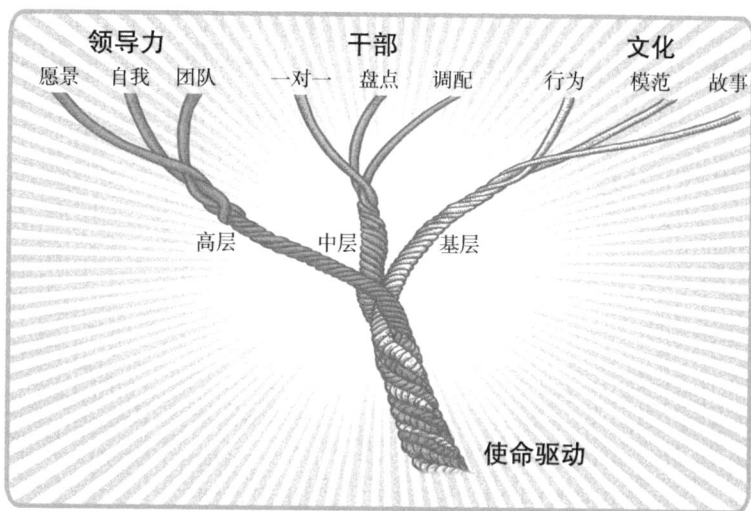

图 6.10　动力的来源

你的下属，是有两个维度要做好的，第一件事情叫创立结构（Initiation of structure），就是做任何事情你要迅速给他指明方向，就像刚才拧麻绳这个小任务，我们当中就有扮演这个指明方向的角色的同学；第二个维度是关怀体谅（Consideration），每个人的动机、情绪、激励程度，你要去关怀，去体谅他。这是水平比较高的人想到的领导力理论。

其实继续往深里学，你真正学到了领导力的精髓，就会发现这个其实也不重要。重要的是什么？重要的是愿景理论，领导者看起来是走在前面的，其实不是，真正的领导者他本质上是一个追随者。他追随什么呢？他追随他内心的梦想，追随他热爱的事业，追随上帝交给他的一辈子要做的那件事情。所有的领导力的来源其实都取决于这个箭头的力量，别人追随你的力量完全是这个力量的复制，你对这个梦想，对这个事业，对这个天命有多大程度的投入，他们就有多大程度的追随你的力量，完全是复制。

所以，这就是我再三强调的，作为一个企业家，最重要的是要找到自己的天命，找到自己的内心的激情，不管是不是道德激情，要找到那个你乐意为之奉献一生力量的这个事业。这个是一切的核心。这是我琢磨这么多年领导力的发现，最好的领导者，不是领导者，是追随者，追随你内心的梦想，追寻你那个事业，所以领导力其实不是带着谁走，而是带着你自己走。

这是从三个大的维度去理解领导力。我这里强调第三个维度，其实不是说前面的两个维度就不重要，只是你要有第三个维度，你要有更深的理解。

第二个中股就是干部。组织方面，我们最熟悉的是什么？是共产党那套组织方式。我多次讲过这套组织模式与基督教组织模式的源流关系。中国做得好一点的企业早就看破了这个秘诀，不要去学什么 GE，学什么 IBM，共产党就是最好的老师。所以任正非说，我有什么好东西呀，不让雷锋吃亏，坚持艰苦奋斗，批评与自我批评。——这些都是共产党的东西。马云就更不用说了，全套共产党系统，从意识形态到组织部，到"中央党校"，到"支部建到连上"，到"政委体制"，完全用共产党的这套系统。因为这是到现在为止中国人接触到的最强大的组织工具，别的组织工具你根本就没有上场竞争资格，一触即溃。所以这个就是干部系统。其实 500 强公司普通的西方公司也是这么做的，但是它对做干部的这种身份感的认定，他对做干部的这种优待，做干部的人的特殊的中坚作用远远超过一般的 500 强公司。

所以你看华为和阿里，他们是有两个人力资源部的，一个人力资源部管普通员工，一个专门管干部，华为叫干部部，阿里叫组织部。两个人力资源部管理的力度完全不一样。

所以管好干部是牵牛鼻子。一个牛不管多大，你又是踢又是打又是踹，没用的，你牵牛鼻子它就过来了。组织的牛鼻子就是这个概念。干部怎么管？我这里讲一个最重要的东西：一对一。你们听过我的课都知道我对一对一的强调。组织是一块一块砖，一块一块石头，一对一就是组织的灰泥，没有这个灰泥它就是一堆石头，有了灰泥它就是一个巍峨的大厦。

一对一起到的就是这个作用。如果没有一对一，这个组织到最后都是假的，这些汇报线看起来好像都很结实，其实它就像一串葡萄一样，你根本就拎不起来的。如果没有有效的一对一，这一串都是断的，因为他的目标跟你的目标不是一致的，你以为面试一下，合同一签他就跟你目标一致了，没那么简单。大家知道大多数组织一斤葡萄能拎起多少两来？大多数组织一斤葡萄能拎起三两来就很伟大，绝大多数的葡萄都掉，做的都是无效的劳动，甚至是负劳动，所以这是很恐怖的事情。

所以不仅咱们要做一对一，而且我们下面的这个高管也要这样一层一层地去做。因为尤其是知识工人，你不做一对一，他的目标是不会跟你一致的，没别的办法，你说签个合同，工作说明书，没用的，你必须通过一对一找到交集，这三年，这一年，我们在一起，我们就往这个交集的方向去努力。

一对一是最基础的。一对一完成了之后是什么呢？就是九宫格。我们三五百人，千八百人的公司，不要搞得太复杂，人才盘点把这个九宫格做完就行了，就 80 分了。道理很简单，德能勤绩是纵坐标，分成最高的 20%，中间的 70%，然后比较差的 10%。这 10% 按照末位淘汰的逻辑基本就干掉。最重要是这顶级的 20% 里头潜力高的 7% 左右，100 个人里头那 7 个人你要把他们一个一个地列出来，然后重点去关照。这 7 个人里的一个就相当于其余的 50 个人，100 个人。

一个三五百人的企业，干部其实就是一副牌，54 个人，54 个人里头真正入这个格子的也就是四五个人。你一定要把这四五个人安排好，从报酬，到职位，到职业发展，到学习，整个成长计划都要重金投入。其实最重要的是花时间，老板的时间比什么都更值钱。

所以就是左上角这个格子，当然其他的格子也比较重要，但是相对就没有这个格子重要。对于小公司来说，不超过 1000 人的公司，就这 54 个人，你把他们按九宫格排好，这五六个人的心跟你在一起，这个企业就不会出事。他们一个人抵 50 个人。

再来看一下干部调配。企业大到一定的程度，最头疼的事情是什么？就是山头主义，就是针插不进水泼不进，诸侯割据，尾大不掉。怎么办？唯一的解决方法就是 GE 的这个原则，某一定级别以上的干部所有权归中央。什么意思呢？随时听候中央调遣，礼拜一宣布调你到新的岗位上，礼拜二就要去报到，没有任何讨价还价的借口。公司大到一定的程度都必须按照这个原则来做，这是解决中国人山头主义的最重要的办法。

这个难啊，老兄，他有一万个理由告诉你原来的那个摊子为什么离不了他。德鲁克曾经说过一句话，A 如果告诉你，它离不开 B，那么不是 A 有问题，就是 B 有问题，要不就是 A 和 B 都有问题。德鲁克就这么决断。这个话充满了智慧，你们仔细去思考。所以像管理好一点的中国企业，基本上这个是试金石，他能不能做到礼拜一通知，礼拜二报到，没有任何讨价还价的借口。这个是中国组织最头疼的事情。

你直接宣布必须礼拜一通知礼拜二报到，这是没办法解决这个问题的，你必须在公司里建立起这个机制，七级以上的干部所有权属于中央，在提拔之前就告诉他们。就像财产公示，你可以让新提拔的公务员先公示起来。公司里也是一样，新提拔的干部你就要告诉他，七级以上所有权归中央，随时听候调遣。

文化的三小股的大逻辑很简单，文化就是统一行为，不要搞得那么复杂。然后行为统一了一定要找一些榜样去宣传，榜样的力量是无穷的。然后要有很多绘声绘色的故事，成系统地去传播文化的工具。我们都看过《人类简史》里说，人类文明的起源就是讲故事，国家、宗教、民族其实都是故事，故事被人相信了，就有极强大的力量。第一次世界大战，第二次世界大战，那就是成千上万好人倒在坑道里，死在这个故事上。

榜样，就是按照价值观去做的人，你一定要像共产党那样，戴大红花，贴墙上，各种各样的荣誉，各种各样的重奖，各种各样的方式去褒奖他们。

这里最难的其实是英美法思维。用价值观去管行为本质上是英美法，不是大陆法。大家知道大陆法是成文法，是给你列出来的，什么事儿可以做，什么事儿不可以做，这个事儿要扣多少分，那个事儿加多少分，但是用价值观去管行为本质上是英美法，不是大陆法。我举一个例子你就明白了，淘宝的小二，多少卖家求他，他跟一个卖家漂亮的销售总监睡觉，淘宝说对不起，我们听说你和某某卖家有不正当的关系。那小二急了：你哪章、哪条、哪款上写着我不能跟客户睡觉了？我打个工，连恋爱自由都没了？还是她主动追我呢。——对不起，你就是违反了阿里第一个价值观，尊重客户。对不起，我就是要把你开掉。再举一个例子，2016 年中秋节，4 个阿里的工程师通过程序脚本多刷了 124 盒月饼。人家说你看，Google 的工程师也是这么抢 T 恤衫的，真有格调，对不起，你就是违反了阿里的诚信价值观，几个工程师当天就被开掉了。

用价值观管员工行为对绝大多数中国人来讲是不适应的，所以阿里的管理者压力极大，因为考核的时候阿里价值观占50%的权重，就是说你这个季度拿 5 万块还是 5000 块有一半是取决于价值观的。比如说你这个季度你给打了 17 分，你就得告诉我，凭什么我这一项是 3 分，凭什么我这项 1 分，因为阿里员工的考核需要考核方、被考核方和政委三方签字，如果签不到字，对不起，总有一个人要走人的。

所以阿里就是这么艰难，管理行为就是这么艰难。在中国我实话说，你要想统一思想，统一语言，统一行为，这个挑战，大到一般人难以想象的地步，因为中国人太聪明了。我上博士班的时候，当时欧元刚出来，那时一欧元还是很值钱，大概相当于 10 块钱人民币。打投币电话，他就在一欧元上面钻一个孔，然后拴上一根线，扔进去，时间到了拉出来再打，这样可以无穷打。乔布斯是靠黑客技术可以打免费电话，我们大陆中国人就靠这个也能打免费电话，无穷打。中国人的这种行为，实在是太可怕了，走遍全世界基本上没有像中国人这么爱钻空子的，很多人说，最坏的老外一般都是在中国才找到，因为他到中国来才变得比我们还爱钻空子。

合力的形成

合力的形成，三个中股是架构、指标、考核。我已经是"为道日损，损之又损"，最后留下最简单的三个中股。然后再一分为三，一共 9 个小股（图 6.11）。

首先是架构。组织架构这门学问值钱啊，我从大二开始学组织，学到今天差不多 30 年了，我自己还不敢说完全学明白了。组织刚开始是一人公司，然后是直线职能制，然后是事业部制，然后是矩阵制。组织架构的成长需要一个过程，不能跳

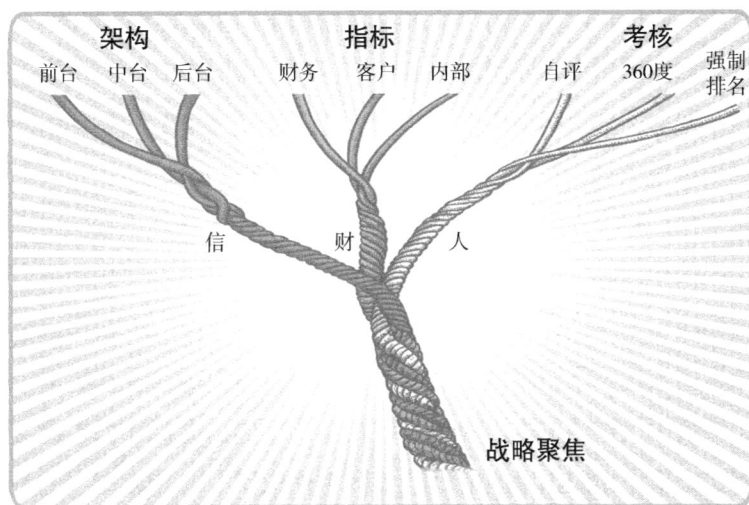

图6.11　合力的形成

跃，跳跃就是一个字：死。

当企业差不多做到 1000 人左右了，你就一定要开始有前台、中台、后台的思维。前台要像海豹突击队一样，不管是五六十个人的大组，还是五六个人的小组，一定要机动、灵活、可靠。后台要精干，一般包括人力资源、财务，顶多再加上公关、法务这几条线。

真正做公司拼的是强大的中台，就是研发、设计、工程、营销，这些支持业务的技术性的共享的职能部门。这段时间很多人在外面鼓吹互联网时代的组织创新，阿米巴，裂变式创业，全是扯。为什么？小舢板再多，不要说航空母舰，一艘驱逐舰把你全撞翻了。小的经营单位再多，如果没有强大的中台，你就还是游击队，小分工小协作就是小利润，大分工大协作才有大利润，道理就是这么简单。

而当你真正做到上万人规模的时候，光靠这些职能部门去支持前台打仗已经支持不下去了，所以必须又长出一条线来，这条线就叫流程线。比如说我是工程部的一个基站工程师，属于工程部，但是工程部的总监只是我名义上的上司，我的日常都在流程里面工作，要不就在研发流程里头，要不就在供应链流程里头，要不就在销售流程里头。所以我有两个上级，一个上级是工程部的总监，一个上级是我所在的这个流程里直接指挥我日常工作的上司。所以他实际上变成了一个三维矩阵，一维是普通的直线职能部门；一维是客户，不管是项目，还是产品线，反正就是代表客户那一端；还有一维是流程线。这样把流程线拉出来，他强调了两个关注：第一是强化了对客户的关注，前线的这个前台不希望一个部门一个部门去拜码头了，直接找研发经理东西就可以拿出来，直接找供应链经理东西就上手了；第二他强化了对员工的管理，因为我是两个人在管理，一个是带我干活的流程经理，一个是我工程部的总监，他做我的政委，负责我的职业发展。所以阿里有政委，华为也有政委，华为的政委就是总部的那些职能部门的总监。所以当企业发展到1万人左右的规模，你就必须把职能部门通过两条线来完成，变成三条线的一个矩阵式组织。

总之，大家记住，做企业拼的就是强大的中台。大分工大合作才有大利润，小舢板到处都是，他到你这里来"内部创业"，还得分 40% 给你，他有毛病呀？"共享资源"，你如果中台不行，我干吗到你这里来创业？所以这次的互联网泡沫，这些喧嚣，我们做管理的人看着心里是很无奈的。你如果连万有引力定律都不承认，我还有什么给你讲的起点和基础呢？没有了。分工合作就是企业管理、组织学的万有引力定律，谁都逃不脱。你如果以为靠缩小经营单位，靠裂变式创业，靠阿米巴就能造就一家世界级的公司，还是少做这个梦，这个概率极小极小。

指标就是分任务，先把大家像打仗一样，排成太极阵或者八卦阵，然后就是分指标，扛任务，你负责正面进攻，他负责策应包抄。考核就是复盘，大家坐下来按照分工，论功行赏。这方面最重要的工具是平衡计分卡，财务指标背后是客户指标，客户指标背后是内部流程指标和员工学习指标。为什么大多数做平衡计分卡的公司，最后都会沦落到形式主义，最后变成还是数字说了算，看今年打了多少粮食。这是什么原因呢？

道理很简单，一个公司只要慢慢地内斗文化起来了，信任感没有了，大家就只能拿数字说话，没有任何别的办法。"你跟我牛什么牛，老子挣了 8000 万养着你们呢！"只拿数字说话，所有的定性的指标就会塌陷掉。吵起架来，就只能拿枪拿矛，枪和矛就是定量指标。"老子今年挣了 8000 万，你挣了多少？你自己说！"好了，闭嘴了是吧。所以，定性指标是所有绩效管理、指标管理体系中最容易塌陷的东西，这也就是索尼所谓的绩效主义犯的错。只考虑定量指标，肯定就会忽视中期和长期的客户指标、内部流程指标和员工学习指标。

考核是全世界、全人类最痛恨的事情，没有人喜欢考核。系日长绳，最难的就是打这个结，就是这个考核。考核的人不开心，被考核的人不开心，职能部门不开心，业务部门不开心，员工不开心，老板不开心，没有一个人开心。但是不考核这个公司就完蛋了，这个结不打，刚拧好的麻绳，立刻就回去了。

我这里挑了三个最重要的要素。第一，一定要有一种软性的工具，最传统的一种工具叫 360 度评价，请注意仅用于员工发展。它是软性的，和风细雨的，治病救人的，甚至有点婆婆妈妈的。

然后中间这个叫强行分布，淘汰掉 10%，而且是一定是在阳光灿烂的时候去做，等到业务不好了，再想着淘汰就晚了。要是业绩不好，又要拿组织开刀，再去开人就麻烦了，就等于平时不锻炼，现在要开刀，这个人可能就会有生命危险。所以强行分布就是平时锻炼，一定要在业绩好的时候开人，业绩不好的时候再开人对组织伤害极大。当然业绩不好的时候不是不开，一样开，但是业绩好的时候一定要开。

最难的是第三个，又跟我刚才讲的基督教、共产党的传统有关，就是批评与自我批评。中国人没有批评与自我批评的传统，中国人的传统是三省其身，中国人的传统是写日记，像曾国藩，"今天参加朋友聚餐，有一个朋友的小妾长得很美，我忍不住多说了两个笑话。我简直是禽兽。"这样天天批评自己，这是中国人的传统。基督教的传统是一定要当着上帝的面骂自己不是人，所以你看天主教，"神父我犯罪了，我昨天晚上偷情了"。(他讲过了就赎罪了。)本质区别在这儿,他一定要当着别人的面说自己不好。所以这一招是很残酷的,你一定当着领导的面承认你不对,你承认了,我照样重用你;你不认错,老子就把你往死里整。他一定要让你当着别人的面承认自己的错误,所以讲的时候他自己会觉得很不舒服。但是没有办法呀,你想把一群人组织起来,实现一个共同的目标,没有这种行为矫正的手段,"三天不打,上房揭瓦",真是没办法。

华为民主生活会,差不多一个季度一次。一般是在召开董事会期间的一个晚上,讲完正题,有 3 个小时 5 个小时。这个是日常的,但是有突发事件有特殊情况要处理,随时要开。这个是很难受的,如果没有对事业的热爱你真受不了。我一草一木、一砖一瓦创立的这家公司,你们几个打工仔围着我,我还得做检讨,这叫什么事儿呀?! 你可能就开始怀疑人生了。所以只有对事业的热爱能够支持你,我都是为了我的公司,为了我的公司我什么都舍得。你这么舍得,那大家自然而然都会跟着你舍得。

能力的基础

关于最右边的这个大绳"能力的基础",包括下面的这 9 股小绳我就不展开讲了,因为完全是别的专业的内容。研发分市场管理(MM)、产品需求管理(OR)、集成产品开发(IPD)、生产是精义生产(LM)、6 Sigma、质量控制(QC),营销是品牌(Brand)、渠道(Channel),互联网时代多了一个社区(Community)(图 6.12)。

我们回到大图,三股大绳就是使命驱动、战略聚焦、客户

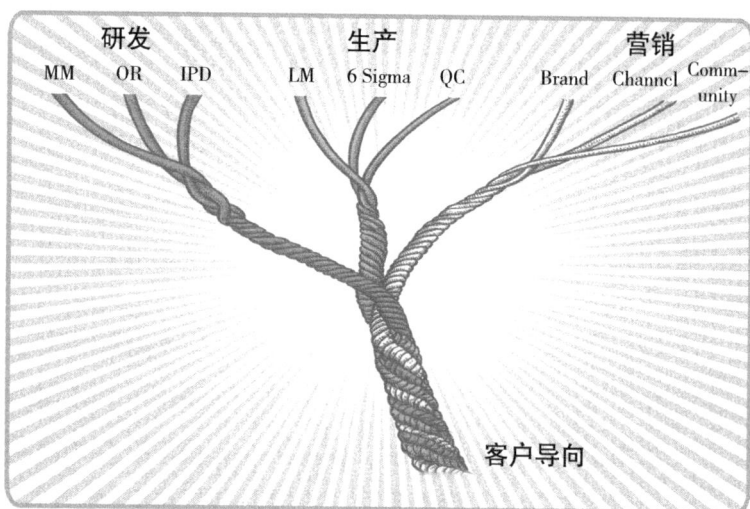

图 6.12　能力的基础

导向，它们之间全部是互相矛盾的。例如使命驱动，完全是从内到外的一个过程；客户导向，是完全相反的，聆听市场的声音，竞争对手的声音；中间的战略聚焦，某种意义上跟使命有矛盾，跟客户也有矛盾，客户不要，你去做，你很快就会作死的。另一方面，客户花 100 块钱，你给他提供服务，1 万块钱的服务，10 万块钱的服务，100 万块钱的服务，继续，继续，他不会说停的，所以你一定要在这三者之间找到一个平衡。

拧麻花，人、事、机制到位之后，你就有一支英勇善战的胜任的一支队伍，这也就是严正老师＊昨天在领教工坊 1518 组

＊　严正，胜任力研究专家，著有《胜任素质模型构建与应用》等。

和 1519 组讲的胜任力模型。这套东西完全是比傻，比笨，比慢的一个过程，但是企业就是这么做的。

为什么做投资的人做企业必死无疑呢？因为投资是比快，比巧，看谁能够先把这个钱挣到手；做企业是比慢，比笨，比傻，看谁更加踏实，看谁更加一步一个脚印。所以他们完全是两种人，两种思维方式，两种做事的风格，不大可能调得过来。奶牛喝了鲜血它还会吃草吗？据说当年的秦国给战马喂人血，打仗之前饿它们三天，等到战马都变成野兽了再让它们冲锋陷阵。那种比慢、比笨、比傻的功夫，做了投资人后，不可能去做。

有的人说，我为什么不去做投资？我在这一行苦哈哈的干什么？上帝是很公平的，做投资的人，不管他挣多少钱，最后他死的时候钱都是不了了之。而做实业的人，做管理的人，只要这套拧麻花的体系建立起来，逻辑上，学理上，事实上也是可以一代一代地传承下去的。你死的时候是含笑九泉的，因为事实上你就实现了所有最伟大的人都想实现的那个目标：天命，不朽，你是永生的，你透过这个企业永远活着。

我们现在去纽约 IBM 公司的总部，你推开那扇厚厚的大门，你立刻会碰到一个幽灵，这个幽灵就是老沃森，这个幽灵就在那个大屋里徘徊，这个幽灵在守望着 IBM 这家伟大的公司。伟大的公司就是这么来的，他就有一股精气神在那守望着，可以提前预警，提前采取行动，提前去解决问题。所以上帝是公平的，所以我从来不羡慕那些告诉我搞一个项目挣了多少亿的人。

这里最笨的功夫就是胜任力模型。胜任力说起来很简单，公司的战略、业务的流程、每个岗位的能力画像、背景画像做出来，然后成为招聘、评估、奖惩、发展的基础。这个逻辑非常简单，但是需要你坐下来，一个职位一个职位地去理清。你要是说，"这么浩大的工程，我打仗都来不及，哪有时间去搞这些玩意"，你就先把公司最关键的几个职位做出来，可能是两个职位，也可能是三个职位。有的人说，我去请个咨询公司帮我做。其实，这种东西大概对，就可以开始用，然后在用的过程当中，无止境地调整。不要期望一个白胡子老头，或者说类似于白胡子老头一样的神仙降落，交给你一个完美的流程。

这个拧麻花模型乍一看像一棵树，其实它也是一棵树，企业其实就是这样从下往上慢慢生长出来的，别无他法。出来混的迟早要还，所有的捷径都是歧途，不要有任何痴心妄想。一分汗水一分收获，兢兢业业磨豆腐，磨十年你就是行业第一，磨二十年你就是世界第一，几乎没有例外。你要是觉得自己只是享受创业的过程，从无生有，从 0 到 1，太刺激了，太激动人心了，从 1 到 100、从 1 到 10000 我不爱做，那你一定要想办法找到爱做的人，交给他去做，这个是没有办法的事情。

第七章　从知到行有多远

Happiness is when what you think, what you say, and what you do are in harmony. (幸福就是你所思、所说和所做是协调一致的。)

——Mohandas K. Gandhi

一 管理到底是个什么鬼，以及怎么破 *

很高兴认识拆书帮的朋友们。管理这个鬼东西，越学越难，当然，也越学越有意思。今天我们来聊聊，管理到底是什么东西，为什么这么难。首先我们来看看管理的三个特征，反自然，反人性，反历史。

反自然、反人性、反历史

首先，管理是反自然的。自然的规律是所谓的熵增原理。倒一杯开水，开水慢慢就变成凉水，而且，这过程是不可逆的，凉水不会再变回开水，除非你把它拿回到炉子上去加热。一个孤立的系统里的秩序总是慢慢走向崩溃的，除非你从外面输入能量。同样的道理，你喜欢一个餐厅，第二年第三年再过去，你发现，你最爱吃的那个菜，就没那么好吃了；你喜欢的一个酒店，第五次、第六次去住，你发现，地毯慢慢就变脏了，墙纸就开始脱落了，卫生间也开始漏水了，这些都是熵增原理，是自然规律。在企业界，只有一样东西可以遏制这个过程，这个东西，就是管理。管理的目的就是要跟这个自然规律做斗争，

---

* 根据作者 2016 年 6 月 16 日在佛山拆书沙龙演讲整理。

所以它是反自然的。

第二，管理是反人性的。管理跟我们很多人性的需求都是完全相反的。举个例子，作为一个普通人，我们一般都喜欢表现自己的能力，喜欢逞能。谁不喜欢逞能？但是作为一个管理者，你偏偏不能逞能，你只能赋能，努力让人家觉得自己很能干，你才算是一个合格的管理者。再举个例子，我们天生都喜欢指摘别人的缺点，这是人的本性，看到别人的缺点心里就很爽。但是做管理者，只能看到别人的长处，天天去指责人家的缺点，你什么都做不成。再举个例子，我们都喜欢跟听话的人在一起，喜欢跟自己的朋友在一起，都喜欢跟一起创业的老臣在一起。但是一个好的管理者，你绝对不能沉浸在这个氛围当中，一起回忆当年创业，峥嵘岁月稠之类，你必须跟他们保持距离，一点办法都没有，管理是反人性的。

第三，管理还是反历史的。每个管理者某种意义上都是希腊神话里的西西弗斯。宙斯惩罚他，让他每天把一块石头推到山顶上，推上去之后，那块石头又掉下来，第二天，他又得重新推上去。每个做企业的人，从某种意义上讲，都是那个西西弗斯，因为你的企业肯定是会死的，区别只是早一天晚一天而已。但是，我们照样要去把那个石头往上推，因为我们拼的就是，我的企业比你死得晚一天，我拼的就是这个。所以，管理是反历史的。

手艺、博雅艺术、类宗教

管理这个东西很奇怪。首先，它是一种手艺，比的是时机、节奏、火候，比的是分寸感和度的把握能力。给你一个特定的情境，你得立刻判断这个情境里有多少个变量，把这些最重要的变量罗列出来；然后再给这些变量排队，哪几个变量是最重要的变量；排好队后给它赋值，满分 100 分，这个变量占到 60分，那个占 30 分，那个占 10 分，你才有可能找出一个相应的解决方案，把这个问题解决好。而且，这一切，靠的都是直觉，靠的是直觉判断力，都必须在电光石火之间完成。所以，这个手艺，没有一定的悟性，没有一二十年的积累，一般人连门都摸不到。

这还不是最难的，管理还是一门博雅艺术。博雅艺术？你好像听说过，但我敢担保，你真的不懂这四个字，英文叫Liberal Art，你真懂这四个字，你就懂得了西方文化的精髓。西方所有最好的大学，都强调他们做的是博雅艺术的教育，本质上是训练一个自由人发表演讲、进行辩论、维护自己的权益或者带领自己的同胞去维护城邦或者国家的权益的能力，他就是这么一种人。博雅艺术本质上拼的是对人性的理解，对人性的洞察能力。德鲁克再三说管理是博雅艺术，他指的是这个。我在中欧创立了校友国学会，带着老板们学文史哲，后来在领教工坊也继续鼓励老板们努力在文史哲方面多下点功夫，和德鲁克说管理是一门博雅艺术的原因，是分不开的。

但是归根到底，管理最难的是因为，管理是一种类宗教，它需要一种圣徒精神的支撑，它需要一种使命驱动的机制。这种东西，一般中国人一辈子都不知道是什么。有的人对金钱、对女人、对地位有一种激情，但是对于一项事业、一个价值观同样能够有这种激情，这个要求很高。也就是孔夫子那句老话，"吾未见好德如好色者"：美女走过，大家都多看几眼，真漂亮。有才德的人走过，你也要有这种生理反应，你才算得上优秀的企业家。

理论与实践的鸿沟

　　管理很难，你越琢磨，你发现它越复杂，所以管理绝不是书本上的那些条条框框，绝不是书本上的那些理论框架。从书本到现实你要跨越两条鸿沟，一条是理论与实践的鸿沟，一条是东西方文化的鸿沟，这两条鸿沟，99%学习管理的人都要栽倒在里头。我举两个例子，第一个例子，组织结构图，你学管理的第一个学期，甚至是第一堂课，你就学过组织结构图，我从18岁开始学组织结构图，我琢磨到今天我都还没琢磨透这个东西。我们画一个最简单的，三个人向一个人汇报的组织结构图（图7.1）。

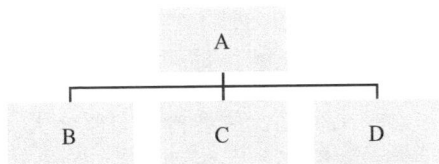

图 7.1　三个人向一个人汇报的组织结构图

　　B向A汇报，这意味着什么？A决定B的工作内容？A决定B的薪水？用还是不用他，是开除他还是雇用他，是A来决定的？一般人都会想到这些东西。但是其实从组织结构图来讲，这些东西全部不重要，最重要的是：B 的目标和 A 的目标是一致的。这才是 B 向 A 汇报的本质所在。那怎么让这个 B 的目标和 A 一致呢？我宣布你向我汇报，你的目标就跟我一致了？你这不开玩笑吗？如果你是生产线的工人，我监督着你，干得不对，我就打你骂你，还有点可能；他如果是智力工作者，你宣布他向你汇报，他的目标就跟你一致了？开什么玩笑。

你怎么才能让 B 跟 A 目标一致？你必须坐下来跟他一对一地谈。但是绝大部分的中国老板，什么都干过，什么事情都忙过，什么业务都在那操心，他就是没做过和自己直接汇报的下属一对一面谈，从来没做过。这个一对一是有很严格定义的，是一对一坐下来谈职业目标，你这三年想干什么？我公司这三年想干什么，我们有没有交集，没有交集怎么找到交集，交集太少怎么扩大这个交集，这些你不坐下来谈，目标能跟你一致？这不开玩笑嘛。但是多少老板，从来不做一对一！有的人说，我不是不想谈，是怕谈不拢啊。我说，怕谈不拢就不谈吗？明明知道被窝里有条蛇，你就那么躺下去睡吗？

这是最简单的组织结构图，我们继续往下画，一个组织至少有个三级四级。一串葡萄，你能拎起来吗？大多数公司，一斤葡萄拎起来，能有个二两三两就不得了，其他全是断的，都是各自心怀鬼胎，组织的目标跟他毫无关系！这就是组织结构图。我是搞了二十多年才搞明白组织结构图，这就是管理。

再讲一个跟这个相关的，新员工面试。一般老板，刚刚接触到跨国公司工作过的人带过来的面试表，看到那些问题的时候，特别激动，特别感叹，这么科学的方法，30 个问题一问，就能判断这个人的能力、这个人的价值观符不符合我们公司需求，我们怎么早没发现！有用吗？你把那 30 个问题复印了，拿到你公司去用，有用吗？你发现绝大多数情况下，最后都是形式主义，那些招人的人，那些直线经理人，甚至是人力资源总监，他就是不按这个问题单去问！先不说那个问题单符不符合你公司的情况，即使有跟你公司战略和价值观完全相符的问题单，你发现同事就是不按这个问题单去问，大家知道什么原因吗？

其实很简单，面试的人他要享受权力的快感！绝大多数人在面试人的时候，都是头一分钟甚至头 30 秒就决定要这个人或者不要这个人，而剩下的不管是 29 分钟还是 59 分钟，他都是自己劝说自己，我的判断很对。因为他要享受权力的快感，就这么简单！所以，一个公司人力资源总监或者招聘经理是男孩是女孩，对这个公司的平均颜值影响太大了。一般来说，招聘经理是个男孩的话，公司漂亮女孩特别多。如果招聘经理要是个女孩的话，你发现公司靓仔比较多，都是享受权力的快感的结果：长得那么漂亮，当然一定得要！人就是这种动物，就这么奇怪，这就是理论与实践的鸿沟。

东西方文化的鸿沟

再讲一个东西方文化的鸿沟。我在中欧教 EMBA 时，全民学韦尔奇，所有人都拿着《韦尔奇自传》来学管理。我当时很痛心，我说，你知道 GE 公司是什么公司吗？GE 公司是当年爱迪生创立的公司，基本上是整个世界制度、体系、流程最完善、最健全也是最烦琐的公司。所以杰克·韦尔奇过去，要倡导简洁、速度、自信，要把大公司变成小公司，要想办法让公司拥有小公司的灵活性。我们绝大部分中国民营企业的制度、体系、流程是太多还是太少？太少！你去学韦尔奇，就学反了！南辕北辙、缘木求鱼，东施效颦，根本学不到东西。就好比你这里是营养过剩，吃饭要卡着卡路里含量，人家那边三个星期、三个月都没有吃一顿饱饭，你过去巴巴地跟人家说，要多吃青菜最好是野菜，人家恨不得给你一巴掌：你倒是给我一块肉啊，越肥越好！反了，没用。

这个问题愈演愈烈，现在是全民学 Google，学《重新定义公司》那本书，大家都在读。我说大家一定要小心。举个例子，《重新定义公司》那本书第三章标题是"招聘是最重要的工作"，没有什么工作比招聘更重要了。这话对不对？对，也不对。在 Google，一个职位出来，全世界的"攻城狮""软件狗"们梦寐以求，几百人、几千人、几万人申请它一个职位，他们当然只要把人搞定基本上事就搞定了，那我们绝大部分公司，招一个软件工程师多少人申请？你去学 Google，这不是自己给自己找抽吗？

所以，东西方文化的鸿沟也是很可怕的事情。管理这个东西，刚接触的时候觉得很简单，越琢磨越复杂。打比方，它就像一个小姑娘，看起来特别天真、特别纯洁，但她其实和十几个男人同时保持那种暧昧的关系，管理就是这样的一个小姑娘。也因为这个原因，管理值钱。操 10 亿的盘，对不起，这个工作就值两三千万年薪；操 100 亿的盘，对不起，这个工作就值 2 亿—3 亿年薪，就是这样。只有极罕见的人才能拥有这样的素质，能够真正把管理手艺的一面、博雅艺术的一面和类宗教的一面结合起来。

干货最害人

再举个例子，很多人喜欢去听创业成功的老板跟你分享干货，我告诉你，没有什么东西比这个所谓的干货更害人的了。他在某个行业某个时期做成了某件事情，他那个经验与你这个公司的需求不知道差多远，更何况他说出来的东西还未必是事实上发生的东西。他吭哧吭哧地爬到三楼，把梯子一抽，我飞上来的！创业的人不会跟你讲这些尴尬的事情，他肯定跟你讲阳光面、讲励志的一面、讲这些大家听起来都很舒服的一面，所以你要跟着他做，你会死得很惨。

干货不值钱，值钱的是湿货。一定要考虑到这个东西具体的使用条件、边界条件和前提条件，管理经验才有用。湿货是什么呢？学过软件的就知道，AI（人工智能）最大的瓶颈是什么？不是硬件，不是软件，是"湿件"，我说的是"湿货"就是"湿件"的"湿"。这些东西，我也是寻寻觅觅这么多年，一直在琢磨，努力找到最好的学习方法来越过这两条鸿沟。对于企业家、对于老板，我们找到了私人董事会，领教工坊算是这个行业的开创者，已经做了五六年了，在业界还是有一点小小的影响力。对于普通员工，对于中基层管理者，我们发现最好的学习方式，就是赵周老师开创的"拆书法"。

所以，今天下午这几个小时，大家抓住这个机会，来体会一下这个"拆书法"的魅力。赵周老师当年是马云"钦点"进入阿里巴巴公司的 Top Salse 顶级销售，是"80 后"培训界的大明星，他创立了一个著名的"拆书帮"，是"拆书帮"的帮主。我们帮主创立的这种全新的学习方式，解决的就是适用条件、前提条件、边界条件的问题，让书本上的经典管理知识能够真正变成实实在在的能力。我讲背景就讲到这里，让我们用最热烈的掌声欢迎赵周老师*！

---

* 赵周，拆书帮创始人，著有《这样读书就够了》等。

二　流行的管理与经典的管理*

研究西方管理学的历史大家会发现，管理学诞生一百多年来，理性主义和人文主义，每隔 20—30 年交替成为管理学的主流。交替周期基本与宏观经济周期吻合，萧条期人文主义主导，繁荣期理性主义主导。当企业绩效更多地取决于资本管理时，信奉理性主义；当企业绩效更多地取决于劳动管理时，则信奉人文主义。更简单地说，实业界缺什么，理论界就会喊什么。繁荣期容易浪费，所以强调理性，强调控制，节流增效；萧条期预算紧缩，所以强调信任，放手让员工去创新，开源增效。

某种意义上，这种周期性与时尚业的流行趋势没有本质的不同。经济上升期，一般流行短裙子和冷色、中性色，鞋跟偏高。人生苦短、夜夜笙歌、及时行乐之类成为各类领导品牌的集体潜意识。经济下行期，一般则流行长裙子和暖色调、粉色调，鞋跟偏矮。梦幻世界、独处空间、庇护港湾等温暖系的话语成为更容易流行的品牌主题。箱子底下的奶奶的裙子翻出来突然又成为时髦，就与这种周而复始的流行性相关。

所以，一种管理理论是否流行更多地取决于当时的经济、

---

* 初稿为《塞氏企业》推荐序，浙江人民出版社 2016 年 4 月版。

社会、政治背景，与这种理论本身是否正确、是否有效、是否适用反而关系不是最大。当然，另一方面，凡是准确地抓住了深层次的、本质性问题的管理理论，不管当时是否流行，一般都能够经得起时间的考验，会逐渐成为历代管理者学习和奉行的管理经典。例如，上述的每20—30年的一个流行周期很多都给我们留下了经典的管理理论，理性主义的如科学管理学派，人文主义的如人际关系学派，都是当时蔚为流行的管理思潮。

因为流行与否更大程度上依赖于对一个阶段的大众情绪的把握能力（算命先生、媒体主编、蛊惑人心的政客都不同程度地具有这种能力），这就带来了一种炮制流行管理理论的商机。这种人往往首先需要充当一种类似"天气预报员"的角色，努力准确判断社会热点，迎面赶上；然后是用各种商业和非商业手段添油加醋，添柴加火；最终目的是在该理论流行周期结束之前努力收获最大的名利。至于这种理论多大程度上符合严谨的理论和实证的学术逻辑，是否能真正帮助企业人把企业做得更好，这基本是他们最不操心的事情了。

做企业的人多精明，他们为什么会给这种卖蛇油、卖大力丸、卖狗皮膏药的人买单？智者千虑，必有一失。至智者察人则明，察己则暗。企业人面临的市场竞争越剧烈，变化越大，不确定性越大，他们的焦虑程度越高，对号称能解决你问题的理论的免疫能力就越小，尤其是对那种号称能够立竿见影、一劳永逸地解决你所有的、一切的管理问题的流行理论的免疫能力。当然，另一方面，不可否认的是，企业人越是缺乏基本的科学素养、越是浮躁、越是急于发财，他们对这种流行理论的需求就越大，上当受骗、花冤枉钱的概率也就越大。

越是流行性的、流行周期越短的管理理论，越是需要用各种装神弄鬼的手段来包装出"管理大师"。道理很简单，只有这样才能提高这种流行管理理论的投资回报率。与这种管理大师关系密切的三个行业是商学院、咨询机构和培训机构。正规商学院一般都是非营利机构，加上商学院教授对学术逻辑的尊重，一般而言，他们努力去包装这种管理大师的动机较弱；咨询机构收款往往稍滞后于服务，所以面对客户的"预算硬约束"，包装这种管理大师的成功率不高；与之相比，培训和类培训行业对这种管理大师的需求量较大。反正光说不练，对企业的危害性相对较小。

明白这个道理，大家对于过去一两年企业界热炒的各种管理概念和管理理论如颠覆式创新、裂变式创业、事业合伙人等就应该就有个清醒和全面的认识。首先，它们不是什么新理论；其次，它们未必能解决你的问题；最重要的是，不要因为盲从这些流行理论而伤害到企业的长期发展。流行的管理理论的主要作用本来就是抚慰比较浮躁的那部分企业人的焦灼的情绪，一个愿打，一个愿挨，公平交易。如何让企业更有效、更好，从来就不是他们真正关心的问题。让企业更有效、更好，只能靠掉头离开各种峰会、论坛、大赛，回到企业，回到市场、回到客户，尊重一时一地的各种条件，因地制宜，因时而变，扎扎实实、脚踏实地去做好企业的每一件事情。

经历了这波互联网思维大潮洗礼的中国企业人，对西方有两个管理学界（大众管理学和学术管理学），两个学界甚至老死不相往来的情况应该多一分理解了。流行的可以成为经典，如果它们确实原创性地抓住了一个深层次的本质问题，其学术逻辑经得住时间和历史的考验，而且大师们自己不那么热衷于名利，没有到处留情，扔下太多的烂摊子的话。但大多数流行的东西，往往是无法满足这几个条件的。所以，与其追逐流行管理理论，不如沉下心来，多看几本教科书，而且是从本科生的第一门课《管理学基础》看起。

相信我，它们其实比很多流行的管理类图书更好看。

三 多一些真实践，少一些伪学习*

实话说，这个新年，过得实在有点忐忑。年关之际，各个领域发生的事情，几乎都是细思恐极的咄咄怪事。例如，著名的某校友案结案了，定性为工作失误，不予起诉；几部贺岁烂片扑街了，利益集团动用了公器，反过来怪影评网站"严重破坏中国电影生态"；北京重度雾霾，新年第一天都不给面子，空气质量继续爆表；资本外流汹涌，美元汇率跌破7，央行的外汇管制措施出台。一些最悲观的预测，甚至认为2017年为"洪水元年"（路易十四名言"我死之后，洪水滔天"意义上的洪水）。

深淘滩，低作堰

不管有没有"洪水"，2016不好过，2017年企业界朋友的日子好过的概率更小，"深挖洞，广积粮"，或者更贴切的，"深淘滩，低作堰"六个字可能是企业界朋友首要的战略。"深淘滩"指的是大练内功，降低成本，努力增强企业核心竞争力和抗风险、抗灾害能力；"低作堰"是薄利多销，通过更大幅度的让利客户来加大企业的生存基础。"深淘滩，低作堰"，简简单

---

* 2017年1月4日首发于领教工坊公众号。

单六个字，凝聚了中华民族几千年的生存智慧，可以说是我们企业人千古不易、千金不易的真经。

很多伟大企业都是经济低谷甚至是经济危机的产物。华为一创业就碰到 20 世纪 80 年代末的中国经济大底，阿里巴巴还未站稳脚跟，就撞上了互联网泡沫破灭和 SARS。IBM 与宝洁公司的发展，与 1929 年美国经济危机分不开。罗斯福新政给广大劳动阶层发放各类劳保用品，宝洁公司负责生产，IBM 公司负责清发，成就了两大行业巨头。苹果与微软公司为代表的美国西海岸 IT 业的兴起，则与 20 世纪 70 年代末的石油危机有关。当时主要发达国家的工业生产，都下滑了十几个百分点，没想到，反倒是让他们抓住机会，开创出一个全新的产业。

更具体一点，我想给企业界朋友的建议是：多一点真实践，少一点"伪学习"。管理是一门关于实践的学问，实践出真知，磨炼出绝活，踏踏实实坐下来把豆腐磨好，是确保经济低谷期企业能够活下去的唯一办法；到处赶场子，追逐新概念，吊名人膀子，FOMO（Fear of missing out）式的蜂群学习、社交学习、伪学习，实在是可以休矣。经济泡沫期，参加这类活动，不排除可以分到一点资本泡沫的可能性；经济低谷期，再这样"猴子屁股坐不住"，热衷于参加这类活动，影响的可是整个企业的生存的根基。

干货式学习

管理方面的伪学习可以分成干货式学习、自嗨式学习、鸡汤式学习和粉丝式学习几种。首先是干货式学习，这种学习的迷惑性最大。大多数人，把"全是干货"当作分享内容质量高的赞语。但我曾经再三论述过，真正有价值的管理经验，不是"干货"，而是"湿货"，是充分考虑到这种经验的边界条件、背景条件和适用条件基础上的管理经验。

先不说这些分享内容的真实性、可靠性如何，多大程度上被当事人因为自身利益冲突、"选择性记忆"、"社会适宜性"（就是为了说起来好听）等而有意无意地加工；简单听别人分享经验，不管是成功经验还是失败经验，如果不能清醒、明智、老练地处理好这些关键条件，盲目照搬别人的经验，可能东施效颦，适得其反；甚至仅仅是借鉴一下别人的经验，都有可能是鬼使神差，反而功亏一篑。

在这一点上，主流商学院的管理教育，通过精心编写案例、围绕案例研讨、系统的分类和适当的抽象与总结，再三地强调关键条件的重要性，死死地在学生心里扎下这个"认知之锚"，鼓励学生举一反三，具体情况具体分析。能够成就多少学生我们不敢说，但至少是在学术上负起了基本的责任，做到了问心无愧吧。

自嗨式学习

自嗨式学习也很有迷惑性，但危害性比干货式学习更大。自嗨式管理学习的典型是老师从物理学或者从生物学开始讲起，天文地理，无所不通；一切学问，尽在掌握。只要按他的方法去做，百亿级或者独角兽级别的企业，简直是唾手可得。这种人，客气一点，我们叫他们"民科"，与那些终于攒够路费，坐火车赶到北京，在中科院数学所、物理所门前堵人，央求科学家读一读他们的"能够获得诺贝尔奖"的"重大论文"的人，没有本质区别；不客气地说，就是骗子。

关于这一点，芝加哥大学社会学教授赵鼎新老师有一篇《自然科学与社会科学的区别》，讲得很清楚，大家可以找来看一看，降低自己被这种人迷惑的概率。如果说，因为分析层次（levels of analysis）多、无法还原（reduction）、过度决定（over determination）等，社会科学比自然科学复杂，管理学可以说比社会科学还要复杂，期望通过一两条物理学、生物学的法则来只手定乾坤，不是智力上的偷懒，就是道德上的腐败。

这些人完全没有分析层次的概念，无视学科分工，以跨界为荣，嘲笑学术界的人保守，死守学科藩篱。其实主流学术界不是不强调跨界，而是强调跨界的门槛，谁有资格、有能力跨界。一帮文科毕业生，而且是中国大学的文科毕业生，在台上装模作样，大讲特讲理论物理，大谈"波粒二象性"之类，实话说，讲的人没脸红，我这听的人先脸红了。

鸡汤式学习

鸡汤貌似有营养，其实大多都是鸡精勾兑，不仅没营养，而且喝多了还有害。原来鸡汤式学习仅限于传销界、寿险界，忽悠社会底层人士，大多数人不会接触，机场视频里各种声嘶力竭的鸡汤课，观者寥寥，买的人更少。"双创"一搞，全民创业掀起新高潮，加上人人都是自媒体，鸡汤从此无处不在，泛滥成灾了，早上鸡汤泡饭，中午鸡汤就馒头，晚上鸡汤下面，顿顿鸡汤，不死也伤。每天赶场参加各种企业峰会、创业论坛的人，指头上扎一下，冒出的都是鸡汤。

鸡汤貌似讲道理，其实是在人的情绪激发、欲望挑逗上下功夫，本质上是一种下半身的打法，没有什么含金量。鸡汤式学习往往忽视主要问题和主要矛盾，把公共层面的制度问题、行业层面的战略问题、企业层面的管理问题全部还原（reduced）为创业者个人努力和个人奋斗的问题。更大的荒唐是，一场一场鸡汤盛宴背后，其实往往是无良投资平台和他们包装出来的创业明星精心设计出来的局，引颈就戮的是那些天真地拿出真金白银来投资的人。击鼓传花，泡沫破灭时，一地鸡毛对斜阳。

鸡汤式学习的一个变种是粉丝式学习。情窦初开的小初中生迷上自己的偶像可以理解；"绝望的主妇"们迷上 TFboys 可以理解；创业者迷上一个明星企业家、迷上一个明星创业者，成为别人的粉丝，不可以理解。陈丹青说，年轻人找他合影、签名，他一般也会配合，"但是，真有出息的年轻人，不会做这些事"。真读书的人，不会听别人说书，甚至不会让别人推荐书。真正的创业者，决不会在灵魂上跪倒在另外一个人面前，不管这个人是任正非，是稻盛和夫还是乔布斯。

干货式学习、自嗨式学习是伪学习，因为它们不尊重最基本的学术逻辑，不尊重学术发展的最基本规律。鸡汤式学习、粉丝式学习是伪学习，本质上还是中国人爱跟风、易浮躁，期望一招制敌、一蹴而就、一夜暴富的老毛病。多实践，多复盘，多花点时间跟自己的同事聊聊天，才是做企业的正道。定期与关心企业管理的同好，一起切磋技艺，照照镜子（欢迎关注领教工坊私人董事会）。如果真想进一步学习，"天下第一等好事还是读书"，坐下来，扎扎实实读几本好书，才是正经。不要光读书名；不要听别人说说，然后假装读过这本书；也不能依赖所谓的碎片化学习：砖头瓦片收集再多，照样盖不出一栋房子来。

新年献词往往沦于我反对的鸡汤体，我想了想，还是不要赶这个时髦，等热闹劲过了再给朋友们写几句话也不迟。多一些真实践，少一些伪学习；深淘滩，低作堰，努力提高企业的防灾能力，算是我 2017 年给企业界朋友的几句叮嘱。路远不负重，人微莫建言。很多不中听的话，说了也白说，看在对朋友的情分上，我决定还是说，听不听，依你。

四　从知到行到底有多远[*]

大家好，很高兴今天来到中欧东北同乡会的年会现场，见到这么多新老朋友。今天到这里来分享，我是一则以喜，一则以忧。喜的是我讲的东西你们很容易听懂，因为你们基本是代表中国管理学学得最好的一群人。忧的是什么呢？忧的是咱们东北的朋友口才都特别好（众笑），在台上讲点什么东西，往往比我们南方人讲得不知道好多少。我们南方人讲普通话本质上都是讲外语。我小时候的那个家乡话，跟普通话几乎没有一个字一样，所以就需要你们担待一下我这个讲"外语"的主讲人。

我的题目，标题党的版本是《为什么做企业海归往往做不过农民》。当然比较认真的题目就是《从知到行到底有多远》，我大概有一个半小时的时间，跟大家聊聊这个话题上我最近的一些心得和体会，总的来讲是，要多远有多远！（众笑）

百思不得其解的怪现象

我跟企业家朋友从中欧开始打交道，加起来应该有近二十

---

* 根据作者 2018 年 1 月 18 日在中欧东北同乡会年会演讲整理。

年了，这二十年我经常会碰到一些让我百思不得其解的现象，怎么想都想不通。我这里举几个例子。

第一个例子，一对一，就是老板和向自己汇报的这个员工，每年、每个季度，甚至是每个月，一定要坐下来一对一地谈：任务完成得怎么样，怎么能帮你完成得更好，你的优点发挥得怎么样，怎么能够发挥得更好，未来还想做点什么。这个有时候叫绩效谈话，有时候叫一对一辅导。你总得坐下来谈吧。

我经常说，这个东西基本上是整个管理大厦的第一块砖，或者说是最重要的一种原材料，但是很多民营企业老板，从来不跟自己手下人做一对一！从来都不做！我怎么跟他讲，他就是不做！

外资企业做得多的，要求一年，一个季度，一个月，人家一个礼拜都要做一次，而且做的时候还有很多要求，打个比方，你礼拜一让他来谈话，你不要礼拜五通知，因为礼拜五通知，你让人家整个周末都过得不好，不晓得礼拜一老板要怎么难为我。所以你还得假装在饮水机旁边碰到，叫他过来，聊一聊，聊个 40 分钟，聊个半个小时什么的。

但是中国老板就是不去做，不管你怎么跟他讲，他就是不去做，我也告诉他了，你就问他这三个问题。怕谈不拢，谈不拢你就不谈啊？被窝窝了一条蛇，你明明知道有一条蛇，你就躺进去睡觉啊，但是他们就躺进去睡。什么原因？我先留个伏笔，我们一会儿再来告诉大家原因。

第二个例子，股权分享。一大巴车、一大巴车拉着大家去学华为，实话说，我是哭笑不得，你们这帮老板，不要说学任正非只留 1.4%，你留 14%，留 40%，我都佩服你！2013 年跟我讲，我们准备拿出多少多少来分；2014 年还在那儿讲，哎哟，我在考虑这个方案那个方案；2015 年，我们还是想请个什么咨询公司。我说股权分享，只要三条不要出问题，这个分享方案就在 80 分以上，没有什么好担心的。

第一，事先想好进口和出口：也就是进入和退出条件，到底是送，还是打折，还是全款；是净资产价还是 PE 多少倍；退出到底是离开职位了就退出，还是离开了公司退出，还是退休退出，还是死的时候退出，还是说可以传承。这些条件你都可以事先谈好。

第二，不要一次到位：按职位、按绩效分，每年分个 5000 股，8000 股，一点一点分。

第三，投票权和分红权要分离：投票权你不要给他，要想办法用信托，用有限合伙，用一个壳公司等各种方式把投票权留在自己手上。

我说，你只要满足这三点，股权分享就不会出错，这个方案就是 80 分以上，但是他来来回回折腾，到底什么原因？我再三告诉他，当你的员工第一次工资卡上出现了非工资、非奖金之外的第一笔钱，那一瞬间他就变了一个人，他就知道这个公司是"我们的公司"。但是一百个老板，可能只有两三个老板享受过那个伟大的瞬间带来的快感。都是说、说、说，没有几个人做。什么原因，留个伏笔。

第三个例子，一米五九现象，就是老板自己一米六，你发现他下面的人全部是一米五九以下，怎么培养也培养不出自己的人，外面能干的人怎么招也招不进来，招进来怎么弄也留不下来。

到底什么原因？我十几年前写了一本书，叫《中国人为什么组织不起来》，强调价值观的分享、能力的分享、财富的分享，高管的话，还要稍微多给一点，还要给股权、给尊重、给机会。但是总的来讲，按这些方式去做，人就是会成长起来，人不成长才是小概率事件，成长是大概率事件。为什么你手下的人永远 1.59 米以下呢？这对于我来讲也是一个百思不得其解的现象。我琢磨了十几年，什么原因？一会儿告诉大家。

没有乔布斯的命，却得了乔布斯的病

跟这个相关的另一个现象是，大家非常热衷于去学习那些国外的标杆公司。20 世纪 90 年代最火爆的是 IBM 的郭士纳，大家都学郭士纳。杨元庆也去学，搞出所谓"高科技的联想、服务业的联想、国际化的联想"三大战略，惨败而归之后，就要学郭士纳的"大象跳舞"，然后裁员，裁得一片怨声载道，最后柳传志出来给他收拾摊子。西方公司如果绩效不好，董事会决定裁员，第一个裁 CEO，CEO 你自己推出战略，失败了，好，脸一抹，就没事，然后回头就去裁别人，谁会服你？这不是最简单的道理吗？他居然就忘记了。

然后是学杰克·韦尔奇，韦尔奇在什么公司？他是 GE 公司第某任 CEO。GE 公司是当年爱迪生创立的公司，几乎是全世界制度体系流程最完善，但也最复杂、最烦琐的公司，所以韦尔奇就一定要强调让 GE 想办法恢复小公司的灵活性，强调简洁（Simplicity）、速度（Speed）、自信（Self-confidence），所谓 3S 战略。

大多数中国企业，中小企业，民营企业，你的制度体系流程是太多还是太少？是太少，你去学 GE，学韦尔奇，你就学反了，是南辕北辙了。好比你营养过剩，吃东西要讲究定量，要讲究体形，讲究 shaping，而非洲那边是几个礼拜、几个月都没吃一顿饱饭，你过去跟人家讲，要多吃蔬菜，最好是野菜，人家恨不得扇你一巴掌，你倒是给我一块肉啊，越肥越好。

学乔布斯，又是新时髦，人人都要做产品经理，一把手首先必须是产品经理，这完全是屁话。乔布斯做产品经理，至少得要三个前提条件。第一个前提条件，有个极度发达的职业经理人市场，有无数个像库克这样的人帮他把握大局，你有吗？第二，乔布斯确实在产品方面有过人的见识，别人没有他厉害。第三，乔布斯自己冲到前面去，一定要跟指挥链打招呼。

一把手去做一个一线的工作，做自己手下的工作，手下的手下的工作，某种意义上，是一种自私，甚至是一种腐败——我给你发一千万一年的薪水，你去干一百万，甚至十万块钱一年薪水的人能干的活，可不是腐败吗？你往好里讲，要去跟指挥链的人说，这是我的偏好，就容忍容忍我吧，把这个活交给我干吧。你如果没有满足这三个条件，你去学乔布斯，那就是笑话。

当然最近还有同样等级的笑话是学谷歌公司 OKR。KPI 过时了，朋友圈天天流传这个东西。OKR 是新东西吗？那不就是管理学本科教科书，第二章、第三章都会提到过的目标管理吗？有什么新的呀，它只不过是相对更强调定性，不强调定量一点而已，不代表本质的区别。KPI 从来不会过时，过时的是傻的KPI，是烦琐的 KPI，是跟战略不挂钩的 KPI。

这些莫名其妙的逻辑，把很多人的脑子搞乱了，谷歌公司是什么公司？是什么行业？在行业里什么地位？所以强调目标管理，你符不符合这个条件，你要很清醒，你是什么行业，你在行业什么地位，你怎么能学它呢？所以学理论和学标杆，你发现都很麻烦。

知行合一从学理上来讲很简单。知和行，本来就是一个东西的两面，它就是看同一个东西的两个角度，"知之真切笃实即是行，行之明觉精察即是知"。但是在现实当中，哪里有那么容易。从知到行，隔着两个太平洋，刚开始是理论知识，理论知识要变成实践知识，中间隔了一个太平洋，实践知识要变成实践，中间又隔了一个太平洋（图 7.2）。用"教授中的教授"、斯坦福大学的詹姆斯·马奇的话来讲，这个（理论知识）叫

理论知识　　　　实践知识　　　　　实践

图 7.2 "两个太平洋"

"学术知识",这个(实践知识)叫"经验知识",这个(实践)叫"经验",但逻辑是一模一样的。

第一个太平洋

我们先来看第一个太平洋淹死多少人,然后再来看第二个太平洋又淹死多少人。第一个太平洋是从理论知识到实践知识,我们先来看中国历史上大家都非常熟悉的两个案例。这是著名的诸葛亮派马谡去守街亭的故事,大家知道,诸葛亮北伐从这边打过去,但是街亭你得守住,要不然人家会把你后院端了。诸葛亮左右看,没有合适的人,派了马谡,马谡就带着一些不太精锐的部队去守街亭了(图7.3)。

图 7.3 街亭之战形势图

到了街亭，来到一个路口，副将王平说，我们就在这里安营扎寨，是不是就可以完成丞相的任务。但是马谡说，旁边有一座山，山上树木茂盛，我们为什么不在这个山上安营扎寨呢？王平说，敌人如果把水源断了，我们岂不就完蛋了？

马谡熟读兵书啊，他说《孙子兵法》上写了，"置之死地而后生"。他敢断我水源，我以一当十，奋勇杀敌。最后大家知道什么结果了，最后失街亭，空城计，斩马谡。

但是你仔细思考，"置之死地而后生"，难道没有道理吗？著名的"破釜沉舟"，是在马谡之前发生的事情。秦朝末年，大家知道，当时六诸侯军反抗暴秦，秦国20万王离的军队包围巨鹿，这边还有20万章邯的部队策应。燕王的部队不敢动，齐王的部队不敢动，然后楚王派了5万人马到安阳，大将军宋义犹豫了46天也不敢动（图7.4）。

项羽先斩后奏，把宋义给杀了，自命为大将军，然后破釜沉舟，"皆沉船，破釜甑，烧庐舍，持三日粮，以示士卒必死，无一还心"，带着这五万兵马九战九胜，把秦军打得稀里哗啦。打败之后，诸国军队就来拜见项羽，跪在地上，膝行而前，一点点往前挪，成就了西楚霸王的威名。

同样的战略，为什么对于马谡是自入死地、自取灭亡，对于项羽却又是置之死地而后生呢？什么原因？（互动：战斗力不一样，领导人的威信不一样，战争的性质不一样）还有什么原因？（互动：环境不一样）要具体一点。这是要命的事情。（互动：敌人不一样，目标不一样）目标不一样在哪里？

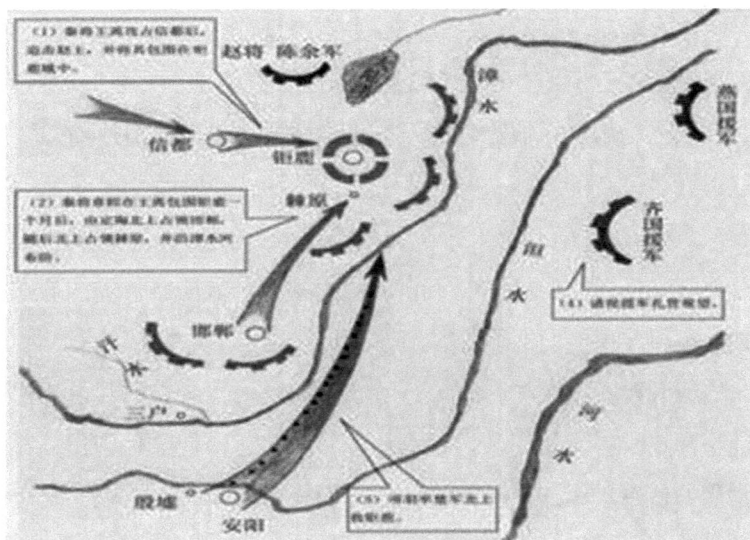

图 7.4　巨鹿之战形势图

对，一个是攻一个是守，这就抓住了问题的关键。攻守形势不一样，你怎么能用一样的战略呢？只有在攻的情况下，才有可能靠迅速、出人意料的进攻来制造混乱，然后乱中取胜，才有可能以少胜多，最终拼的就是一个字——快。"天下武功唯快不破"，拼的就是一个"快"字。所以《孙子兵法》对死地是有定义的，叫"疾则存，不疾则亡"。这个"疾"就是快的意思。

但是这个疾，项羽理解的是三天，那在别的情况下，到底是三天还是三个小时，还是三十分钟，还是三分钟？这个分寸感全靠指战员自己长期的历练、长期的经验才能把握住，没有任何人能替你做这个决策。

你去看兵法上的这些战略，去看任正非写的那些文章，会发现有很多自相矛盾的地方，这边讲"置之死地而后生"，那边讲"自入绝地，自取灭亡"；这边讲"穷寇勿追，归师勿遏"，这边讲"宜将剩勇追穷寇"；这边讲"坐山观虎斗，渔翁得利"，那边讲"观其坐大，步人后尘"。这些都是相矛盾的，但是你仔细思考，如果抓住了它的使用条件、前提条件和边界条件，你就发现他们不矛盾了。

但问题就出来了，第一，所有的教科书，所有的兵法不可能帮你把所有的使用条件都列出来；第二，即使给你列出几个常用的使用条件，它们的重要性排序没有人给你排出来；第三，就是我刚才讲的，即使你天纵英才，抓住了最重要的使用条件，这个使用条件的成熟程度只能靠你长期的经验来把握，没有任何人能够告诉你这个条件到底是成熟还是不成熟。

辽沈战役时有个著名的案例，就是李作鹏带着军队南下锦州去截住廖耀湘兵团，不让他们逃跑。打到抚顺附近的时候，半夜枪声大作，枪炮声震天动地，然后李瞎子（李作鹏视力特别不好，叫李瞎子）就说，我们不往南了，就在这里守着，这就是廖耀湘兵团的主力。旁边的参谋吓死了，说这李瞎子真是能掐会算，他怎么知道这就是廖耀湘兵团的主力呀？天一亮，果真是，他怎么就知道是呀？后来大家问李作鹏，李作鹏说，杂牌军的枪炮声不可能这么响亮，他就用这一点来判断。这么响亮的枪炮声，那就是廖耀湘兵团的主力。要不是身经百战，你怎么知道什么叫响亮？什么叫不响亮？

你不可能做这个判断。

所以，《孙子兵法》说，"因敌变化而取胜者谓之神"，这是一种极高级的能力。唐太宗和李靖在一个兵法对话里头就讲，"兵法可以意授，无法语传"，凡是你可以看书看到的、听课听到的、文章里头学到的东西，都没法帮你打仗。这个东西只能靠意授，只能靠一起摸爬滚打才有可能掌握。所以《岳飞传》里讲，"运用之妙，存乎一心"。有人写错别字，说存乎"于"心，不对，是存乎"一"心，只有一个人的心知道。"二代"想接班，如果自己不经过一系列的挫折、煎熬，他是不可能接得了班的。你拿擀面杖打，都没法把经验和智慧给他打出来，没办法教会他。

马云把我带沟里

从理论知识到实践知识就这么艰难，所以，如果忘了美国的这个使用条件跟中国的使用条件完全不一样，就犯了刚才说的"没有乔布斯的命却得了乔布斯的病"这样的错。实话说，英美国家跟中国的制度、文化和历史的区别，很多方面都导致了管理措施上不仅是不同，而且是相反，就是他有用的东西你就没用，他没用的东西你就有用，就这么奇怪。你完全按照教科书，美国进口的教科书去做管理，在中国是会败得很惨很惨的，背后就是这个原因。

因为使用条件不一样，国外的标杆不好学，中国的标杆也不好学的。打个比方，马云是谁？马云是1）九十年代2）杭州3）电子科技大学4）教英文的5）一个老师。就这五点，你仔细思考，造就了马云今天的辉煌。首先是90年代，90年代是什么时候？是WTO前夜。中国经济崛起，很大的方面是WTO的红利，没有江主席和朱总理当年的力挽狂澜，决定加入WTO，就不会有中国的今天。所以马云守着WTO红利出现，深圳的崛起、杭州的崛起、浙江的崛起，都有WTO在背后支持的功劳。

教英文，这个小个子，不仅普通话说得好，英文也说得好，这个很难得。中国企业做得好的地方，从江苏到浙江到福建到广东，基本上都是说方言的地方，基本上说普通话要像外语一样说的地方，所以他们讲普通话讲得都不好，几百亿的大老板，上台来讲话，讲三句话四句话就下去了，没什么好讲的，讲不出来。唯一出来一个马云，不仅中文讲得好，英文还讲得这么利落，这是一种非常非常罕见的情况。

然后是浙江，中国制造的一个重要的基地，尤其是永康、义乌这些做小日用品的行业。马云身处中国制造的一个很重要的省份。

但是他不懂电脑怎么办，不懂IT怎么办？他是杭州电子科技大学的老师，他的学生都懂IT。

最后他是个老师，老师从一创业开始，就是使命、愿景、价值观的贩卖者，把整个企业的定位就做好了。

所以你如果没有这五个条件，你想学马云，那都是笑话，而且这五个条件时过境迁，不会再回来了。所以你看学华为多多少少有点谱，只要你真心，下决心，愿意去跟员工分享，就有希望。学阿里其实很难很难学的，到现在为止，唯一学阿里学出一点样子来的是滴滴的程维，因为滴滴是一个很类似的互联网平台的行业，自己也在阿里上过一段时间班，把阿里的基因带过去了。所以中国的标杆，也不好学。

管理是手艺

我总结一下，从理论知识到实践知识非常难，从标杆的实践知识到自己的实践知识同样非常难，因为管理是手艺，需要面对的是一个多层次、多维度、多时点的全面、复杂、动态的因果关系网络。你怎么用一种灵动、开放、回转的智慧，在这个比蜘蛛网还要复杂、多重的、多维度的世界里头迅速找出最重要的因果关系，迅速找出最重要的可操纵的自变量，这是一种近乎神的能力。

所以，你判断身边的人，尤其判断你的手下，是不是将才，是不是有培养前途，其实最重要的就是看他能不能抓住重点。抓不住重点的人，不管学历多高，不管简历多漂亮，不管嘴巴多利落，对不起，都是废物。

这种能力，中国的科班教育，你把我逼到墙角上问，实话告诉你，起的是副作用。绝大多数中国的科班教育，体制内的教育，是破坏这种能力，不是保存这种能力，更不是扩大这种能力。这就是我今天讲座的副标题，做企业海归做不过农民，哈佛博士做不过温州小学毕业生，背后最深刻的逻辑，因为小学毕业生他不会被那些教条所迷惑，他不会被那些自带光环的英文名字所迷惑，他从小就生活在一个蜘蛛网一样的因果关系里，他15岁就跟舅舅开始卖袜子，他就知道什么因果关系是最重要的因果关系，什么自变量一调，70%，80%问题就能解决。大学毕业，好学校毕业的，往往这方面能力还不如人家。

所以，有时候，想想很心酸，同样是十几岁，跟着舅舅卖袜子的现在只要智商七十以上，怎么着也是亿万富翁了吧。那个考上了985院校的一路读到美国博士毕业回来，第一个月工资单打开一看，3000块，然后就跳楼了。真有这事。有时候千万千万不要被这些外面的看起来很风光的东西所迷惑。

你别看好像成千上万的人，全世界最聪明的人都在琢磨这个问题，但是只有我老师明茨伯格把这个事情说清楚了。他说：

> 管理是对科学的应用，管理者们要利用他们各门学科得到的知识。但管理更是艺术，其基础是洞见、远见、直觉。更重要的是，管理是手艺，意味着实践经验——即从干中学的重要性。

手艺这个词很干巴巴，其实就是我刚才讲的那种东西，手感、质感、分寸感、节奏、时机、火候、度的把握能力。所以这种东西它是从理论知识到实践知识最关键的东西，没有这个东西，你做企业是做得很累很累的。

第二个太平洋

这个是第一个太平洋，这个太平洋好像很凶险，其实第二个太平洋更凶险，更可怕。如果这个太平洋一百个人淹死了二三十人，下一个太平洋几乎淹死所有剩下的人。这个太平洋是什么呢？是从实践知识到实践的太平洋。

很多人一说起学管理，脑子里出现的肯定是各种流程图、线路图、表格、步骤，其实那些以技巧为基础的能力，在从实践知识到实践的过程中，扮演的角色没那么重要，更重要的是以道德为基础的能力，或者以价值观为基础的能力，没有这种能力，你上面那些令人眼花缭乱的能力，再多都是白搭。

这种以道德为基础的能力，按孟子的说法，首先与以技巧为基础的能力是不一样的东西。"挟泰山以超北海"，是不能；"为长者折枝"，是不为也，非不能也。以道德为基础的能力，大多数情况下是你不愿意，而不是说你没有这个能力。所以孟子认为，以道德为基础的能力和以技巧为基础的能力是不一样的东西。

《庄子》有个故事讲的道理就更深刻，他说这种以道德为基础的能力不仅是一种不同的东西，甚至是一种跟以技巧为基础的能力相矛盾的东西。庄子说，子贡到楚国去游玩，发现有个老人抱着一个大缸取水，浇灌菜园。子贡就笑话他，老头子，你难道没听说过水车吗？这个老头子说，你以为我不知道，我不用是有原因的，有机械者必有机事，有机事者必有机心，他说你用了水车这样的东西，你就会充满机心，你就会丧失人与人之间的那种浑然一体的状态，就会丧失了那种连通性，丧失了把握他内心所思所想的那种能力。

《中庸》围绕一个字展开，这个字就是"诚"。中国传统文化有时候是很伟大的，你仔细去看《中庸》，他那个诚字不是诚实的意思，这个诚字基本上是指代人世间最深层次的底层逻辑。《传习录》："至诚如神，可以前知"，把握住了诚这种东西，就可以预先知道我身边人的想法，预先知道我军事上对手的想法，所以王阳明就能够带着几千个农民，把宁王朱宸濠给抓住，打败他号称十万正规军。而且他还改了一个字，他说至诚不是如神，他说"至诚即神"。所以王阳明的心学，说一千道一万，就想努力让人们保住这种与人打交道，跟人沟通时的连通性，这种东西是一切的基础。

这就解释了刚才这三个"谜之自信"。为什么不做一对一，他不愿意做，他觉得不舒服。此山是我开，此树是我栽，一草一木，一砖一瓦都是我从零开始打造出来的，你一个打工仔，你要跟我平起平坐，你还让我来问你明年想做什么，他受不了。一对一有严格的要求，不能坐在老板桌上傲慢地问人家，必须找个小圆桌，坐成 90 度，必须是平等才有效果的。他受不了，内心深处，他就没有这种对人、对自己员工的尊重，他没有这种尊重，他找不到这种感觉。

股权分享，2012 年出方案，2015、2016 年还在那里咨询这个，咨询那个，你以为他真是这么慎重啊？他就"一个字"，舍不得（众笑）！我都是哭笑不得，怎么能又让马儿跑，又要马儿不吃草，天天学华为，你学到哪儿去了呀？他就是舍不得，他没有这种对人的劳动发自内心的尊重。

我有个企业家朋友跟我讲，每年大年初一，第一炷香烧给谁呀，我烧给那 15 个高管，她自己小学毕业生，15 个高管一水儿的外企 40 岁左右大公司出来的职业经理人，我看着从三五个亿做到现在七八十个亿，要并购飞利浦，小学毕业，到今日为止，话都不怎么说得清。但是只要她有与人的这种连通性，只要她有这种至诚如神的能力，什么奇迹都可以创造。

1. 59 现象，什么原因？因为人的本性是排贤妒能的，你看到谁比你能干，第一直觉肯定是不舒服，感觉到受了威胁，感觉到被挑战了。没有对这个事业真正的热爱去支持你克服这种排贤妒能的情绪，你是不可能让这些高手进到公司，让他们真正在你这个公司发展起来的。这背后缺的都是一种以道德为基础的能力，你缺的不是技巧，在这方面我还巴不得你口拙舌笨，巴不得你就像第一次跟女孩子表白一样说得结结巴巴，巴不得你脸红脖子粗，不要技巧，就要"至诚如神"这四个字。

我们的事业到底是什么

所以什么叫领导力，马云说，"你找的人比你更能干就是领导力"。你看到比你能干的人，心里微微感到有点不爽，即使是来给你干活，也感到有一点不舒服。你手下的人发现了一个比他更能干的人，他敢招过来？开玩笑。第一时间要给他挖个坑，第一时间要想办法让他阵亡掉。因为他那儿还有一个厉害的利益冲突：他手下的人能干了，你便有可能用那个人换掉他，他的担心比你更多。

"华为员工为什么爱加班，就是因为'分赃'分得好"，没别的原因。还有一句话，"你给员工的钱给得多了，不是人才也变成人才了"。这话听起来都很土对吧，什么"财散人聚，财聚人散"，但是你没有一种道德能力在后面支撑，真的，你不会去做。

海底捞的张勇挣很多钱，人家使劲夸他，张勇，你简直是个菩萨。张勇说你别夸我，我就是个资本家，他们挣得多，我挣得更多，我去年挣了十几个亿，我都愁怎么去花这个钱了。但是张勇最深刻的原因，是他真心尊重他这帮兄弟姐妹。他跟我讲他早年的一个故事，他刚从简阳出来创业，第一个城市是西安，在二楼开了一家火锅店，一楼也有一家餐厅。然后有一次他上楼，看见一楼那个老板拿开水泼他的员工。张勇实在气不过，就找了一个碴儿，带着他的员工一起，把那个老板打了一顿。

他跟我讲这个小故事的时候，我心里是挺感慨的，张勇他没有这种发自内心对这些兄弟姐妹的尊重和爱，这些人是不会跟着他的。他那套考核、拓店和晋升三位一体的系统，网上都有，谁都能复制，但有几个人能复制海底捞？最深刻的起点是他内心深处对他这些兄弟姐妹的态度。

大家知道，农民工制度是人类历史上难有其匹的制度，如果有一个"匹"，那就是南非的种族歧视制度。南非歧视的是黑人，我们歧视的是自己的兄弟姐妹。高考那天，发高烧的是你，在建筑工地上搬砖的就是你自己。

所以，公司的铁三角，使命、愿景、价值观，有没有能力激发出你自己和你的高管，你的员工团队的一种道德激情，是你这个企业是否真正像有机体，像生命一样能够成长，背后最深刻的原因。在中国做企业，往往不是使命这种偏战略、偏做事的层面的东西能够激发道德激情，往往是价值观能够激发道德激情，往往是跟做人相关的能够激发道德激情。

打个比方，华为的事业是什么？有的人说华为的事业是做一家世界级通信公司，不是，华为的事业是不让雷锋吃亏。雷锋到底是谁？这个是中国当代史上的一个谜，我们到现在为止，这些档案都还没有解密，就不去探讨它。这里雷锋只是个密码，只是个代号，雷锋代表什么呢？代表做事的人，代表主动做事的人，代表主动按规矩做事的人。这种人在中国文化传统中一直在吃亏，吃亏了几千年，因为中国文化从来都是说一套做一套的，至少从先秦以后都是这样，阳儒阴法，嘴上说一套，实际是另外一套。所以，关于企业文化，我觉得所有人讲的都不如宁高宁一句话讲得透彻，什么叫企业文化？企业文化就是大家开会说的话，和开完会之后在走廊说的话是同一套话，这叫企业文化。我不管你的内容是什么，只要你说的是同一套话，就是企业文化。任正非在华为，他要建立的就是这么一套系统，不让雷锋吃亏的系统，要让大家心里想的、嘴上说的和实际做的变成同一套东西。这个不容易，这是跟几千年的历史传统做斗争，相当相当不容易。

海底捞的事业是什么，是做一家火锅店吗？不是，他的事业是跟刚才讲的，人类历史罕有其匹的不公正、不平等、不人道的制度做斗争，要让大家双手改变命运。农民工进城里头来，被侮辱、被歧视、被损害，人家根本不把你当人看，我张勇出来，我要做个平台，不看背景，不看学历，不看经历，就看你干出什么活来，我就给你相应的位置，做到店长一年几十万，做到区域经理一年一二百万，给你配司机，配保姆。你城里人瞧不起我？你过得还不如我。

万科成为中国房地产界老大道理是什么，就是三个字，不行贿。当然现在王石退了，这个理想主义慢慢有点褪色了。还有顺丰让一批人过上有尊严的生活，德胜洋楼让农民工成为绅士，这些公司的事业，都是跟道德激情、跟做人有关的。

行走江湖有三种人，时间长了，我基本是跟看相的一样，一眼就能看出来。第一种人就是为了挣钱，这种人一般挣不到什么钱；第二种人好一点，他真心发愿要做一件事情，所以他往往能做成一些事情，能挣到一些钱；但是中国真正做成大事、挣到大钱的人永远是第三种人，就是秉持着造人的理念的人：造就人，成就人，让身边的人成功。

你仔细观察这三种人的目光都不一样，第一种人，眼神闪烁，他到任何场合他都是在找资源、找客户，这种人往往做不大；第二种人不一样，他更从容，目光很笃定，他不会到处搜索，他不会判断你是买还是不买，跟奢侈品店的服务员一样；第三种人又不一样，他的目光很温和，有一种内在的力量，从内到外散发出一种很温和的光，这种人往往就能够做成大事。

君子好才如好色

学术上的道理很简单："白花花的银子，背后是钢铁般的团队，钢铁般的团队背后是老大金子般的领导力。"但是一百个人都看得见白花花的银子，这一百个人里头只有十个人看得见钢铁般的团队，这十个人里头又只有一个人看得见老大金子般的领导力。

孔子说"吾未见好德如好色者也"。什么意思呢？一般人看见漂亮的姑娘、漂亮的小伙走过，很开心，对吧，心动，甚至有生理反应，很正常。真正好的企业家，他看见人才走过，他也会有生理反应，你懂吗？这是一个极高的境界。你要没有这个境界，人才不会来的，我到哪儿不是照样挣钱养家糊口，我干吗到你那儿去呀。

所以，做企业的人，还是刚才说的，此山是我开，此树是我栽，他很容易小瞧各行各业的这些专业人才，IT 有什么好搞的，不就是买几台电脑吗？人力资源不就招几个人发发薪水吗？产品，这东西我琢磨了三十年，谁比我更懂？销售还没见过我拿不下的客户。什么都他能，什么都他最厉害。你牛，那就按你的去做了，真牛的人他就不会来，来了也待不住。你不懂，门都还没进。打比方，五千左右偏白领员工的公司，人力资源一把手，他就值三五百万，没有这个薪水，连进门的资格都没有。人力资源工作，那个复杂、动态、多维的因果关系网络，没有极深的对人性的把握，对群体动力的把握，你每推出一个政策都是笑话。还要懂行业，还要懂业务，你没有三五百万，门都进不了，你根本连毛都摸不到。这个是大的背景。

更深层次地去挖，为什么金子般的领导力这么难找呢？因为 entrepreneurship 和 leadership 这两者之间的矛盾。大家中欧毕业的，都认识这两个词，一个叫 entrepreneurship，企业家精神或者创业者精神，一个叫 leadership，领导力。你看这两个词背后都是 ship，是船的意思，所以我就半开玩笑地讲，这是两艘船。中国各行各业，但凡这个行业里头有一个人两艘船都有，这个行业别人就不要玩了，game over，这个行业就是他的。

为什么一个人同时拥有两艘船这么难呢？因为这两艘船是互相矛盾的。entrepreneurship，如果咱们在座的有创业的人，你仔细思考回忆，当年是什么东西在驱使你创业，肯定是一种极深刻的不安全感、不满足感、未完成感，你觉得不创业，这辈子你对不起自己。你内心深处燃烧着一团火，这团火永不熄灭。你可以移民到国外去，移民到温哥华之类的地方去，但是你很快就发现，住着就是难受，上午看海，下午恨不得跳海。因为你就是劳碌命，就是干活的人，你不去创造一个世界出来就受不了。

但是这种不安全感正好就是你成为一个好的领导者最大的敌人。因为好的领导者，一定是要成为你身边的人的安全基地，通过提供被保护感、安全感和关爱感，以及使他人勇于探索未来、承担风险和寻求挑战的勇气，来建立信任并影响他们。你要成为你身边人的关爱基地，你要成为他们小时候最亲的亲人那种人，就像看到自己的外婆一样。当然你肯定是同时还要挑战，不能光有关爱。

所以，这个道理很简单，恩威要并用，这边是铁的纪律，那边是爱的精神；这边是高标准严要求，那边是内心深处对他的欣赏和尊重，这两样东西一定得同时有。我们大多数中国老板，如果你没有关爱的能力，对不起，你就在下面这两种维度里面选，你要不是控制型的，你要不是逃避型的，很难成就真正胜利型的团队（图7.5）。

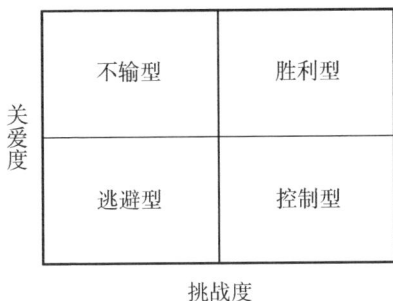

关爱度

| 不输型 | 胜利型 |
| 逃避型 | 控制型 |

挑战度

图7.5　关爱与挑战

管理是修行

学术研究的一些结果，一些最新的结论也支持了我们刚才讲的这个道理。他们发现，人的大脑有一个电磁场，大概能够发送到你的大脑外十英寸的地方；人的心脏还有个电磁场，这个电磁场可怕，能够传到你身体之外十英尺的地方，大概三米。对方还没开口，还没看你的肢体语言，他的心脏就已经感受到了你心脏的电磁场。所以你如果不是发自内心地尊重和欣赏这个人，你谈都不要谈，90%的情况下，你没开口，这场谈话就已经失败了。

仔细思考，这个是很恐怖的。所以我理解那些老板说，为什么不敢去做一对一，可能他自己也下意识地告诉自己，这个磁场对不上，往那儿一坐，双方就开始较劲。所以，你回过头来理解王阳明"至诚即神"这句话，你就会感到震惊，这可不就是谁也瞒不过吗？而且你身边的高管，天天琢磨你，天天研究你，天天分析你所有的行为细节，他们看你简直就是看毛片，纤毫毕露。你想玩弄什么小九九，想弄个什么小花招，没用的，一点用都没有。

所以，没有道德能力是一种绝症。性无能还好，你还有"伟哥"，爱无能，你这辈子就是瞎过吧，真的，没人能帮到你。

管理是修行，偏道德维度，后边是偏心理学、偏性格的维度。这个也很重要。如果你是偏控制狂的性格，你就非常容易陷入军事化管理的陷阱，什么都得按照你的意思来，慢慢身边的人也知道你的这个脾气，这个企业就进入一个恶性循环，他就没有任何创新变革和适应环境的能力。

自恋狂做企业就容易出现刚才说的 1 米 59 现象，对吧，他总觉得别人不如他，总觉得这个人好像管生产好点，但是营销不行，那个人好像财务背景强，人力资源不行，他总觉得自己比别人强，其实完全是错觉。因为做企业，你觉得你比别人强点，很多情况下都是因为你信息来源更丰富，因为有四五个人从四五个方面，甚至十几个人从十几个方面向你汇报，你觉得自己强，完全是错觉。

躁狂症容易发生的情况就是疯狂的不相关多元化，最典型的例子就是贾跃亭。贾跃亭这种情况你去做心理分析，一般都是有躁狂症。因为躁狂症会产生幻觉，他会觉得只要我进入这个行业，这个行业就是我的，没有我搞不定的事情，他会产生幻觉。所以这个是在修行的过程中，同时要注意的东西。

农民又比海归牛

关于这一点，农民又比我们海归博士牛了。大家知道，中国企业做得好的地方，基本上都是我刚才讲的这几个讲方言的地方。大家知道是什么原因吗？讲方言的这几个地方，你看企业做得尤其好的讲的更是方言中的方言，几个最小的地方，几个背山面海的地方，温州、台州、莆田、潮州都是这种地方。大家知道是什么原因吗？（插话：穷）穷，那我们江西也穷，东北现在也挺穷。是吧。

农民有一个好处，讲方言的小地方的人有一个好处，他非常注重自己在小圈子里面的名声。莆田的这些"老军医"他谁都骗，就不骗莆田人。因为文化、历史、方言等方面原因，形成某种意义上的地方自治，人与人之间就更有凝聚力。这种凝聚力就很容易转变成为团队的这种合力。

你去看莆田人怎么做生意。大家知道有好几个行业都是莆田人在掌握，你所知道的老军医那只是 N 个行业中的一个，红木，莆田人掌握，还有寺庙，还有打金，都是莆田人。莆田人帮助老乡创业的时候不计回报的，因为他们最在乎的就是我在莆田，我在这个镇里的江湖地位，大家在多大程度上尊重自己，他们不怎么看短期经济利益。

这种人与人之间的凝聚力，其实是组织合力的来源。而我们从小到大考试考得好的这些人，像我，三十岁之前，四十岁之前，你说我是江西人，说我是老表，我还不太高兴，觉得这名字真难听。现在年纪大了，我就知道，我是客家人，客家人非常团结，非常有凝聚力的。客家人保持着中国文化非常重要非常宝贵的一些成分，客家人早上不是问"吃过了吗"，是"可曾食过"，说的都是宋朝的话。所以我现在慢慢就知道了，这种传统的地方的区域的自治的东西，其实是非常重要的社会资本。

所以做企业做不过农民，有的人以为是农民这些人不择手段，这些人"黑"。中国人不择手段，"黑"的人到处都是，为什么就这帮农民做起来呢？他其实背后是凝聚力、向心力的问题。但愿我把这个事情简单地讲清楚了。

所以大一统是很麻烦的事情，中国如果持续这样大一统下去，对于我们这种社区自治、地方自治基础之上凝聚力的破坏是相当严重的。尤其是科举制度，科举制度就相当于把每个社区最优秀的人搞到北京去做官。古代还好，因为他们退休以后还会回到社区，还会成为社区重要的凝结核，但是在当代，基本上就没有这个机制了。

"夫人者，天地之心。天地万物，本吾一体者也。"老祖宗的话怎么琢磨怎么有味道，人有心，是一切的主宰，思想、感情、行为都是从心开始的。天地也有心，天地的心是什么？天地的心就是人。所以，所有的同胞都是我的兄弟姐妹，所有的物体都是我们的同类，民胞物与，就是这个意思。

你仔细思考，王阳明的很多思想，某种意义上，可能是中国文化里可以跟西方文化对接的一个最好接口。我仔细琢磨西方文化的结构，从旧约到新约，到马丁·路德，到加尔文，加尔文其实是这些最牛西方国家的主流信仰，包括瑞士、英格兰、苏格兰、美国都是加尔文教派。中国传统我仔细分析了一下，其实有点类似，孔子相当于旧约，孟子相当于新约，然后朱熹相当于路德，王阳明相当于加尔文。当然我们还要做很多很多重建的工作、整理的工作、重新阐释的工作，但如果中国文化有希望，我们还是得回到这条路上，来想办法把中国文化跟普世的文化对接上，这是大的逻辑。

浅层学习与深层学习

总结一下，从理论知识到实践知识再到实践，两个太平洋，浩瀚无边，非常凶险，你是造桥，还是建船，还是游泳，你总得想办法过去。只有这样，你才能够把一个团队搭建起来，把一个生生不息的组织建立起来。

与此相关，是詹姆斯·马奇关于浅层学习和深层学习的一个理论。他说，学习可以是叫作深层学习，就是你理解背后的逻辑链，然后再去做，叫深层学习；也有可能是浅层学习，就是我不去搞清这个逻辑链，中欧，哈佛，那些教师去弄。我很谦卑，我就是学实践层面的动作。浅层学习一共三种机制，一种是模仿，一种是试错，一种是天择。大家要听得懂，绝大多数农民为什么企业做得好，他直接在实践层面学习敌人，学习对方，天择的意思就是，你不这么做，就会被淘汰掉。

打个比方，我很长一段时间不理解他们为什么要上市，因为从学理上来讲，上市是没法一边倒地论证的。上市不上市，完全是一个独立变量，可以选择上，也可以选择不上。后来我就发现了，我装什么老外呀，在中国上市不上市，不是资金的问题，不是人才的问题，不是市场营销的问题，上市是解决资产的合法性问题。在中国，上市了，你就取得了那张合法的身份，你就有了一张真正的身份证，没上市人家掐死你，分分钟掐死你，当然上了市也能掐死你，但是总归是难一点。

所以，中国很多事情你不要去太计较深层次的逻辑，你就浅层学习，往往是好事。你看浙江去年搞了七十多个上市公司，你去看看那些老板，有几个小学毕业了？但是人家二三十倍 PE 在外头搞购并，搞各种资本运作，企业就有了合法性。所以很多东西，你不能够太教条主义、太书呆子气，要抓住背后这个逻辑。

我们在领教工坊，强调向隔壁老王学习，向跟你企业做得差不多一个阶段的这种人学习，背后就是这个道理：有时候比那些高头讲章，比那些正规课程还来得快，当然正规课程也要上，我的说法是中欧把你变成正规军，领教工坊让你成为行业老大、隐形冠军，我们现在已经有五六十个行业冠军了，继续要让更多的人成为行业冠军。做企业你就是要相信科学种田的力量，你别撅着屁股在那儿锄啊锄，锄啊锄，对不起，化肥一施那个产量就是提高了三倍四倍，所以科学种田要坚信。

最后，用休谟的一段话来总结。我年纪越长，对英美系的这些哲学，经验主义、怀疑主义的哲学越认同，就深深地认知到人类狂妄和自大是多么可悲的一种病。所以休谟说，如果人类还能够找到真理，有这种能力找到，那个真理一定是躺在非常深、非常艰难的一个地方。如果你觉得你能够丝毫不费力、很轻松地就找到真理，这绝对是一种自大和徒劳，你没有这个本事（图7.6）。所以199元网上买个课就实现"财富自由"，礼拜六早上爬不起来，躺在"被窝里的商学院"就能学会管理，没有这种东西。从来就是必须脚踏实地，一步一步地去走，摸爬滚打，泥水泥泞才能学到管理，没有别的办法。

"For if truth be at all within the reach of human capacity, it is certain it must lie very deep and abstruse; and to hope we shall arrive at it without the utmost pains must certainly be esteemed sufficiently vain and presumptuous."

David Hume,
A Treaty on Human Nature

图 7.6 大卫·休谟的告诫*

这一点也包括我自己。大家知道，教授创业一般都是笑话，很难成功的，我还很清醒，一开始我就知道，我别操盘，因为我脾气急，容易焦虑，我看人家做不专业的事情，简单的事情

---

* 大卫·休谟画像来源：www.institutoliberal.org.br。

做不好我就恨不得拿脚踢他。所以我从一开始就要找另外一个人操盘，当然那个人也是个教授，也有毛病，但是至少这方面毛病比我小一点。他的毛病是什么呢？就是脸皮太薄，难听的话说不出口，他明明是想好了，明天找这个员工过来严肃批评。第二天，他用三明治战略，批评之前先要表扬，赶紧说几句批评的话，说完之后赶紧又大大安慰一通，又要表扬几句。谈完之后，那个员工觉得自己被表扬了，雄赳赳气昂昂离开了他的办公室（众笑）。就这个结果！哎哟，给公司带来了无数头疼的事情，当然后来慢慢我们也一而再、再而三地照镜子，这个毛病慢慢也改得差不多了。

我举这个例子说明什么呢？管理这个鬼东西真难，从理论知识到实践知识再到实践，这两个太平洋，不知道淹死多少人。理论知识就四个字，恩威并用。老天爷，难哪，有的人有恩，就是没有威；有的人有威，就是没有恩；有的人恩也有，威也有，他没法放在一起，没法并用。这个真的难。今天讲到这，还是留一点点时间 Q&A 吧。

提问阶段

问题 1，一个特别有爱心的老板，奉献了爱心给高管和员工，加上股权各种激励，很不幸混进叛徒了怎么办？（怎么个叛法，能不能具体一点？）就是往死里"黑"老板，就是你本来是想得很美好，然后我给你股权，我给你激励，以后就交给你干了。这小子在家里磨刀，然后趁你不注意捅你屁股上，或者捅你后背心上那东西。

　　我知道。恩威并用，有恩一定要有威。这段时间华为的朋友找我帮他们负责对外做管理培训的一个平台。你知道他的平台怎么回事，就是华为到现在为止，45岁以上退休的副总裁级的有300多人，300多人还能每年有分红，级别高的每年能拿到几千万的分红。这是恩，然后有条件的，威的一面吓死你：每个人每年年初都来述职，得证明过去一年你没有做过任何对华为有害的事情，不能够开公司，甭跟我说什么竞业避止，就直接不能够开公司；不能带团队做咨询，可以做顾问，一个人陪人家吃顿饭什么的；你可以做老师，所以他们只能到这个平台上来教教书。我实话告诉你，这个压力很大很大的。

　　后来又有一个公司教我一招，我们大多数公司不是员工有点能耐的，就特别怕他把客户搞走、体外循环、业务转移什么的吗？有个美国公司离职的高管，我正好有事要找他，那个高管跟我讲，肖教授谢谢你联系我，我不能联系你。我说你怎么会不能联系我呢？因为我的劳动合同里，上司跟我讲清楚了，所有在那个公司工作阶段认识的客户，认识的第三方我都不能主动联系，只要主动联系，他就可以打板子。你能不能听懂这一招？这不仅是竞业避止，所有这个公司认识的人，客户你都不能联系。这个吓死人了。

　　所以我想表达什么意思呢？很多时候不是"我欲将心付明月，奈何明月照沟渠"，不是的，是有制度、法律后面一系列的东西在平衡的。你要是那种一门心思像单恋那样的做法，那肯定是不行的，所以他是恩威并用，一定是两个都有。法律、平衡、check and balance 都在后面，所以这个是，我当然能够让大家体会到这个，所以不管是内部的制度，还是外部的法律框架都得支持这些东西，你才能够去做这些事。

包括我刚才讲的持股，那三件事你做了吗？对吧？进入和退出的条件，退出里头有没有链接到违规，员工手册上有没有写清楚哪三种算重大违规，重大违规怎么股权就必须立刻退出，你都得一环套一环的。有没有按照绩效，按照职位一点一点地分，而且不能分股权，只能分股份。我没说比例，给谁1个点，给谁1.5点，这种话不要说，永远是今年你是持六级，你干到了 A，对吧，8000 股。第三个投票权、控股权分离的，有 N 种方式，投票权还是在你手上的。你像任正非只留了 1.4% 给自己，投票权他 100% 呀，本质上是不是企业他想怎么弄怎么弄，没有任何人能够说话的，因为都是虚拟设限的。所以都是这些细节，天使在细节里头，魔鬼在细节里头，你都要事先想好，就不会出现你说的那种被人背后捅一刀的这种事情，就是一定是职业化，丑话说在前头，别总觉得不好意思，这些事总是藏着掖着，那就麻烦。

问题：肖教授我问的问题，跟您为一本书做的序有关，就是明茨伯格有一本《社会再平衡》中文版您做了序。我的问题是，从社会再平衡的角度，政治、经济和社群谈一下中国的未来。

我是偏自由派的，在中欧我也不知道是少数还是多数，所以谈起中国政策的走向，属于有很深的担忧和顾虑那群人中的一个。有时候心很灰，以自己的积累，我也可以什么都不干，在国外弄套别墅，养两条狗，写一点闲书，像我们沈导演一样，也能过。但是后来待了一两个月就待不住，特别难受，总觉得实在难受，还是想着回去做一点事，做一件是一件，所以我就下决心回来，想努力创办一所大学。其实创办大学很难很难很难的，努力给我老家留一点好东西，在我合上眼那一瞬间，能够微笑。

所以没有别的办法，就是你理性地去分析，乐观、悲观，往哪边走，你是折磨你自己。我唯一的解脱的办法，让我自己感到稍微舒服点的办法就是去做。因为你要往坏里去想，往最坏的可能性去估计，真的什么可能性都有可能出现。我们中午吃饭也聊，意识形态泡沫背后是经济泡沫，经济泡沫背后是金融泡沫、地产泡沫。现在各种泡沫还没破，都还在那里撑着，但真要到破的那个时候，什么可能性都有。

中国房子真的那么值钱？我们全世界各个地方跑都知道，中欧旁边卖一个亿的别墅那就是笑话，那都是笑话，那就是典型的 MacMansion，麦当劳版的大厦，那个建筑，那个风格，那个周边环境，那都是笑话，它竟然就值一个亿。所以我觉得这个金融泡沫破灭的时候，也许又完全是另外一个世界，谁也不敢去下什么论断。反正我自己个人的办法，就是去做事情，去做具体的一件事情，让自己心安一点点。

所以说一千道一万，只能我们回去做事情，一件一件事情地去做，然后一点一滴地去改变。没有任何别的办法，不要期望天降圣人，没有圣人，只能靠我们自己，谢谢大家。

第八章 管理的诱惑与陷阱

You hand over your mind to anyone who comes along, so they may abuse you, leaving it disturbed and troubled—— have you no shame in that? (你把头脑交给一个偶然遇到的人,让他随便虐待,导致各种混乱和困扰,难道你不觉得羞耻吗?)

——Epictetus, *Enchiridion*, 28

一　叶公好龙：管理水平与经营水平

　　叶公子高好龙，钩以写龙，凿以写龙，屋室雕文以写龙。于是天龙闻而下之，窥头于牖，施尾于堂。叶公见之，弃而还走，失其魂魄，五色无主。是叶公非好龙也，好夫似龙而非龙者也。（【汉】刘向《新序·杂事五》）

　　很多中小民营企业老板口口声声重视管理，各级经理要注重管理学习，要下最大力气提高公司管理水平云云。但如果你问他，你花了多长时间与公司同事建立企业的价值观与战略共识？花了多长时间制定和修订公司各项经营管理制度？花了多长时间一对一辅导自己的下属完成他们的业务和职业目标？结果一般都是不甚了了。

　　业务不好不坏的时候，他没有心思做管理，比上不足，比下有多余，日子先这么过着吧；业务好的时候，他更没有心思做管理：业务那么好，搞什么管理！If it is not broken, do not fix it（东西没坏，就不要修它）！业务不好了，那就更不要谈什么管理了：先搞定客户，拿到订单，活下来再说！正所谓"春天不是读书天，夏日炎炎正好眠。秋高气爽正好耍，严冬难耐望来年"啊。

就像不读书的人为了缓解自己的焦虑，花冤枉钱去买各种网上的二手内容一样，无法沉下心来做管理的老板喜欢到处参加各种论坛、峰会、大师课堂"学管理"。可惜，这些地方，有加足调料的各种励志鸡血和鸡汤，有纯属倒糨糊的各种概念和逻辑游戏，有擅长各种自我包装术的自恋狂，就是跟管理没有一丝一毫的关系。前一段时间我提出"多一些真实践，少一些伪学习"，针对的也是这种不良的倾向。

这些年突然冒出一个"管理水平不能超越经营水平"的怪论，也助长了这种不良倾向。纯粹从学理上来讲，管理（management）和经营（business）没有先后关系、主次关系（所以同样是研究企业，有些大学叫 management school，有些叫 business school）。围绕员工时我们讲管理多一些，围绕客户时我们讲经营多一些；管理有为经营服务的一面，经营也有为管理服务的一面（例如顺丰的"让一批人过上有尊严的生活"；海底捞的"双手改变命运"等，就是经营为管理服务）；管理中有经营，经营中有管理，你中有我，我中有你。总的来说，这两个概念属于社会科学上的所谓"理想型"（ideal type）概念，本质上是为了分析和讨论问题而人为提出的概念，只是代表看企业的两个不同角度，不代表是两件完全独立的事物。强调管理不能大于经营，对于走火入魔地醉心于提出各种管理新概念的某些企业家（如某著名家电企业创始人）很对症，对于我们这些本来就叶公好龙的民营企业老板，就南辕北辙了。

这一轮如火如荼的互联网泡沫破灭，对于广大从事实业的民营企业，一方面是好事，大家可以更安心地做自己的本行，做好自己的企业；从另外一个方面看，也有一个风险，就是大家提高自身企业管理水平的危机感、紧迫感，相对而言，也可能没有前一段时间那么强了。所以，从这个意义上来讲，还是希望有更多的"互联网+"类型的企业能够活下来，努力扮演好传统行业的冲击者的角色，给传统行业带来更多的活力。

大多数老板都是销售和产品出身，说起市场、客户、经营细节来，眼睛都发光，喜欢冲锋陷阵，攻城略地，既有快感又有成就感。做管理更多是调研、开讨论会、一对一谈话，各种妥协、平衡、综合权衡，与经营相比，绝对的苦活、脏活、累活，如果还要请外脑，请专家，还非常贵，几乎是花钱如流水，对于平素有节俭习惯的传统企业老板来说，真的是比割自己的肉还疼。"叶公见之，弃而还走，失其魂魄，五色无主"，其实也是非常正常的反应。

但是，销售和产品出身的老板，如果还是只做自己喜欢做的事情，不能努力实现这个从重经营到重管理，或者至少是从只抓经营到"一手抓经营，一手抓管理"的转变，企业要想进一步发展，几乎是不可能的事。中小企业的经营，只要老板愿意让利，一般都能找到替身；建立一套自己的管理机制，找到替身来做的可能性很小。容易走的都是下坡路，这应该是长跑路上的企业人要铭记在心的第一真理吧。

二 刻舟求剑：马云把我带沟里

楚人有涉江者，其剑自舟中坠于水，遽契其舟，曰："是吾剑之所从坠。"舟止，从其所契者入水求之。舟已行矣，而剑不行，求剑若此，不亦惑乎？（战国《吕氏春秋·察今》）

抽象的管理，原则性的管理，计划、组织、领导、控制之类，几乎谁都懂。管理难，难在具体。越具体，变量越多。目标、资源、工具、手段、时间、地点、人物等等，这还只是第一层；第二层，以人物为例，团队中多少人，组成结构是什么，他们之间什么关系，每个人各自的经验、学历、能力、性格、角色、动机、价值观、自我认知等等，几乎就无法穷尽了，而且这些变量之间还有普遍的、复杂的相互关系，对最终结果产生线性或者非线性的影响，所以，这很快就超过了一般人能够处理（不管是用系统 1 的直觉思维还是系统 2 的刻意思维）的变量数目的极限。

所以，所有的管理实践，都是具体的实践；所有的管理经验，都是具体的经验，不管是成功还是失败，都是具体的环境、具体的条件下的成功与失败。这就给所有的管理学习者带来一个巨大的 conundrum（两难问题）：自变量与因变量之间的关系，越抽象，越好把握，但同时也越无实用价值；越具体，看起来越有实用价值，却同时也越难于复制。

举一个大家都熟悉的例子。马云 1999 年带领"十八罗汉"在杭州湖畔花园的一套居民房里创业，历经各种风波，终成大业。抽象地说马云的领导力和前瞻性使得他在恰当的时候、用了恰当的人、做了恰当的事，是阿里巴巴成功的原因，一般都没什么问题，有一定的通用性，对其他创业者有一定借鉴意义，虽然大家一般都有一种不知如何入手的感觉。

进入到第二层次、第三层次的具体变量，很多因果关系就显得更有趣，更有启发性，给人一种更有操作性的感觉。例如，十八罗汉中有一大部分是马云在杭州电子科技大学做英语老师时教的学生。首先，马云教的是英文，世界大门对于他来讲，是打开的；其次，他们在杭州，身处中国制造业的腹地，有大量需要外贸服务的中小企业；第三，2001 年中国加入 WTO，中国制造正在以惊人的体量和速度席卷全球；第四，因为是电子科技大学，同学们的电脑背景补了马云的技术短板；第五，大家都是马云的学生，马云天然地拥有一种类似布道士的权威等等。这些因果关系，听起来让人激动，给人很容易学习的感觉，可是，这种感觉完全是错觉：任何试图简单复制他当年的做法的创业者（例如很多人甚至千方百计买一套湖畔花园的房子），几乎必然失败，成为刻舟求剑一样的笑话。

简单复制成功案例的具体做法无法带来成功，还有一个人们容易忽视的角度：偶然性。学过数理统计的人都知道，无论什么算法，什么模型，等式里永远需要包含一个误差项（error term）。想象还有几个平行世界，有一个牛云、朱云同时在创业，所有变量与马云都一模一样，甚至连长相都一样，他照样有可能失败。马云的成功，有偶然性的因素，背后还有上帝之手的功劳。所以，一般中国人都相信的成王败寇的逻辑，成功者因为成功了，所以说什么都对，其实是站不住脚的。成功者也有可能失败，失败者也有可能成功，在因果关系面前，大家必须保持充分的谦卑心、敬畏心和平常心。对成功者、成功案例、神迹的"亦步亦趋"的模仿和学习，从这个角度看，也是刻舟求剑式的迷信、盲从和自我催眠，"求剑若此，不亦惑乎"？

对商业与管理领域的多维度、多时点、多层次、全面、复杂、动态的网状因果关系的理解能力，以及在此基础上那种迅速找到重点、关键和切入点，把握好火候、时机、节奏的能力，在人群中是一种非常罕见的能力（明茨伯格所谓的"管理是手艺"），这也解释了商业上的成功，无论古今中外，报酬都如此丰厚的原因。多大程度上这种能力是先天的，还是后天可以学到的，实话说，我年纪越大，越倾向于保守。

还好，生而知之外，至少我们还有学而知之的可能性。向他人学习管理的正确方法是走一条从具体到抽象，又回到具体的"之"形道路：首先从他人具体的做法中总结抽象的原则，然后再按照抽象的原则，结合自己所处的具体环境，采取恰当的做法。当然，这种学习方法有效的前提是当事人难得地具有这种在抽象和具象之间出入无间的能力。这个要求，对大多数人来说，其实也不低。商学院里的案例教学，可以帮到前半段，后半段，只能靠个人的造化了；而私人董事会里，通过各种横向学习机制的设计，一定程度上降低了走这个"之"形道路的成本，这是它成为一种相对更有效的管理学习方式的重要原因。

三 守株待兔：空降兵为什么难落地

> 宋人有耕田者。田中有株，兔走触株，折颈而死。因释其耒而守株，冀复得兔。兔不可复得，而身为宋国笑。今欲以先王之政，治当世之民，皆守株之类也。（战国《韩非子·五蠹》）

中国民营企业最典型的守株待兔是从外部招聘高管，总想着天降神兵，"天上掉下一个林妹妹"，从此公司就走上康庄大道，甚至自己就可以做甩手老板，开始周游世界了。其实从跨国公司招来的高管到一家三五亿、三五十亿的中国民营企业，能够落地、融合，较好地发挥作用，是比兔子在自家树墩上撞死还要小概率的事件。

首先是高管方面的原因。20世纪90年代初以来，跨国公司挟百年修炼形成的品牌和技术优势，进入偌大的中国市场，纵横捭阖，如入无人之境。一般人看那些在跨国公司、外资企业上班的人，衣履光鲜，满口洋文，出入五星级饭店，今天欧洲，明天美国，真是"望之若云端中人"。但事实上，出于以下这些其实很容易理解的原因，在外资企业上了几年班的人（我自己1997—1999年在当时如日中天的诺基亚上过两年班），对如何管理和运营一家企业的理解是非常有限的：

第一，他们知其一，不知其余。跨国公司作为大型企业，分工非常细，都是深井状的知识结构，御膳房里切葱花的，不会切萝卜，同样在人力资源部，管内部培训的，可能连工资表都没有见过。再加上人力资源经理加入中小民营企业，级别往往要升一级两级，成为人力资源总监或者人力资源副总裁，这个问题就更严重了。

第二，他们知其然，不知其所以然。跨国公司的系统和机制基本都是总部相关部门设计和打造的，为什么这么设计，背后的逻辑是什么，与企业所处的国家文化、政策环境、行业环境、竞争结构、领导力风格等等的关系是什么，外国子公司的中低层雇员，一般都不甚了了；总部的母国雇员，出于可以理解的一种傲慢或保守，也未必乐意跟外国子公司的本地雇员耐心讲解和辅导。

第三，他们知道穿，不知道怎么裁。跨国公司为了支持百亿美元级别的体量，分工非常细，可能一个采购就有七八个控制节点。三五亿的民营企业，采购一般都还在自己或自己的小舅子手上，搞七八个控制节点，公司就几乎要停止运转了，所以要选其中两三个节点。选哪两个？大多数在跨国公司上班的人，对于这一点，是不太有头绪的。

所以，跨国公司里衮衮诸公，真正懂企业、懂管理的，可能也就百分之三五，属于那种有极强的学习能力、钻研精神，放在任何地方，都能迅速出人头地的人。这种人一般是不太可能在典型的跨国公司岗位上待太长时间的，如果没有升官，往往也很快创业了。

就算你鸿运当头，找到了还没有升官和创业的合格空降兵，企业自己这边没有做好准备，也是白搭。常见的情况是老板没有做好最基本的职业化的准备，一方面期望经理人大干一场，改天换地，另一方面又希望他低眉顺眼，毕恭毕敬。既要听话，又要出活，既要马儿跑，又要马儿不吃草，哪有这等好事。就算老板这关过了，经理人的改革触动了亲戚朋友、创业老臣的利益，找老板告状、哭诉"有我无他，有他无我！"的时候，有几个老板能够真正下得了决心？左边是一个无亲无故的职业经理人，右边是亲情、道德、习惯、多年来形成的利益格局，老板如果不是破釜沉舟，壮士断腕，这一关一般都是过不去的。

缺乏职业化的环境，没有职业经理人协会、社团、声誉市场等基础设施的支持也是另外一个方面。很多人在跨国公司很守规矩，一方面是企业内部制度严格，没有空子可钻，另外一方面也是忌惮跨国公司之间形成的背景调查之类的声誉机制。一到民营企业，就肆无忌惮、无恶不作，就与这方面的原因分不开。

自己撞上门的兔子指望不上，不如自己养兔子。我这些年一再鼓励企业家朋友加强校招计划、管理培训生计划，就是这个原因。就算三年之后，走得只剩下 1/3，也是非常合算的投资。年轻人对自己选择的第一个公司往往有极强的认同度，给他们设计一条职业发展的道路，在各个阶段提供各种及时的和必要的帮助，第一年学生向职员过渡，第三年（25 岁左右）职业成长/升官，第五年（27 岁左右）结婚，第八年（30 岁左右）生子，他们对公司的全心投入和全情付出，会成为公司最宝贵的财富。

期望找到一个外企高管让公司脱胎换骨是守株待兔，对咨询公司、各种专业服务公司抱有类似的期望，是同样的不明智，"兔不可复得，而身为宋国笑"。管理和商业的成功这么值钱，就在于它难于直接购买、难于简单复制、没有现成的解决方案。反过来，所有向你兜售这种东西的，不是傻子，就是骗子。

四　买椟还珠：思想比方法更重要

楚人有卖其珠于郑者，为木兰之柜，薰以桂椒，缀以珠玉，饰以玫瑰，辑以羽翠，郑人买其椟而还其珠。（战国《韩非子·外储说左上》）

洪天峰"洪老"思维缜密，表达清晰，落地扎实，从1993年起，在华为工作近二十年，主管过研发、市场、供应链、人力资源、流程IT等几乎所有部门，任COO和副董事长。讲华为和任正非，相信他应该是最好的人选之一。上个月，洪老在领教工坊开第二个私人董事会小组，同事安排他给对华为感兴趣的老板们做了一场分享：《世界级的组织能力构建》。照例，典型的洪氏风格，排山倒海、劈天盖地的信息量，以一种坦克战的方式，稳扎稳打，步步为营，令人无处可躲，也无处可逃。任正非和华为这些年所做的这一切，都在情理之中，也不出意料。

问答阶段，前排的几个老板，却貌似仍不太满足，一而再、再而三地追着洪老提一些非常具体的问题，言下之意，华为这么成功，一定是有什么秘诀、捷径、神奇配方，"鸳鸯绣出从君看，莫把金针度与人"，洪老您是否太保守了，只给我们看绣好

421

的鸳鸯，没有把金针给我们看？

洪老是实战出身，学术出身也一样。几年前，人民大学管理学教授、华为首席管理科学家黄卫伟老师给一群老板上课时，据说碰到了比这还不堪的情况，几个老板甚至与黄老师呛起来，大概的意思是，你是真懂还是假懂，是不是到这里来混饭吃的？黄老师一气之下，再也不接受该企业家组织的演讲邀请了。这样的老板，我要是在现场，一定指着鼻子骂回去：别以为你有几个臭钱，就跑到这里来撒野，就您那点修养，给我们黄老师拎鞋都不配！

与此形成鲜明对比的是，各种干货分享、大师课堂、付费内容中，一些人晃荡着半瓶子醋，凭着自己看的那三五本书，或者一点点暂时的成功经验，加上各种道听途说和网络搜索，提出各种迅速实现财富自由的五个步骤、颠覆行业的商业模式、认知升级的思维方式之类，貌似大家听完之后，还特别有满足感？现场感动得热泪盈眶，朋友圈里免费直播，回来还逢人就推荐！

也许这就是"薰以桂椒，缀以珠玉，饰以玫瑰，辑以羽翠"的效果了？你只能感慨，有什么样的观众，就有什么样的演员；有什么样的韭菜，就有什么样的刀子；有什么样的服从者，就有什么样的支配者。中国管理学习界的这种现象，估计只能用心理学上的二人疯（Folie-a-deux）来解释。服从方与支配方接受、支持、共享彼此的妄想观念，制造出一种共生关系，逐渐丧失理性思维和现实检验功能，一起走向彻头彻尾的疯狂。

黄钟不响，瓦釜雷鸣是买椟还珠。更深层次的买椟还珠是中国的管理学习者普遍重视方法、工具和技术，轻视思想、文化和精神；重视理工类知识，轻视人文类修养；重视硬管理，轻视软管理。讲方法、工具、技术，他欣欣然自以为有所得，讲思想、文化和精神，春风过驴耳，一点感觉都没有。我在中欧国际工商学院讲《管理学概论》，侧重讲思想、文化与精神，我知道自己其实非常冒险。所以，课堂的头几十分钟，我其实都是在想方设法管理学员的期望值。

近年来我的一个思考是，管理学很大程度上是一门建立在新教信仰基础上的学科。这其实也是韦伯著名的《新教伦理与资本主义的精神》的核心观点："资本主义精神在现代资本主义企业中找到了它最恰当的表现形式；资本主义企业则从这种心态中发现了最适合于它的推动力——或者说，灵魂。"我论述过管理的"三反"：反自然（自然是熵增）、反人性（人性是贪婪、恐惧与怠惰）、反历史（历史是永生）。为什么自然、人性、历史都反？因为它皈依的唯一对象是神性（可以简单理解为一切真理、美德和力量的终极源头），一流管理那种精益求精、永无止境的对诚实的利润的追求，只能用神性来理解和解释。

IBM 创始人老沃森把销售文化提到一个很高的高度："整个美国就是建立在销售文化基础之上的一个国家。"作为一个虔诚的长老会教徒，他抓住了问题的实质。"白左"知识分子乐于批判商业化、市场化、货币化如何侵蚀了普通美国人的灵魂（如著名的《推销员之死》），批评管理大师们言过其实，甚至涉嫌招摇撞骗的历史（如《管理咨询的神话》），如果他们从这个角度去理解，应该会为美式管理文化对这个世界的贡献多一分理解和庆幸吧。相对应的，也许我们应该思考的问题是，在我们这个没有上帝的国度，管理怎么办？

五 郑人买履：书中真有黄金屋吗

> 郑人有欲买履者，先自度其足，而置之其坐。至之市，而忘操之。已得履，乃曰："吾忘持度！"反归取之。及反，市罢，遂不得履。（战国《韩非子·外储说左上》）

大家批评碎片化学习，没有建立自己的思维体系或思维框架，收集这些碎片，不仅无益，可能还有害。于是，内容创业的大师们又抛出一批关于思维体系建设的宏文来，"如何用三天时间建立你自己思维体系"之类的文章，朋友圈里，比比皆是。其实建立一个思维体系，谈何容易，别的领域的先不说，就说管理领域的思维框架，一般人不要说三天，三年、三十年也未必能建成。

管理领域的复杂性在于，她是一个应用学科，首先有经济学、心理学、社会学，然后有政治学、人类学、宗教学，再往后可能还有哲学、历史和文学。这九门学科，大致按从"硬"（强调数学和逻辑）到"软"（强调直觉和洞察）排列，根据学科硬度不同，各有不同的学习方式，平均每一个学科，没有一二十本书，应该是不太容易窥其堂奥的。

偏硬的学科，最简单的办法就是死磕这个领域内最好的教科书，总的来说，拼的是智商和毅力。人类世界到现在为止发现的最好办法是把一批处于荷尔蒙分泌最高峰期的年轻人放在一起，让最原始的物竞天择的力量激励他们互相比赛，学习这些内容，当然，最好是在能写出这种水平的教科书的老师的指导下。这种方法就叫"大学"，当今世界，最好的大学叫"常春藤"。你觉得在互联网上找点 MOOC 课程，下载个 App 听点段子，能代替这个过程？笑话。

偏软的学科，靠的是最广泛的涉猎，秘诀是不能只读必读书、只读经典、只读精要，必须自己在杂草丛生的野地里走出一条路来。关于这一点，刘仲敬说得非常好："路径要在芜杂中自己显露，才有野草一样的力量。杂质是生命中最重要的东西，根据营养要素输液的病人总是迅速死于恶液质。必读书当中，删掉的恰好就是杂质……不是你自己明白的东西，对你根本没有用处，无非是浪费记忆和时间。预先排除了冗余和低俗，精要就会沦为毒药。没有空地，房屋就是监狱。"App 上贩卖的貌似包治百病的各种成功学、泛成功学、装成功学（讲的人假装自己很成功），很大程度上是毒药，就是这个原因。

其实，即使是找到这两条读书的正途，从古至今，在这两条路上迷路，读不出来，读成书呆子的人，不知凡几。我熟悉的一位企业家朋友，非常爱读书，办公室里、家里，满墙满地都是各种流行和不流行的社科、人文书籍。但每次和他聊天，我总是觉得有些别扭。例如，每次看完一本书，他就会成为那本书的信徒，就会把那个人的学说奉为人间至理，直到看完下一本书，他又成为下一个作者的信徒，觉得上一个作者完全是扯淡，或者浑然不觉得，这个人的理论与上一个人的理论有多矛盾。

刚开始我以为他是被拙劣的中译本给害了，后来发现，实际上问题更严重，他确实就是有思维方式方面的问题。管理需要面对的是一个多维度、多时点、多层次的全面、复杂、动态的因果关系网络，需要一种灵动、圆转、开放的智慧（这其实也是明茨伯格强调"管理是手艺"的含义），没有这种智慧作为基础，我估计不管读多少书，基本上都是白费力气，都是类似郑人买履之类的笑话。

看起来，书中自有黄金屋，不是对每个人都成立的。反过来，企业界有的人好像天生就有这种找到"黄金屋"的智慧，有一种独特的"认知灵敏性"（cognitive agility）或者"原学习力"。读不读书，对于这种人，就不是最重要的事情。读书可以学习，聊天可以学习，听课可以学习，自己实践也可以学习（当然，听内容大师们的 App 也可以学习，finally）。有了这种智慧，他可以很自然地把工作与生活中接触到的所有信息都消化成知识，杂草变成了粮食，经验变成了财富。很多天才级的企业家受教育程度不高，甚至不识几个字，但这并不妨碍他们做出一个史诗性的伟大企业，背后的逻辑在于此。

从学问的角度看，这么繁难的一个研究对象，居然还有人无师自通？这岂不太不公平了！其实上帝什么时候公平过？他造这种人，也许就是为了让我们保持谦卑，保持敬畏？当然，二者还是有系统 1 和系统 2 的区别。无师自通的企业家一般靠的是系统 1，靠的是经验和直觉，不是靠系统 2 的理性和逻辑。你要让他们讲，他们往往什么也讲不出来，"本来就是这样的呀"！所以，中国生意做得最好的浙、闽、粤三省，几百亿的企业家，上台往往简简单单讲几句，就完了；一口流利的北方话，在台上分享经验滔滔不绝、口沫四溅的，企业往往做得一般般。

当然，绝大多数企业家位于完全靠看书和完全不靠看书之间，介于德鲁克所说的听觉型（靠聊天和听课学习）和视觉型（靠看书学习）老板之间。所以，选择好阅读和倾听的对象就变得非常关键。例如，在领教指导下的结构化的私人董事会讨论，对于大多数老板，就是一种非常值得推荐的高效率学习方式，值得大家更多关注。

六　心猿意马：企业是企业家的学位

"卓定深沉莫测量，心猿意马罢颠狂。"（《敦煌变文集·维摩诘经讲经文》）心意好像猴子跳、马奔跑一样控制不住。形容心里东想西想，安静不下来。

去年北京某著名大学请我给他们的总裁班上课，我看名单，班上照例是各种投资公司、项目公司、文化公司老板之类的人物占多，9点上课，准时到的人不到1/3，班主任很紧张地致歉，大概的意思是昨天班级活动，搞得很晚，不是不尊重教授云云。我说没事，按部就班地开始讲。在中国商学院做老师这么多年，这种事我已经慢慢习惯了。我给自己的原则是，全班只要有一个学生认真地听，我就认真地讲。

课间休息，一个影视投资公司的老板找到我，"老师，你讲得非常好；可是，现在社会的风气这么浮躁……"其实他还没开口，从他听课的眼神和肢体语言，我就能知道他要说什么了。我说，大家都浮躁，你不浮躁，不正好是你的机会吗？到处都是淤泥，不正好养你这一朵莲花吗？他试图辩解，又不知道怎么说，只好继续做不甘状。

表面上是他在抱怨别人浮躁，本质上是他自己浮躁。看别人走捷径、打擦边球，一夜成名、一夜暴富，他一方面觉得这样做不太好吧，另外一方面，他又有一点点不甘心、不平衡，唯恐大家都沾到的便宜他自己没有沾到似的。阳明先生说，知而不行，不是真知，是不知。说别人浮躁，但自己也静不下心来，其实是自己浮躁。老子说，上士闻道，勤而行之；中士闻道，若存若亡；下士闻道，则笑之。这种类型的，应该属于"若存若亡"的中士吧。听的时候觉得很有道理，一回到公司，一回到自己熟悉的环境，又依然故我了。

我在中欧有愤青教授之名，我也化用那句著名的话自嘲，四十岁之前不是愤青，是没良心；四十岁之后还是愤青，是没头脑。道德义愤，尤其是公开场合表达或者表演出来的道德义愤，为什么没有太大意义，一方面是这种道德义愤太廉价、不值钱；另外一方面是，这种看似"伟光正"的道德义愤背后，其实背后有一条隐秘的小径通向它们所痛恨的行为：这种强烈的表达背后的驱动力中，有没有可能也包含了一部分上述的那种不甘心、不平衡？

真正有信仰的人，不这样。他们当然也不认可那些为非作歹、胡作非为的行为，但是他们不义愤，更不会热衷于在公众场合去表演这种义愤。他们只是平静地、旁若无人地、几十年如一日地按照他们自己坚信的价值观、按照他们既定的道路去做事情。如果需要表达，他们更倾向于调侃和幽默，而不是攻击和愤怒。他们有坚定的是非观念，但这种是非观念主要用在自我的严格要求上。他们通过以身作则影响身边的人，再通过这些人影响更多的人，对于一个社会的风气的实质性改变的贡献，也许还超过了那些每天剑拔弩张的口炮党和键盘侠们。

总想走捷径的浮躁之外，还有一种是不安于本业的浮躁。列文森嘲笑的中国知识分子的业余精神，总想通过在自己主业之外的领域证明自己的天纵英才。如，明明以画名于世，却喜欢说"我的诗第一、印第二、字第三、画第四"之类。文人、才子得上这种病，顶多是矫情而已，无伤大雅。做企业的人得上这种病，就麻烦了。

例如，EMBA 风潮过去，大多数喜欢读学位课程的老板，该读的都读过了，很多学校开始卖 DBA 项目。我再三告诉企业家朋友，DBA 学位，学术界承认其学术含金量的几乎只有美国的哈佛商学院和印第安纳大学商学院，别的学校的 DBA，一般都属于 vanity degree（虚荣心学位）甚至是 diploma mill（文凭工厂），不值得去念。

这里面有两重意思。第一重是，真想做学问，献身于学术，那就老老实实念 PhD。西方好一点的学校的 PhD，首先很难申请；其次，没有至少四五年全职的投入，很难毕业。这个全职是真正的全职，基本上是风雨无阻地每周 6×16 小时地泡在图书馆里。如果是偏社会学、文化人类学的研究领域，还要加上一到两年的田野调查。你一个月一个周末上上课，课上还能打打瞌睡，还想做学问？不是我们傲娇，实在是连门都没有。第二，博士只是学问的门槛，毕业了，还要花至少四五年时间发表三五篇学术论文。管理领域的文献浩如烟海，能够提出一两个新的因果关系，就是巨大贡献；如果能够提出一两个新概念，几乎就可以进入学术名人堂（Hall of Honor），终身受人膜拜了。都是一些绝顶聪明的人在那里互相竞争，要做到这些，谈何容易。

第二重的意思更深。企业人的天命就是做好自己的企业，企业是企业家最好的学位，是企业家所有荣耀、名声、影响力的第一来源。企业好，其他都自然而成，例如，你的企业成功到一定程度，自有大学抢着给你发荣誉博士学位。论影响力，一个荣誉博士学位，怎么也抵得上七八个普通PhD吧（例如马云获得香港科技大学荣誉博士学位，按西方习惯，是可以堂而皇之在名字前面加上博士抬头的）。这边企业不好，甚至企业都做没了，自己还到处去读学位、做青年导师、推销自传之类，岂不生生地把自己活成了一场笑话？

企业家的永恒责任是创造产品、服务客户。脱离了这一点，孜孜于创造思想、创造自我、创造粉丝之类，其实都是不务正业。拘于体制的限制，中国的学者越来越不像学者，很多爱读书爱思考的企业家看不下去，也是情有可原，但如果以为自己腾出一点时间来读几本书，轻轻松松写点东西，备几堂课，胡吹海侃，把些个没见过世面的年轻人忽悠得要死要活，就可以只手定乾坤，稳执学术界牛耳，可能就有点把事情想得太简单了。

七　盲人摸象：哈佛案例与漏水雨棚

　　"尔时大王，即唤众盲各各问言：汝见象耶？众盲各言：我已得见。王言：象为何类？其触牙者即言象形如芦菔根，其触耳者言象如箕，其触头者言象如石，其触鼻者言象如杵，其触脚者言象如木臼，其触脊者言象如床，其触腹者言象如瓮，其触尾者言象如绳。"（《大般涅槃经》）

　　太阳当空照，左边一棵树，右边一块石头；树下很阴凉，石头被太阳照得发烫。任何一个智商正常的人，都会认为他看见和经验的这些东西事实确凿，无可怀疑。所以，从认知的角度讲，不可知论、怀疑论、经验论其实是一种非常"高级"的智力游戏，一般的中国大脑所能达到的最高境界，大概也就是"你未看此花时，此花与汝同归于寂；你来看此花时，则此花颜色一时明白起来"吧。

　　西方的怀疑论源远流长。从苏格拉底的"我唯一知道的就是我什么都不知道"，柏拉图的"洞穴之喻"，到整个中世纪拜倒在全知全能的上帝面前，再到休谟的经验论，康德的"物自体"的概念，与一般人的常识相反，都一再强调人的主观经验的不可靠性，强调认识客观事物、认识客观规律的巨大难度，如果还存在这个可能性的话。

从印度传入中国的这个盲人摸象的故事是现代汉语中关于人的主观经验之不可靠性的最好阐述，可惜一般人只是把它当笑话听听，不会去体会其中的深意。管理领域的很多不必要的争论，都是这个问题的体现。例如，管理重要，还是经营重要；战略制定重要，还是战略执行重要；关注人的成长重要，还是关注绩效重要，答案很简单，它们都重要。但不同的企业、不同的阶段、不同的部门、不同的职位、不同的性格、不同的动机都会导致当事人在这两个方面的主观经验会有很大的不同，足够让当事人写出一篇篇为什么大象长得像一张床或者像一根绳的宏文出来。

例如，管理与经营二者的平衡，在企业发展的每个阶段都不同。在创业阶段（0 到 1），自然是经营大于管理，创始人必须自己冲在前面，做产品经理，管理越简单越好；在突破阶段（1 到 10），创始人必须想办法把自己从各种具体业务中解脱出来，开始重视管理体系的建设，把组织的各种显性和隐性的、正式和非正式的游戏规则建立起来；到了复制阶段（从 10 到 N），企业的管理体系基本到位，领导人的中心又要稍微往业务方向走走，确保企业不忽视市场和客户的需求，不走向自我循环的大企业病。其中的平衡点，只有靠领导人自己去把握。所以，管理重要还是经营重要，从这个角度看，先要看自己的企业处于什么发展阶段，没有必要陷入纯粹理论性的争论。

盲人摸象现象的一个更深层次的问题是所谓的 overdetermination（过度确定）问题，可能是社会科学与自然科学的最大区别。自然界的事件，可以找到精确的原因，给一壶水加热，超过了100摄氏度，水就会沸腾，因果关系非常清晰明了。社会界的事件，却往往是多方面的原因叠加的结果，不是把两三方面的原因简单算术叠加到100%，事件就发生。往往是第一个方面的原因占70%，第二个方面60%，第三个方面20%，三个方面综合起来，却是150%—200%，这就是过度确定。

　　例如，李雷和韩梅梅终于离婚了。从心理学角度，他们两个性格都太强，吵起架来针尖对麦芒；从社会学角度，李雷是典型的"凤凰男"，原来委曲求全，现在人到中年，今非昔比了；从经济学角度，他们两个都有很强的经济实力，可以支持两个独立的家庭；从文化人类学的角度，岳父岳母和他们住在上下楼，插手太多，不利于他们夫妻形成自己解决家庭问题的模式；从进化生物学的角度，大城市性的获得成本越来越低；从法学的角度，双方都有出轨情节；从宗教学的角度，中国人逐渐丧失婚姻的神圣感……这个清单几乎可以无限地拉下去。碰巧了解问题的某一个方面的原因的旁人，往往信誓旦旦，以为他们知道内情，掌握了事情的真相。其实，所谓的事情的真相，可能连当事人自己都未必说得清楚，这种升级版的盲人摸象，往往是很多社会科学学术辩论的本质。

　　Overdetermination的道理说明了当事人夫子自道，出来讲的成功经验照样可能会有很大误导性的深层次原因。他们对外宣传时采取的角度，永远是对自己、对公司最有利的角度。例如，马云自己出去讲，喜欢强调阿里巴巴如何无中生有，魔术般地从一个"三无公司"（无资本、无技术、无人才）成长为一个电商王国的过程，强调他自己的领导力所起到的作用。对于别人的角度，如哈佛商学院精心调研后写出的阿里巴巴案例，他则调侃说"这写的是我们公司吗？我怎么不认得"。学术界则更多强调的是中国制造的崛起、中国线下商业基础设施（包括硬件和软件）的缺乏、农民工为主的廉价劳动力群体如何在"桐庐帮"的组织下支持起一个庞大和高效的全国物流体系等客观原因。商业实践的研究是一门专业的学问，当事人并不天然地具有最大的发言权，第三方理性、客观、中立的学术调查，照样有它独特的价值。

再举一个例子。让王健林自己讲万达成功的经验，他一般强调的都是万达以一种半军事化的执行力，18 个月交付一个万达广场的独门秘籍（所谓"万达之道"）。学术界更多强调的则是他"政策换政绩"的独特发展战略。中国市委书记平均任期一般只有三年左右，GDP 锦标赛上，如何迅速出人头地，18 个月的周期正中他们下怀。王健林自己出身于省级干部家庭，拥有一种很自然的以平视的从容态度与各省市官员周旋的能力，也是一个大的背景。

最后讲一个细节。几年前，我介绍美国华盛顿市的代表团拜访万达集团。会议和宴会结束后，可能因为代表团中有大学校长，王健林很客气，执意要把代表团送到北京万达广场写字楼的一楼。正在写字楼门口雨棚下等候美国代表团的车来的时候，突然下起了瓢泼大雨。北京万达广场基本是王健林的成名作，雨棚居然严重漏水，雨水哗啦啦就直接灌进了王健林的后脖子。几个黑衣高管赶紧围上，打起了一把伞，王健林脸上闪出了一丝不悦。可以想见，类似细节，他们在台上分享成功经验时，是绝不会提及的。

八 狐假虎威：KK 为什么喜欢来中国？

> 虎求百兽而食之，得狐。狐曰："子无敢食我也。天帝
> 使我长百兽，今子食我，是逆天帝命也。子以我为不信，
> 吾为子先行，子随我后，观百兽之见我而敢不走乎。"虎以
> 为然，故遂与之行，兽见之皆走。虎不知兽畏己而走也，
> 以为畏狐也。（《战国策·楚策一》）

中国人由于不了解西方的知识分工体系，很容易产生一些对西方人的误解。以我熟悉的商业、管理和相关的社科领域为例，西方的知识分工体系大致分为学术研究、研究综述、实践指导、行业实践四五个环节。学术研究以几大学术出版社出版的学术杂志为中心，大致呈金字塔形按等级分布，通过严格匿名审稿流程，在自己所在领域最高端的三五本学术杂志上出版文章，是学者是否能拿到名校教职、拿到教职之后能否提升为终身教职的关键，所以竞争非常激烈。偏社会学、人类学等专业的研究者，更重要的是在几个知名大学出版社（基本是常春藤大学加上剑桥和牛津）出版专著，竞争同样激烈。发表和出版之后，还要用影响因子、引用数等方式来衡量影响力，很精确，很残酷，但也不乏争议，例如，最顶尖的名校不玩 number game，反倒更更看重学术权威对该学者的主观定性判断。学术论文一般按该研究领域通行的研究和写作方式进行，没有三五年的专业训练，一般人难于窥其堂奥。

研究综述分综述论文、专题书籍、研究生教科书、研究手册等。学术综述因为一般引用数高，是作者扩大学术影响力、建立江湖地位的重要方式，但也有一些要求更高的原创性的学者和学校，相对不太重视综述性著作。相对于学术论文，综述性著作更容易读懂，是外行进入一个领域的最好入门读物，基本上几篇论文或一两本书籍下来，你对这个领域的历史、源流、门派、有影响力的学者、未来可能的发展方向都了然于心了。

实践指导类的包括《哈佛商业评论》《MIT 斯隆管理评论》《管理学院视角》等杂志，还有哈佛商学院出版社、麦克米伦、培生、诺顿、自由等相关出版社出版的一些面向实践者的指导性书籍，本科生教科书也大致属于这一类别。发表这一类面向实践界的著作往往是非常好的生意。例如，经过严格学术训练的商学院教授在《哈佛商业评论》上有影响力的文章，哈佛商学院出版社往往会配合出版一本同题书籍，运作得好，足以催生一个庞大的生意甚至是产业。波特的关于战略的文章、卡普兰关于平衡计分卡的文章、金伟灿关于蓝海战略的文章，都是这样。写《从优秀到卓越》《基业长青》的柯林斯大致也是这个路子。唯一的例外是德鲁克，他虽然是媒体人出身，但秉承的是老欧洲博雅写作的传统，洞察力和穿透力很强，基本自成一派，也基本不可复制。

本科生、MBA 教科书由于激烈的竞争，在美国发展得非常完善。好的教科书，叙述准确、文字优美、体系健全、更新及时、印刷精美、配套完善，使用起来，几乎是一种贵族般的享受。判断教科书受欢迎程度的标准很简单，就是看再版的次数。例如，格里格与津巴多编写的《心理学与生活》，首次出版于1977 年，每两三年更新一次版本，现在已经是第 20 版。因为教科书售价高昂，一些重要学科的畅销的教科书作者，依靠版税基本就可以过上王室一样的生活。

商学院案例也属于教科书类，做得好也是很好的生意，当然其中也有很多专业诀窍。首先要中立，其次要详尽地调研，再次要有好的写作技巧，最大限度地还原管理实践中千头万绪的各种变量，让学生在教室里模拟管理决策。除了亲身经历、看电影（可能还有旁听一场私人董事会），这也许是让学生熟悉管理决策的最好方法。

实践指导类有一类很讨巧的科普类畅销书，如格拉德威尔的《引爆点》《决断一瞬间》《异类》，道金斯的《自私的基因》《盲眼钟表师》《地球上最伟大的表演》，基本上是以一支生花妙笔，转述学术研究的成果，从而名利双收。例如，格拉德威尔《引爆点》预支版税就达到 100 万美金。而道金斯不仅是牛津著名教授，而且还奇迹般同时成为英国皇家学会、皇家文学会的双院士，科普作家做到这个地位，算是登峰造极了。写《钢铁、病菌与枪炮》的戴蒙得和最近在中国比较活跃的写《人类简史》的赫拉利大致也属于这个类型。文笔优美，叙述精到之外，这类著作的巨大影响力还有一个原因，大众科普类著作对于引用和出处的要求不高，很容易让一般读者产生作者掌握的知识浩无涯畔，简直就是天纵英才的感觉。

行业实践类文章和书籍包括企业家传记、企业传记类著作，行业动态、前线报道等媒体类著作，咨询公司、营销公司、培训公司为推广业务推出的各种著作。好的企业家和企业传记著作价值很高，尤其是建立在翔实的调查和丰富的资料基础上、独立第三方撰写的、已经去世的企业家的传记。媒体类写作因为时效性太强，容易过时；商业性著作因为缺乏中立性，没有严格的筛选程序，一般有比较大的价值、经得住时间考验的概率比较小。

仔细思考，从学术研究、到研究综述，到实践指导，最后到行业实践，基本是一条产业链。总体而言，上游为下游提供基本概念、思维框架、思想体系。大家抱怨学术研究脱离实践，其实也是产业链分工要求的这一环节的相对超然性。从某种意义上讲，这也是一个风险投资的过程，100 篇论文，有一篇进入第三、第四环节，就是巨大的回报。同理，100 个学者，有一个进入第三、第四环节，也是一种巨大的回报。从这个意义上讲，第三层次、第四层次的著作的影响力，很多都是建立在第一、第二学术层次基础上的。不能说第三个饼吃饱了，就觉得第一、第二个饼白吃了。

不管哪个环节的作者，一般都恪守专业道德，不会轻易去跨界，去谈自己不懂的领域，或者即使跨界，也首先充分尊重该领域的专家的意见，不像在中国，好像个个都是从理论物理到商业模式，从进化生物学到人工智能，无所不知、无所不谈的文艺复兴式的全才，在台上夸夸其谈。耐着性子听一听，其实往往都是一些道听途说、似是而非的东西，非常不负责任。这种打着学问旗号的成功学生意，大概就是所谓的"狐假虎威"吧。

受过严格学术训练的学者，大胆假设，小心求证，有一分证据，说一分话，有七分证据，不说八分话。如果有一件事情他们最不愿意做，那就是预测未来，偏偏老百姓最爱听的就是预测未来，所以这个号称"未来学"的工作往往由一些比较熟悉业界情况、又比较敢说敢写的媒体类、实践类作者来完成。知名的 IT 类未来学家如库兹韦尔、KK，时政类的未来学家如奈斯比特、里夫金都属于这种情况。很自然，他们的一些断言、澜言、不知所言经常会受到来自学术界的严肃批评（例如学术界对库兹韦尔"2045 年奇点降临"预测的批评）。也因为这种对峙，西方整个知识生态系统保持了微妙的平衡。滑稽的是，这些人到了中国，发现中国人特别吃这一套，而且还没有人唱对台戏，就忘了自己是老几，完全成为跳大神的了（KK 一年来中国 N 趟，奈斯比特干脆在天津安了家），这也算是西洋版的狐假虎威了吧。

九　东施效颦：没有乔布斯的命，却得了乔布斯的病

故西施病心而矉其里，其里之丑人见而美之，归亦捧
心而矉其里。其里之富人见之，坚闭门而不出；贫人见之，
挈妻子而去之走。（《庄子·天运》）

本来就长得丑，还要皱着眉头，歪着嘴，大街小巷到处转
悠。富人赶紧把门关好，穷人带着老婆孩子赶紧走得远远的。
这画面感，实在是太强了。听起来，有点太荒唐，但企业管理
领域，类似的丑人多作怪的故事，实在是太多了。看到成功人
士的肚子大，他也开始每天灌啤酒；看到成功人士秃顶，他就
恨不得马上去剃个光头，各类成功学课堂里，满屋坐着的，基
本都是东施。

一家公司成功了，成功背后的原因有哪些？最关键的驱动
因素是哪几个？大概什么比例关系？这是一个非常复杂、非常
难于回答的问题，必须对该公司的所处环境、行业状况、竞争
格局、领导团队、战略决策、管理流程、企业文化有非常充分
的了解和梳理才能有一个大概的判断。一般人其实首先就无法
区分关键驱动因素、非关键驱动因素、无关因素（如秃顶、大
肚子等），甚至无法区分成功的原因和成功带来的连带结果（如

高消费、闲暇多等）。即使找到这些关键驱动因素，因为各种背景条件的不同，如何避免简单复制带来的副作用甚至是反作用，都是大问题。

21世纪初，中国企业界最流行的，是学韦尔奇。韦尔奇接手GE，他的一个标杆性的管理哲学是所谓的3S：简洁（Simplicity），速度（Speed），自信（Self-confidence），强调无边界，打破官僚主义，像小公司一样灵活机动，围绕市场和客户运转。国内企业当着管理真经跟着学，却忘记了GE起于1876年爱迪生在纽约门罗公园设立的电力实验室，是美国（也是全世界）最大、最古老、最职业化的现代工业企业。在韦尔奇之前，已有七任CEO，可以想见整个公司的各种制度、体系、流程有多么完善、多么详尽和多么烦琐。在这种情况下，韦尔奇提出要简洁、速度、自信。而绝大多数中国企业，尤其是中国民营企业，不是制度、体系、流程太多，而是制度、体系、流程太少。他们学韦尔奇，就东施效颦了。

郭士纳20世纪90年代初带领IBM华丽转身，2002年功成名就退休后，推出一本《谁说大象不能跳舞》，引得各路粉丝蝶乱蜂狂。例如，杨元庆2001年接手联想集团，推出"高科技的联想、服务业的联想、国际化的联想"的战略，三年之后，战略失利，号称学习IBM大象跳舞，实行大规模裁员。其实，IBM董事会决定解雇当时的CEO Akers的时候，通过猎头公司找了很多IT圈内人士，大家都不看好IBM，没有人愿意接手这个烂摊子。董事会死马当活马医，才找到了郭士纳这么一个外人。郭士纳因此才得以冒天下之大不韪，打破 IBM 终身雇佣的传统，大开杀戒。而联想公司的情况却是，"管理层的战略失误，却让员工来承担"，失误是你杨元庆，裁员也是你杨元庆；养大象是你杨元庆，杀大象也是你杨元庆，大家如何能接受？东施效颦的结果自然是，"公司不是家"，大家"挈妻子而去之走"。

现在新时髦是学谷歌，学所谓的 OKR（目标与关键结果）管理。企业绩效管理的本质是根据企业的实际情况，找到能力与绩效、价值观与绩效、目标与过程、个人与团队等几种悖论关系的平衡点，OKR 只是谷歌公司找到的符合他们公司情况的平衡点，不是什么独门秘器。比一般的 KPI 管理，更加强调定性的指标、强调发挥员工的主观能动性、强调重视员工能力和兴趣，更靠近传统的目标管理（management by objectives）而已。如果有需要，完全可以通过微调企业现在的绩效管理体系来实现，大张旗鼓学谷歌，弄得人心惶惶，完全是多此一举。至于创业公司学谷歌的豪华餐厅、下午茶、自由上下班之类，那就不仅仅是效颦，而且是包法利夫人式的虚荣和败家了。

还有一些人则学乔布斯的做派，CEO 亲自抓产品，做首席产品设计师。创业公司这么做很正常，这本来就是创始人应该全身心投入去做的事情。有三四个管理层级的大一些的企业，CEO 不是不可以深潜到一线，参与产品和业务的技术细节，但前提是：第一，战略、组织、机制设计等全局性的工作有人在干，没有被耽误；第二，CEO 在这个领域真的有非常明显的长板；第三，与各级负责人达成共识，不会对该部门的指挥系统造成伤害。例如，乔布斯直接关注产品设计，一个重要的前提是他有 N 个类似于库克这样无比职业的人在后台配合、补位，你有几个库克？至于学乔布斯易怒、粗暴、待人刻薄，没有乔布斯的命，却得了乔布斯的病，那就更是等而下之了。

同理，不学任正非大度分钱，几十年如一日地潜心磨豆腐，钻研管理和技术，却学他早年的做派；不学马云的前瞻眼光，在组织建设上死磕出来的硬功夫，学他吞云吐日，大言炎炎；不学刘强东的人文关怀，对基层员工的各种体贴关照，却学他留学海外，不抱书本抱美人。每个西施旁边，都围着一大群东施们，各种忸怩作态，不堪卒目。

互联网泡沫以来，朋友圈最流行的是各种人本管理概念的文章，"过去是控制，现在是赋能；过去是管理，现在是激发；过去是封闭，现在是开放"之类，各种并列，各种排比，看起来好有学问、好有文采的样子。其实自从有管理以来，从来就是在重理性（强调数字、控制、市场化）和重人性（强调关怀、参与、对共同体的认同）二者之间来回转，找平衡点。例如，前述案例中，韦尔奇和郭士纳强调的都是市场化，是他们为了适应整个经济处于蓬勃上升阶段而对公司管理定位所做的一种微调（经济上升阶段企业一般可以接受更高的市场化）。人本管理、人性化管理，从巴纳德（1938）到德鲁克，从梅奥（1932）到明茨伯格，从来就是所有管理理论、组织理论的核心，互联网只是推动因素之一，大喊互联网彻底改变组织基础、管理理论之类，纯粹属于外行瞎起哄。中国大多数企业的现实是，连最基本的等级制概念都没有搞清楚，"封臣的封臣不是我的封臣"都从来没听说过，跨级只能了解情况，不能直接指挥之类的原则都还不懂，在这种基础上，东施效颦去搞什么人本管理，不添乱，就已经是万幸了。

十　鱼跳龙门：领导力七分靠修为

俗说鱼跃龙门，过而为龙，唯鲤或然。(《埤雅·释鱼》)

领导力是先天决定的还是后天获得的（Nature vs Nurture；Born vs Bred）是一个古今中外争论了几百年的老问题。最近因为基因科学的进步，这个问题有了一些新的研究和新的结论。2006 年明尼苏达大学的 Richard Arvey 和同事用同卵双胞胎进行研究，发现基因决定男性 31% 的领导力行为，决定女性 32% 的领导力行为，但是，家庭条件越不好的孩子，基因的作用越重要。该研究团队最近的一个发现是一个叫 DAT1 的基因，认为这个决定小孩子淘气程度（mild rule-breaking）的基因应该与领导力有较大的相关性。稍早，英国的伦敦大学（UCL）的另外一个团队声称找到一个叫 rs4950 的基因，认为它与一个人是否从事领导力岗位有较大关联性。

学术研究往往后知后觉，江山易改，本性难移，老到的人从来就知道，人的很多东西是无法后天改变的。包括常春藤在内的所有名校，在招生体系上所下的功夫，都不亚于他们在教学体系上所下的功夫。中国的几所超级中学，如北京人大附中、南京外国语学校、上海中学等，秘诀无外乎保留了在全市挑选最优秀的小学毕业生的权力。

学校挑的很大程度上是学生的智商，容易考核，容易判断，最重要的是可以提前判断：小学成绩最拔尖的孩子，高中成绩也好的概率非常大。企业家的领导力，就没那么简单了，不容易考核，不容易判断，尤其是提前判断，非常不容易。可以毫不夸张地讲，整个企业专业服务行业，包括投资业、咨询业、培训业等等，都是想出一切办法在这个问题上死磕，把鲨鱼苗从一大堆泥鳅里挑选出来。

"投资就是投人"，投资业，尤其是风险投资业，抓到几只这样的鲨鱼苗，就是几十倍、上百倍的回报；咨询业，抓到几只这样的鲨鱼苗，就有了销售的资本：某某公司就是通过我们的服务成长起来的之类。其实，是鲨鱼苗就是鲨鱼苗，它不买你家的服务，也会买别人家的服务，多半也会同样成长为巨大的鲨鱼。但从逻辑上，该咨询公司这么讲，大多数人，还是愿意买账的。

培训业的情况更微妙。前些年，宁波市政府"5 年 5 千万，培养 1000 名乔布斯"网络上传为笑谈。马云成立湖畔大学，长了个心眼，强调不是"培养"而是"训练"企业家。"训练"与"培养"有什么区别？从字面意义上来看，"培养"至少还是园丁俯身照料的姿态，"训练"反倒更有高高在上的感觉呢。顺便说下，他们专门研究企业失败的说法也经不起推敲。对于定量研究，研究成功与研究失败完全是一回事；对于定性研究，企业成功需要无数个必要条件，缺一个就失败，缺的那一个就一定更重要，更值得研究？也未必。

领教工坊的定位相对更谦逊一些。生物成长缺了某种特定基因不行，缺了基因表达需要的特定环境条件，也不行。基因表达指细胞在生命过程中，把存储在 DNA 顺序中的遗传信息经过转录和翻译，转变成为具有生物活性的蛋白质分子。同一基因在不同组织能生成不同的基因产物。我们做的，很大程度上努力营造基因自由表达的环境，让有领导力基因的人，能够在这种环境中，把自己的天赋完全发挥出来（inspire the best）。在学习方式上，我们努力在私人董事会里面营造一种中立、放松、温暖的"抱持性环境"（holding environment），其实就是最大可能地创造出这种基因可以自由表达的环境。

《缤纷的生命》* 一书中介绍了三种有助于实现创造潜力的进化特性，也值得参考。第一是基因突变，改变了旧的遗传类型；第二是隐性基因压倒显性基因，"如果环境条件让其中一个基因占了完全的优势，那么至少理论上及实验族群上，可以在单一世界完成物种的改变"；第三是异速生长（allometry）："某种物种异速生长显著，即使有关体型大小的遗传特征完全相同，也会使同种不同个体的外形有极大的差异。""欧洲的鹿角锹甲，小体形的雄甲虫，身躯较短小，角的结构较平凡，而体形较大的雄甲虫，具有硕大的角，有时长如其身体的一半。这种装甲硬壳成为它们打斗时的优势武器……而那些食物不足或提早停止生长的雄甲虫，体型就会小如雌性。"

---

* 《缤纷的生命》，中信出版社，2016 年 5 月版。

斯坦福大学的积极心理学家 Dweck 提出固定心态与成长心态的概念，在学术界、教育界和实践界影响都很大。成长心态坚信人的潜力和主观能动性是无穷的，与上文中强调"江山易改，本性难移"的基因派正好是唱反调。这个矛盾很好调节：宽以待人，对别人，保守一点，不要期望别人变化；对自己，严以律己，永远保持一种开放、积极和拥抱变化的态度："坚信一个人的真正潜力是无法得知的，也是不可能得知的。我们在数年的激情、辛劳和训练之后能够完成什么，我们无法预见。"熟悉西方宗教思想的朋友，应该能从这里面听出加尔文派的"预定论"的一些影子吧。

当然，鱼跳龙门化成龙，强调那惊险一跳，现实中企业家领导力的提升，不仅需要类似私人董事会的深层次沟通中的曜变时刻（moments of truth），更重要的是回到企业经营现场，直面在管理过程中各种无穷无尽的自我挑战、自我磨砺和自我突破的时时刻刻。人的成长，从来就没有奇迹，"何意百炼刚，化为绕指柔"，没有一万小时的刻意训练，就没有天才，何况你我凡夫俗子。

所以，领导力的真学问，在"知道你自己"之外，可能还要加上这一条：不要给自己设限。战略上藐视自己，个体之渺小，沧海一粟，恒河一沙，宇宙一尘，避免自己陷入好高骛远、好大喜功的陷阱；反过来，战术上却又要重视自己，合抱之木，生于毫末，九层之台，起于累土，千里之行，始于足下。永远不要给自己设限，日拱一卒，得寸进尺。你到底能成为什么，多年的努力之后，也许你自己都会吓一大跳！

第三篇

变化中的世界

第九章　被夸大的互联网

Indeed, no one can thwart the purpose of your mind, for they can't be touched by fire, steel, tyranny, slander, or anything. (真的，没有人能够阻碍你内心的目的，烈火、钢铁、暴政、毁谤，无论什么，都无法触及它们。)

——Marcus Aurelius, *Meditations*, 8.41

一　人文视角看互联网*

很高兴回到这个熟悉的讲台（掌声）。我要讲的东西看起来离钱很远，非常远，其实，真要听懂了，你会发现，它离钱很近，因为我要讲的东西，是一切一切的核心：人！所以刚才听完腾讯红包、房多多就很着急地回去挣钱的，估计是不太容易挣到钱的（众笑），因为他们忽视了这个最重要的核心。

1969 年中科院组织专家批判爱因斯坦的相对论的时候，世界上发生了几件大事。一件事是 7 月 21 号，"阿波罗号"登月。另一件事是 1969 年 10 月 29 号，互联网诞生。这一天，斯坦福大学的一台电脑和洛杉矶加州大学的一台电脑连接

图 9.1　互联网诞生**

＊ 根据作者 2015 年 3 月 21 日在中欧"互联网+"论坛演讲整理。

＊＊ www.walden-family.com/。

起来了，标志着互联网的正式诞生。互联网多少岁了？大家算一算。46 岁，和雷军，和王菲同龄（众笑）。各位有没有也是1969 年的，那你就跟互联网一般大。

回头去看西方文明史

今天中欧还有批判牛顿力学的，也算是奇葩了（众笑），不过我们就不去讲了。真正要理解这个互联网，还得回去看世界历史。中世纪后期，西方世界发生了一连串的事件，从文艺复兴到宗教改革、大航海运动、启蒙运动，到科学革命、工业革命、资产阶级革命，这一连串的事件改变了西方，也改变了全世界。在这个过程当中，引领潮流，独占鳌头的首先是英国，然后是美国。全世界所有的国家，或前或后，或主动或被动，都必须加入到他们开创的这一场政治、经济、文化的全球化运动中去，没有办法。

表 9.1　英美 vs 欧陆

	英美	欧陆
哲学	经验主义/实证主义/归纳法	唯理主义/浪漫主义/演绎法
宗教	新教为主	天主教为主
法律	案例法	成文法
政治	"捆住国王的手"	"朕即国家"
变革	温和，改良	激进，革命
经济	市场竞争/股票资本主义	政府调控/福利资本主义
工业化模式	自然演变	计划式追赶
公司治理模式	股东利益最大化	相关者利益最大化

但是很多人不服气呀，不仅我们中国人憋着劲要搞中国模式，俄罗斯也要搞俄罗斯模式，德国也要搞德国模式，但最有资格搞不同模式的是谁？是法国。法国当时有一个著名的人物拉博·圣艾蒂安就呼吁："啊，法兰西！你不要去学习榜样，你要去树立榜样！"所以他们在所有的阵线都拉开架势，要跟英国人、跟美国人决一死战。哲学上，英国人、美国人讲的是经验主义、实证主义、归纳法，法国人、德国人非要讲唯理主义、浪漫主义、演绎法；政治上，英国是 1688 年"捆住国王的手"，法国人却搞"朕即国家"，后来演变成了卢梭所谓的"公意"，代表人民的根本利益，你不服从，你就是叛徒，你就要上断头台；经济发展上，英美强调市场竞争，强调股票市场，欧陆强调政府调控，强调员工福利，到现在为止，你在德国要开除一个工人，得先准备好五十万到一百万欧元。这个结果会怎么样？

其实法国人当中的聪明人早就有了结论，托克维尔是其中的代表。他说，不要徒劳地去跟他们对着干，还是扎扎实实地、认认真真地学习英美的经验吧，没有别的道路，人类自古就只有一条路。所以托克维尔说："平等的逐渐发展，是事所必至，天意使然。这种发展具有的主要特征是：它是普遍的和持久的，它每时每刻都能摆脱人力的阻挠，所有的事和所有的人都在帮助它前进。"这个话，他的老祖宗伏尔泰在 1733 年其实也说过，在《哲学通信》里头他就呼吁："法国人哪，不要着急，椰子树总会成熟的，只要你先把椰子种下去！"大家上网去搜搜，有本著名的书叫《伏尔泰的椰子》，讲的就是这个意思。

有了开放社会，才有创新

英美人到底靠什么能这样所向披靡，无远弗届，掀起这一阵又一阵的狂潮，席卷全球？他们靠的到底是什么？我努力地归纳了一个最简单的框架，拿到这里来跟大家分享。它是一个三角的结构，右下角是市场经济，从亚当·斯密"看不见的手"，到瓦尔拉斯的"一般均衡理论"，到科斯的"交易费用学派"，到哈耶克的"自发秩序"、人类合作秩序的拓展，到法玛的"有效市场假说"（刚刚得了诺贝尔奖），强调的都是对竞争的要求。什么时候没有竞争，什么时候这个经济就萧条下去了。

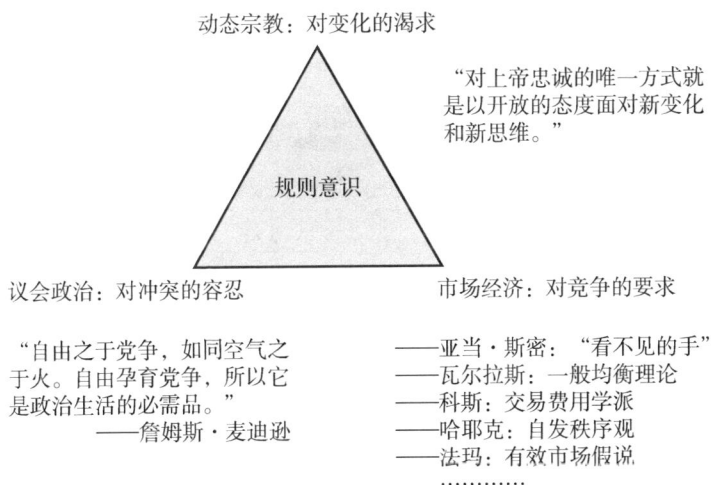

动态宗教：对变化的渴求

"对上帝忠诚的唯一方式就是以开放的态度面对新变化和新思维。"

规则意识

议会政治：对冲突的容忍

"自由之于党争，如同空气之于火。自由孕育党争，所以它是政治生活的必需品。"
——詹姆斯·麦迪逊

市场经济：对竞争的要求

——亚当·斯密："看不见的手"
——瓦尔拉斯：一般均衡理论
——科斯：交易费用学派
——哈耶克：自发秩序观
——法玛：有效市场假说
…………

图9.2 开放社会的起源

左下角强调的是对冲突的容忍，所以，有分歧、有争议、有不同的意见，是一个国家的福气呀。马基雅弗利说，嘈杂是自由的护卫者，一个地方大家都很安静、很祥和、很和谐，说明这个地方基本上就没希望了。

最重要的是上面这个角所谓的"动态宗教"，如果你不喜欢宗教这个词，你可以说"动态意识形态"，改掉这个词。这个是开放社会的最本质的特征，它指的是什么呢？1932 年，法国有个哲学家叫柏格森——你看我引用的全部是法国的学者，因为法国人这方面看得最清楚——他发现，有一种社会是能够满足人类内在的对变化、对新奇的渴望的，这种社会就叫开放社会。后来波普尔写过一本著名的书叫《开放社会及其敌人》，而新制度主义经济学派的创始人道格拉斯·诺斯也在这个问题上做了很多非常有见地的研究。

这种社会的人认为，对上帝忠诚的唯一方式就是以开放的态度去拥抱新变化、新思维。英美社会就出这种人，永不安分地去寻找新变化、新东西。乔布斯是这样，现在的马斯克又是这样。你以为马斯克是玩特斯拉吗，他还在做 Space X，他要到火星上去开拓殖民地；他还要建一个超级回路列车，几乎完全真空，像子弹一样把列车发射出去。这种人在英美社会源源不断、举不胜举。就像大家一起过一个独木桥，他就在那儿震独木桥，唯一的解决方案就是跟着他一起震，除非你体量更大，把他给震下去。这就是整个英美社会背后的一套逻辑，我希望把这个最重要的要点给大家讲清楚。

这三样东西的中间是规则意识，因为动态宗教、议会政治、市场经济都需要非常清晰、非常严密、非常深厚的规则意识，所以惠灵顿讲，滑铁卢战役是在伊顿公学运动场上打赢的。所有你所知道的体育运动，篮球、足球、网球等等，基本上全部是英国人或者是美国人制定的游戏规则，而所有你所知道的政治、经济、文化领域，基本上也都是英美人制定的规则。我随便说一个，学校为什么要放寒假、暑假？寒假不说，暑假因为欧洲暑期气候特别舒服，所以他要利用暑期时间去度假，而我们中国人暑假舒服吗？上海的暑假舒服吗（众笑）？不舒服！5月份舒服，10月份舒服，但我们就被迫跟着他人放寒假、暑假，这个是很无奈很无奈的事情。

除了规则，任何东西都不是权威。在《失控》这本书里头强调的这些概念：个体、自发、社群、自组织、非线性、不均衡、蜂群智慧、集体行动、自下而上等等，所有这些概念打击的目标、打击的对手是什么，就是一个词——权威，就是要打击那种高高在上的、自上而下的、貌似掌握了真理的那种人或机构。顺便告诉大家，《失控》这本书，题目就翻译错了，不是"失控"，而是"走出控制"（Out of control），所以各位是越看越糊涂（笑声、掌声），是吧？媒体人就爱玩这些东西，把人讲糊涂了，他目的就达到了。不像我们做学问的，要把复杂的东西讲简单，要把微妙的东西讲大条，他是给你反着来。

表 9.2　九种类型的创新

	渐进式创新（In-cremental）	建构式创新（Architectural innovation）	激进式创新（Radical innovation）
产品或者技术（Product/Technology）	索尼 Walkman 诺基亚 万科	苹果 太阳马戏团 分众传媒	无线通信 互联网 液晶显示
商业模式（Business models）	Club Med Zara 华为	西南航空 星巴克 阿里巴巴	沃尔玛 麦当劳 可口可乐
组织与管理（Organization & management）	3M IDEO 丰田	GE IBM Cisco	维基百科

　　这么多源源不断的创新，怎么去把握它？从学理上来讲，左边的这种渐进式创新，力度往往不太够，右边的激进式创新，往往是可遇不可求，所以，真正最有可操作性的创新是中间的建构式创新。建构式创新是什么东西呀？其实很简单，就是我们日常在生活中经常说的那几个词：混搭、杂拌、乱炖、穿越、跨界、脑洞大开（众笑）。它的本质是什么？其实就是一个词——连接。不仅是人与人，刚才讲微信是人与人之间的连接，而我强调的是不同的概念、不同的功能、不同的东西之间的连接，它是创新的本质。

　　为什么创新总是从西方开始，为什么现代科学起源于西方？你去上陈方正老师的课，去买陈方正老师的这本五六百页的书（《继承与叛逆》）来看，最后发现就是九个字：**多源性、异质**

性、断裂性。欧洲的地形，你脑子里要有个地图，有很多岛屿、内海、半岛，中间还有一个阿尔卑斯山、比利牛斯山，所以它天然就形成了多种地理环境、多民族、多文化的组合，所以就拥有多元性、异质性和断裂性。其中最拥有多元性、异质性、断裂性的在哪里呢？在地中海东岸，所以古希腊文明就从那里开始。而地中海东岸里，最拥有多元性、异质性、断裂性的是哪里呢？是以色列。

你去以色列旅游，从耶路撒冷一路就像坐滑梯一样往下滑，滑到地球上最低的地方，海平面以下 400 多米的死海。死海往北，大概就百八十公里，你就发现有一个水清沙幼的淡水湖，就跟我们的江南一样。你先别合上嘴巴，继续往北走个几十公里，你会发现还有一座雪山，赫尔蒙山，是个滑雪度假的胜地，这就是以色列。所以它实际上属于所谓的"垂直群岛"，群岛容易拥有多元性，但是因为海拔的差异、地理条件的不同，也会形成所谓的垂直群岛。这是以色列的多元文化的大背景，所以以色列是创新之都，有这方面的重要原因。

而以中国为代表的大国文明正好是另外一个极端。我们是在极长的时间之内、在极大的地域范围之内保持一致性，到现在为止还天天强调一致，一致，一致，这种情况下，又怎么去创新呢？只会产生一窝蜂，一窝蜂地去 O2O，一窝蜂地去搞颠覆式创新（众笑）。

文艺复兴为什么起源于佛罗伦萨，就是因为美第奇家族挣到钱之后，把全欧洲最优秀的诗人、哲学家、艺术家、建筑师，都请到佛罗伦萨来，然后就发生化学反应，就形成了文艺复兴。直到现在为止，意大利人还在吃他们老祖宗留下来的遗产。为什么最好的奢侈品永远是意大利的，因为意大利是文艺复兴的起源地，就这么简单，它是人类文明行走在地下隧道的时候找到的第一束光，到现在为止，还在照亮着他们的后代。

从结构洞理论去理解创新

我的博士班导师 Ronald S. Burt，他是芝加哥大学的社会学教授，专门写了一本书叫《结构洞理论》，就是帮助我们怎么去找到这个创新的点。很简单，连接不同人群、文化、思想、连接点，就叫结构洞。就这么简单，但这一招千变万化，神鬼莫测。

我继续说以色列，以色列除了有地理上的多元性，还有好几重结构洞。打比方，它是欧洲、亚洲、非洲的交界处，是个结构洞；它是所有一神教的起源，基督教、伊斯兰教都是从犹太教这里发展出来的，这也是结构洞；还有一个最可怕的结构洞，犹太人从全世界会聚到以色列这个弹丸之地以后，他们就带来全世界各个地方的、各种各样的、多元的文化、知识和思想，这就造就了以色列今日创新的奇迹，这是国家层面。

公司层面，任何平台性的公司玩的都是结构洞。苹果的创新最重要的不是那个屏触功能，而是那个 Apps，这边无数人设计 Apps，这边无数人应用 Apps，它就占据了这个结构洞。

个人层面的结构洞，我举一个大家都最熟悉的人——马云。马云有几层结构洞呀？大家仔细想想。首先，马云外语好。原

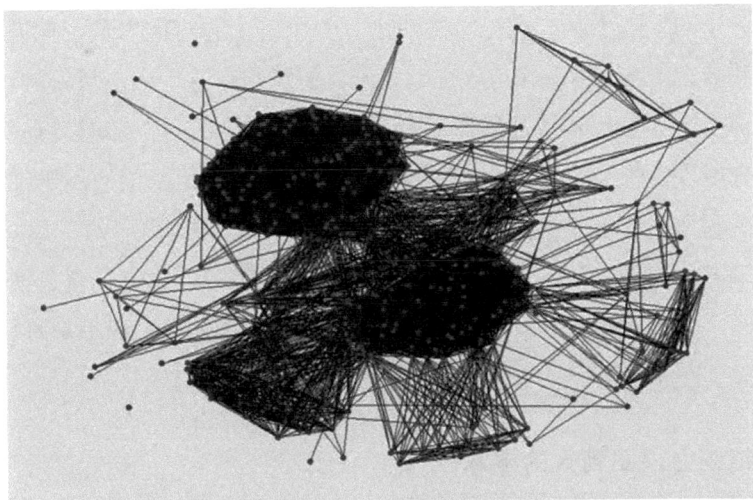

Ownership Ties among Chinese Listed Firms, 1994 （N=280）

图 9.3　中国上市公司所有权关系

来都是印度人牛，每次开什么达沃斯之类，都是印度人在那侃侃而谈，现在我们终于有了马云这样的英语讲得这么好的人（众笑），所以他能把东西方文化结合起来，这就有了第一重。还有第二重，马云来自中国制造的中心——浙江杭州，社会地位也不算太高，小时候也经常在街上打架，所以他连接了中国制造和外面的世界。还有第三重，马云是个英文老师，他不懂技术，他怎么能搞成一个高科技公司呢？大家知道第三重结构洞在哪儿吗？马云教书的第一个学校叫什么？杭州电子科技大学，他的学生全部都是懂电脑的（笑声、掌声），明白了吧？这是三重结构洞，造就了他今日的辉煌。

　　原来中国人懂结构洞也没用，为什么呢？因为中国是一个一个的土围子，一个一个的圈子，一个一个的封闭人群。你说我要去做结构洞，没人理你，人家反倒觉得你这个人蛮可疑的，你要干啥呢？但是互联网时代，就有连接的红利，你就发现，你可以去想办法找到两大人群中间的结合点，然后创造属于你的利润，刚才房多多的例子是一个最经典的例子。所以"互联网+"是什么意思，其实就是鼠标+水泥，是一回事儿，就是把两个原来不相干的东西搭在一起。当然，这个搭的过程很艰难，需要花费很多很多心思，需要很多很多辛勤的劳动。

组织必须回到人的根本

这种互联网时代，组织就有些特殊的地方。大家都知道我在中欧讲课讲了将近十年，讲这个智慧型组织。总的思想很简单，就是而今你要给年轻人发三份薪水，人家才肯给你干活。第一份是财富的薪水；第二份是能力的薪水；第三份是价值观的薪水。你必须有三份薪水，人家才会给你干活。

这是智慧型组织，之前的是初级组织，再之前的是原始组织，它们都达不到这种功效。原始组织模拟的组织对象是家庭，初级组织模拟的对象是军队，而智慧型组织模拟的对象是什么呢？我实话告诉大家，中国几千年历史没有这样的东西，唯一有点像的，在当代历史、现代历史中的是什么？是共产党（笑声），原来中国历史没有这种东西。所以，原始组织把人当马仔看，初级组织把人当机器、当易拉罐看，智慧型组织把人当人看，它是回到人的根本。

这个理论展开讲能讲四天，这里我给大家是搭一个架子。

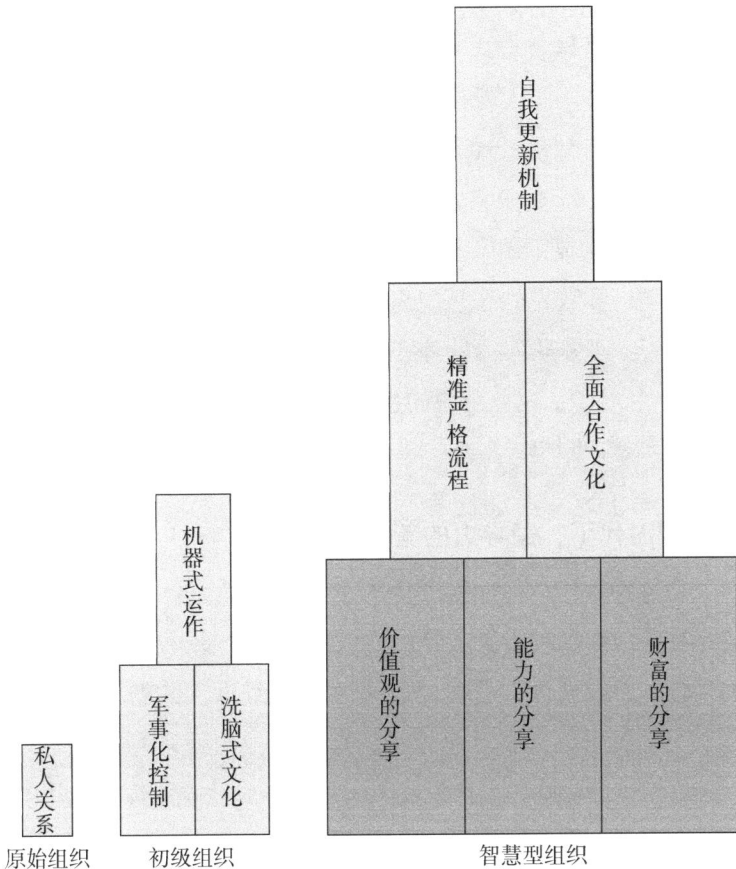

图 9.4　中国企业组织能力模型

我讲这个理论，应该来讲，有亮点。当时我一回国，万科就请我讲了几次，然后阿里巴巴来来回回请我讲了近十次，每次都要求我一定要讲一模一样的东西（笑声），所以从最高层到二百把手、三百把手，基本都听过我的课，但是也就仅此而已。中欧每年我就教三四百学生，我的书每年也就卖三四千本，顶多了，所以有时候我会自我怀疑，有时候会想，也许我的理论有点偏差？也许中国人就是像成龙说的，就是"要人管"（笑声、掌声）？但后来我一点都不担心了，为什么？因为我找到了我的"幽灵军团"。

我的"幽灵军团"是什么？就是互联网。因为互联网时代的价值观，和我说的智慧型组织的价值观一模一样，就是"平等""参与""分享"，更年轻一代的人甚至进一步要求"自主""掌控""意义"。马化腾说的生物型组织和我这里讲的智慧型组织，其实是一回事。

互联网时代下，领导力的新常态

在这种时代，你如果还用大工业的等级、命令、控制，或者是初级组织那种收买人情的方式来管理企业，就是非常荒唐的事情。组织要变，首先是你要变，做经理、做老板的要变。过去可以靠职位、靠专业积累、靠权力，往后只能靠领导力，只能靠个人的影响力。你说我 40% 的股权，我说了算，没用的，等到要拿股权投票的时候，这个公司基本上也差不多散架了。你只能靠领导力。

我经常讲的一句话，白花花的银子背后是钢铁般的团队，钢铁般的团队背后是老大金子般的人品。一百个人都看得见白花花的银子，像刚才耿总讲支付，曾熙讲房多多，大家眼睛都睁得大大的（笑声）。但是，一百个人里面，只有十个人看得见钢铁般的团队；那十个人里头，又只有一个人看得见老大金子般的人品。这个金子般的人品不是纯粹道德意义上的，也是社会学意义上的，也是心理学意义上的，很难很难很难。

怎么去提高自己的领导力，我的理论比任何理论都简单，你要想自我管理，先要自我接受；要想自我接受，先要自我认知，你得知道自己是什么人。用最简单的语言来讲，你要想发挥人家的长处，你就得先承认这不是我的长处，这是我的短处，你想承认自己的短处，你先得认识到自己的短处。认识到自己的短处，这是极难的事情，古希腊第一个哲学家泰勒斯说人生在世最难的是什么？是认识你自己。认识你自己的什么？认识你自己的短处。多少民营企业家、多少一把手在这个过程中不知道蜕多少层皮啊，种种不安、尴尬、惶恐，最后就是要承认自己的短处。只有承认自己的短处，你才有可能发挥别人的长处，没有别的办法。我们 EMBA 毕业了，都觉得自己挺厉害的，我营销也懂，研发也不错，人力资源也是专家，这种公司一般来讲，最后会有大麻烦，因为你不尊重人家的专业领域。

为什么中国人那么不容易发展自我意识，因为我们中国人这种特殊的生存背景。大家知道，自我意识是一种很高级的东西。大猩猩去照镜子，你在它鼻子上点一点白色，大猩猩不会摸自己的鼻子，它去摸哪儿？它去摸那镜子，它总觉得是别人的白鼻子，总觉得是别人的错，它不会觉得是自己的错。中国因为外层、中层、内层的原因，我们要发展 self awareness（自我觉察）极艰难。

外层是什么原因，说一套做一套，这种情况大家都麻木了，要想在这种环境里头生存，就必须喜怒不形于色，必须城府深，必须要厚重一点，时间长了，他就忘了自己到底是什么想法了（笑声）。像我这种心直口快、疾恶如仇的人肯定是第一个被人干掉的。这个很微妙，大家有点社会阅历的都知道我的话是什么意思。

第二个层面，中国文化是等级文化，但凡一个猛人，就会被一个包围圈包围，围得水泄不通，所有进去的信息和出来的信息都会被过滤掉，所以老大其实完全处于一种人事不省的状态，最后轰然倒下。你以为那些包围的人没事可做了吗？不，他们去包围下一个猛人。这个话不是我的话，是鲁迅的话。他最后的点评是，这就是为什么中国的猛人在变，中国的事情却没有发生太大的变化，为什么？因为包围圈没变。所以找不到自我、自我膨胀、丧失平常心，很正常。

再加上内层，更微妙。西方人有牧师，有自己的心理咨询师，实在不行，弄一个自助小组。中国人什么都没有，只有一个办法，找朋友喝酒（笑声）。但随着你的社会经济地位慢慢提高，你发现小时候的朋友，只要有点尊严的，都会慢慢离你远去，贴上来的，一般都是别有用心的人（笑声）。那你到哪儿去解决你的那个心理问题呢？所以一个一个的，说老实话，问题都挺严重，我就不多说了。

找不到自我，谈何领导力，谈何团队建设，谈何企业管理？所以黑塞说："对于每个人而言，真正的职责只有一个：找到自我，然后在心中坚守其一生，全心全意，永不停息。所有其他的路都是不完整的，是人的逃避方式，是对大众期望的懦弱回归，是随波逐流，是对内心的恐惧。"你最怕的人，其实是你自己。

我们的老祖宗说的同样非常好，"人有鸡犬放则知求之，有放心而不知求"。你的本心、初心、发心搞丢了，你是不知道去找的，所以"学问之道无他，求其放心而矣"。王阳明说的更好，"人人自有定盘针，百化根源总在心。却笑从前颠倒见，枝枝叶叶外头寻"。

什么叫"悟"，左边是一个"心"，右边是一个"吾"，找到吾心，找到我的本心了，你就"悟"了。千万不要被外面这些流行的东西误导，它如果不是你内心世界最想要的东西，就不要去追逐。所以我做领教工坊在某种意义上就是帮大家先找到自我，然后发展团队，然后是企业文化。什么O2O啊，什么互联网转型，都成为细枝末节了（笑声、掌声）。实话实说，我从人出发，从哲学出发，我就这么看问题。

顺便告诉大家，我们这个领教工坊是个社会企业、公共平台，现在像孙振耀、王佳芬、黄铁鹰、洪天峰这些大牛都在这个平台上做领教，也是因为它的公共性。我们的整个逻辑也是混搭的逻辑，英文叫 Leadership Beyond Boundaries（跨越边界的领导力），这是我们的口号。你看这个 LOGO 是什么，LOGO 是一个射箭的人，是中国儒学的一个思想：仁者如射，发而不中，不怨胜其者，反求诸己。这也是一个混搭的标志吧。

变革的时代就像一个转动的圆盘，你如果在圆盘的边缘，会发现速度越来越快，越来越快，一不小心可能还会被甩下去。这说明你挖得不够深，没有往中心去走，你往中心去走，走到靠近那个轴心的地方，你会发现事情有那么快的变化吗？没有变化。人的本性、组织的规律、商业的逻辑，没有发生本质的变化。你要是觉得这个世界变化很快，那是因为你浮躁，就是这个原因，因为你在圆盘的边缘，所以一定要往中间走，找到它的核心，找到它的源泉。

外面的世界越是喧嚣，我们越是要沉静下来，听听自己内心的声音。这就是我今天所有的分享，谢谢大家（掌声）。

二　互联网改变的和没有改变的 *

　　去年以来，"互联网思维"一时铺天盖地，引人注目。什么东西来得快，去得也快。果然，过完年，大家似乎就有点不以为然的意思了。从烈火烹油，到杯盘狼藉，几乎和互联网上的"快闪"行为艺术有得一比。中国人喜欢凑热闹的毛病，在这个"互联网时代"，好像也没有发生什么变化。互联网到底改变了什么，没有改变什么，我们不走极端，不捧杀，也不棒杀，还是静下心来，把一些基本的逻辑理一理。

　　学经济学的人都知道科斯的交易成本理论，企业的存在是为了节省交易费用。互联网最大的功能是促进了信息流通，节省了交易费用。但一般人容易忽视的是，这种节省是同时发生在企业外部和企业内部的。企业外部，也就是市场上，公司与客户之间、公司与供应商之间的交易费用降低了；企业内部，部门与部门之间、团队与团队之间、个人与个人之间，通过E-mail、办公自动化软件、微信群等方式加强了沟通，交易费用也降低了。企业内外部的交易费用同时降低，互相抵消，整体产业组织方式相对维持不变。所以，从这个意义上看，把互联

＊ 2014 年 2 月 26 日首发于领教工坊公众号。

网时代提高到与"工业时代"并列的概念,互联网要取消"大工业"的组织方式云云,确实是有点言过其实了。

互联网同时节省市场和企业内部的交易成本,但节省的程度可能不完全一样。市场起点低,与企业相比,相对更无组织一些,节省的程度相对会更大一些。所以,原来必须放在企业内部的一些交易,现在也可以通过市场来实现了。以企业的研究、生产、销售("研产销")三大功能计,原来三者之间市场交易成本太高,所以,必须把它们一体化到一家公司屋檐之下,才能顺畅运转,生产出有竞争力的产品。价值观、预设和行为习惯都不同的三大功能,一方面要充分尊重它们的差异化(differentiation),另外一方面又要实现一体化(integration),这也是管理学著名的所谓 contingency theory(应变理论)的核心。

现在,市场上的交易费用降低了,行业的产业组织模式发生变化了,原来必须放在一个屋檐之下的功能可以到市场上去购买了,"研产销"模式之外,还有可能出现的形式是:"研销+产"(如电子代工业)、"研+产销"(如新药研发)、"研产+销"(如汽车分销业),当然,还有"研+产+销"(如芯片业)。这些产业组织方式本身,如我们括号中的例子所示,都不是什么新生事物,互联网只是带来一些微调,例如,把一些原来只能用"研产销"方式组织的行业,也带到了市场交易的方向,整个行业的一部分市场份额,转由上述四种较新的产业组织方式来组织。

四种较新的产业组织方式中,成为"研产+销"模式中的

"销"，应该是一个比较稳妥的互联网创业方向，本质上是为传统行业增加一种新的分销渠道，蚕食甚至取代传统分销渠道。这种渠道的威力尤其明显体现在容易标准化的产品上：从图书开始，然后是电器、电子，然后日杂用品、服装，然后是汽车、部分奢侈品等，加上 O2O（线上与线下结合）之后的一些新兴行业，在消费品领域，看起来基本无所不包了。

互联网作为新的分销手段，貌似力扫六合，横行天下，对这些传统行业的产业组织方式的改变却不会太大。有的人说，客户在互联网公司手上，传统公司难道不要俯首称臣？没这么简单。互联网再神奇，它们做不出一顿精美可口的饭菜，生产不出一件做工精良的西服，制造不出一辆风驰电掣的汽车。渠道（客户）为王还是内容（产品）为王，从来都取决于二者的相对谈判力。小岛上十个男生，一个女生，女生为王；十个女生，一个男生，男生为王。没有谁是天生的真命天子。传统行业学习互联网分销，有可能，眼下传统行业风起云涌的自营电商、互联网营销是这个趋势的写照；互联网分销企业学会怎么做饭、生产西服、制造汽车，这个可能性还是比较小吧。

互联网分销企业之外，还有作为互联网基础设施提供商的各个互联网平台企业，提供搜索（百度）、社交（腾讯）、支付（阿里）、安全（360）等服务，淘金的没发，卖撬铲的倒是挣到大钱，他们自然是最大的赢家。还有因为互联网技术才得以产生的全新行业，如微博（Twitter）、评分（大众点评）、私车（易到）和民宿（自在客）的短租市场、小额金融服务（余额宝）等，应该也都会成为互联网时代的赢家。

媒体和娱乐业呢？包括平面媒体、流行音乐、游戏业、电视业等。个人倾向于认为，互联网对这些行业的改变没有想象的那么大，它们与互联网的关系，还是属于增加分销渠道或者改变分销渠道的范围。只是由于进入门槛的降低，市场的扩大，尤其是市场的全球化，胜者全得，竞争的程度更为激烈而已。中国的平面媒体在"互联网时代"的全面溃败，更多是出自意识形态控制下公信力的丧失，读者然后是有能力、有梦想的媒体人用脚投票，而不是媒体本身的传播规律有什么本质性的变化。

一些更为深刻的关于互联网的思考，如社区/社群商业、消费者的自组织、产品的媒体属性、粉丝经济、客户化定制（C2B）、分享经济等，个人倾向于认为，都没有走出大家都非常熟悉的克里斯·安德森2004年提出的长尾理论的范畴。这些思考都非常有道理，而且有理想主义成分，很能激动人心，但很长一段时间内，它们估计只是让长尾变得稍微肥一点点，对整个产业组织方式形成很大的挑战的可能性不大。

大家说得比较多的黄太吉、雕爷牛腩等一些新兴企业，努力拥抱互联网，在产品、服务尤其是营销方式上，确实做了很多可贵的创新，值得广大传统行业的企业学习。当然，也值得提醒的是，餐饮业是管理难度极大的一个行业，各领风骚三五年，甚至三五月、三五天，希望我们新一代创业者们能在这个领域做出突破。最引人注目的小米手机，除了挣到了互联网分销红利之外，还抓住了不争气的山寨机产业留下的巨大产能，也是关键。他们在内部管理上，也充分尊重各级员工的主观能动性，确实可圈可点，有"互联网企业"的新气象，如果能在这个方面再接再厉，百尺竿头，更进一步的可能性还是有的。

话说到这，你要问我这个组织学起家的学者，什么是真正的"互联网企业"，或者说，什么是有"互联网思维"的企业？我的回答是，能够扎扎实实在企业内部管理中贯彻以"平等、参与、分享"为本质的互联网精神，把每个个体的创造性、积极性、主观能动性发挥出来的公司，才称得上真正的互联网企业。这六个字，也是我在2006年出版的《中国人为什么组织不起来》中力推的"智慧型组织"概念的核心。我每次讲课，最后都强调，对每个个体平等的尊重，是"财富之源、文明之源、自由之源"，可惜言者谆谆，听者藐藐，一晃这么多年过去了，中国有几家企业真正能做到？

所以，互联网带来真正的最大改变，也许是伴随着互联网长大的新一代人（"85后""90后"）正式上场了。他们不仅要求"平等、参与、分享"，而且进一步要求"自主、掌控、意义"（autonomy，mastery，purpose），把个性、自我实现、人生意义看得比生命都更重要。城市年轻人是这样，第二代农民工们也在迅速往这个方向走。在"镀金时代"通过"野蛮生长"而成长起来的传统行业土豪们、老板们、管理者们不跟着变，被他们抛弃了，那才是比产业组织方式变迁和产业结构调整更可怕的灭顶之灾。

三　西方出互联网，中国出互联网精神*

　　上次在《互联网改变和没有改变的》中我们聊到，互联网给中国商业界带来的最大改变也许是新一代人的价值观的变化，中国传统的集体主义、威权主义价值观让位于以"平等、参与、分享"为核心的个体主义、自由主义价值观，这才是所谓的互联网精神或者互联网思维的真义。更激进、更年轻的一代人甚至进一步要求"自主、掌控、意义"，这些价值观都与建立在等级、命令和控制基础上的传统体系形成鲜明的对比甚至强烈的对抗。

　　这也解释了，为什么发明了互联网的西方，大家反倒不怎么讲"互联网精神"。因为个体主义、自由主义价值观在他们那里，源远流长，一脉相承，早就根深蒂固，日行不察了。夸张一点讲，公元前五六世纪，古希腊在形成了人类社会的第一个民主体制的时候，就已经拥有了"互联网精神"；西方中世纪结束后发生的"一连串事件"，包括文艺复兴、宗教改革、启蒙运动、航海运动、科学革命、工业革命、资产阶级革命等，很大程度上复兴的就是这种"互联网精神"；从甘地到马丁·路

---

　　* 2014 年 5 月 19 日首发于领教工坊公众号。

德·金，到曼德拉，一代一代人权运动倡导的也是"互联网精神"；20世纪60年代以纽约格林威治村和旧金山为中心的"嬉皮士"运动，成为苹果公司创始人乔布斯那一代人精神上的成年礼，宣扬的则是最激进的、走向边缘化的、成为一种亚文化的"互联网精神"。

密歇根大学政治文化学家英格尔哈特（Ronald Inglehart）在《发达工业社会的文化转型》中定义的"后物质主义价值观"（post-materialism）是对西方发展到极致的"互联网精神"的一个比较准确的学理化阐述。"二战"后的经济繁荣之后，马斯洛需求层次论中的安全和生存已经不再是西方社会关注的重心，大家强调更多的是物质之外的自我表达与个人自由。同时，与传统价值观相比，后物质主义价值观同时更加强调环境保护、多元文化、两性平等、允许堕胎、容忍同性恋等自由主义观点。从1981年起，英格尔哈特先后五次主持了著名的密歇根世界价值调查，调查范围包括了97个国家与地区，涵盖了90%的世界人口，在此基础上，英格尔哈特总结了后物质主义价值观的两个维度，一个是世俗-理性权威取代传统权威（强调宗教、父权、传统家庭观念、民族主义、排外等）；一个是幸福价值观（重视自我表现、生活质量）取代生存价值观（重视经济、物质安全）。

这种"互联网精神"将给中国企业界带来什么影响？很简单，取决于宏观和微观两个指标：宏观是这个行业的市场化经营的程度，微观是这个企业民主化管理的程度。对于已经市场化的行业中那些很大程度上已经基本实现民主化管理的企业，"互联网精神"的影响不会有想象的那么大，互联网的作用回归到它作为一种营销平台、营销渠道、营销工具的基本面。大多数高科技企业、IT 企业属于这个大类。小米低调总结的七个字"专注、极致、口碑、快"，其实就是这种把互联网作为一种工具的思维体现。

行业已经充分市场化，企业民主化不够的，重点是继续在管理上下功夫，推进参与式管理，搭建高投入-高绩效管理体系，努力建设智慧型/生物型组织。一个重点是要勇于让年轻人走向一线，用好这些互联网的原住民，他们自然会用"互联网思维"去做产品，打市场，服务粉丝。大多数传统制造业企业属于这个大类。属于这个类别的企业一定不要被各种各样的"无节操"的互联网言论乱了方寸。世界是在变，但没有他们说的那么悬乎。要有苦练内功的定力。不肯在管理上下苦功夫，天天念叨着搞什么"颠覆式创新"，小心自己首先让别人给颠覆了。

对于那些没有市场化，行业中没有实现民主化管理的企业，互联网带来的变革，怎么强调都不过分，互联网"是播种机，是宣言书，是宣传队"。互联网不仅是技术变革，同时也在推动制度变革（打破垄断、质疑管制）和思想变革（瓦解集体主义、威权主义）。这些行业中，互联网用得好，成为新时代的弄潮儿，互联网用得不好，则是灭顶之灾。属于这个大类的，有平面媒体、电信、金融、医疗、教育等行业。这几个行业，也是互联网改造传统行业的重点方向。现在因为还有各种政策限制，创业者们一时还放不开手脚，真到闸门打开那天，传统大佬基本都是不堪一击的歌利亚。一个"余额宝"，就把整个银行体系打回原形，离开了政策的保护，这些号称"世界最大银行"们完全不是"互联网金融"的对手。

中国学习西方的过程，走过一个从洋务运动（器具层面）到戊戌变法（制度层面）到新文化运动（思想层面）的历程。互联网的妙处在于，它同时在器具、制度和思想三个层面推动中国转型。而且，比商业的转型更加惊心动魄的将是社会和政治的转型。这里我们不展开论述，现代社会"经济市场化、政治民主化、社会公益化、思想多元化"这"四化"中，拖咱后腿的，肯定不是经济的市场化。有论者认为，互联网带来高于"制度形态"和"文化形态"的"文明形态"的转型，人类历史上，可以与之相比拟的唯有蒸汽机和原子弹。按上面讨论互联网精神的"中国式逻辑"，互联网对中国的"文明形态"的影响，确实不无可能。潘多拉的盒子已经打开，让我们一起迎接有史以来技术对人文、自然科学，对社会科学最大的馈赠吧。

四　从互联网恐惧症到互联网狂热症 *

"随着廉价的报纸和更好的交通工具的出现，轻柔、安静的旧时光结束了。人们以极快的速度去生活、思考和工作"（William Smith，1886）；"现代家庭的聚会，沉默地围在炉火旁，每个人都把头埋在自己喜欢的杂志里"（《教育期刊》，1907）；"越来越多的人，尤其是大城市的人，有着心理和神经的衰弱……笼统地说可以归因于现代生活的匆忙和刺激，通过快速的交通和几乎即刻的全球沟通带来的便利"（《牧师杂志》，1895）。

听起来有点耳熟？如果把上文中报纸、杂志，改成电脑、手机，这些话现在基本上完全可以套用。记忆力好一点的人早就发现，有两种话语，古今中外，几乎每一代人都在说。一种话语是"人心不古，道德沦丧""一代不如一代"；另一种话语，类似上面的引文，就是"由于各种新技术的采用，这个时代变化更多，更快，变得更加不确定，更加不可预测"。

这些话语其实经不起仔细推敲。先说前者，几百年的"道德沦丧"下来，绝大多数人，却还是认为，现在的社会各方面

---

* 2015 年 2 月 26 日首发于领教工坊公众号。

比几百年前还是要更文明、更人道一些。打个比方，至少女性不缠足、不束胸、出轨了不会被沉潭吧。再说后者，几百年变化下来，我们大多数人却照样要起早摸黑出门干活，照样跟同事钩心斗角，照样跟客户讨价还价；太阳照样升起，四季照样轮回，小鸟照样歌唱。说好的那些变化呢？不是没来，而是没有你想象的变化那么大，至少没有完全按你设想的方式那样变化。

业界共识，一种新技术出现初期，往往会出现投资泡沫，泡沫破灭之后，新技术再慢慢融入实体经济。铁路技术、计算机技术、互联网技术，或多或少都有这种情况。现在的移动互联网方兴未艾，有泡沫出现的迹象，自然也是再正常不过的情况。

拜改革开放政策（其中最伟大的也许是著名的 VIE 框架）和八十年代以来出国留学回来的那一批人的穿针引线，中国很幸运地没有错过互联网大潮。而且，凭借中国庞大的体量、文化的壁垒、独特的消费习惯（相对薄弱的线下商业基础设施），中国居然成为除美国之外，唯一出现了世界级互联网公司的国家。这些公司的成功，给移动互联网行业树立了榜样。尤其是 2014 年 9 月份阿里巴巴的上市，给整个移动互联网行业打了一个超级大鸡血针。套用一句马云说过的话就是："If not now, when？If not me，who？（此时此刻，非我莫属！）"

淘宝不可复制

淘宝的成功，本质上是通过好评机制、支付宝担保、无忧退货等手段建立了网络信用，解决了中国社会陌生人之间无法建立信任关系的社会学难题。从著名社会学家 Zacker 所谓的"基于身份的信任"走向了"基于制度的信任"，极大地降低了中国跨地区买卖的交易成本，形成了提袋购物的一个全国性的统一大市场，这在中国历史上几乎是第一次，其分量之重，自不待言。

电商比例现在占社会零售总额 8% 左右，未来还有多少增长潜力，大家有不同看法，估计最终很大程度上取决于商业物业成本和物流成本之间的一个平衡点。不管走向如何，绝大多数消费品公司必须正视这个变化，利用好淘宝或类似的全国销售平台。

不服气的，当然也可以试试通过凸显自身特色，逐渐建立自己的网上消费者社群（粉丝群）。不愿意被购物中心、大卖场盘剥，可以自己租临街店面，让顾客上门，线上线下的道理其实是一样的。如果自身特色不够明显，还端着架子，瞧不起这些新兴渠道，确实有被一些网络新兴品牌淘汰的风险。

然而，没有人能够在不同的时候踏入同一条河流。阿里在互联网时代在提袋购物市场的成功经验，要想复制到其他领域所面临的挑战却很大。现在热翻天的各种生活服务类 O2O，如打车、外卖、家政等，与提袋购物的最大区别是这些服务的本地性，和因其本地性而产生的重复性和黏性，其创造的价值，自然无法和构建全国统一的大市场相比。专业服务类，如家装、旅游、法律等，可能相对乐观一些。至于很多人看好的金融、教育、医疗等领域，这些属于垄断、行政干预多，市场化程度低的行业，互联网企业的发展更多取决于政府去管制化（deregulation）的程度。他们挣的钱，除了技术进步带来的红利外，很大程度上是挽回了因垄断和行政干预而造成的这部分社会福利损失。

以上说的是直接面向个人消费者的消费品行业和服务业。互联网，包括移动互联网，对工业品行业的影响相对可能更小一些。以华为传统的电信基础设施业务为例，全球就约380个客户。想办法搞好与380个客户的关系，努力把最新技术的电信系统卖给他们，从销售，到交付，到维护，确保一丝不苟，不出任何问题，这里面的方法和诀窍，从传真时代，到电邮时代，到微信时代，如果有区别，应该也不是本质性的吧。

所以，对于互联网，大多数传统企业，无须恐惧，更不能狂热。一些人士推波助澜，把互联网时代（或者移动互联网时代）与工业时代并列，大喊"要颠覆一切，一切都要重来"云云，其实是有些危言耸听了。

工业革命始于西方中世纪结束后的"一连串事件"，从文艺复兴，到宗教改革，到启蒙运动，到科学革命，然后是工业革命、资产阶级革命和资本主义在全球的扩张，是人类历史中一等一的大事。马克思在《共产党宣言》里用了无数个"一切"描述这种变化："一切固定的僵化的关系以及与之相适应的素被尊崇的观念和见解都被消除了，一切新形成的关系等不固定下来就陈旧了。一切等级的和固定的东西都烟消云散了，一切神圣的东西都被亵渎了……"这才是真正的划时代的变化，真正的颠覆。把互联网与这个工业革命在逻辑上并列（更确切的做法应该是与蒸汽机、电力并列），确实有点言过其实了。

管理不会过时

与之相关的是关于"科学管理甚至连管理学都过时了"之类的说法。做企业，往大里说，靠的是战略与组织两条腿。战略好比是抢占跑道，而真正跑起来，靠的是组织能力。

创业初期，大家以抢占跑道为主，组织不是不重要，而是因为团队小，又有创业激情的支持，组织的重要性还没有凸显出来而已。企业发展到一定规模，如果还不重视组织，不重视管理，基本是自乱阵脚，自取灭亡。团购行业当年"百团大战"，何等热闹，为什么最后活下来的是美团网？看到创始人王兴在一次分享中用"修身齐家治国平天下"来总结自己的创业经验时，我想原来如此。万事都有因果，没有人能够随随便便成功的。

组织不仅执行战略，还能支持战略，甚至修正战略。支持战略的最好例子是多元化，战略学中对多元化的研究汗牛充栋，最后研究下来，真正对多元化成败最大的影响也许是组织因素。道理很简单，你有多强的组织，你就能支持多宽的战线。你如果有 GE 这种强大的领导力发展体系，你就能成为所有强调专业化的重要性的战略学课堂中的一个反例。

修正战略的最好例子也许是阿里。我常说，阿里起家的B2B 业务也许是全世界最愚蠢的业务模式。买家卖家通过你这个平台搭上线，买卖上手之后，还要你这个平台干什么？但因为阿里强大的组织和文化系统，他们居然在兵临绝境的时候开拓出了淘宝这块新疆土，淘宝然后又长出支付宝，阿里帝国的整个雏形就出来了。其实 B2B 业务、淘宝、支付宝的业务性质、关键成功要素和要求的组织能力都完全不同，它们居然能在阿里的大帽子下相安无事，齐头并进，其中的管理诀窍，一般人确实难于窥其堂奥。

最近声音比较大的互联网企业的试验基本可以分为两大类，一类是组织扁平化，一类是市场的网络化。组织扁平化包括项目制（阿米巴、小微、裂变式创业）、游戏化、内部市场、特种部队化等；市场的网络化包括新兴的一些只做价值链中某一段，如营销、研发等，靠社会化分工，如众包、众筹等，来实现整体运作的企业。从学理上讲，这两大类试验都算不上什么创新。

先说市场的网络化。这方面的研究文献（所谓的 Alliance Research）从 20 世纪八九十年代起，如山如海，各种研究样本、各种研究方法登峰造极，无奇不有，涵盖了现在大家讨论的所有经营模式。互联网时代的变化不过是进一步降低了各个市场主体之间交易的成本，市场的网络化、协同化、碎片化的程度有所加大而已，内在的学理并没有什么本质性的变化。

至于组织的扁平化，从有管理学那一天起，就是所有管理学研究者和实践者的"圣杯"（Holy Grail）。参与式管理、高承诺体系、高绩效文化、workout（群策群力）、open-book 管理等等，千变万化、千头万绪的种种最佳实践，追求的都是这种

"不着一字，尽得风流"的管理境界。不同之处在于，互联网为扁平化管理提供了更好的技术条件，扁平化管理也更加符合在互联网时代成长起来的新一代年轻人的价值观而已。其中声音最大的是阿米巴式管理（包括类似逻辑的小微、裂变式创业等），看起来很美，但在实现了对小团队的强激励的同时，往往丧失了只有大团队、大分工、大协作才能挣到的超级利润，得失相权，是否合算，还要仔细斟酌，不能简单一概而论（参照拙文《集成管理与阿米巴》）。

所以，去年夏天，当张瑞敏出来讲要用互联网思维颠覆泰勒的科学管理、韦伯的科层制、法约尔的一般管理的时候，引发了业内的很多争议。科学管理的本质是专业化分工，科层制的核心是服从上司指挥，一般管理的精髓是先计划再落实，两个以上的人在一起干活，这些都是必然要使用的协调机制，怎么可能会说颠覆就颠覆呢？

有论者注意到，张瑞敏讲互联网思维时，各企业的 2013 年年报刚刚出来，海尔总利润 62 亿，已经分别被美的的 73 亿和格力的 108 亿超过。更令人深思的是，据媒体报道，所谓"小微企业""自主经营体"推出后，上万员工选择用脚投票，离开海尔。怕只怕说的是颠覆，结果却是折腾，利润这么薄的公司，还能经得起多少折腾？

据说，最近张瑞敏对西方各种新思想、新概念更加热衷了，新书出来，连中文版都等不及，要抢了先读。但愿这一切不过是他们的宣传策略，如果真是这样，就有点舍本求末了。如果不能扎扎实实做到对员工好、让员工认同企业，再好的概念也只是空谈啊。一个传统消费品行业的公司，这样的领导风格，前景确实让人为之揪心。我曾半开玩笑地说过，一个公司利润的厚薄程度，与老板眼袋的厚薄程度，往往成反比。个人能力太强，遇事喜欢冲在前头的老板，首先要解决的是学会如何做一个赋能式（enabling）而不是逞能式（heroic）的领导。曼德拉说："与改变世界相比，更难的是改变自己。"这种自我颠覆，其难度绝不亚于对一个企业商业模式的颠覆。

颠覆式创新不是创新

克里斯坦森 1997 年提出颠覆式创新的概念，在学术界地位不高。关于这个问题，要论讲得最早、最清楚、最全面、最实用的，都排不上他（参照拙文《诺基亚们为什么失败》）。很大程度上因为哈佛商学院的独特平台，他才在实务界（尤其是中国的实务界）获得了与他学术地位不成比例的影响力。

更大的问题是，所有这些关于颠覆式创新的研究者，都无法告诉你怎么去实现颠覆式创新，他们最大的作用也许只是降低了现行业领导者（incumbents）被新技术颠覆的可能性。除此之外，他们能做的和普通老百姓一样，只是在每一次颠覆性创新发生之后，指着地上的尸体说，看，颠覆性创新！

动辄颠覆，其实还是迎合了中国人骨子里的老毛病：浮躁、短视、取巧，总想着找绝招、秘诀、捷径，一招制敌、一蹴而就、一劳永逸，而不肯扎扎实实沉下心来，在企业的管理和自身的领导力的提升上面下点苦功夫、笨功夫和慢功夫。

90 年代初期，中国企业界最活跃的是一批所谓的"点子公司"，后来是寿险界、传销界出来的一批成功学大师，叫卖的其实都是类似的如假包换的东西。可惜靠点子致富只有点子大师，靠成功学成功的只有成功学大师，大叫颠覆式创新的，最想颠覆的也许是你的钱包。大家还是自己小心一点为好。

另外一个视角是中国的社会结构的问题。过去十几年，中国社会阶层结构逐渐有固化的趋势，寒门再难出贵子，像 80 年代初期那批大学毕业生那样的职业发展机会和向上可流动性（upward mobility），"80 后""90 后"想都不敢想。这些"60 后""70 后"控制了中国当今社会的绝大多数政治、经济、学术资源，甚至变本加厉，连女朋友都要来和"80 后""90 后"抢，换位思考，年轻人真是情何以堪（"奶茶"事件当如是解）。他们痛定思痛，追捧创业、追捧移动互联网，应该也算是一种逃离和抗争的方式吧。虽然创业从来就是一将功成万骨枯，并不是解决这些深层次社会问题的根本办法，但既然有那么多投资人愿意跟进，他们至少算是从那些土豪的锅里分到了一杯羹吧。

写这篇文章，我颇费了一番踌躇。从自私的角度，我当然也愿意当那个大喊"狼来了"的孩子。危机没来，大家当是错误警报，一笑置之；哪次居然被你说中了，你就一夜成名，成了准确预测什么什么危机的大神了。但从学理的角度，我却忘不了那个大喊"皇帝没有穿衣服"的小孩。

互联网和移动互联网改变了人的连接方式，对中国未来的政治、社会、经济走向都会产生深远的影响，但对于大多数竞争性行业的传统企业，基本面却未必会发生什么天翻地覆的变化。如果暂时还不想转行或退休，他们要做的是，真正下功夫去提高自己的经营和管理水平，改善客户产品和服务的体验，精益求精，止于至善。这个过程中，最重要的是，做老板的要反求诸己，努力改变心态，甘做人梯，甘当"地板"，勇敢地把公司里和互联网一起成长起来的年轻人推到前线去，让他们去冲浪，去迎接这一波又一波的新技术浪潮。比起舍近求远，追着一帮八竿子打不着的创业小孩去投资，成功的概率，还是要高一点吧？

五　喧嚣之后，一个"互联网反革命"的复盘（节选） *

理科生讲完了就该文科生讲了。理科生一般都喜欢讲世界变化有多快，文科生一般喜欢讲很多本质的东西不会变，人就是人，就好像老婆经常抱怨老公"永远是那副鬼样子"。

互联网时代有很多悖论，比如智能手机看起来可以让我们节省时间，但是其实大家在手机上浪费了越来越多的时间；互联网让我们接触到更多的信息，但是实际上互联网可能让大家的智商平均降低了10%。什么原因？纸媒时代如果我们能够在杂志上发表一篇文章，那是很开心的事情，因为你得写得非常好，杂志和报纸的编辑才会采用和发表。

门户网站时代，搜狐网、新浪网，每个栏目每天发的文章也就那几篇，门槛也不低；现在的自媒体时代，一个身份证就能注册5个公众号，每个人都可以写东西，所以不要说杂志书刊书籍，你光是把朋友圈那些东西都打开读了，你很快就会连路都走不动了。所以，我接下来希望通过三十分钟的分享，反冲一下，听完之后，能让大家找到一种宁静、平衡、从容的感觉。

---

* 根据作者2017年5月20日在杭州长江CEO同学会上的演讲整理。

因为生意的本质很简单，从来没有发生过什么大的变化。三年前我就在讲，互联网不会颠覆一切，所以有些人把我叫"互联网反革命"。互联网对产业的影响，我们主要看两个维度，一个是行业市场化的程度，一个是行业信息化的程度。

市场化的维度不需要太多的解释，某家人控制的产业，你就不要去打主意。行业信息化的程度，指这个行业的人流、物流、生意流多大程度上是跟着信息流走的，如果很大程度上是跟着信息流走的，互联网在这个行业就有戏；如果不跟着走，就不要去搞什么互联网，"互联网+"或者"+互联网"，都不会有太大意义。

只要一个行业的信息化程度高，互联网化的潜力大，这个行业里一般就会出现专做信息的平台。中国互联网的发展经历了三个阶段：

第一个阶段是BAT，三个跨行业平台成为我们这个时代的基础设施，成为千亿美元级别的公司。

第二个时代是行业垂直平台出现，例如出行领域的滴滴、生活服务领域的美团、旅游服务领域的去哪儿等；这个层面的公司能达到百亿美金级别。

第三个阶段是针对特定人群的平台，例如孕期妇女、同性恋、"美糕党"等不同的人群。这个层面的公司的估值就只有十亿美金级别了。

这些平台都有一个共同的特征：赢家通吃，除非这个赢家自作孽不可活，这样你才可能有机会，就像百度糟蹋自己，王小川同学就有了机会，但是一般来讲，你不要有太多的遐想。互联网平台的格局确立之后，你的收益和未来就要靠拼手艺了，就是要把自己手头上的活儿干好，干到极致，干到在全国、在全世界都有竞争力。

（以下略。）

六 实业归来，初心不改*

这一轮"互联网思维"大潮袭来，在聚光灯下和头条上活跃的诸色人等背景各异，大多数经济和管理学者却都意味深长地不说话。一些人也许是藏拙，确实弄不懂这些时髦词和时髦理论；一些人则是稳重，在水落石出之前，先不轻易发表意见；还有一些人估计是冷嘲：小小秋虫一只，看你蹦跶到几时？

这种冷嘲，未必出自逻辑严密、数据扎实的科学论证，而是一种直觉，一种学者对于潮流性的、场面化的、打了鸡血般的浮躁话语的一种本能般的厌恶和躲避。太阳底下，哪有那么多新鲜事。历史无情地告诉我们，大声叫嚣推翻、颠覆、革命的，往往是别有用心的人。咱们普通老百姓，一般不要去凑这种热闹。人家吃肉，你汤都未必喝得上；人家吃鸡，你需要面对的往往却是一地鸡毛。

依本性，我应该也是冷嘲派的一员，只是实在见不得那么多企业家朋友被这劳什子搞得这么心神不宁，寝食不安，所以才写了几篇文章（参见拙文《互联网改变的和没有改变的》《西方出互联网，中国出互联网精神》《从互联网恐惧症到互联网狂

---

* 2015 年 10 月 9 日首发于领教工坊公众号。

热症》），总的来说，是提醒大家不要发烧，互联网没有那么神奇。文章出来，貌似不太讨巧，互联网上有键盘侠还赐我一顶"互联网反革命"的帽子，呵呵。

大潮退去，谁在裸泳？

今年春天，所谓的"互联网+"，尤其是O2O，果不其然地大火特火。然而，在宏观经济、股市、汇市几重夹击之下，可怜这场大火，从燎原到寥落，也就几个月的时间。前些日子，我的老同事许小年出来说，"O2O两边都是零，中间一个2货"，话糙理不糙。骂人的话先不说，但很多人眼瞧着自己两个丰满的字母O慢慢缩水，最后居然变成一个干瘪的数字0，估计却是无法避免的。

道理很简单。不管互联网的传教士们怎么鼓吹，作为一种技术工具，它对一个行业的重组作用，很大程度上取决于这个行业的互联网化的潜力或者互联网化的程度，也就是说，这个行业的人流、资金流和物流，也就是生意流，多大程度上是跟着信息流走的。互联网化程度高的行业，如媒体、出版、零售等，生意流完全跟着信息流走；而互联网化程度低的行业，如大多数资源行业、重工业、工业品行业，信息流对于生意流的影响，则非常有限。当然，这轮O2O大潮热衷的各类行业，互联网化的程度一般落在二者之间。但如果仔细分析，我们就会发现，大多数行业互联网化的潜力，其实并没有想象的那么大。

这里不做学术性的探讨，影响一个行业的互联网化的程度的变量，包括但不限于：1）行业被管制/市场化程度。金融、教育等垄断行业的机会人人看得见，但人家入洞房，咱在这激动，好像意义不大吧。2）产品或服务的标准化和通用化程度。典型标准化程度高的如书籍、电器、大宗商品等，适合于网络销售，而大多数服务则相对难于标准化。3）产品或服务流通的范围。流通范围越大，创造的价值越大。大多数 O2O 属于本地服务，其本地性是限制它们利用互联网来创造价值的最大限制变量。毕竟大多数人，不需要在全国、全世界范围内找理发师、美甲师、按摩师。旅游类 O2O 产品如途牛、易到等发展较好，很大程度上是因为它们在这个维度上得分相对较高。4）产业协作程度。越是需要通过与供应商、服务商、客户紧密协作来实现交付产品或服务的行业，如软件业、咨询业等，互联网化的可能性越低。5）对网络依赖的程度。互联网长于交易撮合，短于深度服务，只要涉及对客户的深度理解，以及在这种深度理解上产生的长期信任关系的业务，如各种专业服务，互联网都不太占上风。

与淘宝几乎在以上五个指标上都是得高分形成鲜明的对比，大多数 O2O 行业在这五个维度上得分其实都不高，所以，在这些行业复制淘宝的成功，应当是小概率事件。包括阿里巴巴本身在这些领域的扩张，结果估计都不会太乐观。所以，下半年，拿不到投资、投资不到位的 O2O 企业会消失一批；再过一段时间，拿到投资的 O2O 企业，钱烧完了，又会消失一批。潮水退去，谁在裸泳，纤毫毕露，一目了然。

好产品自己会说话

当然，O2O大潮退却，不会改变的一个长期的趋势是，大多数达到一个最基本的互联网化程度的行业，还是会分化为两类企业，一类主要做信息流，一类则主要做生意流。后者是传统的实业企业，前者就是平台企业。与实业企业之间的竞争不同，平台企业之间的竞争，因为网络效应，大多数行业最后基本都是胜者全得，一个统一平台出现之后，就 game over，或者至少是呈幂律分布，前几名拿走绝大多数市场份额。

所以，对于大多数实业企业来说，扎扎实实把管理质量提高上去，把产品或服务的品质做好，才是正路一条。一方面，统一的行业平台的形成加强了行业竞争度，会放大好企业的竞争优势；另外一方面，更重要的是，好产品自己会说话，实业企业可以通过口碑效应和粉丝群体的形成，建立自己的网络渠道，防止平台企业对自己的过度盘剥。当年格力努力摆脱国美、苏宁的控制，通过自建渠道成长为空调之王的过程，想必将在互联网上重演。

一个相关的问题是平台企业自身的管理。因为主业是信息流，轻资产，高回报，再加上在市场逐渐形成的实质性垄断地位，平台企业如果没有强大的企业文化和管理体系的支撑，极容易滋生桌上桌下的各种腐败和堕落行为。最近坊间盛传对这些企业的各种争议，已经很大程度上降低了这些企业的美誉度。看似不可一世的歌利亚，往往倒在大卫的一颗小小的石子之下。千秋万代，一统江湖，哪有那么容易，来得快的，往往去得也快，这些平台企业也要好自为之。

摆脱"资源诅咒症"

互联网时代如何把产品做好这个问题，可以从社会层面和技术层面分开来探讨。社会层面，或者说组织与管理层面，我在过去文章里再三强调，与前互联网时代应该没有本质性区别。人本管理、企业文化的营造、高投入管理体系的建设等，在任何时代、任何国家都是管理者要面临的最大的挑战，需要真正有领导力的企业家。中国的情况是，有企业家精神（entrepreneurship）的人多，有领导力（leadership）的人少，有领导力的企业家，也就是"两艘船"（ship）都有的人，就更是少而又少。但也正因为少，一个行业里只要有一个，基本就横扫六合，找不到敌手。

在技术层面，企业要面对的一个新的变量是产业互联网、C2B、大规模定制。其实纯粹从理念上来讲，这些东西也不新鲜。别人不说，明茨伯格讨论大规模定制（mass customization）的重要论文发表于 1996 年，2000 年左右我还为《IT 经理世界》翻译介绍过。讨论了这么长时间，为什么，到今日为止，世界上绝大多数人用的绝大多数东西还是大规模工业化生产的？原因很简单，大规模工业化生产更便宜。现在，随着互联网技术的发展和计算成本的持续下降，尤其是所谓的大数据、云计算的出现，事情终于在发生一些趋势性的变化，原来很多无法实现规模经济的订单现在都可以接受了，相当于为客户额外创造了一块巨大的价值。

一边是机器成本，尤其是能够实现自动化、柔性化、个性化生产机器的成本在降低，另外一边是逐渐增高的人工成本，也从另一方向在推进这个总体的趋势。一些年前，我曾分析过为什么低廉的人工成本对于中国企业未必是好事。所有提高管理效率的方法，本质上是用白领去代替蓝领。当中国的蓝领因为"低人权竞争优势"廉价到一定程度的时候，自然没有人费心去做管理，结果是让大多数中国企业患上了所谓的"资源诅咒症"。例如，给中小企业卖管理软件在中国是一件苦差事，吃力不讨好，这些软件无论设计得多么科学、精巧、高效，却总是不容易在中国企业界打开市场，就是这种症状的一个体现。所以，中国人工成本的提高，从这个角度看，其实是好事，至少可以把它当作我们中国企业摆脱这个"资源诅咒症"的一个契机吧。

Proudly Made in China

在领教工坊的一次企业家内部活动上，黄铁鹰痛陈中国制造之痛。互联网思维再厉害，解决不了中国农业长期低水平运作，长不出一颗好吃的橙子；互联网思维也挽救不了中国服装业整体败落，同时期的 Zara、H&M、优衣库等在中国到处开店，如入无人之境；互联网思维甚至解决不了中国自动感应小便器不出水的问题……铁鹰老师感慨，我今年六十岁，也许我真的是老了，赶不上这个"互联网时代"了？

其实在乔布斯推出 iPhone 第二年，中国出了一个毒奶粉事件。当时，我正在给伦敦政治经济学院的 TRIUM EMBA 讲课，学生中大致 1/3 英国人，1/3 法国人，1/3 美国人。一个法国同学课堂上当众发难，说他买东西，尽量不买中国制造。给孩子买的东西，绝对不能是中国制造！当着秃子的面，人家偏要说亮。我深受刺激，回来还专门找到一个当时在英国标准局工作的朋友，希望有人能依照英标局的方式，做一个真正有公信力的中国人自己的认证体系"Proudly Made in China"（中国精造)，让中国的良心制作能够通过这种方式逐渐恢复尊严。

天真者以历史上德国制造、日本制造的脱胎换骨为例，以为假以时日，中国制造自然会升级，不要着急云云。咱们还是不要假装外宾吧，最近大家买到的日用品中，罗马尼亚制造、土耳其制造、孟加拉制造之类的比例越来越大，这对中国制造意味着什么？中国制造升级还有机会吗？世界还会给我们更多的耐心吗？

路漫漫，什么时候靠精良的设计和质量行走于世界的时候，才对得起我们不知能否失而复得的碧水青山，才对得起我们亿万入城务工人员的背井离乡，才对得起我们手上累累的老茧和额角一滴一滴淌下的汗水。

千磨万击还坚劲，任尔东西南北风，人生最难是初心。向造物者致敬！

七　我经历的三次营销狂欢*

作为一个靠管理学吃饭的人，过去两三年，我发现自己在公共言论空间有点不合时宜。一拨又一拨的互联网时髦青年，欢天喜地、敲锣打鼓地在那里大喊"管理过时啦，组织要消亡啦，各行各业产品过剩，简直就可以不要钱白拿啦"之类。我板着个脸过来，一本正经地讲，互联网本质上主要还是一种营销渠道和营销手段，改变不了组织的逻辑和商业的本质（参见我2014年写的《互联网改变的和没有改变的》等文）。不要说别人爱不爱听，我自己先就觉得有点不好意思了。有点像备考期间中学生偷偷开party，不小心被教导主任撞到："你读书不是给我读，是给你自己读的……"劈头盖脸先来一顿大道理。是非先不论，至少是无趣吧。

可惜企业界不是娱乐界，铁的逻辑和无情的事实从来就这么无趣。当初互联网思维大潮来势汹汹，大致可以分为小米、互联网餐饮、O2O（含P2P）等几条主线。2016年，几条线相继传来各种负面消息，包括互联网金融诈骗案、小米市值戏剧性大缩水、互联网餐饮几家始作俑者一一折戟等等，再加上几

---

*　2016年9月21日首发于领教工坊公众号。

大 O2O 行业的合并案，如滴滴与优步合并，美团与大众点评合并，携程与去哪儿的合并，等等，大多数比较冷静的业界观察者，一般都倾向于认为，移动互联网带来的这一轮喧嚣与骚动，应该是到了水落石出、结账买单的时候了。这么多投资、这么多青春，这么多发财梦，居然就这样给带进了下水道，我现在讲"I told you so"（早告诉你了），又是另外一种形式的不合时宜。我们还是静下心来，把更深层次的逻辑理一理。

第一次营销狂欢

第一次营销狂欢与中央电视台尤其是中央电视台经济频道有关。1988 年 3 月 15 日，中央电视台开始允许播放商业广告，开启了它成为事实上中国营销业核心的一个黄金时代。1991 年，中央电视台经济频道播出了一部讲郑州零售业竞争的专题片《商战》，点燃了中国营销界的一场狂欢。企业界最火爆的案例是郑州的亚细亚商城，最受追捧的咨询公司是亚细亚商城的策划者"恩波智业"，最受欢迎的讲演者是点子大王何阳……邓小平南方谈话确认以经济建设为中心的国策之后，企业界对这些"点子公司""策划大师"的追逐更加热情了。

我当时刚从人民大学经济类专业本科毕业，市场上很难找到企业管理类图书。印象深刻的是一本讲韦尔奇改革 GE 的书，一本《定位》，内容很好，但封面上只有书名，没有任何设计，有点像内部出版物，摆在书店里，非常不起眼。而北京大学出版社出版的《恩波智业》，封面上赫然是恩波智业的创始人王力的大幅照片，以一种伟人的姿态坐在那个年代很少见的宽大真皮沙发之上。所以，很长一段时间，王力之于我，首先是策划大师王力，然后才是中央"文革"小组的王力，然后才是著名语言学家王力。

这一轮营销狂欢的最高潮是 1995、1996 年中央电视台连续两年的标王山东秦池酒厂厂长的那句名言："我们每天向中央电视台开进一辆桑塔纳，开出的是一辆豪华奥迪！"人生在世，失败是磨炼，成功是更大的磨炼。可怕的不是成功本身，而是成功之后的错误归因。中央电视台的前三大标王，孔府宴酒、秦池酒、爱多 VCD，不是衰落，就是破产，甚至创始人锒铛入狱，也许是这种错误归因带来的严重后果的最好写照。

几个月前到广州开会，居然碰到了胡志标和他的"立于不败"公司组织的一场企业管理培训活动。巨大的易拉宝上，还是熟悉的标哥和他那标志性的微笑。一水儿的穿黑色西服的小伙子，在门口站成两排，每来一个听众，就一齐大声喊他们的口号，震耳欲聋。果然是，"会做的自己做，不会做的就教人怎么做"啊。

第二次营销狂欢

第二次营销狂欢与地方卫视的兴起有关。标志性事件是 2005 年湖南卫视第二届《超级女声》出人意料的大火。当知识界开始意淫粉丝投票如何体现了民主精神的时候，数钞票数到手软、睡梦中都笑出声来的是来自内蒙古的乳业新兵蒙牛公司。"一头牛跑出了火箭的速度！"关于蒙牛公司和该公司创始人的传记类图书都开始大卖，封面上基本上都被类似的血红色的大字填满，从内容到形式，都非常刺激。

我当时已经在中欧国际工商学院任教。内行人都知道，中国商学院老师最痛苦的是没有几个真正靠谱的中国案例可用。蒙牛超级女声策划案的负责人正好是中欧的毕业生，经过多方确认，这个案例的数据、事实还比较靠谱。这么靠谱又活色生香的案例能不用吗？我于是开始在课堂上大讲蒙牛的案例。直到……2008 年 9 月三聚氰胺毒奶粉事件爆发。蒙牛公司深陷丑闻，货物下架，资金链吃紧，创始人向中国企业家俱乐部理事和长江商学院同学"落泪求救"…… 最后，2011 年，蒙牛公司被卖给了中粮公司，国字旗一遮，一了百了。一头牛跑出火箭速度云云，仔细想想，其实并不吉利：火箭上去是快，但下来得更快。

地方卫视的传播红利消失得非常快。不仅《加油好男儿》《中国达人秀》各种满世界开花的选秀节目没有复制《超级女声》的营销奇迹，连《超级女声》自身都无法复制自己第二届的成功。十年下来，真正有影响力的，也就 2005 年的第二届。因为选秀节目而走出一条像样的职业发展道路的，整个中国，也貌似只有李宇春一个人。湖南卫视很努力，请我去讲课，我也希望能帮到他们，可惜，有些客观规律不是我们能够改变的。

这一轮营销狂欢的尾声也许是借力浙江卫视《中国好声音》一时火遍大江南北的加多宝凉茶最近的窘况。一轮又一轮的官司和炒作之后，加多宝传出多名高管辞职和多家分厂停产的消息。虽然一时真假难辨，但靠抓住营销机会而不是企业的全面能力冲上去的品牌，上去得快，下来得更快，应该是一个大概率的事件。

第三次营销狂欢

第三次营销狂欢则是以优酷和微信的崛起为代表。与传统互联网相比，移动互联网的不同是：语音、图片和影像为主代替了文字为主；自媒体代替了编辑主导；泛娱乐化和碎片化代替了深度思考。原来大家都在一个窗口前一本正经地排着大队，突然旁边新开了一个窗口，而且还载歌载舞，非常开心。最先发现、迅速冲过去的几个人自然狂喜，但很快，几乎几秒钟之内，这个新窗口前的队就与老窗口的队一样长了，如果不是更长的话。移动互联网没有那么神奇，最初的传播红利确实看起来有点惊心动魄，再有定力的人也难免心猿意马。但过一段时间，大家就会慢慢发现，初期的传播红利瓜分殆尽之后，最后拼的还是企业的全面综合能力。所以，对于大多数主流企业而言，移动互联网的兴起，卑之无甚高论，不过是多了一个营销渠道而已。

当然，这次还是有些不同。中央电视台时代、地方卫视时代中国消费市场还基本上处于"大头"为王的时代，移动互联网才真正让中国进入了"长尾"时代。换一个说法，主流文化（大头）之外，移动互联网让中国社会的各种亚文化群体（长尾）得以真正形成。散落在社会各角落的年轻人通过移动互联网（微信、微博、直播等），第一次形成真正的亚文化群体，通过这个群体（或代表这个群体的偶像人物）来确认自我身份，进行自我表达，甚至是寄托人生意义。亚文化群体内的成员互相之间高度认同，在一种真实或虚拟的优越感的驱使下，一起宣告、一起消费、一起炫耀，甚至一起对外进行征伐。这种亚文化崛起的代表性事件如《小时代》系列电影的走红、二次元文化的流行、李毅吧的"帝吧出征"、虚拟世界里各种网络游戏组织（所谓"公会"）之间的叫板和竞争、直播平台上五音不全的"喊麦大王"年入几千万等等。

亚文化是社会学最基础的概念之一，一些互联网专家造出"社群经济""圈层经济""粉丝经济"等概念，吸人眼球，但并不比亚文化的概念更能抓住问题的实质。真正的中国特色是：犹如半个世纪以来对国人房产所有权的压抑带来今天中国的"买房癌"一样，半个世纪以来对中国社会对任何社会横向联络机制的压制，是今天年轻人们火山喷发一样的对亚文化的激情背后深层次的原因。这种后极权社会的反应过度，也使得我们的这些亚文化的强度甚至一时远超有悠久结社传统的西方社会，以至于让很多观察者都看花眼，以为其中蕴藏着多大的革命性的商机。

但是，一种亚文化，无论它看起来有多么强大，它有几个致命的问题。第一，亚文化多变，不稳定，不可预测，一两个关键事件，就可能让一个亚文化群体不复存在；第二，大多数亚文化群体都是由荷尔蒙过剩的年轻人组成，但年轻人总是要长大的，大多数亚文化群体成员一旦上班、结婚、生子，他们会迅速变得比主流还主流；第三，从商业上来看，更麻烦的是，一种亚文化，它的影响力永远只能局限在一个小圈子之内，一旦突破，它就走向自身的反面，不再是亚文化了。

亚文化到极致时其实就是邪教，人类历史中，敛财最快的确实是邪教，但邪教的最大问题是，它是邪教，教主洗脑、控制、利用信众，而不是真正努力去用自己的产品和服务去增进群体内每个个体的福祉，所以邪教基本没有能够基业长青的。打造亚文化群体，确实可以挣到一些传播红利，但一个严肃企业的商业模式和长治久安，多大程度上可以建立在这种流沙一样的亚文化群体的基础之上，估计谁也不敢太乐观吧。

不要被啸音迷惑

从麦克风发出的声音传回到麦克风中，声音得到了再次的放大，形成了重合后，麦克风会发出极其尖锐和刺耳的啸音。人人都有麦克风的移动互联网时代，到处充斥着各种自以为是、自我陶醉、自我催眠式的啸音。我们要做到的，首先是自己不要被这种啸音迷惑，不要以为自己能发出那么大的声音；其次，不要被别人的啸音所干扰，事实很无趣：互联网上 99% 的人发出的声音，不值得我们关注，不值得我们去认真倾听。

互联网通过把企业营销集成在一个统一的信息平台上，极大地提高一个经济体的效率。通过打造一套线上商业基础设施，弥补中国薄弱的线下商业基础设施，阿里巴巴创造惊人的商业价值；通过打造一套线上社交基础设施、弥补中国更为薄弱的线下社交基础设施，腾讯创造了惊人的社会价值和商业价值；通过打造一套线上数据基础设施，百度本来也可以缔造一个类似级别的帝国，可惜它们好像正在逐渐丧失这个机会。商业、社交、数据全行业基础设施平台基本就这三个，所以，那些一言不合就要复制马云的创业者，还是先洗洗睡了吧。

商业、社交、数据三个全行业基础设施平台之外，还有一批互联网公司提供某一行业的基础设施平台（酒店机票预订、打车、法律服务、二手物品交易等），某一类群体的基础设施平台（美图、经期管理、母婴服务、白领、农民工等）。看起来，机会很多，但因为都是平台企业，胜者全得，最后基本上都只能有一家企业生存下来，竞争其实非常血腥和残酷，尤其是到了下半场的时候，还没有一统江山的互联网企业要做好思想准备。

至于其他非互联网企业，把互联网当作营销工具用好即可，重心还是要回到磨豆腐上（任正非语：华为二十八年，只做一件事，磨豆腐）。互联网营销平台存在的最大好处是，酒好不怕巷子深，只要你的豆腐磨得比别人好，有的是人会来义务帮你做传播、做广告（想想你的朋友圈，第几次看到任正非在机场的照片了），一心一意发展企业的全面综合能力，全心全意为客户创造价值，持续创造价值，创造别人无法创造的独特价值，自古华山一条路，伟大企业，莫不如此。营销很重要，但不管说得多么天花乱坠，营销只是企业能力的一个方面，而且，还是最容易被竞争对手复制的一种能力。台上一分钟，台下十年功，把手上的活练好，才是正经生意人千古不易的本分。

三次营销狂欢，颠倒众生，意乱情迷，耽误了多少事，耽误了多少人。理解中国过去这段历史，才能理解中国人、中国企业界对于营销、对于策划、对于透过麦克风喊话的不成比例的热衷。大多数人，早年大喇叭听得太多，确实太羡慕那些手持麦克风、掌握话语权，一言九鼎、一言定邦的台面人物了。羡慕归羡慕，时代变了，一定不能入戏太深。例如，弗洛伊德认为，3—5岁的女孩，有点阳具羡慕，其实很正常。但如果长大之后，还继续迷恋不已，发展成为情结，那可能麻烦就大了。

第十章　一边行走，一边思考

What is your vocation? To be a good person. (您的职业是什么？做一个好人。)

——Marcus Aurelius, *Meditations*, 11.5

一　从尼科西亚到耶路撒冷 *

希腊文明和希伯来文明（"两希"）构成了西方文化的内核，很幸运，去年我居然把这两个地方都走到了。希腊文明我去的是塞浦路斯，地中海最东部的一个小岛国，面积近一万平方公里，人口 100 万左右。塞浦路斯是希腊文明的重要组成部分，是希腊神话中爱与美女神阿芙洛狄忒（维纳斯）和植物神阿东尼斯的故乡，也是著名的"皮格马利翁效应"中爱上了他自己雕出来的作品的雕塑家皮格马利翁的出生地。

因为靠近中东这个"世界的走廊"，在古希腊文明之后，塞浦路斯先后被埃及人、亚述人、波斯人、罗马人所统治。直到 1191 年，在第三次十字军东征中，英国国王理查一世（即狮心理查）从东罗马帝国（即拜占庭）手上夺过塞浦路斯，转手卖给圣殿骑士团，然后又被转手卖给一个法国骑士家族，成为后来的塞浦路斯国王。1473 年，新兴的海上霸主威尼斯把塞浦路斯发展成为他们在东地中海的一个重要商业基地。1570 年，塞浦路斯成为奥斯曼帝国的一部分，从此，和她的母国希腊一起，被穆斯林统治了三百多年。1878 年，英国人又回来了，借口为

---

* 首发于《中国企业家》2014 年 6 月号。

了保护奥斯曼帝国不受俄罗斯的攻击，他们把塞浦路斯变成了英国在这个地区的一个重要战略基地。两次世界大战前后，塞浦路斯的希腊族人多次努力，试图让塞浦路斯回归希腊，但英国人百般阻挠，以至于"分而治之"，不怀好意地暗中支持塞浦路斯的土耳其族人的势力，酿成了一会儿我们要谈到的苦果。

希腊和土耳其是东南欧一带的一对难兄难弟、欢喜冤家。我在欧洲工商管理学院的博士班上有一个希腊同学，一个土耳其同学。两人只要有空，最喜欢做的事情就是互相斗嘴，嘲笑对方的国家有多么"逊"。从信仰（希腊信东正教，土耳其信伊斯兰教）到政治，从历史到地理，两个国家几乎无所不争，其中一个焦点就是塞浦路斯。1960 年，塞浦路斯独立建国，居然把 30% 固定比例的投票权给了土族人。希族人武力抗议，局面失控，1964 年土耳其准备出兵，被美国约翰逊总统严词喝止。1974 年，希族人发起军事政变，土耳其抓住机会，迅速出兵，强悍推进，到停火协议签订时，土耳其已经占领了塞浦路斯 37% 的领土，连首都尼科西亚，都被土耳其割去了一半。

所以，保存了威尼斯时代城墙的美丽的尼科西亚，是柏林墙倒塌之后，世界上唯一一个被两个对立的政体占领的首都，包括城市最中心的 Ledra 大街，都被"绿线"（由联合国维和部队看守的停火线）分隔成为两个部分，2008 年之后才开放，行人持护照登记通过。北部号称"北塞浦路斯土耳其共和国"，但只有土耳其一个国家承认（后来加上了阿塞拜疆）。签证的时候，我不小心说了"北塞浦路斯"，没想到一脸和气的签证官竟

图 10.1　尼科西亚是唯一被两个对立政体占领的首都 *

然脸色骤变："从来就没有什么'北塞浦路斯'，只有'塞浦路斯土耳其占领区'！"吓得我暗自吐舌头。

国际社会支持的塞浦路斯经济发展得很好，旅游业、航运业，还有金融业，尤其是后者，依靠激进的免税政策，塞浦路斯成为国际游资包括俄罗斯资金的一个重要避税港。2004 年加入欧盟之后，塞浦路斯人均 GDP 已经发展至近三万美元，进入了发达国家的行列。塞浦路斯的风景也非常有特色。岛中央是近两千米高的奥林匹亚山，南部顺着大致沿着海岸前行的高速公路驾车从帕佛斯（著名的"断臂维纳斯"出土处）到利马索，到拉纳卡，再一直到靠近土耳其占领区的著名的旅游胜地 Ayia Napa，沿途有高山麦田、有沙滩峭崖，还有几乎无处不在

---

*　http://kulturpara.blog.hu/2017/05/09/europa_ kulonleges_ orszagai_ a_ sz-igetorszagok。

的蔚蓝色的地中海和各种度假物业，风光确实美不胜收。

虽然有领土争议，几十年的和平共处下来，大家似乎也慢慢习惯了，参观"绿线"成了一个颇受欢迎的旅游项目。导游提醒我们，对面就是土耳其占领区啦，语气轻松。唯一的紧张成分是告诉我们，不要直接拍摄维和人员所在的边防站。土耳其占领区建起了一座非常引人注目的清真寺，这边就像打擂台一样，也建起了一座希腊正教的教堂。清真寺开始用大喇叭诵《古兰经》了，这边教堂的大喇叭也仿佛不甘示弱地响了起来，我这个外国人听起来，同样也是那种单调、沉闷、冗长的男中音，和对方没有太大区别。而其中的历史与今天、信仰与利益、理智与感情的纠葛和缠绕，更是我们习惯在滚滚红尘中沉浮颠倒的中国人最陌生的东西了。

塞浦路斯比俄罗斯的圣彼得堡还靠东，仍然是文化、经济和政治意义上欧洲的一部分，其实这还不是欧洲的终点，塞浦路斯岛往东南方向约 200 公里，是地中海地区最后一个有欧洲风味的国家：以色列。这其实也是从中国飞以色列的途径：因为以色列周边的伊斯兰教国家不对以色列开放领空，从亚洲飞往以色列的国际航班都必须从里海、高加索、土耳其、塞浦路斯这条线绕行。

如果说中东是世界的走廊，以色列则是走廊中的走廊。不同文化的对峙在这个小国表现得更是淋漓尽致。历史上只要出过头的民族，几乎都要到这个走廊里来遛一圈：从古代的亚述人、巴比伦人、波斯人、希腊人、罗马人（包括东罗马），到中世纪的阿拉伯人、十字军、土耳其人（奥斯曼），最后，和塞浦路斯一样，这个地方落入英国人的控制范围。战后独立的过程也有点像塞浦路斯，英国人战略上还是想把犹太人和巴勒斯坦人"分而治之"。但犹太人不是塞浦路斯希族人。1947 年，划分给犹太人的国土是 1.49 万平方公里，1948 年的阿以战争后，这个数字变成了 2.08 万，1967 年六日战争后，又变成了 2.80 万（如果算上归还给埃及的西奈半岛，那就更大了）。到现在，巴勒斯坦人基本只剩下西南部与埃及接壤的加沙地带一小块连续的领土，西岸地区已经被犹太人定居点蚕食得不成整片了。

比土地更敏感的是宗教。除了塞浦路斯有的东正教和伊斯兰教外，这里自然还多了一个犹太教，都努力在这个他们都视为圣地的弹丸小国争夺更多的话语权和信仰资源。好像还嫌不够乱，基督教的三大支流（天主教、东正教、新教）也都争先恐后，希望在这个信仰市场的竞争中能够出人头地。小小的耶路撒冷，这个坐落在撒马里亚山脉中的"山巅之城"，各种各样的教堂和寺庙星罗棋布。如果说特拉维夫的经济靠的是高科技，耶路撒冷最重要的产业则是信仰产业，以及这个产业带来的无尽的人流。最有意思的是北边的海港城市海法，居然也凭借一个"空中花园"，平地起高楼一般成为一个发展得非常快的新兴宗教——巴哈伊教的圣地。

展示宗教之力的极端是老城中的哭墙。犹太人的第二圣殿被罗马人摧毁，阿拉伯人统治期间，在第二圣殿的基础上建设

图 10.2 耶路撒冷最重要的产业是信仰 *

了圆顶清真寺,纪念穆罕默德由此登天,成为全世界穆斯林心
目中的圣地。以色列控制耶路撒冷后,为了不挑起矛盾,只好
顺着清真寺西边的一堵墙往下挖,一直挖到第二圣殿的基础部
分,然后把周边清理出来,建成一个相对独立的下沉式广场,
作为犹太人朝拜的场所。重要的节假日,人山人海,尤其是黑
衣黑帽的极端正统派犹太人,一边诵经(多为《托拉》,即
《圣经》前五篇),一边有节奏地前后晃动身体,其投入和沉醉
的程度,足以让最没有宗教情怀的观者悄然动容,甚至耸然而
惊。信念、信仰,在我们看来,是多么虚无缥缈、多么抽象的
东西。而这些人,在最抽象的地方却使出这么大的力气,这种
圣徒般的意志力,代表人类最强大的一种力量。一个民族"为

---

* https://honeymoonisrael.org/2nd-honeymoon-israel。

文所化"（犹太人自称一本书的民族，即《圣经》的民族），能够达到这样的程度，什么样的困难能够压倒他们？

塞浦路斯的绿线两侧多年相安无事，以色列的形势却让人多少有些紧张。从签证开始，使馆就贴心地不在我们护照上留下签证的痕迹，以避免再进入阿拉伯国家时给我们带来不必要的麻烦。以色列航空的安全检查也是出奇的严格。到了以色列，我们的车辆从以色列控制区进入巴勒斯坦控制区很方便，相反的方向，从巴勒斯坦控制区进入以色列控制区却要停车检查，荷枪实弹的以色列军的小战士们上车清查一遍，以确保安全。"二战"后的犹太人，挟大屠杀的道义资源，从零开始建国，发展到今天，800万人口的以色列（其中犹太人600万），被4亿多阿拉伯人包围，没有过人的军事实力，是不可能做到的。所以，以色列军费占GDP比例在所有发达国家里是最高的，年轻人在上大学之前，都要到军队服役三年，而发达的军工行业，也成为整个以色列高科技行业的基础（与美国类似）。这背后，是求生的本能，是民族的认同，更是信仰的力量。

以色列人均GDP三万美元左右，略高于塞浦路斯。因为人口多，经济总量比塞浦路斯要大很多，全球排名41，超过了芬兰（43）和希腊（45），但小于新加坡（38）和香港（40）。但他们在世界版图上的重要性比这个排名要重要得多，很大程度上是因为以色列在这个世界上占据的多重"结构洞"的位置。社会网络学把联结相对封闭、独立的不同个体之间的位置叫作"结构洞"。研究发现，占据结构洞的个体，在创新、利润、市场地位等方面都超人一等。首先是地理上的结构洞，以色列在亚、欧、非之间占据了一个非常重要的位置，也就是前文讲到的走廊中的走廊；第二是宗教的结构洞，作为一神教的先驱，犹太教下承基督教、伊斯兰教，是理解这些宗教文化的重要入口；第三是思维的结构洞，以《塔木德》为基础而形成的犹太人独特的思辨逻辑（所谓"平行思维"）让他们同时属于欧陆理性主义和英美实用主义，两边都能对上话；第四是行业的结构洞，犹太人中世纪以来受到基督教社会的各种限制，不许从事传统行业，逐渐聚集于金融、贸易、医疗、学术等智力密集型行业，因祸得福；第五是人脉的结构洞，流落全球的犹太人很自然地成为消息最灵通、条件最优越，可以致力于在各个领域成为互通有无的"中间人"。

例如，我们拜访以色列红大卫星组织（类似红十字会），他们有一个世界上最先进的脐带血库。脐带血使用之前必须先配对，因为以色列的犹太人来自全世界，携带了全世界的基因，所以，这里的脐带血配对成功的概率非常大。再举一个例子。因为犹太人在美国的独特影响力，以色列与美国有非常稳固的合作关系。有意思的是，苏联解体后，以色列收留了一大批俄罗斯籍的犹太人，所以，美俄要是有什么矛盾，以色列可能是很好的中间调停人。还有，近年以色列高科技的发展，很大程度上也是结构洞思维，把军事技术和民用市场两端联结起来了。比如 Given Imaging，胶囊内脏摄像检测技术的发明者，其来源是军方著名的 Rafael 先进防卫系统。

结构洞的前提是已有相对封闭、独立的不同个体，也就是多元性。学者研究现代科学为什么起源于西方，最后答案是西方文化的"多元性、异质性和断裂性"，这种对多元性的容忍、接受甚至是拥抱，恰恰是我们这个被大一统逻辑浸染了几千年的文化最缺乏的东西。从希腊到土耳其，从塞浦路斯到以色列，地中海东岸这一小块地方，为什么能够孕育出如今遍及世界的伟大文化，与这种对多元性的拥抱是分不开的。

图 10.3　谢赫山是以色列的一个滑雪胜地 *

其实以色列的地理本身就是这种多元性的最好写照。西海岸肥沃的平原，中间是加利利山脉，东边是属于东非大裂谷一部分的约旦河谷。从海拔 790 米的耶路撒冷，到海拔负 420 米的死海，基本上相当于坐滑梯下来。最让人震惊的是从死海沿着约旦河一直往北走，居然是一个水清草绿的巨大淡水湖：加利

---

*　http://loveloveisrael.com/listing/hermon-mountain/。

利海！为了控制这珍贵的水源，以色列 1967 年从叙利亚手上占领了戈兰高地，包括海拔达 2814 米高的谢赫山（Mount Hermon）。同行在以色列买的立体地图上，最北边赫然高高隆起的，就是这个谢赫山，冬天居然还是一个滑雪胜地！

　　中国商界，对于以色列战略位置的认识最到位的居然又是我们的"诚哥"：李嘉诚。2007 年他就设立了一个 Horizon Venture 基金，重点投入以色列高科技行业，赚得盘满钵满后，去年决定捐赠一亿美金给海法理工学院，获得了以色列各方的好评，算是在这个世界的结构洞上又占据一个结构洞的位置，确实是非常有眼光的做法。在塞浦路斯时，当地人告诉我们，老的拉纳卡国际机场被一个中国商人整体拿下，做商业开发（后来了解是泰籍华裔）。到以色列，大家说的则是李嘉诚给海法理工捐赠的事。同样作为中国人，我们一方面与有荣焉，一方面却也暗暗脸红。

二　与日本相比，我们缺的绝不仅仅是马桶盖*

参加领教工坊日本游学的企业家朋友，注意到很多有意思的细节。例如，机场行李工人为了方便客人拉行李箱，从传送带上把行李拿下来后，会帮助客人把行李箱的拉杆拉出来；饭店门童为了方便大巴客人下车，会提供一个用红色地毯包好的小木箱，给客人踏脚；公司前台用胶带纸包装样品，为了方便客人把包装撕开，会把胶带折叠起来，留下一个小的撕口。我自己是逢书店必逛，注意到的一个细节是，付费之后，书店员工在把书装在袋子里之前，先把塑封帮我拆下。

走在大街上，最深的印象是干净。我们在东京港区走了一个小时左右，非常努力地想找到一片垃圾，纸片、痰迹、饮料瓶，什么都算，居然没找到。最奇怪的事，街上也很少有垃圾筒。旅居日本的朋友告诉我们，日本人的垃圾，都是随身带的，带回家再扔。遛狗的人，除了带上塑料袋，收拾狗便之外，还要带上一瓶水，在狗小便之后，对准小便处冲洗。临街的店主，每天早上洒水清扫店铺前的街道，为了确保干净，有的甚至跪在地上擦洗。

---

* 2017 年 8 月 4 日首发于领教工坊公众号。

图 10.4 日本干净的街道

第一天的欢迎晚宴，300 年历史的怀石料理老店，各种华美考究的陈设、各种精致可口的菜肴、各种无微不至的服务细节不表。最让大家感动的是，饭后，年逾花甲的服务员们，穿着和服，踩着木屐，一直把我们送到了大楼下，地铁站口。虽然语言不通，却不妨碍她们表达对我们的诚挚的热情。

一个企业家朋友用"净、静、敬"三个字来形容他眼中的日本。干净、安静之外，最让他动容的是各行各业的工作人员对自己本职工作的敬业精神，对自己所服务的客户发自内心的感恩之情。前述料理店的服务员是一个例子。还有例如，鞋店店员给客人试鞋，在回仓库拿其他尺码的鞋的时候，先向客人微微鞠一个躬表示告退；新干线上的负责验票的列车员，进入每一个车厢，也会首先向这个车厢的所有乘客鞠一个躬，虽然很少有乘客注意到他的到来。还有一个细节是，在美式小费文化无孔不入的时候，日本服务业居然真的基本不收小费。朋友说，最极端的情况，吃完饭，你在账单下留几个硬币，走出店了，服务员还有可能追上来，把硬币还给你。

日本员工的这种敬业精神体现在制造业的一个很自然的结果就是以丰田生产方式为代表的日本精益文化。每天改善一点点，积累下来，就是不得了的超凡功力。这里面，如果有任何秘诀，就是那个著名的公式：$1.01^{365}=37.78$。没有日本员工这种日拱一卒的敬业精神，即使抬着四台录像机到工厂里去记录，把日本人的方法、工具、技术层面的东西全方位、无死角、像素级地全盘复制下来，也照样无济于事。

职人精神之源

日本人的这种敬业之心、虔诚精神来源于哪里？夏季是日本人祭祀的主要季节，我们在古都镰仓开私人董事会的时候，巧遇了一场当地居民组织的神社祭祀活动。队伍很长，大家都穿着祭祀专用的白色衣服，喊着统一的口号，浩浩荡荡往前走。最前面是十四五岁的少年抬着一棵树开道，然后是徒步的老年人。排第三的是抬着沉重的主神位的青壮年，然后是排第四的八九岁的少年，抬着小一号的神位。排第五是一些四五岁的儿童，抬着更小一号的神位，趔趔趄趄跟着往前走，妈妈们微笑着看着他们，在两边护卫着。最后面是乐手车，上面一些十一二岁的孩子负责打鼓和吹笛。男女老少齐上阵，这架势，这精神气，很明显，对神道的崇拜和祭祀是他们日常生活的一个部分，不是做做样子，更不是招揽游客的表演。

日本的神社主要包括祭祀天照大神（被认为是天皇祖先）、稻荷大神（丰收和商业之神）、八幡神（武神和生育之神）和学问之神（天满宫）几种，全国有八万余家，平均每 1500 人左右即有一座神社。从宗教学的角度看，属于一种比较初级的泛神教，与中国人嘲笑的愚昧的乡下人遇树设坛、见石就拜的"封建迷信""淫祭滥祀"好像没有本质的区别。但是在日本，这种看似原始的对神道教的崇拜却奠定了日本人的独特精神底色。再现代派的日本人，至少在孩子满月的时候，要带着孩子到神社去朝拜与祈福。这些年，与时髦的基督教式婚礼相比，越来越多的年轻人，选择到神社举办日本传统婚礼。

神道教之外，另一个理解日本文化的维度是日本独特的漫长的封建历史。与中国在公元前 221 年秦始皇统一中国就走出封建制（分封制）相比，欧洲 16 世纪才开始走出封建时代，日本的封建制则一直保持到了 1868 年的明治维新前夕。各级封建领主建立自己的武装集团，武士成为社会中坚的贵族阶层，他们倡导的武士道精神（与欧洲的骑士精神相对应），也相应地成为日本社会的主流意识形态。武士重承诺，轻生死，把名誉、正直、忠诚看得比生命更可贵，追求在尽到自己的责任之后像樱花从枝头坠落一样灿烂地诗意地死亡，成为日本其他社会阶

图 10.5　遍布日本的神社 *

层仿效的行为典范。各行各业的从业者，从铁匠、木匠，到寿司师傅、和服面料生产者等等，秉承这种武士道精神，兢兢业业，精益求精，十几代、几十代心无旁骛地从事自己的祖业，像服侍自己的主公一样为客户提供最好的产品与服务，形成日本著名的"职人精神"，奠定了日本制造和日本服务业在世界上的地位。

这种贵族风范、"初民精神"在先秦中国也曾经是主流意识形态。例如，晋文公重耳早年逃难到楚国，为楚成王收留，故信守当年的承诺，在两国交兵时，退避三舍（30 里为一舍）；宋襄公信守贵族作战信条，不凭借险要，不攻击正在渡河的敌人，不攻击尚未列完队的敌人，不再次攻击已经受伤的敌人，

---

* http://www.lotour.com/zhengwen/1/lg-jc-8543.shtml　摄影：旅游醉客，摘自乐途旅游网。

不擒拿白头发的敌人，等等。可惜，这种贵族风范在秦朝末年彻底告别了历史舞台：代表贵族风范的项羽（他的破釜沉舟、鸿门宴、不肯过江东都是典型的贵族做派）彻底败给了代表重实利、重算计，只论成败、不问是非的小市民文化、流氓文化的刘邦。时间又过了 100 年，遭受腐刑之后的司马迁继承祖业，为荆轲、聂政等刺客写下《刺客列传》，算是为中国人的贵族风范写下了最后一曲挽歌。

日本人这种古风也为以综合商社为骨干的战后日本企业的崛起做出了巨大贡献。三井、三菱、住友等第一批日本企业到乡下招工，很自然地秉承封建义务，向父老乡亲承诺，照顾好这些年轻人的一生，所以有了日本企业著名的终身雇佣和年功序列制度。年功序列相当于员工在企业的收入与员工的年龄/工龄成正比（日本一般企业的员工现在的收入大致是 20 岁月薪 20 万日元，30 岁 30 万，40 岁 40 万）。仔细思考，一个普通员工对企业的贡献其实是一条抛物线，45 岁左右达到最高峰，50 岁左右，他对企业的贡献其实就小于他的收入了。所以 50 岁之前，相当于企业向员工借钱，50 岁之后，再以更高的工资和退休金的方式予以偿还。

士为知己者死，可以想见这种制度带来的员工多大的投入度和忠诚度。这种独特日本企业文化的威力，基本奠定了日本企业和日本经济战后 30 多年的辉煌的增长的基础。后来物极必反，形成泡沫经济，带来诸多问题，我们这里暂且按下不表。总之，以 1979 年傅高义发表《日本第一》为号角，到 80 年代，日本企业和日本文化研究成为整个西方世界的显学。中国人到西方，看到时髦的年轻人用汉字文身，穿印着汉字的衣服，颇有自豪感，哪里知道，他们粉的其实是日本。例如，很多人都知道乔布斯的功力在于连接科技与人文，其实他更大的功力在于连接西方与东方。他一生俯首拜日本，日本的禅宗文化和设计美学，成为他打造整个苹果帝国的起点。

虔诚、公正、勇敢

日本皇室是世界上延续时间最长的皇室，号称"万世一系"，仔细查证，从大概公元 381 年（东晋太元六年）至今，血脉没有断过。西方延续时间最长的王室是英国王室，从公元 1066 年（北宋治平三年）至今，血脉没有断过，也只能排第二。日本地位最高的神社是位于奈良东边的三重县的伊势神宫，供奉传说中天皇的祖先天照大神。神宫实行非常有日本特色的"造替"制度，宫内两块大小相同的用地，每隔 20 年依照古法在另一块用地重建社殿并迁祭，所谓的"式年迁宫"，最近的一次是 2013 年，举行了第 62 次式年迁宫。

伊势神宫中最高级别的文物是八咫镜，与草薙剑、八坂琼曲玉合称"镜剑玉"，是天皇最高权力的象征。镜剑玉三种宝物，分别代表天皇智、勇、仁三达德，更广义地说，代表了虔诚、公正、勇敢这三种美德。仔细思考，这三种美德不仅是日本文化的基础，也是世界上所有伟大的上升阶段文化的基础。例如，构成当代西方文化的三大主流希伯来传统（主宗教）、希腊传统（主法律）、日耳曼传统（主军事），为西方文化分别输入了虔诚、公正、勇敢三种美德，为西方文化奠定了坚实的基础。

一种文化是否尊崇这三种美德，往往与这种文化是处于较早发展期的上升阶段还是处于较晚发展期的延续阶段有关。麦克阿瑟携胜战之威，嘲笑日本文化只相当于十三四岁的少年，其实也是对日本文化尚处于较早发展期的一种观察。两种文化的行事方式、处世风格、美学追求都截然相反。行事方式上，前者尚拙诚，后者尚机巧。例如，各行各业的日本人普遍愿意下笨功夫，死磕一个个的细节，中国人则热衷于找风口、捷径和秘诀；处世风格上，前者主天真，后者主世故。天真是努力保持上天给予的真理，一分耕耘，一分收获；世故是永远把对方当作自己碰到过的最坏的人来提防，结果对方如果不做坏人，反倒对不起你的提防，大家一起来变坏；美学追求上，两汉的雄浑、盛唐的刚健都是生命力的体现，宋徽宗的矫揉造作的"金钩铁划"，乾隆皇帝堆砌俗艳的"农家乐"审美，则是王气黯然收的标志（表10.1）。两种文化在秩序生产能力、对整个文明体系的贡献上，也都有天壤之别。

所以，从这个角度看，辽金元清，一拨一拨的游牧民族征服中原，也许不是野蛮征服文明，而是生命力更强的上升阶段的文化征服了逐渐丧失生命力的文化。理论之树是灰色的，任何理论都是对这个世界努力做最大化的模拟，不是什么绝对真理，包括本文。看到这里内心很沉重的读者，相信我，我比你更沉重。黑格尔、马克思、魏特夫、韦伯、斯宾格勒等人关于中国历史和中国文化的总体性质的相关论述，与此相比，有过之无不及。只是我们大多数人看到这些论述，为了维护自己的自尊心，或者选择性地失明，或者认为他们不了解中国而置之不理而已。

表 10.1　初民文化与末民文化

	初民文化	末民文化
美德	虔诚、公正、勇敢	无所畏惧、权谋、卑怯
行事方式	尚拙诚	尚机巧
处世风格	主天真	主世故
美学追求	以纯朴简素为美	以铺张奢华为美
秩序来源	可以自己制定秩序	只能从外部输入秩序
对文明的贡献	支撑整个文明体系	消耗整个文明体系
文化周期	上升阶段文化	延续阶段文化

不说别人，还是说说我们中国科技界的集体偶像乔布斯。他私下里最瞧不起的其实就是中国："就是一帮小偷！"（Just a bunch of thieves!）我的一位中国朋友专程去拜访他，他当面鄙夷地说。所以，他去过印度禅修，狂爱日本，偌大中国，却至死没有涉足；iPhone 在中国生产，中国也很快成为 iPhone 世界最大市场，但他在世的时候，中国居然一直未能进入 iPhone 新产品的首发国家（乔布斯死后两年的 2013 年 9 月，中国才第一次出现在 iPhone5s 的首发国家名单上）。世间侮辱，莫过于拿热脸去贴人家的凉屁股。念及此，荷尔蒙勃发的爱国者们应该恨不得把自己所有的苹果产品都砸烂吧？

"怀绝望之心，行希望之事"，在这个风雨如晦的时代，这不是成功学，也不是人生智慧，而是最基本的生存必需品。我选择不放弃，做领导力发展，做管理研究，包括写作本文，因为我坚信《论语》中"学而时习"的力量，如李泽厚、杜维明、杨振宁等人所言，中国文化最伟大的，也许就是这种韧性的学习精神，其中包括向我们曾经的学生学习。文艺复兴时代的欧洲人可以向阿拉伯人学习古希腊和古罗马的经典，重启西方文明的青春期，我们为什么不能向日本人学习，重振中国文化的精神？中国大，大有大的坏处，但大也有大的好处，比如，只要有10%学到了日本人的敬业精神，就是1.3亿人，中国的世界竞争力就不得了了。我们真正首先需要做的事，是重新"睁眼看世界"，真正看清楚自己的不足和与别人的差距。例如，与日本人相比，我们中国人缺的，绝不仅仅是马桶盖。

坐第一排的模范生

在文化输入和文化学习上，日本从来就是坐第一排的好学生。消化吸收能力强是一方面，更重要的一方面是，他们鉴别和选择的能力强。从唐朝开始，日本如饥似渴地学习中国文化，但有两样东西他们没有学：科举制度与太监制度。太监制度作为一种皇权专制制度，其黑暗、腐朽和堕落性，大家都容易理解。对于科举制度，一般人的印象还不错，公平、开放，提高社会流动性，貌似很现代嘛。这其实完全是皮相之论：科举制度的本质其实是比太监制度还要更阴险的一种皇权专制制度。关于这一点，唐太宗说得最直白："天下英雄尽入吾彀中矣。"

其实就是说，天下的有为青年，都进了我的圈套了！太监只是身体上去势，科举则是思想上去势，其用心险恶程度比身体上的去势更要大上百倍万倍。

李长声老师陪同企业家朋友聊天，半开玩笑地提供了另外一个有趣的视角。日本人不是不想学太监制度，只是因为自古畜牧业不发达，没有掌握阉割技术。所以，很长一段时间，他们的骑兵骑的都是没有骟过的马。日本人也不是不想学科举制度，当年的天皇也曾经试图科举取士，可惜能够识文断字的人太少，结果就不了了之了。仔细思考，更大的原因应该是，日本的封建制度与中国的皇权制度背景不同，太监与科举，到日本的应用价值不大，自然而然，慢慢就淡出了。

神道教之外，对日本人日常生活影响最大的禅宗，完全是从中国学过去的。禅宗五家七宗，在日本影响力最大的是临济宗（偏机锋、顿悟）、曹洞宗（偏苦行、坐禅）和黄檗宗（综合前二者）。1191 年（南宋绍熙二年）荣西和尚求学于台州天台山，传入临济宗，1223 年（南宋嘉定十六年）道元和尚求学于宁波天童山，传入曹洞宗。蒙古灭宋之后，更有大批禅僧不满元朝的统治，迁居日本，带去了更多的中国各类典籍、文献、风物。1654 年（南明永历八年），福清的隐元和尚东渡日本，传入临济宗的一个支派黄檗宗。

乔布斯赞叹京都的禅宗庭院，是他见过的最美的设计（图10.6）。可惜在禅宗的发源地中国，已经很难找到这些美景了。我的老家江西尤其是禅宗主要发源地，六祖惠能之后禅宗的主要传播者马祖道一（在南昌）、百丈怀海（在奉新）、青原行思（在吉安）、黄檗希运（在宜黄）都是在江西；临济、曹洞二宗起源地分别在江西宜丰的黄檗山、洞山；临济两派杨岐、黄龙起源地分别位于萍乡和南昌。而今，到这些地方去访古寻踪，往往满目萧索，一片狼藉，哪有一丝一毫的古风和禅意？西方人讲禅，都是用日文音译 zen，说起禅，首先想到的是日本，没有人知道 zen 其实是禅的转音，也没人关心，当年的开山祖师的遗迹已经被他们的不肖子孙败坏成什么样子了。

图 10.6　日本禅宗庭院是东方美学的典范

禅宗影响力所及，除了日式庭院，还有茶道、花道、剑道等各种日本生活方式，最日常的则是日本料理。最高端的日本料理怀石料理，出自茶道，怀石是禅僧用加热了的石头抵住肚子，以抵挡饥饿的意思。还有隐元和尚带入日本的普茶料理（桌袱料理）、吃素菜的精进料理、被茶道大师千利休简化的茶会料理等，都与禅宗有分不开的关系。吃饭时候的各种礼仪，如不说话、手端碗、肘部不放桌、筷子横着放等，也都与禅宗有关。

禅宗之外，日本人从中国学到的另外一种好东西是阳明学，在明治维新前后的读书人阶层中，尤其有很大的影响力。日本学人如冈田武彦很小心地区别阳明学的不同学派，避免走入阳明左派（现成派）的偏道家的自然人性论和阳明右派（归寂派）偏佛家的寂灭论，他们强调学习修证派的力行、戒惧、在事上磨炼，"主工夫而言本体"。沟口雄三则再三阐述，与中国阳明学致力于儒教道德的大众化，重建儒家社会秩序不同，日本阳明学重在个体的觉醒、"天我"的确立、"心的无限活用"，包括维新志士靠阳明学"锻炼心术，脱离生死"，以杀身成仁之心投身革命。关于这一点，三岛由纪夫总结得比较精到：

> 阳明学（尽管是发源于中国的哲学），却是在日本行动家灵魂中经过一次彻底的过滤后完成了日本化与本土化的哲学。革命思想的复兴，只有从这种根植于日本人精神深处的思想出发（三岛由纪夫《作为革命哲学的阳明学》）。

明治维新后日本决心脱亚入欧，改换门庭，拜西人为师，又一次对欧美展开了"全方位、无死角、像素级"的学习。在精英主导下，利用天皇崇拜，倡导"人人独立，国家就能独立"，号召大家舍弃地方性的小共同体，建设日本民族国家这个大共同体。日俄战争胜利后，日本种族主义抬头，自封黄种人的领袖，鬼迷心窍，提出建设"大东亚共荣圈"，试图建立一个跨民族的更大共同体，走上了军国主义的歧途，给东亚人民带来灾难，这个始终坐在第一排的模范生走火入魔了。"二战"战败，麦克阿瑟强力输入自由与民主制度，日本人也以一种一般人难以想象的低姿态，俯下身来，向美国学习，奠定了战后日本发展的基础（见《拥抱战败》），成为青木昌彦所提出的东亚"雁行模式"的领头鸟。

90 年代以来，泡沫经济破灭，加上人类从未遇到过的严重老龄化，日本这个好学生，第一次，再也找不到现成的老师，必须自己去探索道路了。对于日本这些年的徘徊，所谓失去的20 年，实事求是讲，也许没有任何人有看笑话甚至幸灾乐祸的资格。我们更应看到的是，日本人没有自暴自弃，而是以一种惊人的隐忍、妥协和团结精神艰难筹措，共渡难关。这背后的精神力量，谁也无法忽视。

做企业靠傻子下笨功夫

我在中欧课堂经常与同学们用拧螺丝来作为例子，说明什么是好的管理。同样是手工拧螺丝，德国人很讲究，拧三圈半，往回拧半圈，再继续拧，这样螺丝嵌合得更好；日本人拧 4 个螺丝，先在地上放一块白布，把要拧的螺丝上下左右摆好，再开始拧，这样不容易漏拧错拧。最重要的是，大家统一按照操作手册的方法来拧螺丝，才能制造出可预测、可持续的产品质量。员工发现了更好的拧螺丝的办法，经过一定标准流程之后，修订操作手册，大家一起按照更好的方法来拧螺丝，如此精益求精，无限循环，这就是精益管理的本质。

螺丝是制造业最基本的零部件，怎么拧螺丝、怎么制造螺丝也是理解制造业的一个最好的入口。日本人的职人精神在螺丝行业同样体现得淋漓尽致，产生了很多标杆性的企业。最著名的也许是为中国高铁供应螺母的东大阪市企业 Hard Lock 工业株式会社。这家只有 49 人的小公司研制出"永不松动的螺母"，广泛用于电力、高铁、造船、航天、航空等行业。公司创始人若林克彦受日本牌坊的结构启发，研发出这种防松动结构，他们的口号是"产品的改进永无止境"。

东大阪还有一家生产防锈螺栓的公司，螺栓表层用一种含氟聚合物覆盖，泡在海水里五十年不生锈。东京则有一家生产专用于桥梁、高速公路、巨型建筑的锚固螺栓，长达几米。福冈市的 KYO EI 公司，用一种硬质铝合金技术制造的螺栓，重量是普通螺栓的一半，而强度是普通螺栓的 3—5 倍，小小一套螺栓，国内报价高达 2000 元。

日本的各行各业有很多这种隐形冠军，不动声色地靠技术、靠积累在价值链上占别人无法替代的位置。这也是 iPhone 的 1300 个零部件中，超过一半都是由日本企业制造的原因，包括村田制作所、TDK、京瓷、日本电气、日东电工和阿尔卑斯电气等。日本手机品牌虽然在激烈的国际竞争中失利了，但日本电子行业依靠高端手机元器件的订单，依然获得巨大的增长。

我们熟悉的那些日本消费电子大企业转型相对困难一些，但它们也已经慢慢走出低谷。例如，动作最快的日立完全放弃

图 10.7 中国高铁离不开日本制造的螺丝

家电、电脑业务，转向高性能材料、通信、电网等基础设施业务。松下公司从家电转向汽车电子、能源、医疗等新兴行业，特斯拉的电池就是由松下公司提供的；夏普转向医疗、机器人、智能住宅行业。总体而言，他们在新型材料、核心零部件等领域的优势还是很明显，往商用领域转型完成之后，仍然可以代表日本企业的国际竞争力。

我们这次游学参访的东丽公司是著名的原材料业巨头，在纤维、碳纤维、水处理等行业处于世界领先水平。他们生产的碳纤维全寿命成本远远优于金属，广泛用于航天、航空、装备制造等各种领域，如波音 787 飞机 50% 的部件使用碳纤维为主的各种复合材料。他们的技术水平已经可以做到 T2000（碳纤维指标，指纤维的拉伸强度），因为是战略性物质，T400 以上就控制出口。中国的碳纤维做到 T300，再往上质量就不稳定了。同行的一位企业家是同行，他透露，中国一直以生产钓鱼竿的名义进口高档次碳纤维，后来有关部门用特殊手段获得了一条高端生产线，可以生产 T800，但质量一直不稳定，没有办法和东丽的产品相媲美。企业家们问东丽公司是如何保护公司的技术诀窍和知识产权的，东丽公司说，在中国，他们也同样很头痛；在日本，则基本没有这个问题，因为研发人员一般都不辞职。

我们参访的互联网医疗世界第一的 M3 公司是新一代日本企业的代表。和孙正义的软银一样，除了在日本蓬勃发展，他们同时低调在全球布局，在中国的合资子公司叫医脉通，已经是中国互联网医疗行业的领先者。M3 公司创始人是大前研一的学生，主要骨干来自麦肯锡、德勤等咨询公司，接待我们的 COO 仪式性地穿着日本上班族都穿的白衬衫，不一样的地方是，他衬衫的第一颗和第二颗扣子都没有扣，也算是日本互联网一代的个性的一种展示吧。

做企业靠的是各安其分的傻子们长期下笨功夫。FamilyMart 的中国区董事给我们分享，强调了连锁经营店后面的培训系统、督导系统、自有品牌系统、订货系统和物流系统的重要性，这些系统绝不是能够一蹴而就建立起来的。中国的连锁经营为什么最后都沦落为批发，就是没有人下功夫去扎扎实实地建设冰山下的这四五套系统。中国的酸奶业和啤酒业，发展到今天，很多地方连最基本的冷链物流配送都还没实现，实在是对不起消费者。

一位嘉宾讲道，日本战后创业的那一批企业家，很多都已经七八十岁了，如果没有合适的人接班，很多人都愿意把企业卖了。与中国资产虚高，估值动不动就至少二三十倍相比，日本很多这种企业估值只要两三倍，几乎是白捡。但如果中国人来谈，他们最担心的是，中国新老板，是否真正愿意把这个企业踏踏实实地做下去。如果对这一点没有信心，不管多高价格，免谈。

　　郎有情，妹有意，中国企业家，你做好这个准备了吗？

三 为什么有道德激情的企业才能走远*

道德激情？传统中国人内心瞧不起商人，所谓无利不起早、无商不奸、商人重利轻别离之类，现在中国人一般认为企业是理性的营利性组织，顶多是不违法乱纪，尊重公序良俗，与道德、道德激情能扯上什么关系？满口仁义道德是很容易招人烦的类型，尤其在务实求实的做企业的人群里。冒着被大家不待见的风险，我把这里面的缘由细细给大家整一整。

苏格兰启蒙运动

我关注这个问题的触发点是阅读苏格兰史。英国对世界现代文明的贡献，学界逐渐形成共识。在英国的普通法传统、宗教改革、辉格党人的抗争等诸条错综复杂的脉络中，有一条容易被人忽视的主脉是苏格兰人的独特贡献：18 世纪的苏格兰启蒙运动，为世界贡献一批最杰出的哲学家、经济学家、政治学家、科学家等，推动了苏格兰、欧洲和北美的现代化。

苏格兰启蒙运动的中心是苏格兰双子城爱丁堡和格拉斯哥，而最重要的学术中心是格拉斯哥大学。18 世纪中叶，在三个先

---

* 2017 年 3 月 28 日首发于领教工坊公众号。

后在这里担任"道德哲学讲座教授"（Chair of Moral Philosophy）的教授的引领下，一两代人的时间，只有两百万人口小小的苏格兰，从一个几乎终年寒风凛冽的穷乡僻壤，变成了一个有世界级影响力的富饶而繁荣的文明之邦和文化之都。

这三位教授是哈奇森（Francis Hutcheson），1730年担任该职；亚当·斯密，1752年担任该职；托马斯·里德（Thomas Reid），1764年担任该职。亚当·斯密不用介绍，一般被认为是第一位现代经济学家；哈奇森，苏格兰启蒙运动之父，世界上第一个用英语而不是拉丁语讲课的教授，他的思想被广泛认为是美国《独立宣言》

图 10.8　苏格兰启蒙运动
之父哈奇森 *

的主要精神来源；托马斯·里德，苏格兰常识学派的开创者，他的常识哲学深刻影响了美国 19 世纪的主要哲学家皮尔斯（Charles Peirce），奠定了美国实用主义的基础。

研究道德、道德激情的起源是苏格兰启蒙运动的核心任务，他们关于这一个话题的一系列著作迄今仍是相关领域的经典：

---

* 画像作者 Allan Ramsay，来自维基百科。

哈奇森的《探究美与德性概念的起源》《论激情与感情的本性和表现》《道德哲学体系》、亚当·斯密的《道德情操论》、休谟的《道德、哲学及文学随笔》、卡姆斯的《道德与自然宗教原理》和托马斯·里德的《从常识的角度探讨人的心灵》等。苏格兰启蒙运动的领导者们大多是虔诚的基督徒，哈奇森、里德都是牧师出身，他们对于道德、对道德激情的兴趣和研究，应该是他们从神学到哲学，从信众到大众的学术世俗化过程中一个很自然的选择："他们坚定地相信：自由、开放而成熟的文化，与稳定、坚实的道德和宗教是可以并存的，甚至要建立在道德和宗教的基础之上。"

亚当·斯密的洞见

以亚当·斯密为例，他一生都认为他的《道德情操论》比《国富论》更重要，更能代表他一生的追求。他在书中论述，道德感是人类本能，其基础是他所定义的 compassion（同胞感情）：看到别人痛苦，我们自己也会感同身受；看到别人幸福，我们也会为别人的好运而高兴起来，人是社会生物，有能力分享别人的快乐、悲哀、愉悦和伤痛。熟悉中国典籍的朋友应该知道，这个 compassion 其实就是孟子所说的四端："恻隐之心，仁之端也；羞恶之心，义之端也；辞让之心，礼之端也；是非之心，智之端也。"道德的缘起，东西同理。

按照亚当·斯密的论述，良心的来源是心里有一个旁观者在小声告诫自己，这个旁观者就是社会属性的自我："当我努力审视自己的行为，当我努力对自己的行为做出判断并表示赞许或谴责的时候，在这种场合，我设想自己被分成了两个人，一个我是观察者与评判者，另一个我是被观察和被评判者。"具有道德感的人类本质上是分裂的自我，通过良心的连接作用，分裂的自我结合成为一体，成为一个真正完整的人。

亚当·斯密认为政府与法律的首要职责是惩恶，"让那些人服从官方机构的权威而不敢互相侵害或破坏别人的幸福"。惩恶之后，才谈得上扬善："即使在没有适当的法律提供保护的情况下，无论在什么方面都不侵害、不破坏我们邻人的幸福，这种神圣而虔诚的尊重，构成了完全清白而正直的人格……如果在某种程度上还表现出了对他人的关怀，就会获得高度的尊重甚至崇敬，并且几乎必定伴随其他各种美德，例如对他人的深切同情、人道的慈善和高尚的仁爱。"

到底什么是我们的事业？

组织的本质是一群人基于共同的信念而组合在一起。我再三强调，共同的价值观、价值观的分享在现代组织、智慧型组织中的核心作用，怎么强调都不过分。共同的价值观是什么？价值观这个词的本义是"什么是有价值的，什么是值得我们追求的"。《基业长青》把使命和核心价值观（行为规范）统称为"核心意识形态"（core ideology），认为这两者是一个基业长青公司的基础。事实上，使命、愿景、核心价值观其实基本构成一个等边三角形的关系（图10.9），使命是"为什么做"，愿景是"做到什么程度"，核心价值观是"以什么方式做"。三者虽然在逻辑上有一定的先后关系，先后关系不完全代表重要程度，不同的行业、不同的公司、不同的情境，决定三条边中的哪条边会凸显出来。

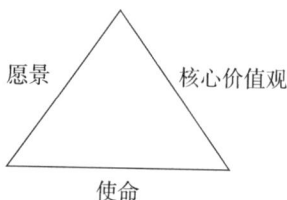

图 10.9　使命、愿景和核心价值观

有意思的是，中国当代著名企业，三条边中容易凸显出来，成为"我们的事业"，对员工形成最重要的精神激励的，往往不是与商业结合得更紧密的使命和愿景，而是更靠近道德的核心价值观。一个道德信条，成为激励创业者、激励高管团队、激励全体员工的最深层、最强大、最持久的内心力量的来源，这其实就是前述苏格兰启蒙大师念兹在兹的"道德激情"。

这个核心价值观，于华为是"不让雷锋吃亏"，以奋斗者为本，让奋斗者得到合理的回报；于海底捞是"双手改变命运"，让勤快、本分的农民工也能走出一条职业发展的道路；于万科是"不行贿"，以职业化的方式，赚取阳光下的利润；于顺丰是"让一批人过上有尊严的生活"，于德胜洋楼是"让农民工成为绅士"，诚实的体力劳动同样受人尊重，甚至更值得人尊重（表10.2）。

所以，从这个角度看，华为的真正事业不是成为世界通信巨头，不是改变人们的通信方式，而是"不让雷锋吃亏"。这个事业，比成为世界通信巨头之类，更大，更高，更难，也更有意义。原因很简单，在中国"阳儒阴法"的几千年说一套做一套的传统中，老实人（"雷锋"）吃亏，做事的人，主动做事的人，主动按规矩做事的人，永远是吃亏的人，改变这个文化传统，让老实人不再吃亏，让奋斗者能够得到相对合理的回报（以奋斗者为本），这是一个多大的事业！

表10.2 中国企业的道德激情

公司	道德激情的来源
华为	不让雷锋吃苦
海底捞	双手改变命运
万科	不行贿，赚取阳光下的利润
顺丰	让一批人过上有尊严的生活
德胜洋楼	让农民工成为绅士
龙湖地产	培养中国的中产阶级
视源	让更多人事业有成，生活幸福
金风	为人类留住蓝天白云
法宝网	让法律成为中国人的习惯

同样，对于海底捞，真正的事业不是做一家优秀连锁火锅店，为顾客提供无与伦比的细致入微的服务，而是"致力于让双手改变命运在海底捞成为现实"。海底捞站出来，要给进城务工的农民提供一条职业发展道路，让他们能够挺起腰板堂堂正正地做人，这是一个多大的事业！

类似，对于万科，真正的事业是不行贿，秉持市场化、职业化的原则，赚取诚实、清白的利润。全世界最"复杂"的市场是中国，全中国最"复杂"的行业是房地产业。在这样一个国家，这样一个行业，不同流合污，甚至不和光同尘，公开且高调地对内对外宣布不行贿的原则，这需要多大的道德勇气，需要多大的道德激情！真正做到这一点，又是一个多大的事业！

你的道德激情是什么？什么是你们团队真正的事业？这些都是值得大家再三思考的问题。我再强调一遍，我关注道德激情，目标是商业上的成功，不是冬烘先生讲道、老虔婆劝善。瞄准月亮，射中星星。你关注的事业这么伟大，商业上再大的成就，相对都是更小和更容易的了。相反，没有远大目标的支持，只知道在商言商，见钱眼开，甚至见利忘义，陷入算计和反算计的恶性循环，不仅繁难，就算活下来，顶多也是过个小日子而已。

道德激情的中国逻辑

道德激情为什么能够激励人，尤其是激励当代中国的企业人？有一个很重要的背景是，现代工商业和市场经济对于中国，其实是一种先进文化。它所代表的以平等、自由、契约、法治为基础的道德，其实是一种相对更先进、更文明的道德。独立代替依附，自强代替投靠，诚实代替取巧，清白代替暧昧，公正代替苟且，两千多年的重官轻商传统对工商业的压制和迫害，三十年意识形态对市场经济的严防死守，中国人的商业经营才华在地底下盘桓已久，八九十年代，机会来了，终于找到了一个火山口，像岩浆一样喷涌而出，短短几十年，形成了华为、万科、顺丰这一批优秀的公司，引领各行各业，像大山一样，撑起了中国经济的基本盘。

　　所有谱系的道德中，伸张正义、昭雪沉冤、为民请命（right the wrongs）可能是最容易唤起一般人的道德激情的。"不让雷锋吃亏""双手改变命运"就具有这种特质。畸形的文化传统或政治制度，可以主导一时，但同时也在人心中积蓄着一股巨大的心理能量，这股心理能量被点燃和被释放之际，就是一股最强大的组织性和建设性的力量。中国人对于彼岸式宗教非常陌生，不管是十字军还是伊斯兰圣战者那种"为了神的荣耀"式的宗教激情，一般中国人都会觉得难以理解，这种 right the wrongs 的道德激情，可能是中国人能拥有的最靠近宗教的道德情感吧。

　　我曾经分析做企业的人的三种初心，"挣钱、做事、造人"。第一种人的初心是挣钱。个人发财、成名、提高社会地位，除了激励你自己，激励不了任何其他人；从某种意义上，甚至对于任何其他人都是负激励：一将功成万骨枯，凭什么我给你做垫背的？这种初心没有任何道德激情的成分，能成功的概率自然非常小。可惜天下熙熙，为这种目的而奔走的人是绝大多数。

　　第二种人是做事。很多事可以做，很多钱可以挣，真正的企业家，找的不仅是"商机"，还是"天机"，所谓"天机"，就是真正为大众创造价值，帮助了很多人，从而含有一定道德成分的商业机会。例如，我的一位企业家朋友对互联网很有兴趣，我鼓励他做的一个帮助农民工、建筑工找工作的 App "掘活"，含有一定的道德成分，也就能带动身边的一批人。

第三种人是"造人"，成就人，造就人，让身边的人成功。这种初心就蕴含着丰富的道德成分，能够孕育强烈的道德激情。这种企业，一开始步履维艰，不是被人骗，就是被人笑，但只要坚持住，一旦在行业和市场上（包括行业市场和人才市场）形成口碑和良性循环，却往往势不可当，如入无人之境。这个过程一般都要3—5年，需要创始团队在道德激情的支持下的极大耐心和宗教性的坚持。

假装在硅谷？

这些年科技圈、创业圈很多人深受硅谷极客价值观影响，"假装在硅谷"，张口"改变世界"闭口"创造未来"，一个又一个酷炫无比的技术术语漫天飞。他们忘了一个简单的基本事实，他们身处的，乃是中国。组织能力发展不起来，不管什么新技术、新商业模式，最后都是一场空。中国企业组织能力的建设，离不开深入地理解中国人、中国历史和中国文化。我上面举的有道德激情的企业例子不算传统的 IT 企业。即使是 IT 界，仔细思考，没有哪家企业是纯粹靠技术起的家，都离不开软性的文化和价值观的支持。

例如，腾讯抓住了中国人集体主义文化传统下产生的强烈社交冲动和炫耀需求，但让他们步步为营的，是越过深圳湾迤逦而来的底蕴深厚的香港职业经理人文化，对这一点有任何疑义的人，自己走一遍深圳湾大桥就明白了；阿里巴巴抓住了中国线下商业基础设施极度落后带来的史诗性的电商机会，但不得不承认，他们炉火纯青但也不乏争议的公关手腕和组织系统背后，还是能看见 1985 年就出国"见过世面"的马云独特深远情怀。至于号称有技术的某度公司，则可能是一个反面的例子，很大程度上因为缺乏商业之外的价值观的支持，他们在各个方面"中国化"到惨不忍睹的地步，大家都开始懒得说他们了。

所以，在中国，光有技术，其实什么都改变不了。硅谷式的极客文化，在硅谷能孕育出下一代伟大公司，在中国，没有文化和价值观等软性力量的支持，却有可能颗粒无收。懂技术不难，难的是既懂技术又懂人心，能武还能文，才能打仗，才能打胜仗，在中国"这片神奇的土地"上，尤其是这样。

其实，即使硅谷，自有他们的文化和价值观的基础。只是这种基础已经深入到每个人的日常生活，大家日用而不察，不会去注意它罢了。苏格兰裔人占美国早期移民的 1/6，与他们的长老会（Presbyterianism）一起，给美国带去了道德自律、社区自治和合作共赢的传统。尤其来自北爱尔兰的苏格兰-爱尔兰人（Scotch-Irish，简称"苏爱人"）一脉，独立、强悍、坚忍（参照电影《勇敢的心》《血战钢锯岭》），极大地塑造了美国人的国民性。《独立宣言》签署人 56 人，苏爱人占了 12 个。1/3 的美国总统有苏爱人血统，包括大家非常熟悉的格兰特、威尔逊、杜鲁门、克林顿等总统。

回到企业界，著名的苏格兰人有谁，你猜猜？最有名的也许是汇丰银行的创始人 Thomas Sutherland。关于汇丰银行，《经济学人》最经典的评论是"国家有兴亡，汇丰却永存"（Countries and regimes come and go, the bank endures)。IT 界，首屈一指的苏格兰裔是微软创始人比尔·盖茨和 IBM 创始人托马斯·沃森（Gates 和 Watson 都是典型的苏格兰姓氏）。知道这一点，你才明白为什么托马斯·沃森创建 IBM 的最深层次动力是证明"诚实的人照样能够成功"，同样，也许你对盖茨后半生做慈善的决定有了更深的理解。他们内心深处，流淌的仍然是亚当·斯密那一代人的血脉，他们的祖先向往的"神圣而虔诚的尊重"和"清白而正直的人格"，仍是他们沉笃而冷静的深刻追求。

图 10.10　苏爱人的故乡阿斯特 *

江山代有才人出，随着美国和硅谷被称为世界人才洼地，新一代科技翘楚真正来自五湖四海。例如，苹果创始人乔布斯

---

*　https://xyuandbeyond.com/driving-the-northern-irish-coast-road/。

来自叙利亚，谷歌创始人 Sergey Brin 来自俄罗斯，钢铁侠 Elon Musk 来自南非。苏格兰人的理念和思想，已经成为这个国家的土壤和空气，像磁铁一样，把全世界的英才吸引过来。仔细思考其中的逻辑关系，你会明白，什么叫核心竞争力，理念才是最终极的核心竞争力；什么叫性感，思想才是最终极的性感。

四　两个日内瓦人的故事

朱学勤老师认为，从 1789 年法国大革命到 1989 年苏东崩溃的整整 200 年，可以视为一个整齐、干净的历史单元。这个历史单元实际上是两种制度的竞赛，A 线是英国、美国；B 线是法国、俄国。A 线和 B 线，都进行过革命。A 线（英、美）是"1.0 版本的小革命"，只有政治革命，没有社会革命，更没有文化革命。B 线（法、俄）是"3.0 版本的大革命"，不仅有杀国王的政治革命，还有杀资本家、杀地主、杀富农，对社会财富进行疾风暴雨式的社会革命，甚至还有与旧传统彻底决裂的文化革命。

有意思的是，这两条线的始作俑者，可以说是两个与日内瓦有密切关系的人。英美道路的奠基人，是约翰·加尔文（1509—1564），他出生于巴黎东北方向的努瓦永，后半生近三十年间，他在这里展开宗教改革，把日内瓦变成新教的罗马；法俄道路的奠基人，是让-雅克·卢梭（1712—1778），他出生在日内瓦一个钟表匠的家庭，祖上是从法国流亡到瑞士的清教徒，16 岁之前，他生活在雷蒙湖边的这个美丽的山城里。

加尔文主义的神权大于王权的思想，即世俗权力不可以任何方式主导或影响基督徒的信仰自由的思想，奠定了西方保守主义思想的基础，给了加尔文派信徒与国王和君主等世俗力量进行政治抗争的巨大的心理能量。加尔文教导他的信徒说，没有人，无论是教宗还是国王，可以要求绝对的权力。这种思想是现代宪政得以发展的一个关键因素。

这种思想首先改变了日内瓦。日内瓦由一座罪恶之城，成了宗教改革之城，日内瓦大学更成了"自使徒时代以来，世界上最完美的基督教学校"，从这里走出无数莘莘学子，带着革新的教义，前往欧洲各地，推动宗教改革。这段历史，自然也奠定了日内瓦和瑞士在西方文化传统中的崇高地位。

在荷兰，加尔文主义强调神的全面主权，神的管辖权要进入信徒的日常生活的各个领域。荷兰新兴的资产阶级在这种精神的支持下，与宗主国西班牙进行了长达八十年（1568—1648）的独立战争，北部七个省终于实现独立，南部尼德兰的加尔文商人北上阿姆斯特丹，加上法国的胡格诺派、西班牙的犹太人，荷兰经济无比繁荣，成为世界上第一个实现自由的民主国家。

在英国，约翰·诺克斯（1514—1572）把加尔文主义带到苏格兰，成为苏格兰长老会的主要创始人。长老会的信念最坚定的誓约派（Covenanters），1638 年，他们在 Greyfriars Kirkyard 签订盟约，强调维持完全独立的加尔文派信仰，拒绝与罗马天主教和英国国教会做任何妥协。从 1638 到 1688 年，苏格兰誓约派与英格兰国王进行了近半个世纪的浴血奋战，利用英国内战带来的机会，最后成功让英格兰国王发布宽容法案，保证各个教派的信仰自由，1649 年形成的"威斯敏斯特信条"得到落实，不再强行把英国国教视作唯一的合法宗教，也不再强行把英国国王视作他们信仰的教会的领袖。

苏格兰誓盟派军队的蓝十字旗上写着"为了上帝和誓盟"，对信仰自由的坚持，他们半个世纪的牺牲，奠定了 1688 年的光荣革命的基础。光荣革命真正的成功，不是法律比国王大，不是国会比国王大，而是信仰比国王大，《圣经》比国王的命令大，基督的神圣权力大于国王的权力，神权大于王权。没有信仰层面的革命，法律和国会都无法真正"捆上国王的手"，人类就不可能获得真正的自由。

图 10.11　1638 年苏格兰人签订保护信仰自由的国家誓盟 *

新大陆发现后，苏格兰誓盟派，尤其是当年为了躲避宗教迫害而移居北爱尔兰（Scotish-Irish）的苏爱人，又一次踏上了漫漫征途。他们给新大陆带去了苏格兰誓盟派的"不自由、毋宁死"的精神，给美国的宪政自由传统，输入了一股强悍之气。

---

* https://mccubbinfamily.info/history/mccubbins-of-covenanting-times/。

苏格兰长老会逐渐发展成为普林斯顿神学。加尔文主义的思想，成为美国建国的基石，加尔文也成为美国精神之父。

历史学家菲利普·沙夫在《基督教教会历史》中写道：

> 加尔文成为历史上最英勇的法国胡格诺派、荷兰伯格派、英格兰清教徒、苏格兰誓盟派和美国新英格兰地区清教徒前辈移民之父，他们都是为了良心自由的缘故，可以牺牲世界上的任何东西而闻名于世。

与加尔文思想的巨大建设性相比，比加尔文晚200年的卢梭对文明起到的主要是破坏作用。洛克1688年发表《政府论》，政府只有在取得被统治者的同意，并且保障人民拥有生命、自由和财产的自然权利时，其统治才有正当性。也就是说，统治权的基础是人民的授权。1762年卢梭发表《社会契约论》，却在其中掺入一个致命的成分。人民的要求千差万别，人民的意见参差不齐，真正代表人民根本利益的所谓的"公意"（general will），体现了"公意"的政府，就是"人民主权"。一代又一代的独裁者自封为人民利益的代表，从此有了一个堂而皇之的借口。从巴黎公社到十月革命，再到华沙条约的形成，半个世界在近半个世纪中，在卢梭"公义"的旗帜的指引下，走上了一条崎岖坎坷的不归之路。

卢梭的理论洋溢着一种浪漫主义的激情，对作家、文人、诗人有巨大的吸引力。例如，他强调积极自由而不是消极自由："人是生而自由的，却无往而不在枷锁之中"，"真正自由的人，只想他能够得到的东西，只做他喜欢做的事情，我就是我的第一基本原理"；他蔑视社会规范，崇尚所谓"高贵的野蛮人"，同时却又憧憬建立一个道德理想国，人人争当道德模范，圣人垂拱而治；他自己贪图享受，衣食考究，却鄙视物质文明，痛恨私有制，认为人类不平等的起源就是财产的私有。他的社会契约论也有一个听起来很高大上的出发点：政府不能只保护少数人的财富和权利，而应该保护每一个人的平等的权利，只有秉持"公意"，才能实现这种全面的、平等的、公平的保护。

加尔文父亲是努瓦永的一个神父和圣职人员律师，地位较高，收入比较稳定，母亲富家小姐出身，非常宠爱小加尔文，在加尔文三岁那年，不幸因瘟疫而去世。加尔文在努瓦永待到14岁，然后前往巴黎学习。卢梭的命运更为跌宕。父亲是钟表匠，母亲在卢梭出生不久后就去世了。10岁那年，父亲因为被日内瓦小议会通缉，被迫离开日内瓦。加尔文受宠爱他的母亲影响，从小虔诚信仰上帝；受父亲影响，有一种清醒扎实的律师精神。他一生平淡无奇，自我要求苛严，因为深谙罗马天主教的腐败和弊端，致力于构建新教的独特组织系统。卢梭因为父亲的案件，对建制（the established）非常不满。他从小颠沛流离，形成了好幻想，喜高论的文人性格，生活上浪漫放纵，不负责任。

两个日内瓦人的故事告诉我们信仰在文明中的核心地位。没有谦卑自抑的真正信仰，不管多么美好的意愿，最后都变成最不堪的现实，"自由，自由，多少罪恶假汝之名而行"，道德理想国最终变成人间地狱；有了伟大的信仰，人们全心全意拜服在至善至美面前，日拱一卒、得寸进尺地进行自我要求和自我约束，山巅之城，才有可能建成。

图 10.12　日内瓦圣皮埃尔大教堂全景 *

　　因为加尔文教派的影响力，日内瓦成为事实上的欧洲中心，成为联合国欧洲总部、国际红十字会、国际奥委会等重要国际组织的驻地。日内瓦老城中心的圣皮埃尔大教堂，是当年加尔文传教的地方，当年加尔文坐过的椅子，现在还保存着。步行157 步台阶，可以登上教堂北边的高塔，眺望莱蒙湖和日内瓦城的全貌。著名的 140 米高日内瓦喷泉随风折弯成不同的弧度，述说着这座城市的独特风韵。

---

　　* https://commons.wikimedia.org/wiki/File：Facade_ of_ Saint-Pierre_ cathedral-Geneva.jpg#filehistory　摄影：Yair Haklai，来源：维基百科。

代后记
胡杨、苍狼与流沙

肖知兴

2012 年初，重庆"唱红打黑"正热火朝天之际，感时忧世，我写了一篇长文《我们这个时代企业的使命》，论证和主张企业尤其是私营企业在中国社会转型过程中的中坚地位。每个好企业，都是中国社会的加湿器、平衡器和稳定器。环境再恶劣，只要根扎得足够深，总有植物能生存。植物多了，沙漠变绿洲；绿洲多了，塞北变江南。

去年夏天去新疆，看到了传说中"生而不死一千年，死而不倒一千年，倒而不朽一千年"的胡杨树。胡杨耐旱、耐寒、耐风沙、耐盐碱，对于防风防沙，改善气候、改善生态环境发挥了重要的作用。胡杨最重要的分布地区是新疆南部的塔里木盆地的周围，沿着塔里木河等河流流经的地带生长，像一条条绿色的长城，锁住盆地中间的塔克拉玛干沙漠的流动性沙丘（流沙）的扩张的道路。

企业虽然是建立在契约基础上的经济性组织，但优秀的企业一般都会致力于建立以契约（contract）为基础，但不止于契约，也就是所谓的誓盟（covenant）的关系。通过建立与员工的誓盟关系，建立员工共同体；通过建立与上下游的誓盟关系，建立价值链共同体；通过建立与各种合作方的誓盟关系，建立生态圈共同体。这种优秀企业，就像胡杨遏制沙漠化一样，对于防止中国社会的进一步流沙化起到很大的正面作用，应该是不难理解的道理。所以，传统社会的乡绅、宗族在中国社会基层扮演的地方社会共同体的凝结核的作用，现在很大程度上由地方上的一些优秀民营企业在接替。

例如，领教工坊一位组员的公司是长三角某镇的一家传统家纺企业。他待人宽厚，作风扎实，30多年来，孜孜不倦地钻研产品和管理，确保了企业在行业的领先地位。员工中的很大一部分都是本地人，他自己也在工厂的大门边安家，住了20多年。虽然同行业规模稍微大一点的都往南京、上海跑，但他一直舍不得把公司的总部搬离小镇，以一己之力为家乡的繁荣和稳定做出了巨大的贡献。

再例如广东温氏集团。这家企业位于广东省云浮市新兴县簕竹镇，从七户八股起家，现在发展到近7000名股东，近6万户家庭农场，2016年营业额近600亿元，利润118亿元，成为中国首屈一指的养殖企业。温氏能有今天，与他们和6万家农户之间的誓盟关系是分不开的。2004年到2005年间，因为遇到了禽流感H7N9，养鸡户损失惨重。为了扶植养鸡户，温氏把在养猪上赚到的44亿拿出来，赔了36个亿给养鸡农户。很多与温氏合作的农户，30 多年来，从没有赔过钱。

从这个意义上来讲，胡杨企业都是社会企业。它们符合经济原理，创造了可观的经济效益。但它们同时也符合社会原理，也创造了可观的社会效益。可惜我们没有合适的财务手段和定量方法，去测量它们创造出来的社会资本（social capital）的总量，以及这种社会资本对防止一个地区和一个国家的流沙化、散沙化、"费拉化"的巨大价值。每个地方都有三五家这样的企业，中国经济、中国社会的基本面就能保证，不大可能出现网络上一些人宣扬的耸人听闻的所谓"大洪水"的情况。

当然，再顽强的胡杨企业，也需要最基本的条件才能生存。回到胡杨的例子，胡杨根系虽然强大，但如果地下水位低到一定的水平，胡杨也无法生存。胡杨虽然耐盐碱能力较强，但一米以内土壤总盐量超过一定水平时，便会成片死亡。例如，随着塔里木河输水量的递减，塔里木河中下游沿岸的胡杨大面积死亡。胡杨林面积大约每 20 年减少一半，40 年间减少了近 3/4。新沙丘不断形成，整个地区的沙漠化也日渐严重。

对于胡杨企业来说，金融的普惠度是它们的水位，营商环境的法治化则相当于土壤的含盐量。这些年，如果说"八项规定"对官员的规范在一定程度上改良了营商环境，对自由开放市场经济原则的毫不含糊、毫不妥协的坚持才是提高中国营商环境的终极之道。与营商环境相比，最近更加迫切的是民营企业面临的金融环境的持续恶化。实体经济与虚拟经济的冰火两重天、资本外流、投资下跌，都是这种恶化的表现。如果不想让中国经济沙漠化，提高金融（包括直接金融和间接金融）的普惠度，打开资本进入实业的渠道，而不是进入国企、进入房地产的危险水坝，是当务之急。

与胡杨企业对应的是苍狼企业。胡杨企业创造价值，苍狼企业消耗资源；胡杨企业扎根乡土，苍狼企业到处游窜；胡杨企业以义为先，苍狼企业唯利是图。它们不讲原则，不留余地，吃干榨尽，敲骨吸髓。只要是它们经过的地方，寸草不生，风沙扬天。一个地方的生态被它们彻底破坏之后，溜得最快的往往也是这些苍狼企业。梁园虽好非吾土，远在异国他乡，这些苍狼酒足饭饱之后，想起故乡曾经的风吹草低见牛羊的丰饶，夕阳中胡杨叶翻飞的美景，不知会不会有一丝丝的悔恨？

大多数企业在胡杨与苍狼之间。做胡杨企业还是做苍狼企业？向植物学习还是向动物学习？与动物相比，植物不会叫，不能动，枝条和叶子长出来，被动物连皮带肉地啃，看起来很吃亏，但我们也千万不要小瞧植物生存的智慧！它们能够经过漫长的历史在各种极端环境下顽强地生存下来，其智慧有时超过动物，甚至人类。

例如，南美有一种纺锤树，能长到 30 米高，两头尖，中间粗，最粗的地方直径可达 5 米，可以储水 2 吨，雨季时拼命吸收水分，以供旱季消耗（启示：深挖洞，广积粮，防患于未然）。还有大家熟知的仙人掌类植物，叶子退化为鳞状和刺状，最大程度地减小叶片面积，减少水分的消耗（启示：萧条时期一定要节流）。最神奇的可能是植物的种子的传播方式，风传播、水传播、动物传播，个个设计都非常精妙。一个非常有意思的是落花生，地上开花，结果却在地下。花开第四天后，果针（子房柄）会向下生长，一直伸到土壤里，结出果子来，植物学家分析，这其实是落花生为了防止动物啃食果子的一种主动行为（启示：不动声色，悄悄埋下创新的种子）。

经济上升期和泡沫期，大家喜欢拿动物说话，什么独角兽、风口上的猪、羊毛出在狗身上之类。而今萧条不期而至，我们进入了一个需要向植物学习生存智慧的时代。"昨夜秋风入汉关，朔云边月满西山"，风大沙大，为了故土的那一抹青山，一湾绿水，也许到了需要我们像胡杨一样一起坚守的时候了。

与诸君共勉。

推荐书目

曼弗雷德·凯茨·德·弗里斯（2018），《刺猬效应（精装版)》，丁丹译，东方出版社

曼弗雷德·凯茨·德·弗里斯（2017），《性、金钱、幸福与死亡（精装版)》，丁丹译，东方出版社

曼弗雷德·凯茨·德·弗里斯（2016），《性格与领导力反思（精装版)》，丁丹译，东方出版社

曼弗雷德·凯茨·德·弗里斯（2016），《领导力与职业生涯反思（精装版)》，丁丹译，东方出版社

曼弗雷德·凯茨·德·弗里斯（2017），《组织的反思（精装版)》，丁丹译，东方出版社

曼弗雷德·凯茨·德·弗里斯（2016），《正念领导力（精装版)》，钱峰译，东方出版社

曼弗雷德·凯茨·德·弗里斯（2017），《恐惧领导力（精装版)》，钱峰译，东方出版社

詹姆斯·马奇（2017），《经验的疆界（精装版)》，丁丹译，东方出版社

詹姆斯·马奇（2010），《马奇论管理》，丁丹译，东方出版社

亨利·明茨伯格（2015），《社会再平衡》，陆维东、鲁强译，东方出版社

弗雷德里克·莱卢（2017），《重塑组织：进化型组织的创建之道》，进化组织研习社译，东方出版社